일제강점기 치안유지법 운용의 역사

일제강점기
치안유지법 운용의 역사

오기노 후지오 지음 | 윤소영 옮김

1	9	2	5	-	1	9	2	7
1	9	2	8	-	1	9	3	4
1	9	3	5	-	1	9	4	0
1	9	4	1	-	1	9	4	5

역사공간

일러두기

1. 이 책은 荻野富士夫, 『朝鮮の治安維持法―運用の通史』, 六花出版, 2022를 완역한 것이다.
2. 당시의 법령이나 사건명을 나타내는 일본어 용어는 그대로 번역했으며, 문장 중의 일본식 단어는 한국에서 상용하는 단어로 바꾸어 번역했다.
   예) 사건명: 「취체 규칙」, 자료명: 「불령단관계잡건」, 불령선인(不逞鮮人)
       문장 중: 취체 → 단속 / 불령 → 불온 / 신병(身柄) → 인신(人身)
       기반(羈絆) → 속박, 굴레 / (형을) 언도하다 → (형을) 선고하다 등
3. 원저에는 자료의 전거를 모두 문장 중에 표기하였으나, 이 역서에는 각주로 처리하였다. 그 중 한국 독자에게 생소한 일본어의 뜻이나 인명, 일본근현대사 속의 사건은 역주를 달아 독자의 편의를 도모했다.
4. 각 장의 사진자료는 명기한 것 이외에 모두 국사편찬위원회 데이터베이스에 의거했다.

한국어판에 부쳐

현재 일본국민은 1945년 이전의 억압 체제로 회귀하려는 움직임과 마주하고 있다. 2013년 「특정비밀보호법」[1]이, 2017년에는 「공모죄」[2]가 성립되었다. 이 법령에 대한 반대 목소리가 높아 본격적인 발동은 보류된 상황이지만, 학문과 사상에 대한 통제도 강화되고 있는 추세여서 시대착오적인 과거 전시체제의 망령이 되살아나는 것은 아닌지 우려하는 이들이 적

1　[역주] 정식 명칭은 「특정비밀의 보호에 관한 법률」이다. 이 법률 제정의 목적은 일본의 국가 안전보장에 관한 정보 중 특히 비밀로 할 필요가 있는 내용에 대해 '특정비밀'로 지정하고 이를 취급하는 자를 제한하며, 그 외 필요한 사항을 제정하여 일본 국가 및 국민 안전 확보에 이바지하는 것이라고 한다. 이 '특정비밀'을 외부에 알리거나 외부에서 알고자 하는 자 등을 10년 이하의 징역형으로 처벌할 수 있도록 하였다. 2013년 12월 6일 제185회 일본 국회에서 성립하고, 12월 13일 공포, 2014년 12월 10일에 시행되었다. 일본 지지통신(時事通信, 2022.1.28) 보도에 의하면 2021년 12월 말 현재 이 법률에 의해 '특정비밀'로 지정된 건수는 659건(방위청 375건, 내각관방 102건, 경시청 45건, 외무성 41건)이라고 한다. 일본변호사연합회 홈페이지 참조(https://www.nichibenren.or.jp).

2　[역주] 정식 명칭은 「개정 조직적인 범죄 처벌법」으로 2017년 6월 15일 성립하고 7월 11일에 시행되었다. 이 개정법률은 테러 대책을 명분으로 한 것으로 범죄가 실행되지 않아도 준비단계, 모의단계에서 처벌할 수 있도록 했다. 이것은 범죄가 실행되었을 때에만 처벌한다는 「행위주의」와 어떤 행위가 범죄인지 명확히 규정되어야 한다는 「죄형법정주의」라는 근대형법의 대원칙에 위배된다고 하여 일본 시민사회가 폐지 청원운동을 벌이고 있는 중이다.

지 않다.

특정비밀보호법이나 공모죄법의 기원에 치안유지법이 있다. 오쿠히라 야스히로奧平康弘의 『치안유지법 소사治安維持法小史』(1977)로 대표되는 많은 선행연구에 힘입어 치안유지법이 '악법'이었다는 평가는 현재 젊은 세대를 포함해서 일본인의 공통인식으로 정착했다고 해도 무방하다. 단, 어떤 의미로 '악법이었는가' 라는 점에 대해서는 다소 애매하다. 왜냐하면 빈번한 고문이 자행되고 치안유지법의 경계 없는 확장 해석이 이루어졌다는 정도로 그치고 있기 때문이다.

이처럼 일본의 치안유지법의 악법성에 대한 인식이 불분명한 이유는 무엇일까? 그 이유 중 하나는, 그동안 치안유지법에 대한 연구가 법제사적 관점에서 이루어졌을 뿐, 관련 사건이 어떻게 재판되었는지, 그 운용 실태에 대한 질문이 부족했기 때문이라고 생각된다.

이러한 문제의식에서 출발하여 필자는 치안유지법 위반사건이 일본에서 어떻게 재판되었는지, 그 운용의 실제를 경찰, 검찰, 재판 등 일련의 사법처분의 '현장'에 입각하여 고찰한 『치안유지법의 현장』(2021)을 집필했다. 그 원고가 거의 마무리되는 단계에서 독립기념관의 윤소영 박사를 통하여 국사편찬위원회나 국가기록원 등에 식민지시기 조선의 치안유지법 관련 사료가 디지털화되어 웹으로 열람할 수 있다는 것을 알게 되었다.

또한 한국의 국회도서관 등의 디지털 아카이브에도 이와 관련한 방대한 문서가 공개되고 있었다.

　일본의 경우는 치안유지법 위반사건의 판결문이나 예심종결 결정서의 일부만 남아있는 상황인데, 한국에는 경찰, 검찰, 예심의 각 신문조서 등도 대량으로 소장되어 있고, 일반에 공개되고 있다. 공판에서 재판장의 심문과 피고의 진술을 기록한 공판기록도 남아있다. 이 자료를 통하여 치안유지법 위반사건이 실제로 어떻게 재판되었는지를 극명하게 알 수 있다.

　필자는 이러한 방대한 자료를 열람하고 고찰한 결과를 모아 『조선의 치안유지법』과 『조선의 치안유지법의 현장』이라는 두 권으로 정리하게 되었다. 이 두 책 중 한국의 독자들에게 먼저 선을 보이게 된 것이 바로 이 책이다.

　이미 일본과 한국의 선행연구에서 치안유지법의 악법성 — 예를 들면 일본 국내에서는 사형판결이 없었던 것과 달리(경찰의 취조단계에서는 많은 고문사가 있었다), 조선에서는 사형 판결이 다수 선고된 점(대부분 형법의 병합죄로서 였지만, 치안유지법 단독으로도 이루어졌다), 기소율이 높고 처벌의 양형이 무거운 점 — 은 밝혀졌지만, 일본 내의 운용보다 한층 가혹했던 조선에서의 치안유지법의 실제를 이해하기 위해서는 치안유지법 도입 전사前史

와 후사後史를 포함한 통사적인 전체상을 파악하는 것이 필요하다고 생각된다. 관련 자료를 살펴보면서 각 단계의 신문조서(거기에는 신문하는 측에 의한 허구가 다수 포함됨)나 공판기록 등에는 일제 측이 치안유지법 위반으로 간주한 「범죄 사실」 속에 조선인의 독립과 사회변혁에 대한 끈질기고 강고한 활동과 사상이 나타나 있었다.

특히 인상적인 점은 1940년대 전시 하에서 아직 10대 후반의 소년—일본의 한국병합 후 태어나 식민지의 억압 체제 하에서 사상 형성을 했던—이 치안유지법에도 굴하지 않고 독립과 사회변혁에 대한 순수하고도 강인한 의지를 갖고 있던 사실이었다. 그러한 한국인의 자유와 변혁에 대한 갈망이 해방 후 한국으로 계승되고 현재에 이르게 되었다는 사실은 일본의 현재 상황에 비추어 하나의 희망이며, 한국으로부터의 질타와 격려로도 읽힌다.

다른 한편으로는 한국의 경우, 식민지에서 해방된 이후에도 악명 높은 치안유지법이 청산되지 못하고 이와 유사한 국가보안법(1948)이 제정되어 운용되었다는 점은, 한국에서도 치안유지법에 대한 역사적 성찰이 여전히 필요한 과제로 남아있다고도 생각된다.

필자의 최근의 연구 결과를 한국의 독자들과 나눌 수 있게 되어 매우 설레인다. 이 책의 집필에 영감을 얻게 해준 윤소영 박사는 이 책의 번역도 흔쾌히 맡아주셨다. 그 후의에 깊은 감사의 마음을 전한다. 나아가, 졸저인 『조선의 치안유지법의 '현장'』도 조속히 한국의 독자들이 접할 수 있게 되길 기대해본다. 필자의 이 연구가 한일 우호와 상호 이해에, 그리고 한국과 일본의 근현대사 연구에 조금이나마 기여할 수 있다면 더할 나위 없는 기쁨이 될 것이다.

2022년 3월

오기노 후지오 荻野富士夫

차례

일러두기·4
한국어판에 부쳐·5
들어가는 말·15

I 조선에 상륙한 치안유지법 1925~1927

1 조선에서의 치안유지법 운용 이전의 상황

3·1운동 후의 사회운동 단속·28 | 조선의 특수 사정·31 | 독립운동 적용 문제의 해결·33 | 경찰의 사전 경고·38 | 사회운동 측에 대한 위협·40 | 조선사회의 비판적 반응·42 | 불행한 일군(一群)의 어족(魚族) 한글 신문의 논조·44

2 조선에서의 운용 개시

공판 중인 사상 사건에 대한 적용·49 | 치안유지법에 의한 검거와 사법처분 개시·55 | 공산주의운동에 대한 적용 초기 단계·58 | 제1·2차 조선공산당사건·63 | 제국주의·자본주의 = '국체'의 정의·73 | '국체변혁 = 조선독립'으로의 전환·79 | 독립운동에 대한 적용 초기단계·87

3 만주 간도에서의 초기 적용

전권단(電拳團)사건·92 | 제1차 간도공산당 사건·98

II 전면 시행하는 치안유지법 1928~1934

1 전면시행기의 개관
처분자의 급증 - 1930년대 전반의 본격 운용·104 │ 『동아일보』의 비판·107 │ 공산주의운동 단속의 우위·110 │ 죄상(罪狀)은 무엇이었는가?·113

2 독립운동에 대한 본격적 운용
'제국의 속박 이탈 = 국체 변혁'이라는 인식으로·116 │ 국체 변혁이라는 도식의 확정·122 │ 공판 청구 - 사법 처분 특징 1·127 │ 병합죄에 의한 중죄 - 사법 처분 특징 2·131 │ 외부에서 조선으로 이송 - 사법 처분 특징 3·133 │ 십자가당 사건 - 검거에서 검사국 송치까지·136 │ 십자가당 사건 - 공판·146

3 조선공산당 붕괴에 이른 치안유지법 적용
조선공산당 재건운동에 대한 연속적 탄압·150 │ 일본 제국주의 지배 배제를 국체 변혁으로 간주하다·155 │ '조선 독립의 목적은 국체 변혁과 동일'·157 │ 상해로부터의 이송·161 │ 간도로부터의 이송·168 │ 간도 5·30 사건의 사법처분 - 검거에서 이송까지·175 │ 간도 5·30사건 - 예심 종결 결정·180 │ 간도 5·30사건 - 판결·184 │ 간도총영사관과 조선 사법당국의 대립·186 │ 간도총영사관의 방침 전환·190 │ 중국공산당 가입에 대한 치안유지법 처단·193 │ 무정부주의운동에 대한 적용·196

4 1930년대 전반 공산주의운동에 대한 집중적 운용
학생들의 공산주의운동에 대한 단속·198 │ 조선학생전위동맹사건·202 │ 경성 고등여학생 동맹휴교 사건 - 검거에서 송치까지·209 │ 경성 고등여학생 동맹휴교사건 - 기소에서 판결까지·214 │ 교사의 운동 - 신흥교육연구소 사건·218 │ 교육 관계 치안유지법 위반 사건 속출·222 │ '사유재산제도 부인'만을 적용·224 │ 협의(제2조)의 적용·229 │ 선동(제3조)의 적용·232 │ 반제동맹에 대한 탄압·235 │ 농민조합에 대한 적용·240 │ 합법적 가면 단체의 처단·244 │ 조선공산당 재건운동에 대한 적용·246 │ 다양한 비밀결사의 인정·251 │ 공산주의적 교양이라는 구실·256

III 확장하는 치안유지법
1935~1940

1 확장기의 개관
사상 정화 대책 · 264 | 중일전쟁 이후의 변용 · 269 | 왜 조선에서는 양형(量刑)이 무거운가? · 272

2 공산주의운동에 대한 추격적 적용
1930년대 전반 위반사건에 대한 판결 · 279 | 치안유지법 위반만으로 사형을 선고받은 주현갑 – 간도 5·30 사건 재판의 결론 · 282 | 엄벌화하는 '국체 변혁' 결사 · 287 | 「사유재산제도 부인」 결사의 도려내기 · 290 | 협의, 선동 적용의 증대 · 294 | 궁극과 구극이라는 비약 논리 · 298 | 일상적 개선운동에 대한 적용 · 302 | 교육 실천에 대한 처벌 · 304 | 후방 교란을 명목으로 한 처단 · 310

3 다시 타오르는 조선 독립운동에 대한 적용
국외 조선독립운동 단체에 대한 추격 · 315 | 치안유지법을 보완하는 보안법의 빈번한 적용 · 321 | 안재홍에 대한 단죄 – 합법적 민족의식에 대한 공세 · 325 | 민족의식의 발현·함양에 대한 단죄 · 329 | 상록회 사건 · 333 | 수양동우회 사건 · 339

4 종교단체에 대한 선제적 적용
유사종교단체 단속 · 344 | 보안법과 치안유지법의 발동 · 348 | 등대사 사건 · 353

IV 폭주하는 치안유지법 1941~1945

1 폭주기의 개관
신 치안유지법 시행·360 | 전시(戰時) 하의 치안유지법 위반 통계·364 | 대륙 전진 기지로서의 조선반도·367 | 이중형과 소년의 부정기형·370

2 민족주의운동·의식의 최종적 도려내기
내선일체 정책 비판에 대한 적용·374 | 소박한 민족의식에 대한 날카로운 이빨·377 | 어느 중학생의 반일언동 사건·380 | 악화하는 학생의 사상·385 | 교사에 의한 민족의식 고취·389 | 어느 중학교 교사의 반일 언동 사건·391 | 재일조선인에 대한 적용·397 | 조선문학·역사·문화 존중에 대한 적용·400 | 언문연구회 사건·405 | 조선어학회 사건·412 | 일본 패전 예측에 대한 적용·417

3 공산주의운동·의식의 최종적 도려내기
분산적 개별적 운동에 대한 적용·424 | 공산주의 결사·집단에 대한 적용·429

4 종교사범에 대한 본격적 적용
'일본적 기독교'로 변용 강제·433 | 완고한 교도에 대한 탄압·438 | 민중종교에 대한 적용·442

5 보안법·조선임시보안령·불경죄·육해군 형법 등의 적극적 활용
보안법의 전면적 적용·448 | 유언비어·452

맺음말·457
저자후기·478
참고문헌·484
찾아보기·487

들어가는 말

▍일본보다 가혹했던 치안유지법

제1·2차 조선공산당 사건에 대한 경성지방법원의 판결이 이루어진 후, 1927년 11월 16일자 『조선일보』 사설 「사상 취체에 대하여」는 조선에서의 사상단속은 일본보다 훨씬 가혹하며, '출판법, 치안유지법 그 외의 제령 위반 등 몇 겹이나 중첩되어 있다'고 지적했다.

변호사 스미모토 사이치角本佐一[1]는 「간도공산당 사건」의 관선 변호를 맡았는데, 조선에서의 치안유지법 운용 실태에 대해 다음과 같은 감상을 토로했다.[2]

본년 3월 말 현재 미결 인원은 약 2천 명에 이르고 있다. 이들은 모두 전도유망한 청년, 혹은 한 가정의 중견인물로 현재 왕성하게 활동할 나

---

1 [역주] 야마구치(山口) 현 출신. 1918년 조선총독부 판임관 견습 시험에 합격, 1919년부터 1924년까지 조선총독부 함흥지방법원의 서기 역임. 1924년 조선 변호사 시험에 합격하여 경성에서 변호사로 활동함. 1934년 경성내지인변호사회 부회장 역임.
2 『法政新聞』 제271호, 1933. 9. 20.

이의 사람들이다. 그런데 이들에 대한 형사정책의 현황은 완전히 엄벌주의로 전혀 교육을 받지 않은 문맹자이거나, 혹은 학교를 다니고 있는 미성년자, 공산주의·사회주의가 무엇인지 모르는 자에게 드물게는 2년, 보통은 3~4년, 심하게는 5~6년의 실형을 구형한다. 그 자료로 제공받은 기록의 경우는 완전히 전문가가 아니고는 나열할 수 없는 언사로 꾸며져 미화되어 있다.

스미모토는, 자신은 무엇보다 이런 종류의 반사회성을 가진 자를 혐오하는 사람이라고 하면서도, 그 처벌이 너무나 가혹하며, 법의 위신을 실추시킬 정도임에 놀랐다고 토로했다. 관선변호인조차 치안유지법이 '법의 위신을 실추시킬 정도'의 '악법성'을 갖고 있음을 깨닫고 두려워하고 있었음을 엿볼 수 있는 부분이다.

한편, 동 시대의 사법 당국자에게 치안유지법에 의한 엄벌은 필연적인 것으로 간주되고 있었다. 경성지방법원 검사국의 사상검사 사사키 히데오 佐佐木日出男[3]는 조선의 공산주의 결사는 거의 조선의 공산화 및 독립을 목적으로 하고 있고, 조선의 독립을 기도하는 점에서 일반 독립운동과 아무런 차이가 없고, 식민지의 독립은 통치권을 영토적으로 축소한다는 의미에서 국체의 변혁이 되는 것은 분명하다고 파악하고 있었다.[4]

사사키는 "법률 해석이란 반드시 입법자의 의사에 준한 적용에만 제한할 필요는 없고, 각각의 시점에서 국가 또는 사회에 부응할 수 있는 새

---

3 [역주] 1926년 경성지방법원 판사, 검사를 거쳐 1940년대에는 고등법원 판사를 지냄.
4 佐佐木日出男,「植民地独立運動の法律上の性質」, 高等法院検事局思想部,『思想彙報』第一號, 1934. 12, 107쪽.

로운 의의를 갖도록 해야 한다"고 적고 있다. 정치·경제·사회 상황의 진전에 따라 국가 또는 사회는 변화해가므로, 법률 해석은 항상 그 변화에 적응하는 새로운 의의를 가져야 한다는 지적은 치안유지법의 끝없는 확장 해석을 합리화하고 정당화시키는 논리이다. 치안유지법 제정 당시부터, 일본의회에서는 정부의 설명에 구애받을 필요는 없고, 시대의 변화에 부응한 해석이 허용되어야 한다는 사고방식이 있었던 것이며, 치안유지법이 '법의 위신도 실추시킬' 정도로 가혹하다는 비판은 일축되어 마땅한 것이었다.

일본의 사법 당국자 사이에서는 치안유지법의 확장 해석을 합리화·정당화하는 논리가 1930년대 후반에 고조되어, 1941년 치안유지법의 전면 개정을 밀어붙이는 원동력이 되었다. 그러나, 조선에서는 이보다 이르게 1930년대 중반에 등장한다. 이것은 그만큼 치안유지법 운용의 가혹함을 상상하게 한다.

현재, 1945년 이전의 치안유지법이 악법이었다는 점은 일본의 많은 사람들이 수긍하고 있지만, 그 악법의 범주 속에 일본 국외에서의 운용이 포함되어 있다는 점은 충분히 알려지지 않았다. 일본의 식민지와 괴뢰국가인 '만주국'에서 그 운용실태는 매우 가혹했으며, 특히 조선에서의 악법성은 두드러졌다.

그 악법적 모습은 통계상의 수치에서도 유추할 수 있다. 현재 확인할 수 있는 선에서 살펴보면, 조선에서 검찰이 수리한 건수는 약 2만 6천 명 이상이며, 기소자 수는 약 7천 명이다(1943년 8월까지). 1945년 8월까지를 포함하면 기소자 총수는 약 7천 500명 가까이 될 것이다. 일본에서의 검거자 수는 약 6만 8천 명이며 기소자 수는 약 7천 명이다. 이를 통해 보면 조선에서의 기소율은 일본의 약 3배 정도나 높았다는 것을 알 수 있으며, 일본에서는 불기소인 경우에도 조선에서는 기소처분됨으로써 그 기준의 엄중함을 드러내고 있다. 1945년 이전에 예심豫審이라는 독특한 제도로 인해 일부는 기소 면제가 되지만 대부분의 경우, 공판으로 전개되어 거의 유죄로 처리되었다.

따라서, 일제강점기 조선에서 기소된 약 7천 500명(일본인과 중국인도 포함되었지만 대부분은 조선인)이 치안유지법 위반사건으로 재판을 받았다고 추측된다. 아마도 공판 횟수는 약 1천 400건에 달할 것이다.

▎ 치안유지법 운용의 '처음부터 끝까지'를 통찰해야 하는 이유

이미 졸저 『치안유지법의 현장 – 치안유지법 사건은 어떻게 재판되었는가』에서 인용했지만, 조선의 치안유지법의 운용 양태를 규명하는 작업에 임하며 다시 한 번 치안유지법이 '왜, 어떻게 하여, 만들어졌는가?'라는 노세 가쓰오能勢克男[5]의 질문을 곱씹으면서 시작하고 싶다. 노세 가쓰오는 파시즘에 대항한 잡지 『토요일』의 발행 책임자로서 1938년 치안유지법 위반으로 검거되어 징역 2년(집행유예 2년)형을 받은 교토의 변호사이다. 『인민의 법률 – 현대사의 흐름 속에서』(1948)에서 "법률로서의 힘을 발휘하여 얼마나 인민을 고통스럽게 했는가? – 그 전모를 근원까지 거슬러 올라가 속속들이 밝히고, 깊이 생각해보지 않는다는 것은 매우 위험스러운 일이다. 왜냐하면 그러한 일이 향후에 어떤 일과 뒤섞여서 또다시 일어나지

---

5 [역주] 1894~1979. 일본의 사상가, 사회운동가. 1894년 최고재판소 재판관인 能勢萬의 장남으로 센다이(仙臺)에서 출생했다. 1919년 도쿄제국대학 법학부를 졸업하고 1924년 교토의 도시샤(同志社)대학 교수 역임. 1929년 변호사 개업. 1936년 잡지 『토요일』창간. 1938년 치안유지법 위반으로 검거, 山科刑務所에서 복역하고 1940년 출옥했다. 1946년 교토신문사 설립, 아울러 생활협동조합 운동을 전개했다.

않으리라는 보장이 어디에도 없기 때문이다. 아니, 그러한 일은 몇 번이나 되살아나고, 반복되고, 일어난다"고 적고 있다.

식민지 조선에서 치안유지법이 '어떻게 법률로 힘을 발휘하며 인민을 고통에 빠뜨렸는가?' 이에 대해 될 수 있는 한 처음부터 끝까지를 인식하지 않는다면 그 악법성을 규명하는 것은 불가능할 것이다.

이 주제를 다루면서, 두 가지 연구 방법을 시도하고자 한다. 우선, 조선의 20년간의 치안유지법 운용에 대해 그 이전과 이후를 포함하여 통사적으로 살펴보는 것이다. 이러한 점에서 시사를 얻은 저술은 오쿠히라 야스히로奧平康弘의 『치안유지법소사』(1977)의 「치안유지법은 그 성립부터 붕괴에 이르기까지 두루뭉술하게 한결같이 악법이었던 것은 아니다」라는 시점이다.

이 책은 조선에서의 치안유지법 20년간의 운용의 역사를 네 시기로 구분하여 살펴보고자 한다. 각각의 단계에서 치안유지법이 무엇을 대상으로 하여 어떻게 억압해 갔는가의 추이를 실증적이고도 상세하게 밝히는 것이 그 '악법'이 '악법'인 까닭을 밝히는 일이라고 생각한다. 일반적으로 치안유지법의 '악법'성은 경찰에 의한 검거와 잔인한 취조, 그리고 탄압 장면으로 상상되지만, 이 책에서는 주로 치안유지법 위반사건의 판결을 중심으로 그에 수반되는 경찰, 검찰, 예심, 공판이라는 사법처분 상황을 시야에 넣으면서 살펴볼 것이다. 그리고 각 단계의 취조 과정의 실제와 최종적인 판결 내용을 검토함으로써 '어떻게 법률로서의 힘을 발휘하여, 인민을 고통스럽게 했는지'를 추적해갈 것이다.

또 하나 유의하고자 하는 것은 치안유지법을 보완하는 여러 치안 법령 — 특히 보안법과 제령 제7호(1919) — 를 시야에 넣으면서, 그것을 포함한 식민지 통치체제의 치안 유지가 어떻게 이루어졌는지를 종합적으로 파악하는 것이다. 단, 출판물의 검열에 대해서는 거의 다루지 못했다.

이 책에서는 이러한 관점에서 치안유지법 운용 전반을 통사적으로 고찰하는 것인데, 사법당국의 내탐, 검거에서부터 판결, 그리고 행형과 보호관찰까지 일련의 사법처분 과정에 대해서는 별도의 저술을 준비하고자 한다. 거기에서는 '조선에서의 치안유지법 사건은 어떻게 재판을 받았는가?'라는 관점에서 살펴보게 될 것이다.[6]

선행연구에 대하여

박경식은 「치안유지법에 의한 조선인 탄압」[7]의 글머리에서 "1945년 이전, 일본의 치안유지법으로 무엇보다 잔인한 탄압을 받고 희생을 강요당한 이들은 조선 인민이었다"고 하고, 재일조선인운동의 탄압을 포함하여, 독립운동에 대한 치안유지법 적용, 치안유지법에 의한 대량의 사형 판결 등을 언급하고 그 탄압의 전체상을 처음으로 지적했다. "천황제 파시즘 지배 하의 탄압법규인 치안유지법 희생자를 논할 경우, 조선인의 희생을 경시하거나 무시하는 것은 극악한 치안유지법과 특고경찰을 과학적으로 구명하는 데에 불충분하다. 그 사상적 기원을 따지지 않으면 안된다"는 지적은 무겁고도 중요하다.

이러한 지적에 응답하는 형태로 조선의 치안유지법 운용 실태를 정력적이고도 실증적으로 연구한 이가 미즈노 나오키水野直樹 교수이며 치안유지법 시행 전반기를 집성한 것이 『식민지조선·타이완에서의 치안유지법

---

6 『조선의 치안유지법의 현장』, 2022.9 간행 예정.
7 朴慶植,「治安維持法による朝鮮人弾圧」,『季刊現代史』7, 1976.6, 114쪽.

에 관한 연구』[8]이다. 연구관점은 내지(일본-역주)와 식민지의 특징과 차이점을 분명히 하는 것에 두고, 치안유지법 자체의 역사적 성격을 식민지에서의 운용 실태를 통하여 밝히는 것이었다. "치안유지법이 식민지에서 시행되고, 그것이 식민지 해방을 지향하는 운동에 적용됨으로써 치안유지법의 해석과 운용이 확대되었다"는 그의 지적은 이 책을 집필하는 데에 큰 지침과 시사를 던졌다.

그 후에도 미즈노 교수는 주로 한국에서 새롭게 공개된 사료군을 활용하여 위의 관점을 더욱 실증적이고도 중층적으로 심화시킨 논문을 다수 발표하고 조선의 치안유지법 운용의 가혹함과 식민지법으로서의 본질을 규명하고 있다. 예를 들면 「식민지 독립운동에 대한 치안유지법의 적용」[9]에서는 "식민지에서는 '내지'와 다른 치안유지법 체제가 성립했다"고 결론짓고 있다.

한국에서는 1920년대의 치안유지법 운용 초기에 대하여 개별 논문이 있지만 아직 20년간의 운용 전반을 다룬 연구는 없는 것 같다. 그 가운데 전명혁 교수의 『형사판결문으로 본 치안유지법 사건과 1920년대 사회주의운동』, 『형사판결문으로 본 치안유지법 사건과 1930~40년대 초 사회주의 운동』[10]은 주로 경성지방법원과 경성복심법원의 판결을 소재로 각 치안유지법 사건의 개요와 치안유지법의 새로운 법 해석에 대해 상세히

---

8 水野直樹, 『植民地朝鮮·台湾における治安維持法に関する研究』, 일본학술진흥회 과학연구비 조성사업 연구성과보고서, 1999, 2쪽.
9 水野直樹, 「植民地独立運動に対する治安維持法の適用」, 浅野豊美·松田利彦編, 『植民地帝国日本の法的構造』, 信山社, 2004, 434쪽.
10 전명혁, 『형사판결문으로 본 치안유지법사건과 1920년대 사회주의운동』, 선인, 2020; 전명혁, 『형사편결문으로 본 치안유지법사건과 1930~40년대초 사회주의운동』, 선인, 2020.

분석하고 있으며, 그동안의 치안유지법 연구의 수준을 끌어올렸다고 할 수 있다.

이 책에서는 이상과 같은 선행연구의 시점과 분석방법을 시야에 넣으면서, 무엇보다도 치안유지법 운용 20년간의 전체상을 파악하고 특히 일본의 경우와 비교하여 그 특징을 밝히고자 한다.

▍치안유지법 관련 사료 상황

일본의 치안유지법 운용실태를 밝히는 데에 큰 장애 요인은 사법 처분 과정의 기록 — 구체적으로는 경찰의 청취서, 검사국·예심의 각 신문조서, 공판기록, 판결 등 — 의 대부분이 패전과 치안유지법 체제의 '해체' 당시 소각 처분되었기 때문에, 남아있는 것이 매우 적다는 점이다. 판결문의 경우, 대심원의 판례가 남아있지만, 대부분을 차지하는 지방법원, 공소원控訴院의 것은 그 일부가 사법성형사국 『사상월보』에 게재된 것에 그친다. 법정의 피고 신문訊問이나 검찰의 논고 구형, 피고 변호인의 변론을 기재한 「공판기」의 경우는 거의 없다고 해도 과언이 아니다.

그렇지만 매년 사상검사를 중심으로 하여 개최한 사상 실무자 회동의 의사록은 꽤 남아 있어서(복각판), 각 단계에서 사상검사나 예심 판사들이 당면한 문제에 대해 의견교환을 하고 치안유지법의 확대 해석 논리를 개발해가는 과정이나 사법성 형사국, 대심원 검사국으로부터 지도 통제 받는 모습 등을 상세하게 살펴볼 수 있다.

한편 조선에서도 일본의 패전 당시 사료 소각 처분이 이루어졌지만, 일본에 비해서는 사법처분 기록 — 경찰·검사국·예심의 각 신문조서를 중심으로 그와 관련된 고문서류, 지방법원·복심법원·고등법원의 각 판결 — 이 비교적 잘 남아있다. 게다가 그들 대부분은 디지털화되었고, 웹으로 공개되어 있다. 이러한 것은 한국에서 『형사판결문으로 본 치안유지법 사건과 1920년대 사회주의운동』 등이 편집 간행될 수 있었던 직접적인 배경이며, 이 책을 집필하는 데에도 많은 도움을 받았다. 단지, 일본에서 항상적으로 개최된 '사상실무가 회동'과 같은 자리는 마련되지 않았기 때문에 치안유지법 운용의 전반적이고 지방적인 기준이나 구체적 운용 실태, 사상검사나 예심 판사들의 견해 차이를 파악하기는 어렵다.

좀 더 구체적으로 살펴보자. 우선 「신문조서訊問調書」 등의 사료군은 국사편찬위원회 일제강점기 「경성지방법원 검사국 자료」로 웹으로 열람할 수 있다. 조선에서의 형사재판에 대해서는 「경찰 신문조서」나 「검사 신문조서」도 증거능력을 갖기 때문에(일본에서는 신 치안유지법 시행까지는 증거능력을 가짐), 「예심 신문조서」와 함께 경성지방법원 검사국에 보관·소장되어 있던 것이라고 생각된다. 공판에서 재판장과의 일문일답인 「공판기록」이 포함되어 있는 것도 있다. 사건에 따라 거의 모든 단계의 자료가 갖추어져 있는 것도 있지만, 대개는 「경찰 신문조서」만, 혹은 「예심 신문조서」만 현존하고 있어서 고르지 않다. 취조관과의 일문일답의 형식인데, 이 책에서 보는 것처럼 거기에는 고문에 의한 자백 강요나 조서 날조 등이 포함되어 있어서 주의가 필요하다. 증인에 대한 「신문조서」도 남아있다.

단지 이 사료군은 어느 사건이 어떻게 사법처분을 받았는지를 추적할 수 있는 점에서 중요하지만, 그 도달점이라고 할 수 있는 「예심종결 결정서」및 「판결문」은 빠져있다. 또한 「경성지방법원 검사국자료」의 주요 부분은 국사편찬위원회 『한민족독립운동사 자료집』으로 활자화되어 있다. 전 70권 중, 「중국지역 독립운동 재판기록」, 「동맹휴교사건 재판기록」, 「상록회사건 재판기록」 등이 치안유지법 관련이다(국사편찬위원회 한국사데이터베이스).

이와 한 쌍을 이루는 것이 고려대학교도서관 한적실漢籍室 소장「경성지방법원 검사국자료」가 있는데 필자는 아직 열람하지 못했다. 목록으로 『희귀문헌해제』(고려대학교 아시아문제연구소)를 이용할 수 있다. 단지, 조선공산당사건 등의 「신문조서」, 「의견서」, 「예심청구서」, 「예심종결결정서」, 「판결문」 등은 김준엽·김창순 공편 『한국공산주의운동사』 자료편 I, II(고려대학교 아세아문제연구소, 1980)로 간행되어 있다.

한국국회도서관에도 「조선인 항일운동 조사기록(조선총독부 소장)」 중에, 「치안유지법 위반」사건기록이나 「선내鮮內검사국 정보」, 「사상사건 기소장 결정 판결 사철寫綴」등이 소장되어 있고 웹으로 열람 가능하다. 여기에도 각 단계의 「신문조서」나 「판결문」이 포함되어 있다.

판결문은 국가기록원 소장 「독립운동판결문」 중에 치안유지법 사건판결 원본이 다수 포함되어 있고 웹으로 열람이 가능하다. 지방법원 판결이 중심인데 예심종결결정서, 복심법원·고등법원의 각 판결 외에 보안법 위반이나 제령 제7호 위반 관계의 판결문도 있다. 또한 이 자료들은 일제강점기 남한지역의 지방법원과 경성·대구복심법원과 고등법원 판결에 국한되고 북한지역인 평양·함흥·청진 등 지방법원과 평양복심법원의 판결은 없다. 이 책에서는 이러한 자료 중 판결문류를 무엇보다 많이 인용하였다. 본문에 인용한 판결문에 대해서는 웹으로 피고인명을 검색하거나 판결일을 지정하여 검색하면 원문을 볼 수 있다.

그 외에 국가기록원 소장 「가출옥」 문서와 「재소자 자료」 문서 중에 역시 치안유지법 판결을 다수 볼 수 있다.[11] 전자에는 「가출옥」을 허가할 때 형무소 보관 행형 자료 중에 판결문(등사)이 참고자료로 포함되어 있다.

---

11 이 자료군은 디지털화되어 있지만, 웹으로는 공개되지 않음.

자료의 성격상, 형무소에서의 행형 상황을 파악할 수 있다는 점에서 귀중하다. 행형 중의 성적이나 '전향' 표명, '상신서' 등이 포함되어 있으며, '행형' 그 자체에 관해서 살펴볼 때도 귀중한 사료군이다. 또한 일부이지만, 북한지역의 함흥지방법원, 평양지방법원, 평양복심법원 등의 판결이 포함되어 있는 것도 있다. 이것은 형무소 끼리 수형자를 이송할 때 남한지역 형무소로 이감되는 경우가 있어서 그 관계서류 전체가 송부되기 때문이다. 전술한 「독립운동판결문」과 중복되는 것도 있다. 「재소자자료」에도 행형 중의 성적 등과 함께 판결문(등사)이 포함되어 있다.

한국의 출판사에서 간행된 몇 편의 자료집에도 치안유지법 위반사건의 판결이 수록되어 있다. 예를 들면, 한국역사연구회편 『일제하 사회운동사 자료총서』 8~12권(1992), 김경일 편 『일제하 사회운동자료집』 6~10권(2002), 한국교회사문헌연구원편, 『일제하 치안유지법 위반 공판기록 자료집 – 이현상 사건』 전 9권(2010) 등이 있다.

I

조선에 상륙한 치안유지법
1925~1927

1
조선에서의 치안유지법 운용
이전의 상황

■ 3·1운동 후의 사회운동 단속

1919년 조선은 3·1운동의 전국적 파급의 후유증으로 치안이 크게 동요한 데다가 러시아혁명으로 촉발된 공산주의운동과 사상의 파급에 직면하고 있었다.

일본의 제50회 제국의회에서 「과격 사회운동 취체 법안」이 폐안이 된 후, 5월에 열린 검사장檢事長·검사정檢事正 회의에서 나카무라 다케쿠라中村竹藏 고등법원 검사장은 향후 공산주의 선전의 경우, '과격 수단'이 예상되며, 암살, 폭탄 투척 등과 같은 흉행은 물론, 집단적 망동이 일어날 것은 반드시 기우는 아니라고 하여, "이와 같은 망동이 일어난다면 말할 것도 없고 선전에 대해서도 사안 여하에 따라 혹은 보안법, 혹은 대정 8년(1919) 제령 제7호에 의거하여 상당한 처벌을 할 필요가 있다"고 훈시했다. 덧붙여서, 1923년 5월의 동 회의에서는 공산주의가 만연하는 경향이 보이므로 "이 주의에 의한 각종 사회운동은 물론, 단순한 주의 선전이라고 해도 간과하지 말고 적당한 조치를 취하여 그 사상이 확산되기 전에 방지하도

록 노력해주길 바란다"고 말했다.[1]

공산주의가 만연한다는 지적에 대해서는, 1923년 4월 11일자 『조선시보朝鮮時報』 사설 「공산주의자의 내외 호응」에서도 불온한 사상에 동조하여 조선을 교란시키려 한다는 것은 크게 두려워할 일이 아니다. 그렇지만 실로 안타까워할 일은 최근 각종 청년계, 노동계에 이것이 퍼지고 있다는 점이다. 왜냐하면 이것이 이미 적화赤化의 온상이 되려 하고 있기 때문이라는 관측이 이루어졌다.

이 단계의 신문에 「동아공산당의 공판」,[2] 「평양의 공산주의자 40명 검거」[3] 등의 기사가 보이는 것처럼, 공산주의에 대한 탄압이 가해지고 있었다. 나카무라中村 고등법원 검사장이 구체적으로 지시한 것처럼 조선에서 치안유지법이 시행되기 이전 공산주의에 대한 단죄에는 보안법과 제령 제7호가 활용되었다.

1923년 1월 16일, 경성지방법원은 주간신문 『신생활』의 관계자 박희도朴熙道, 김명식金明植, 신일용辛日鎔 등에게 제령 제7호 위반, 신문지법 위반, 출판법 위반으로 징역 2년 6월에서 1년 6월의 판결을 내렸다. 김명식과 신일용 등의 「범죄사실」은 1922년 11월 11일, 「러시아혁명 5주년 기념호」를 구성한 『신생활』 제11호에서 공모하여 지금 우리 국가통치의 기본제도를 파괴하고 노동자를 본위로 하는 공산제 사회 실현을 목적으로 조선의 무산 민중에 대하여 공산주의 사상을 선전 고취하고자했다는 것이다. 이 잡지에서 김명식은 러시아혁명을 상찬, 칭송하고 이것이 세계적

---

1 『고등법원 검사장 훈시 통첩류찬(高等法院檢事長訓示通牒類纂)』, 김경일 편, 『일제하 지배정책자료집』 제8권, 고려서림, 1993.
2 「동아공산당의 공판」, 『매일신보』, 1923. 5. 10.
3 「平壤の共産主義者四十名檢擧さる」, 『朝鮮新聞』, 1924. 8. 24.

혁명의 제일성第一聲이라고 평가하고 암암리에 우리나라에서도 현대의 사회조직을 파괴할 혁명은 피할 수 없을 것이라고 주장했으며, 무산 민중에 대해 모름지기 이를 향하여 봉기해야 한다고 사주하는 문장을 작성했고 신일용은 조선무산민중에 대해 러시아처럼 신사회 실현을 위해 노력해야 한다고 사주하는 문장을 게재한 것이 '안녕 질서'를 방해하여 제령 제7호 위반에 해당한다고 하였다.

위의 김명식 등의 글이 조선독립을 목적으로 하지 않았으니, 제령 제7호의 규정을 적용하는 것이 부당하다는 점을 주장했지만, 판결은 "동 령은 반드시 조선의 독립을 목적으로 하는 죄에만 적용하는 것이 아니라 만약 정치변혁을 목적으로 하는 한, 그 정치변혁의 구체적 취지가 무엇인지를 불문하고 이를 적용하는 법의法意라는 점, 그 법문에 비추어봐도 조금도 의심할 바 없다"는 것이었다(국가기록원소장, 「독립운동판결문」). 이 판결 이후, 공산주의 사상 선전을 처벌하는 데에 제령 제7호 적용이 표준이 되었다.

11월 19일 경성지방법원 판결에서도 이러한 언론 활동이 논란이 되었다. 『신천지』 9월호에 게재된 「모든 약자계급에 호소하여 단결을 촉구한다」라는 평론을 이유로 유병기兪炳璣는 발행자 박제호朴濟鎬와 함께 제령 제7호 제1조 위반으로 각 징역 1년을 선고받았다. 거기에서는 "정복당한 식민지를 해방하기 위해, 같은 처지에 있는 약자와 함께 정복자 또는 착취계급을 타도하고, 이상사회 건설에 노력해야 한다, 모든 약자는 국가적 관념을 초월하여 반항하고자 하는 자를 도와야 한다"는 등의 문장으로 세상 사람들을 선동하여 현재의 정치조직을 일변하기 위해, 안녕질서를 방해할 것을 기도했다고 하였다(「독립운동판결문」).

보안법은 명확한 정치적인 의도를 수반하지 않는 민족사상의 분출과 토로를 처단하는 데에 사용되었다. 예를 들면, 1922년 6월 16일, 경성지방법원은 남계복南癸福(농업, 48세)에게 보안법 제7조를 적용하여 징역 6월을 선고했다. 완고하게도 일찍부터 제국의 정치를 좋아하지 않던 피고는 납세 독촉을 받자 "우리 한국은 이미 망했는데 너희는 누구의 명으로 세금을 징수하는가? 한국이 재차 독립한 후에는 세금을 내야 하겠지만, 지금 내가 이를 내야 할 이유가 있는가? 너희가 만약 조선 민족이라면 모름지기 왜노倭奴의 주구走狗 노릇을 그만두라는 취지를 제언"해서, 정치에 관한 불온한 언론을 펴서, 치안을 방해(「독립운동판결문」)했다고 하였다.

또한 후술하는 바와 같이 제령 7호나 보안법은 치안유지법이 시행됨으로써 법령으로서의 기능을 다한 것이 아니라, 그 후에도 치안유지법을 보완하는 형태로 존속했다.

조선의 특수 사정

1925년 2월 7일자 『조선신문朝鮮新聞』은 「조선과 치안유지법안, 경무국에서도 연구 조사 중」이라는 기사에서, "치안유지법안은 현재 중앙정부에서 기안 중인데, 조선에서는 내지(일본) 이상으로 그 필요가 통감되고 있어서 경무당국에서도 연구를 거듭하고 있다. ……조선에서는 특수한 사정도 있어서, 이 법안이 그대로 실시될지, 다소 수정하게 될지는 오로지 이 법안에 달려있어서 경무 당국의 연구 조사도 주로 이 방면에 집중되고 있는 것 같다"고 관측했다. 여기에서 조선의 특수사정이란 독립운동 단속뿐 아니라 전술한 공산주의 만연 경향에 대한 대응도 포함된 것으로 봐야 할 것이다. 그것은 제45회 제국의회의 중의원 치안유지법 특별위원회에서 시모오카 다다노下岡忠治 정무총감의 다음과 같은 답변(1925.2.24)에서 엿볼 수 있다.

덧붙여서 말씀드립니다만, 이 치안유지법과 같은 법률은 조선에서도 반드시 필요한 것이라고 생각하고 있습니다. 만약 이것이 제정되는 경우에는 반드시 조선에서도 시행해주었으면 하는 희망을 갖고 있습니다. 현재에도 제령이 하나 있어서 정치를 변혁할 목적으로 안녕질서를 해치고, 또 방해하고자 한 자는 운운, 이를 선동하는 자는 운운하는 내용이 있고, 그 제령에 일종의 규정이 있지만, 그것만으로는 다소 범위가 좁고, 과격파 공산주의 선전의 경우는 거기에 포함시키기 어렵습니다. 또 다른 의미에서도 정체와 국체를 운운하는 경우는 현재 제령 조항에는 해당하지 않습니다. 따라서 그 범위가 좁기 때문에 만약 이 법률이 완성된다면 조선에서도 반드시 시행해주었으면 하는 것입니다.

조선총독부 당국자가 치안유지법안에 기대하고 있던 것은 과격파 공산주의 선전과 같은 부류의 단속이었다. 현실적으로는 제령 제7호를 확대 해석하는 형태로 그러한 부류를 단속하고는 있지만, 그 범위가 좁다고 인정하지 않을 수 없고, 보다 광범위하고 엄중하게 단속할 수 있는 법령으로 치안유지법을 원하고 있었다고 할 수 있다. 3월 5일자 『경성일보』에 실린 사이토 마코토齋藤實 총독의 담화에서는 "만일 이것이 통과되지 않는다면 그 대책으로서 조선에는 제령이 있으니 국체를 파괴하려는 행동을 하는 자가 있다면 이 제령으로 단속하면 된다. 치안유지법안이 통과되지 않으면 않는 대로 그 때에는 이러한 것을 가지고 새로운 대책을 강구할 생각이다"라고 하였다. 이 국체를 파괴하려는 행동이 과격파 공산주의 선전과 같은 것과 동의어임은 곧 치안유지법 시행 전후 조선총독부 치안당국자의 언동을 통해 뒷받침된다.

치안유지법이 4월 22일에 공포된 후, 곧 5월 8일 칙령 제175호 「치안유지법을 조선, 대만 및 가라후토樺太에서 시행하는 건」이 반포되어 일본 뿐 아니라 조선에서도 5월 12일부터 적용되었다.

▌독립운동 적용 문제의 해결

1925년 3월 7일, 제50회 제국의회에서 치안유지법이 성립하자, 총독부 치안 당국은 시행 준비에 착수했다. 우선 신문 보도를 통해 그 상황을 살펴보자.

5월 3일자『경성일보』는 미쓰야 미야마쓰三矢宮松[4] 경무국장이 "치안유지법이라는 것은 전혀 그 법률 성질이 다르기 때문에, 제령 7호는 당연히 그대로 존치하게 된다"고 발언했다고 보도했다. 5월 12일자『동아일보』는 경무국 고등경찰과장 다나카 다케오田中武雄[5]의 발언으로, "제령은 그 목표가 독립운동가이고, 치안유지법은 무정부주의자나 공산주의자를 대상으로 하고 있는 차이가 있을 뿐, 실질적으로는 공통되는 점이 많다. 실제로 제령으로도 무정부주의자나 공산주의자를 충분히 단속할 수 있고, 치안유

---

4 [역주] 1880~1959. 야마가타(山形) 현 시즈오카(静岡) 출신. 1907년 도쿄제국대학 독법과(獨法科) 졸업. 동년 고등문관시험 행정과에 합격하여 내무성 입성. 일본 각 지방의 경찰부장과 내무부장을 역임. 1924년 조선총독부 경무국장에 취임. 1925년 중국 봉천성과 독립운동 탄압을 봉천성에 위임하는〈미쓰야(三矢)협정〉을 체결. 1926년에 일본으로 돌아갔으며, 1945년 일본의 패망 후 미군정에 의해 공직 추방을 당했다.

5 [역주] 1891~1966. 미에(三重) 현 출신. 1912년 메이지대학 법률학부 졸업. 1915년 고등문관시험 합격, 조선총독부 사무관, 함경북도 경찰부장, 경기도 경찰부장, 경무국 보안과장 등을 역임하고 1936년 조선총독부 경무국장에 취임. 1942년 조선총독부 정무총감 역임, 1944년에 고이소(소기) 내각의 내각서기관장 역임, 일본 패망 후 미군정에 의해 1946년 공직 추방되었으나 1951년에 해금조치 되었다.

지법으로도 독립운동을 충분히 단속할 수 있다"는 담화를 실었다. 치안유지법의 목적이 무정부주의자나 공산주의자에 있는 점, 독립운동 단속을 목적으로 하는 제령 제7호는 그대로 존속한다는 점, 그리고 두 법령이 독립운동과 공산주의운동 모두를 대상으로 한다는 점이 제시된 것이다.

그리고 5월 18일, 도지사 회의에서도 시모오카 추지下岡忠治[6] 정무총감은 대륙과 연결된 조선에서는 여러 가지 사상, 특히 과격한 사상이 유입되고 전파될 위험이 크다고 지적하고, 이에 대해서는 준비와 경계를 게을리 하지 말고 엄중히 단속할 필요가 있다고 하였다. 그리고 조선에서도 앞으로 새롭게 치안유지법이 시행되니, 사상을 단속할 수 있는 법규가 한층 완비되었다고 하였다. 각 도지사에게 사법 관헌과 수시로 연락하고 협조 관계를 맺어, "제령 제7호와 함께 그 운용을 잘 제어하여 문제를 미연에 방지함과 동시에 국가 사회의 존립을 위태롭게 하거나, 조선 통치의 대 방침을 거스르고 비위非違를 저지르는 무리가 있다면 추호도 용서하지 말고 처벌하는 것이 필요하다"고 훈시했다.[7]

치안유지법의 목적이 교격한 사상의 유입과 전파 방지에 있는 점, 제령 제7호에 더하여 '사상을 단속하는 법규가 한층 완전해졌다'는 것을 치안당국자가 자각하고 있었던 것이다. 국가 사회의 존립과 조선 통치를 뒤흔드는 비위를 기도하는 무리에 대한 강경한 처벌 방침은 그 후 식민통치 20년을 통하여 철저히 실행되었다.

---

6 [역주] 1870~1925. 효고(兵庫) 현 출신. 1895년 도쿄제국대학 법과대학 정치학과 졸업. 같은 해 문관고등시험에 합격. 일본에서 내무차관, 중의원 의원 등을 지내다가 1924년에 조선총독부 정무총감에 취임. 위암으로 재직 중 1925년 11월에 사망했다.

7 「道知事會議に於ける政務総監訓示」(大正14年5月18日政務総監下岡忠治), 朝鮮総督府官房文書課編, 『論告・訓示・演術総攬』, 1941, 69쪽.

사법관계에서는 사법관 회의에 출석한 부산지방법원 검사정 스기무라 이츠로杉村逸樓[8]가 "치안유지법을 적용하여 조선의 노동운동이나 소작쟁의를 엄중하게 단속한다. 부산은 내선內鮮(일본과 조선)의 연결지점인 만큼 가장 주의를 기울여야 한다"[9]고 말했다. 또한 5월 14일자의 『부산일보』에도 「현행법의 결함은 이것으로 충분히 보완/악용한다면 심각한 해독을/국체·국헌의 보전을 기함」이라는 표제로 스기무라의 담화가 게재되었다.

시행 다음 날인 5월 13일, 고등법원 검사장은 검사장·검사정에게 사법관 회의의 협정사항으로, 무정부주의 또는 공산주의 선전과 실행 선동, 또는 결사 조직, 그 외 동 주의 운동에 관한 사실에 대해 다른 관내와도 연락하고, 영향을 미칠 우려가 있다고 인정되는 것이나 운동 방법 등에서 검찰 사무의 참고가 될 만한 것은 서로 통보하라[10]는 통첩을 발송했다.

이어서 6월 13일 고등법원 검사장은 「치안유지법의 적용에 관한 건」이라는 통첩을 각 검사장과 검사정 앞으로 보냈다. 여기에서는 "조선을 독립시키고자 하는 목적으로 결사를 조직하고 또 그 내용을 알고 이에 가입한 자, 또는 그 목적 실행 방법에 관하여 협의하고, 또는 그 실행을 선동한 자 등에 대해서는 치안유지법을 적용하므로, 이 취지에 따라 취급해주기 바란다"[11]고 지시되었다. 시행된 지 1개월이 지난 시점에 하달된 이 통첩

---

8 [역주] 1876~?. 고치(高知) 현 출신. 메이지대학 졸업, 판검사 등용시험에 합격, 나라, 고베 등 지방재판소 검사 역임 후 1908년 조선 경성공소원 검사에 임명됨. 이후 대구복심법원 검사, 부산지방법원 검사정 등을 거쳐 1929년에 퇴관하고 부산에서 변호사로 활동했다.

9 「治安維持法を適用して朝鮮の勞働運動や小作爭議を嚴重に取締る」,『朝鮮時報』, 1925.5.7.

10 「檢事局監督官に對する中村高等法院檢事長訓示」(大正14年5月), 『(秘)高等法院檢事長訓示通牒類纂』(1942); 『일제하 지배정책 자료집』 제8권.

11 「治安維持法の適用に關する件」, 『(秘)高等法院檢事長訓示通牒類纂(2)』(1942); 『일

을 통해 독립운동에 대한 치안유지법 적용 여부가 정리되었다는 점은, 거꾸로, 치안유지법 시행 초기에는 독립운동에 대한 적용 방침이 정해지지 않은 상황이었음을 알 수 있다. 즉, 시행 당초에 치안유지법은 '무정부주의 또는 공산주의 선전, 그 실행 선동, 결사 조직, 그 외 동 주의의 운동' 단속에 초점이 맞춰져 있었던 것이다.

노무라 조타로野村調太郎[12] 고등법원 판사는 "조선의 독립은 제령 제7호로 보면 정치 변혁에 해당하고, 치안유지법으로 보면 국체 변혁, 그리고 보안법으로 보면 이른바 정치에 관한 불온한 언론에 해당한다. 각각 다른 양태와 영역의 처벌을 상정하고 있다"[13]고 하면서 독립운동에 대한 치안유지법 적용 문제를 다음과 같이 정리하고 있다.

① 결사 조직 및 그 내용을 알고 가입

조선의 독립을 목적으로 한 결사를 조직하고 또는 그 내용을 알고 이에 가입했을 경우, 아직 행위가 이루어지기 이전의 상황이라면, 이른바 치안을 방해하거나 방해하려 했다고는 할 수 없기 때문에 제령 위반에는 해당하지 않는다. 그러나, 이른바 국체를 변혁하는 것을 목적으로 결사를 조직하고 또는 그 내용을 알고 가입한 것에 해당하므로 치안유지법 위반에 해당한다.

제하 지배정책 자료집』 제9권.
12 [역주] 1881~?. 후쿠이(福井) 현 출신. 1902년 동경법학원 졸업, 1903년 판검사등용시험에 합격, 사법관 시보를 거쳐 일본 내 각 지방재판소에 근무. 1914년 조선총독부 판사로 전임한 후 경성지방법원 등을 거쳐 1923년 고등법원 판사, 1934년 경성지방법원장에 임명, 동년 10월에 평양복심법원장으로 전임.
13 野村調太郎, 「治安維持法と朝鮮獨立運動」, 『普聲』 2, 1925.6.

② 목적인 사항의 실행 협의 및 실행 선동

조선 독립을 목적으로 한 실행 행위에 합법적인 수단이 있다고는 상상할 수 없으므로, 그 협의 및 선동은 대개 치안 방해 예비 또는 음모라 할 수 있다. 따라서 종전에는 치안 방해를 적용하여 제령으로 처벌했으나, 신법에 적당한 규정이 마련되었으므로 제령의 이 부분에 대한 규정은 폐지된 셈이다. 즉 이런 종류의 행위에 대해서는 제령을 적용하지 않는 것으로 이해해야 할 것이다.

조선 독립을 위한 결사 조직과 가입, 그 목적 실행을 위한 협의나 선동은 이제 치안유지법의 영역이 되고, 결사에 의하지 않은 독립운동 선전이나 선동은 종전의 제령 제7호나 보안법의 영역으로 한다는 정리이다. 후술하는 것처럼 치안유지법의 초기 운용단계에서는 특히 치안유지법과 제령 제7호의 적용에 대해서 혼동이 있었지만, 치안유지법 운용이 궤도에 올라 안정되면, 노무라가 정리한 방향에서 이들 세 가지 치안법령의 사용방식이 거의 정착해간다고 봐도 무방하다.

위의 노무라의 논문에서 주목되는 또 하나의 부분은, "치안유지법은 주로 사회주의적 과격운동을 단속하려는 취지에서 제정된 것이 틀림없지만, 이것 역시 법률 제정의 구체적 동기에 불과하다. 만약 입법 이유가 여기에 있다고 해도 성법成法을 해석할 때는 그런 구체적 사유에 구속되지 말고 법문法文에 나타난 의의와 치안 유지라는 법의 근본정신에 따라 그 적용 범위를 판단해야 한다"는 기본인식이다. 사회주의적 과격운동 단속이라는 구체적 사유에 구애받을 필요 없이, 시대의 요청에 부응하여 그 적용 범위를 확대할 수 있다는 견해가 일찍감치 제시된 것은 놀랄 일이지만, 운용 당사자가 시행 초기부터 치안법령이 확장 해석될 여지가 있음을 솔직히 드러낸 점을 확인할 수 있다.

경찰의 사전 경고

경찰 당국을 중심으로 하는 구체적인 준비상황을 보자. 4월 26일자 『조선신문』은 「치안유지법, 마침내 조선으로, 칙령으로 실시」라는 기사에서 경무국의 우스타 요시아사薄田義朝 사무관의 "실시된다고 해서 이 법령을 최근 좌경단체 사상단체 등의 준동蠢動에 어떻게 적용해야 할 지 판명은 되지 않지만, 아무튼 법령 실시에 발맞추어 우선 주의를 촉구하고, 그 후에 단호하게 법을 적용하는 순서가 될 것이라고 생각한다"는 담화를 실었다. 사전에 좌경단체 사상단체 등에 주의라는 경고를 하겠다는 이 방침은 곧 현실에서 나타났다.

「제51회 제국의회 설명자료」[14]에 의하면, 각 경찰서는 조선 각지에 있는 156개 '요주의 단체'(사상단체, 청년단체, 노동조합 등) 간부에게 본 법의 취지를 설명하여 앞으로의 행동에 대해 엄중 경고했다고 한다. 구체적으로는 운동을 자제하라는 '주의', 종전과 같은 활동을 하면 치안유지법을 발동하겠다는 '엄중 경고'였을 것이다. 5월 17일자 『부산일보』는 치안유지법은 일단 주의를 촉구하고 말을 듣지 않으면 적용이라는 사이토 총독의 담화를 게재했다.

5월 8일자 『조선시보朝鮮時報』는 「치안법 적용으로 떨고 있는 조선인 주의자, 경남경찰부의 블랙리스트에 올라 있는 사상단체는 20/깊이가 없는 경남의 주의자/경솔한 준동에 불과/앞으로 엄중히 단속」이라고 보도하고, 5월 23일자 『조선신문』은 「조선과 치안유지법/단속은 매우 준열/원래부터 온정주의에 의거하지만/경헌장警憲長 회의에서 일치」라고 하여

---

14 「第51回帝國議會説明資料」(1925), 『朝鮮総督府帝国議會説明資料』 13, 不二出版, 1994.

"도道에 따라서는 가장 준열한 단속방침을 취하는 경우도 어쩔 수 없지만, 대체로 될 수 있는 한 단속이 필요한 방면에 대해서는 주의를 주고 반성하도록 하는 방법을 취하되, 그래도 폭거를 감행하는 자에 대해서는 철저한 단속으로 임하기로 의견 일치를 봤다고 전해 들었다"고 보도했다.

미즈노 나오키 교수의 「치안유지법 제정과 식민지 조선」에서는 "총독부 경찰 당국의 목적은 전년도의 「치안경찰령 안」에서 의도했던 노동쟁의·소작쟁의의 사전 방지, 단체 행동 저지를 치안유지법의 위력을 빌어 단행하려 한 것은 아닌지 추측된다"[15]고 했는데, 그 지적은 사회운동단체에 대한 '경고' 사실과 조응한다. 거의 1년 전에 「치안경찰령 기안起案을 경무국에서 착수/내지의 제17조를 그대로 조선에?」[16]라는 움직임이 있었던 것이다. 조선에서 시행되지 않았던 치안경찰법을 실시하고자 획책했던 것이다.

치안유지법 시행은 경찰 당국의 활동을 경고의 차원에 머무르도록 하지 않았다. 사회단체 해산이나 집회 금지라는 구체적 억압을 가하기 시작했다. 7월 5일자 『조선일보』가 보도한 「아동운동회를 치안유지법으로 금지, 우승기까지 압수하고 단오운동회를 금지해, 조천朝天주재소의 횡포」는 그 일례이다. 10월 31일자 『조선신문』의 「위험분자의 연구회 중지」에는 "본월 초순……해산을 명받은 고학생을 중심으로 조직된 조선공영회朝鮮共英會는 해산 명령을 내린 종로경찰서 관내에서 본정本町 경찰서 관내로 옮겼는데, 다시 학생과학연구회라는 것의 창립을 기도해서 본정 서에서 금지했다. 이에 질려 31일 사회사상에 관한 대강연회를 개최하고자 술책을

---

15 水野直樹, 「治安維持法の制定と植民地朝鮮」, 『人文学報』 83, 2000, 118쪽.
16 「治安警察令の起案に警務局で手を着け始めた 内地の第十七条を其儘朝鮮へ?」, 『京城日報』, 1924. 4. 19.

부려 종로서를 기만하고자 한 것을 적발하여 단연 금지했지만, 경찰서 고등계에서는 이를 기회로 이들 불량분자를 철저하게 처분할 의향이다"라고 하였다.

또한 10월 8일자 『동아일보』는 「치안 방해를 구실로 황청연맹회 금지, 표리부동한 재령 경찰당국 치안유지법 적용?」이라고 보도했다. '황청연맹회'는 황해도청년연맹회이다. 조선공영회, 황해도 청년연맹회 모두 치안유지법을 적용한다는 협박을 받고 해산하지 않을 수 없었을 것이다. 이것은 본래의 치안유지법의 법익法益과는 다르지만, 치안유지법이 종잡을 수 없으면서도 절대적인 위력을 갖는 단속법이라는 이미지를 만들어, 경찰당국이 단숨에 사회운동 측에 위협을 가했음을 추측할 수 있다. 1926년 1월 20일자 『조선신문』은 「주의 운동은 더욱 심화될 것인가? 요즘 조선 내 사정」이라는 제목으로, "공산, 허무, 사회주의와 조선 내의 주의 운동은 해가 갈수록 왕성해지고 점점 이런 종류의 주의 운동이 전 조선에 가득 찼는데, 작년 치안유지법 시행 이래, 주의 운동에 대한 당국의 금압禁壓으로 숨죽인 상태에 있는 모양이다"라고 관측하고 있다. 치안유지법에 내포된 행정경찰 기능도 발휘되기 시작한 것이다.

▍사회운동 측에 대한 위협

치안유지법 시행 전후, 경찰이 선포한 '주의'라는 이름의 경고는, 사회운동 측에 큰 위협이 되었다. 5월 9일자 『매일신보』는 「각 좌경단체 운명, 해산과 굴복의 분기점에서」, 5월 16일자 『조선시보』는 「좌경단체 단숨에 해결? 치안유지법을 내세워, 주의자는 매우 오들오들」이라는 식이다. 더욱 5월 30일자 『조선신문』은 「치안유지법으로 좌경 무리 질식되나?」라고 하여 "치안유지법 시행 이래 좌경단체는 공포 불안에 내몰리고 있는 모양인데, 최근에는 완전히 그 준동을 중지한 모양이다. 경찰 당국의 말에 따르면, 최근에는 좌경단체의 모임조차 그다지 없고, 따라서 준동 등은 거의 없다. 결국 비장의 칼을 뽑을 필요도 없는 형세이다. …… 이제 한동안 좌경분자는 팔방이 막힌 상태에 있다"고 전했다. 7월 10일자『조선시보』는 「치안유지법이 두려워 그림자를 감춘 조선인 주의자, 이제 앞으로는 꼼짝달싹하지 못한다. 경찰 관헌도 이것으로 안심하나」라고 하였다.

또한 조선총독부 어용신문인『경성일보』는 치안유지법 시행 직후인 5월 13일, 「꼼짝달싹하지 못하는 조선의 주의자, 치안법 시행 전부터 팔방이 막혀버린 비경悲境」이라는 기사에서, 바노 세이치馬野精一[17] 경기도 경찰부장의 "치안법에 의해 굳이 그들에게 해산 등을 명하지 않지만, 그들은 이제 사람들로부터 외면당하고 내분은 점점 심해지고 있다. 주의 운동의 앞날은 다 타버린 양초와 같은 신세"라는 담화를 실었다. 운동의 실태를 설명했다고 하기보다는 꼼짝달싹하지 못하는 상황을 만들고 싶다는 당국자의 기대감이 드러나 있다. 경찰당국은 치안유지법 시행을 계기로 그러한 상황을 무조건 만들어 나갔다.

후술하는『조선일보』기자 신일용辛日鎔이 훗날 경성지방법원의 공판에서 한 진술은 치안유지법 시행 초기에 이들이 엄벌에 대해 강한 공포심을 느끼고 있었던 상황을 전해주고 있다. 신일용은 1925년 당시에 국외로 탈출했다가, 1933년 귀국 후 검거되어 공판(1933.7.28)에 회부되었는데, 그 때 자신이 도망간 이유에 대해 "치안유지법 제정 당시의 일로, 동 법

---

17 [역주] 1884~?. 야마구치(山口) 현 출신, 1908년 와세다대학 정치경제과 졸업, 고등문관시험 합격, 각 지방의 행정관료 역임 후 1919년 9월 조선총독부 사무관으로 부임. 황해도 제3부장, 경상남도 경찰부장, 경기도경찰부장, 경찰관강습소장 등을 역임하고 1925년에 경성부윤에 취임, 1929년 함경남도 지사, 전라남도 지사를 역임함.

은 위반자에 대해서 대단한 엄벌을 부과하는 것이었고, 조선 내에서는 아직 이 법으로 처벌된 자가 없어, 변호사에게 상담하였더니, 최초의 일이기 때문에 결과를 전혀 전망할 수 없다고 대답했다. 그래서 피고인은 이미 구금 생활의 고통을 겪은 적이 있어서, 무겁게 처벌되는 것이 두려웠다"[18] 고 진술하였다. 신일용의 공판은 1925년 10월에 개최될 예정이었기 때문에, 최초의 치안유지법 공판이 될 뻔한 사건이었다.

조선사회의 비판적 반응

치안유지법 시행에 대한 조선사회의 인식은 어떠했을까? 역시 여기에서도 각 신문의 반응을 통해 그 단면을 엿보고자 한다.

대표적인 한글신문 『동아일보』, 『조선일보』, 『시대일보』, 『매일신보』 등은 1925년 5월 12일 시행을 계기로 정부가 발표한 「치안유지법 석의釋義」를 수차례 게재한 데 이어, 1930년대 말까지 치안유지법 관계의 검거, 재판 관련 기사를 자주 게재했다. 일본의 보도와 비교하면 훨씬 많다. 예를 들면, 『조선일보』(조선총독부에 의해 1940년 8월 폐간)의 데이터베이스에서 「치안유지법」으로 검색하면, 약 4,300건이 검색된다. 조선공산당사건 등 중요 사건에 대해서는 장문의 예심 종결 결정서나 재판문이 연재되었다. 치안유지법 운용이 정점에 달하는 1930년대 전반, 각 신문의 사회면에는 사건 검거, 예심 종결, 공판 기사가 매우 많다. 이러한 사실은 신문 독자와 사회의 강한 관심을 반영한다고 보아야 할 것이다.

---

18 「신일용 공판조서」(高等法院公判調書), 1933.7.22, 『경성지방법원 검사국 문서』, 국사편찬위원회 한국사데이터서비스.

일본의 치안유지법 실시. 『개벽』 제64호(1925.12.1)

또한 잡지 『개벽』 제64호에는 위와 같은 만화가 게재되었다. 「을축년 중 16대 사건」의 하나로 다루어진 것으로 이미 '집회 엄금'이나 '언론 압박'으로 탄압당하고 있는 민중에게 설상가상 치안유지법이 더해져 타격을 가하는 것으로 묘사하고 있다. 1925년 말, 경무국은 제국의회 「설명자료(고등관계)」[19]에서 치안유지법에 대한 조선 사회 각층의 반응을 기록하고 있다. 유식계급과 유산계급이 불온행동을 단속하는 데에 가장 적당한 법률로 긍정적으로 평가하는 반면, 주의자, 농촌운동자 또는 노동운동자는 악법 실시로 더욱 자극을 받아 운동이 한층 더 치열해진다, 사상은 사상으로 다룬다는 원칙을 무시하고, 권력으로 사상을 억압하고자 하는 것으로, 도저히 그 목적을 달성할 수 없음은 역사가 증명하는 바라는 반응이었다고 한다. 또한 기타 의견으로, 참정권 부여는 민도民度가 저급하다는 이유

---

19 경무국, 「대정14년(1925) 제51회 제국의회설명자료(고등관계)」, 『朝鮮総督府帝国議会説明資料』 13, 不二出版, 1994.

로 거부하면서 치안유지법과 같은 단속법은 민도에 상관없이 실시하는 것은 일시동인一視同仁의 취지에 어긋난다고 비판하는 자, 보통선거가 실시되지 않은 조선에서 치안유지법만을 시행하는 것은 차별적 취급으로 모순도 매우 심하다고 비판하는 자도 있었다고 한다. 조선사회 전반에 걸쳐, 식민통치를 더욱 가혹하게 하는 치안유지법 시행에 대해 비판적인 의견이 적지 않았다.

▌ 불행한 일군一群의 어족魚族 한글 신문의 논조

『조선일보』와 『동아일보』는 사설에서 치안유지법의 제정·개정, 그 운용에 적극적인 논평을 가하고 있다. 여기에서는 치안유지법 시행 전후의 사설을 개관한다.

『조선일보』는 1925년 2월 24일자로 「일본 치안유지법안과 보통선거안」을 분석하고, 3월 7일자 「조선과 치안법」에서 시행 후에 노동운동이나 사회운동이 단속 대상이 될 것을 예측했다. 그리고 제령 제7호와 치안유지법은 하늘 땅을 뒤덮는 그물망 가운데로 조선 전체를 내던지는 것이라고 하고, 모든 사람이 이 그물망에 걸려들 것이라고 예측했다. 3월 20일자 「치안과 불안」이라는 사설에서, 지배계급은 이미 얻은 이익과 권력과 지위를 보전하기 위해 치안을 유지한다는 명목으로 피지배계급의 불만과 불안을 억압하고, 그 이익과 권리, 지위를 유린할 것이다. 이로 인해 피지배계급은 필연적으로 불안과 불만과 반감을 갖게 될 것이다. 그것은 다시 지배계급에게 불안과 공포를 느끼게 할 것이라고 하였다. 결국 불안과 치안은 계급적 의식으로 전환이 자유로운 동질적인 관념이라고 주장한 다음, "독립운동도 사회운동도 치안유지법의 위력으로 진압되고 복종하게 될 것인가? 치안유지법이 가져올 조선의 치안이라는 것은 조선인의 불안을 의미하는 치안일 것이다"라고, 치안유지법 제정이 갖는 의미를 냉철하게 통찰하고 있다.

4월 25일자 「치안유지법안의 실시」라는 기사는, 가토 다카아키加藤高明 내각에 의해 보통선거법과 치안유지법이 성립한 의미를 모순과 당착撞着의 좋은 대조라 간주하고, 그럴 정도로 일본의 정치적 현황이 십자로에 서 있다는 점이 매우 흥미로운 사실이라고 역사적 관점에서 자리매김했다. 이어지는 4월 30일자의 사설 「다시 치안유지법 실시에 대하여」에서는 다음과 같은 우화로 글을 시작한다.

여기 불행한 일군一群의 어족魚族이 있다. 놀란 물결에 이리 쏠리고, 저리 쏠리어 마침내 마른 연못의 우리 안에 갇힌 바 되어 끊어질 듯한 숨이 순식간에 절박해졌다. 가령 교묘한 어부의 솜씨가 아니어도 충분히 그 일거수 일투족으로 전족全族을 포획할 수 있을텐데 하물며 치밀한 어망과 날랜 수단으로 불의의 습격을 한다면 일망타진하에 일족을 멸망시키는 것은 실로 쉬운 일이다.

치안유지법 시행 후 일어날 상황이 정확하게 예측되어 있다. 그동안 몇 편의 사설은 침착하고 냉철하게 큰 시야에서 치안유지법의 의미를 확인하는 작업이었다면, 시행이 임박하자 강한 어조로 치밀한 그물과 날랜 수단이 가져올 가혹한 결과를 규탄하고 있다.

나아가 교활한 책략과 권력의 압박으로 모든 요구를 근절하려는 것은, 만약 그것이 한때의 실수가 아니라면, 가장 어리석은, 인도人道에 대한 모독이다. 조선인으로서 당연히 외치지 않을 수 없는 모든 정치적 경제적 요구에 대해서, 약간의 용서도 없이, 억지로 전 민족을 감금하려는 크고도 새로운 위협이라고 다그치고 있다. 마지막에는 "오늘과 같은 조선의 정치와 경제 상태가 완전히 일본 제국주의와 자본주의의 이중 지배하에 있는 것, 또한 이와 같은 이중 지배의 기조基調와 조선 전 민중의 생존 원리는 도저히 조화를 이룰 수 없다는 사실을 인정하지 않을 수 없다. 그러므로, 일본의 현 정치와 경제조직을 어디까지나 옹호하려는 이번의 치안유지법안도 조선 민중의 모든 정치적, 사회운동에서 서로 결코 양립할 수 없는 관계라는 것은, 더 이상 아무런 말이 필요 없을 만큼 명백하다. 법률이라는 추상적 범주와 생활이라는 구체적 사실이 최후까지 격투를 멈추지 않을 것이다"라고 맺는다. 다가오는 치안유지법의 위협에 대하여 정면 대치하려는 결의로 가득 차 있다.

『동아일보』는 치안유지법의 입안 단계에서부터 논평을 가하고 있다. 1925년 1월 31일자 사설 「일본정치가의 고루固陋를 소笑함, 소위 치안유지법안」은 법안 성립까지의 경위와 동기를 언급하고, 법안의 실질에서 볼 때 지난번의 과격 법안과 이번의 치안유지법은 같은 악공樂工이라도 곡조를 달리할[同工異曲] 수밖에 없다고 단정하고, "우리는 어떤 정견이나 고상하고 원대한[高遠] 이상도 갖지 않은채, 현재의 안건에 황송하여 몸을 굽히고 [跼天蹐地] 자기 옹호에 급급한 일본 정치가에게 연민의 정을 금하기 어렵다"고 하였다. 이어서 2월 23일자 사설 「치안유지법과 조선과의 관계」에서는 다음과 같이 논하고 있다.

> 조선과 일본과의 사이에서 조선인이 일본의 국체 또는 정체政體를 변혁할 목적으로는, 일본의 헌법으로 본 조선과 일본과의 관계에 비추어 결사를 조직할 필요도 이유도 없다. 그렇지만 사유재산제도 문제에 이르러서는 조선인의 결사조직과 깊은 관계가 있는 것으로 생각한다. 어찌 그러냐하면, 조선에서는 법률 적용과 조문 해석이 일본보다 매우 가혹

하기 때문이다. …… 이러한 조문을 임의로 적용 또는 해석해서 조선에서 조선인의 선善의 실현에 대하여 비상히 박해를 가할 것은 총독정치의 본질에서 판명되는 바이다. 이러므로 조선의 조선인은 종래의 신문지법과 제령, 그 위에 또다시 치안유지법의 삼중 구속을 당하는 것을 이제 우리는 기억하고 있다.

치안유지법 제정 후, 치안유지법이 일방적으로 확장 해석되고, 종래의 치안법령에 더하여 삼중의 구속이 될 것임을 일찍부터 예측하고 있었다. 그렇지만 『동아일보』기자는 치안유지법 운용에 대해 국체변혁은 조선과 관계가 없다고 보았으며 민족독립운동이 단속 대상이 되리라는 것도 상정하지는 않았음을 엿볼 수 있다.

이 삼중의 구속이 가장 우려되는 문제였다. 치안유지법 시행 다음 날인 5월 13일 사설은 「치안유지법 실행에 대하여, 파급되는 영향 여하如何」에서 "과연 조선에서 이 법안을 실시해야하는 근거는 어디에 있을까? 이미 모든 준엄한 법망이 구비되어 있는 조선에서 또 이 법률을 실시한다는 것은 현재의 전제정치, 압박정치, 위협정치인 총독정치가 조선민중에게 더 한층 심리적으로 심각한 악영향을 끼칠 뿐이 아니겠는가? 게다가 치안유지법이 아니라 제령 7호만으로라도 충분히 현재의 사상운동을 형식적으로는 압살할 수 있는 것이다"라고 재론했다.

5월 16일 사설 「치안유지법의 해석에 대하여」는 사유재산제도 부인과 선전, 선동 등이 해석이 애매하여 "결국, 사법관의 임의처분에 맡기는 관계상 큰 불안을 느끼지 않을 수 없다"고 하였다. 게다가 조선의 사법관은 보통, 민사는 제쳐놓더라도 형사, 특히 사상문제에서는 그 때마다 총독부의 정책에 지배당하고, 또한 정책이 아닌 경우에도 법률을 법률로써 해석하고 적용하는 것이 아니라, 자신의 기분과 감정을 주관적으로 집어넣어 편견이나 오해로 임하기 때문에, 현재의 법치사상조차 그들에게는 과격사상이 될 뿐이라고 하였다.

이러한 논조는 당시 조선 사회가 느끼고 있는 큰 위협과 불안감을 대변하고 있다고 할 수 있다. 한편 조선총독부계의 일본어 신문인 『경성일보』에 두 번 게재된 사설의 입장은 『조선일보』나 『동아일보』와는 결이 다르다. 중의원을 통과한 직후인 1925년 3월 11일자 사설 「치안유지법을 악법으로 만들지마라. 당국자에게 바란다.」는 치안유지법은 과격한 공산주의자 단속을 위해서 필요하다는 입장을 취하며 만약 사회주의자로서 진실로 우리나라 실제정치에 힘을 발휘하고자 한다면 이 법이 금지하지 않는 범위에서 얼마든지 행동의 자유를 가질 수 있을 것이라고 하였다. 그래도 세상에서 '악법'이라고 평가하는 우려를 없애기 위해서는 "본 법의 운용에 임하는 당국자는 의회에서의 정부위원의 설명을 잘 곱씹어 충분히 이해해서, 조금도 사상 압박, 언론 구속과 같은 일이 없도록 어디까지나 세심하고 신중히 임할 것을 바라마지 않는다"고 하였다.

시행 직후인 5월 14일자 사설 「치안유지법 드디어 시행」은 정부가 공표한 「적용 석의釋義」를 읽고 예상과 달리 상당히 악법적 요소가 다수 포함되어 있다는 것을 인정하지 않을 수 없다고 하고, 만약 이 법을 함부로 휘두른다면, 그야말로 모든 언론, 출판, 집회, 결사의 자유는 위협받지 않을 수 없다고 하였다. 결론에서는 본 법과 같은 것은 본질적으로 악법이 되기 쉬운 결함을 많이 갖고 있다고 인정하면서도 여전히 국가에 대한 화근을 제거하는 것은 필요하다는 입장에서 "우리는 이제 당국의 건전한 상식과 신중한 준비를 신뢰하는 수밖에 없다"고 하여 양식적인 법의 운용을 탄원할 뿐이었다.

그러나 치안유지법 운용의 실제는 함부로 남용되고 모든 언론, 출판, 집회, 결사의 자유를 빼앗는 악법 그 자체의 모습으로 나타났다.

2
조선에서의 운용 개시

▍공판 중인 사상 사건에 대한 적용

치안유지법안은 의회 심의 과정에서 그 남용 우려로 인하여 제지를 당한 적도 있어서 일본내에서는 시행 후 잠시 동안 제한적으로 운용되었다. 1928년 3·15사건[20]으로 둑이 무너진 것처럼 거침없이 치안유지법을 전면 시행하지만, 그 이전까지는 1926년 1월 교토 학련學連사건,[21] 1927년 11월 홋카이도 집산당사건集産党事件[22]에 대한 적용에 그쳤다. 이와 달리 식

---

20 [역주] 1928년 3월 15일 일본공산당, 노동농민당, 일본노동조합평의회 등 수천명을 검거하여 탄압한 사건. 488명이 기소되었다. 치안유지법 위반으로 수감된 자가 30명에 달했다.
21 [역주] 1925년 12월 이후 교토제국대학과 도시샤(同志社)대학 등 마르크스주의 연구 모임이 탄압당한 사건. 일본내에서 처음으로 치안유지법을 적용한 사건으로 기록되었다.
22 [역주] 홋카이도의 철도 노동자 등이 조직한 마르크스주의 독서모임을 발전시켜 1927년 8월 비밀결사〈집산당〉을 결성하여 정치활동을 준비했다. 1927년 11월 13일, 검거가 시작되어 11명이 기소, 7명이 집행유예, 야마자키 호사쿠(松崎豊作)

민지조선에서는 치안유지법의 직접적 법익法益과는 다른 차원에서 일찍이 행정경찰적인 측면에서 위력을 발휘하는 한편, 시행과 함께 적극적인 운용을 주저하지 않았다. 치안유지법 위반을 적용한 검거와 입건立件에 앞서 제령 제7호 위반·보안법 위반으로 공판 또는 예심이 진행 중인 사건에 대해 일찍부터 치안유지법 적용을 고려한 사례가 발생했다.

현재 확인할 수 있는 첫 사례는 1925년 6월 24일 경성복심법원의 박동근朴東根에 대한 판결이다. 5월 8일 청진지방법원에서 강도 및 제령 제7호 위반으로 징역2년 6월의 유죄 판결을 받자, 피고 박동근은 항소했다. 조선 독립을 목적으로 조직한 대동회에 가입, 통신원으로 활동하고 다수와 함께 치안 방해를 기도한 것을 「범죄사실」로 간주했다. 복심법원 판결에서는 범죄 후의 법률에 의해 형의 변경이 있다고 하여 신법에 의하면 치안유지법 제1조 제1항에, 구법에 의하면 대정8년 제령 제7호 제1조 제1항에 각각 해당한다고 하고, 이 양자의 형량을 대조하면 제령 제7호의 형량이 가볍기 때문에 이를 적용한다고 하였다. 결과적으로는 제1심과 마찬가지로 제령 제7호가 적용되고 형량도 변함은 없었다.

6월 26일 경성복심법원의 채덕승蔡德勝[23]에 대한 판결도 마찬가지이다. 피고는 고등법원에 상고했지만, 8월 24일 판결에서 기각되었다.

6월 27일 대구복심법원의 판결은 다소 복잡하다. 3월 25일 공주지방법원 목포지청 판결에서 보안법 위반을 적용하여 사립학교 교원 임재갑任在甲에게 징역 10월의 유죄를 선고하자, 피고는 항소했다. 정치 변혁을 목적으로 강연단을 조직하여 조선의 민족성은 관대, 박애, 예의, 청렴순결, 자존의식이라는 등의 강연을 단원에게 시켰으며, 혁명가를 고창했다는 이

등 4인이 1년 반에서 2년 형을 받았다. 홋카이도 최초의 치안유지법 위반 적용 사건.
23 조선독립을 목적으로 한 한민회에 가입, 강도 등을 실행했다.

유이다. 복심법원의 공판에서 검찰은 치안유지법 제1조에 해당하므로, 제령 제7호와 대조하여 처단해야 한다고 주장했다. 이에 대해 판결에서는 "결사란 다수가 공동의 목적을 위해 임의로 영속적으로 결합한 조직적 단체를 가리키는 것이다. 그런데 본건 피고인……등의 행위가 아직 이러한 단체를 형성한 것으로는 인정할 수 없다"고 하여 치안유지법 적용을 인정하지 않았다. 또한 판결에서는 제1심의 보안법 위반을 변경하여, 제령 제7호 위반을 적용했다.

9월 12일에 경성지방법원에서 판결(각 징역 3년)을 받은 정재달鄭在達, 이재복李載馥의「조선공산당 준비사건」은 예심 진행 중에 치안유지법 적용으로 변경되었다. 이 사건은 1924년 9월 경성 종로경찰서에 검거되었을 때부터 시작하여 1925년 3월에 시작된 예심까지 제령 제7호 위반으로 진행되었다. 1924년 10월 30일 경성지방법원 검사국 검사 히라야마 마사요시平山正祥[24]의 예심청구서는 제령 제7호 위반을 적용했으며,「범죄사실」은 "피고 등은 공산주의 선전에 의해 조선에서 정치변혁을 기도하고……안녕질서를 방해한 자"라고 하였다. 그런데 1925년 7월 24일 경성지방법원 예심판사 후지무라藤村英의 예심종결 결정에서「범죄사실」은 모두 사유재산제도 부인을 목적으로 한 고려공산당의 조직 실현에 관여·진력하여 안녕질서를 방해하려한 자라고 하여, 피고 등의 행위는 대정8년(1919) 제령 제7호 제1조, 치안유지법 제1조, 형법 제6조를 적용 처단해야하는 것으로 인정된다고 하였다. 예심 단계에서 치안유지법 적용이 추가된 것이다.

---

24 [역주] 1876~?. 사가(佐賀) 현 출신, 1897년 메이지법률학교 졸업, 1901년 판검사등용시험에 합격하여 나가사키재판소 검사대리, 교토지방재판소 검사 등을 역임하고 1916년 경성지방법원 판사, 검사, 1919년 공주지방법원 검사를 거쳐 1920년 9월 경성복심법원 검사 등을 역임.

각각 징역 3년이 선고된 9월 12일 경성지방법원 판결에서는 범죄 시의 법령에 의하면 대정8년 제령 제7호 제1조 제1항 본문에 해당하고, 신법에 의하면 치안유지법 제1조 제2항(미수죄 - 인용자주)에 해당하는 범죄라고 하였고, 비교하면 경중의 차이가 조금도 없어서 제령 제7호 제1조 제1항 본문을 적용한다고 하였다. 여기에서 주목할 것은 형량에서는 제령 제7호와 치안유지법과 같았음에도 불구하고, 적용은 제령 제7호가 우선된 점이다.[25]

또한 7월 27일 박희빈朴熙彬에 대한 고등법원 판결(4.30, 평양복심법원 유죄에 대하여 상고)은 사실을 판시한 전문에서 이른바 조선 독립운동에 공명이란 것은 조선을 제국의 속박에서 벗어나게 함으로써 정치를 변혁할 목적으로, 판시한 범행을 하게 되었다는 취지인 점, 글의 문맥이 명료하므로 제령 제7호 제1조를 적용한 것은 타당하다고 한 것처럼, 제령 제7호 위반으로 처단하고, 치안유지법 위반은 적용하지 않았다(판결은 상고를 기각함). 이후 치안유지법 공판에서 상용되는 제국의 속박에서 벗어나게 한다는 정형화된 어구가 제령 제7호 위반에서 인용된 점은 주목할 만하다.

무정부주의 결사 「흑기연맹」(이복원李復遠 등 9인)에 대한 10월 26일자 경성지방법원의 공판은 제령 제7호 위반 피고사건으로 다루어졌다. "우리 나라 현시의 정치 및 경제 변혁을 목적으로 하는 무정부주의결사 흑기연맹은 자아自我의 확충을 저해하고, 만인의 행복을 유린하는 모든 불합리한 제도를 근본적으로 파괴하고 권력으로 결합한 조직을 철저히 배척함"이라는 취지 아래 5월 3일에 창립식을 거행했는데, 결사조직이 완료되지 않은 단계에서 검거되었으며, 제국의 안녕질서를 방해했다는 것이 「범죄사실」

---

25 이상 「정재달·이재복 조서」, 『한국공산주의운동사』 자료편 1, 아세아문제연구소, 1979.

로 간주되었다. 11월 17일의 판결에서는 행위 시의 법에 의거하면 제령 제7호 제1조 제1항 본문에, 신법에 의거하면 치안유지법 제1조 제2항 제1항에 해당하는 범죄라고 한 다음, 각 정해진 형량을 비교하면 조금도 경중이 없으므로 제령 제1조 제1항 본문을 적용한다고 하고, 각각 징역 1년을 부과했다.[26]

이 판결에서 주목할 점은 첫째, 9월 12일 경성지방법원 판결과 마찬가지로, 제령 제7호 위반 적용이 우선된 것이다. 둘째, 신문 보도에서 이 공판이 「흑기연맹사건 치안유지법 적용?」(『매일신보』, 10.27)으로 주목되고, 판결에 대해서도 「경성지방법원 최초의 치안유지법 적용 흑기연맹사건 언도」(『매일신보』, 11.18)라고 보도된 것이다. 후술하는 바와 같이 평양지방법원 안주 지청에서 이미 7월 31일에 치안유지법 위반 판결이 있었기 때문에 이 사건은 경성지방법원 최초의 치안유지법 적용사건이라고 보도되었다.

아마 조선총독부 경무국, 법무국, 고등법원, 고등법원 검사국 등이 치안유지법 시행과 함께 그 적용을 적극적으로 실시하라는 직접적인 지시를 하지는 않았을 것이다. 시행 당일에 나카무라 다케조中村武蔵[27] 고등법원 검사장이 사법관 회의에서 "이 주의에 의한 각종 사회운동은 물론 단순한 주의 선전이라고 해도 간과하지 말고 적당한 조치를 취하여 그 사상이 만연하기 전에 방지하도록 노력해주길 바란다"[28]고 엄중 단속을 훈시한 것을

26　고등법원 검사국,『조선치안유지법 위반사건 판결(1)』,1929; 박경식 편,『朝鮮問題資料叢書』제11권, アジア問題研究所, 1989, 461쪽.
27　[역주] 1869~1945. 도쿄(東京) 출신, 1892년 도쿄제국대학 법과대학 졸업 후 사법관 시보를 거쳐 일본내 지방재판소 판검사 역임, 1907년 한국통감부 판사로 전임, 경성지방재판소장을 거쳐 조선총독부 검사, 경성공소원 검사장, 경성복심법원 검사장을 거쳐 1920년 고등법원 검사장에 취임함.
28　「検事局監督官に対する中村高等法院長訓示(1925.5.1)」,『高等法院検事長訓示通牒類纂』; 신주백 편,『일제하 지배정책 자료집』제8권, 고려서림, 1993.

수렴하여 경찰이나 사법당국의 각 지방기관이 각각 독자적 판단으로 치안유지법을 적용하기 시작했을 것이다. 그 가운데 이에 적극적인 검사와 판사는 진행 중인 제령 제7호, 보안법 위반사건의 예심과 공판에서도 적당한 조치로 이를 반영시켜 나갔다.

그 가운데에서도 7월의 고등법원 판결처럼 치안유지법 적용을 주장하는 검찰 측에 법원 측이 동의하지 않은 사례도 있었다. 조용관趙容寬 등 제령 제7호 위반 및 출판법 위반 사건의 경우, 전주지방법원 군산지청의 무죄판결에 대해 검사가 항소하자, 12월 27일에 대구복심법원은 징역 8월 등의 유죄판결을 내렸다. 사유재산제도를 부인하고, 토지, 광물은 물론, 자본 및 생산물 등 모두 사회의 공유로 할 것을 주장하고 제국의 국가 조직이 용납할 수 없는 이른바 공산주의자의 주장을 맹신하여 모두 보안법 제7조에 해당한다(「독립운동판결문」)는 것으로, 검찰은 제령 제7호의 적용을 요구했으나 판결에서는 보안법 위반을 선택하고 있다. 판시된 「범죄사실」은 치안유지법을 적용해도 이상하지 않지만, 검찰 측도, 법원 측도 치안유지법 적용을 선택하지 않았다.

이렇게 보면, 치안유지법 시행 후 1925년 하반기에는 제령 제7호, 보안법, 치안유지법 적용이 아직 혼재하고 있던 것이 현실이었다고 할 수 있을 것이다. 이것은 병행하여 시행하고 있던 치안유지법에 의한 검거와 사법처분에서도 마찬가지였다. 즉 형량이 같은 경우에 제령 제7호 적용을 우선한 것도 치안유지법 운용 초기의 특징이다. 그 이유는 아직 치안유지법 적용이 어색해서 익숙했던 제령 7호를 선택한 것이라고 할 수 있을지 모르겠다.

▎치안유지법에 의한 검거와 사법처분 개시

조선에서 최초의 치안유지법에 의한 검거자는 1925년 6월 하순 평안남도 안주경찰서에 검거된 정의부원正義府員 안걸식安杰植 등 3인인 것으로 보인다(『동아일보』, 6. 29). 독립운동이 표적이 된 것이다. 7월 25일자 『시대일보』는 「정의부원 안걸식 치안유지법 첫 적용」이라는 표제로 안주경찰서가 신의주지방법원 검사국에 치안유지법 제1조 위반으로 송치했다고 보도했다. 7월 30일 평양지방법원 안주지청은 치안유지법을 처음 적용하여 안걸식에게 징역 3년의 판결을 내렸다(『동아일보』, 1925. 7. 30).

이 판결에 대해 안걸식은 평양복심법원에 항소했다. 9월 6일 공판에서 검사는 치안유지법 적용은 잘못이며 제령 제7호를 적용해야 한다고 주장했다. 12일 판결에는 제령 제7호를 적용하여 징역 1년 6월을 선고했다(『동아일보』, 9. 13). 검찰 측이 왜 치안유지법 적용이 부적절하다고 해석했는지는 알 수 없지만, 아직 치안유지법 운용이 안정적이지 않았던 증거로 봐야 할 것이다. 현재로서는 판결문 자료를 직접 확인할 수는 없는 상황이다.

9월 11일 조선일보 기자 신일용辛日鎔은 사설 「조선과 러시아의 정치적 관계」에서 '붉은 러시아의 혁명수단으로 조선에서 사유재산제도를 타파하고, 제국주의 즉 우리 국체를 부인, 그 실행을 암암리에 선동하는 기사를 작성했다'고 하여 경성 본정서本町署에 검거되었다.[29] 9월 17일 본정경찰서는 치안유지법 제3조(선동)로 기소해야 한다는 「의견서」를 붙여 경성지방법원 검사국에 송치했다. 10월 5일 경성지방법원에 보낸 공판 청구

---

29 京城本町警察署道警部 大和田臨之助, 「新聞紙法違反事件ニ關スル件報告」(1925. 9. 9, 警察訊問調書), 『경성지방법원 검사국 문서』, 국사편찬위원회 한국사데이터베이스.

서에는 "우리 국체 및 사유재산제도를 부인하고, 그 목적을 실행하여 붉은 러시아의 혁명운동으로 현상을 타파할 것을 강조, 선동했다"고 되어 있다. 11월 6일 공판이 예정되어 있었지만, 치안유지법에 의한 엄벌을 두려워한 신일용이 국외로 도주해서 공판은 중지되었다.[30]

공판 개시를 앞두고 신일용의 인신人身이 구속되지 않은데다가 결사 단속이 아니라 신문 사설에 의한 선동이었던 점 등은 사법 당국자 자신도 치안유지법의 위력을 충분히 인식하지 못했던 정황을 엿보게 한다. 동시에 언론 탄압의 무기로 치안유지법의 위력을 가늠해봤다고도 할 수 있다.

경찰 사법당국이 정리한 몇 가지 통계 수치를 살펴보자. 경무국 「최근 5년간 고등경찰에 관한 범죄조사」[31]에 의하면, 1925년 치안유지법에 의한 검거는 4건 7인이다(제령 제7호는 120건 206명, 보안법은 29건 154명). 그 내역은 경기도 1건 5인, 평안남도 2건 1인, 강원도 1건 1인이다(평안남도의 수치가 부자연스럽지만 그대로 표기함-저자주). 여기에는 신일용, 안걸식이 포함되었을 것인데, 그 외에도 검거가 이루어진 것을 알 수 있다. 1925년 고등경찰에 의한 검거는 제령 제7호에 의한 것이 압도적으로 많은 것을 알 수 있다. 1926년이 되면 치안유지법 412명(41건), 제령 제7호 406명(138건)으로 역전된다.

이어서 법무국 「사상에 관한 범죄 조사표」[32]를 보자. 각 지방법원 검사국이 경찰에서 송치받은 치안유지법 피의자를 수리한 것을 '신수新受'

---

30 「辛日鎔 外 2名(治安維持法違反, 新聞紙法違反)」,『경성지방법원 검사국 문서』, 국사편찬위원회 한국사데이터베이스.
31 「조선총독부내 임시직원 설치제(設置制) 중 개정」의 참고자료, 1929.9,「公文類聚」 53편, 1929, 제9권, 일본국립공문서관.
32 「조선총독부 감옥관제 중 개정」중의 참고자료, 1929.8,「公文類聚」 52편, 1928, 제6권.

표 1 법무국「사상에 관한 범죄 조사표」 (건수/인원)

	기소			불기소			이송
	신수(新受)	예심청구	공판청구	기소유예	기소중지	그외	
1925	16/ 37	5/ 31	5/ 6	5/ 7	39	1/15	
1926	39/363	17/149	6/11	3/42	66	11/92	1/15

「公文類聚」53편, 1928, 제6권.

표 2 사상사건 통계 (건수/인원)

		1924	1925	1926	1927	1928	1929
제령7호	수리(受理)	213/526	103/250	97/353	42/107	68/152	58/175
	기소	47/104	12/39	22/51	10/34	8/14	18/46
	불기소	155/401	85/198	71/293	30/75	51/134	33/86
	이송	8/18	6/13	4/9	1/7	5/6	5/27
치안유지법	수리	-	12/87	47/360	48/279	172/1420	212/1348
	기소	-	10/33	28/159	32/135	99/486	106/443
	불기소	-	2/54	17/198	10/136	53/704	71/766
	이송	-	-	4/9	4/6	14/147	32/132
보안법	수리	23/79	28/80	28/90	18/49	43/225	34/341
	기소	5/24	9/29	17/27	6人	19/42	18/52
	불기소	17/58	19/49	21/63	14/30	21/180	13/132
	이송	-	2人	-	3/3	2/2	2/5

조선총독부 법무국, 『조선중대사건판결집』, 1930. 12; 朴慶植 編, 『日本植民地下の朝鮮思想状況』(朝鮮問題資料叢書 제11권), アジア問題研究所, 1989.

라 한다. 1925년에 그 수치가 많은 것은 예심·공판 중의 사건이 추가되었기 때문이라고 추측된다. 이와 별도로 법무국, 『조선 중대사건 판결집』(1930.12)의 사상 사건 통계 수치는 꽤 들쑥날쑥하다. 1925년 치안유지법 수리건수는 12건 87명이다. 단 기소 건수와 인원의 수치는 큰 차이는 없다. 여기에서도 1925년 제령 제7호 수리 건수는 103건 250명으로 치안유지법 위반 수리를 크게 능가한다.

고등법원 검사국『조선치안유지법 위반 조사(1)』는 유죄 확정 판결의 수치인데, 1925년은 1건 2인이다. 이것은 신의주지방법원의 판결로, 징역 10월과 징역 6월로 되어 있으며 전술한 안걸식 사건과는 다른 건이다. 무슨 사건인지는 아직 밝혀지지 않았다.

▌공산주의운동에 대한 적용 초기 단계

조선에서 치안유지법이 표적으로 삼은 공산주의운동에 대한 최초의 적용은 1926년 1월 20일, 충청남도 서산경찰서가 검거한 이영재李英在, 이성린 李聖麟 등이 결성한 「적혈결사대赤血決死隊」사건으로 보인다. 검사국 송치와 검사국 공판 청구 등의 경과는 알 수 없지만, 2월 25일 공주지방법원에서 이영재는 징역 2년, 이성린은 1년 6월 등의 판결을 받았다. "모두 사유재산제도를 저주하고, 공산주의를 품고 있던 자로서······ 현재 유산자·무산자의 격차가 너무나 심각하고 가난한 자는 점점 가난해지고, 부자는 점점 부유해지는 세태를 개탄하고 조선에서 사유재산제도를 타파하고 공산주의를 확립함으로써 물자의 균분을 꾀할 것을 맹세하여 적혈결사대를 결성했다"고 단정하고, 사유재산제도 부인 목적으로 결사를 조직한 행위는 치안유지법 제1조 제1항에 해당(「독립운동판결문」)한다고 보았다. 이성린 등은 항소했다. 이 판결에서는 국체 변혁에 대해서는 추궁하지 않았다.

5월 5일 경성복심법원이 이성린에게 내린 판결은 마찬가지로 징역 1년 6월이었지만 적용 조문이 변경되었다. 적혈결사대의 조직이 치안유지법 제1조 제1항에 해당하며 당국의 단속이 엄중한 조선에서 그(공산제도의 실행-인용주)를 행하는 것을 피하여 비교적 단속이 느슨한 중국 상해로 건너가 이곳에서 세계 각국의 공산당 및 조선 내 각종 사상단체와 연락을 취하여 사유재산제도 파괴를 선전하고 조선에서 공산제도를 확립하여 사유재산제도를 파괴하려고 협의한 점이 제2조의 협의죄에 해당한다고 하였다. 적혈결사대를 조직한 사실보다 이 협의죄가 무겁다고 하여 제2조를 적용했다(「독립운동판결문」).

1926년 4월, 경성 중앙고등보통학교생 홍성환洪性煥 등 3인이 함경남도 홍원군 용천면으로 귀향해서,「자각당自覺黨」을 조직하여 공산주의를 선전했다고 하여 검거되었다.[33] 6월 28일, 함흥지방법원에서 치안유지법 위반으로 징역 10월의 판결을 받자, 홍성환은 항소했다. 9월 10일 경성복심법원은 피고가 사회주의에 경도되어 '빈부 격차가 현저하고 부의 분배가 공평하지 못한 것은 현 사회제도의 결함이므로, 그 변혁을 꾀하기 위해서는 사유재산제도를 철폐하고, 공산제도를 실현하는 데에 있다고 하여……고향에서 공산주의를 보급할 목적으로 자각단이라는 결사를 조직'했다고 하여, 치안유지법 제1조 제1항을 적용하여 징역 10월의 판결을 내렸다.[34] 1심과 2심의 양형은 모두 치안유지법 운용이 본격화한 단계에 비하여 비교적 가볍다.

1927년이 되면, 복심법원에서의 무죄판결이 주목된다. 김재학金載學, 방정표方正杓가 사유재산제도 부인을 목적으로 한 결사「정화회正火會」를 조직했다고 하여 부산지방법원 통영지청이 출판법·치안유지법 위반

---

33 조선총독부 경무국,『고등경찰관계연표』, 1930.
34 「大正十五年刑控305號洪性煥判決文」, 한국역사연구회편,『일제하 사회운동사 자료총서』제8권.

으로 유죄 판결을 내린 사건이다. 이 항소심이 된 5월 14일 대구복심법원의 판결에서는 "피의자 김상호金尚昊의 검사 신문訊問조서의 공술 기재에 의하면, 마치 피고인 등이 공소 사실 적시와 같은 결사를 조직한 것 같은 혐의가 없지는 않지만, 당해 공술은 곧바로 신용하기 어렵고……본 건 정화회라는 것은 회원인 청년 상호간의 친목을 목적으로 한 것으로 추측할 수 있다"고 인정하여 정화회의 목적이 사유재산제도 부인이라는 것은 온당하지 않다(「독립운동판결문」)고 하여 무죄를 선고했다. 검찰 측이 피고의 공술에 대해 그대로 신용하기 어렵다는 판단을 어떻게 도출했는지는 언급되지 않았다. 아마도 그 공술의 배후에는 고문에 의한 강요가 있었을텐데, 그 흔적을 눈치 챘을지 모른다.

그 이후의 사건과 비교하면, 1927년 공산주의운동에 대한 치안유지법에 의한 과형은 아직은 가벼운 편에 속한다. 7월 1일 경성복심법원의 판결(제1심 청진지방법원)은 징역 8월이다. 진작부터 사회경제조직에 대하여 불만을 품은 피고 김재수金在水 등은 현재 러시아의 국체를 본받아, 사유재산제도를 부인하는 공산주의를 실현하기 위해 「태양회」라는 결사를 조직하고자 협의(「독립운동판결문」)했다고 하여 치안유지법 제1조 제1항을 적용했다. 러시아의 국체를 본받아라고 하면서도 이를 국체변혁의 방향으로 설정하지는 않았다. 김재수는 태양회에 대해 비밀결사가 아니라 문화계발이 목적이라고 주장했다(『동아일보』, 1927.6.26).

10월 25일 대구지방법원 판결은 피고 이만근李萬根과 이중근李重根에게 징역 1년, 집행유예 4년을 선고했다. 「청년회」를 사유재산제도 부인, 공산주의 사상 고취라는 공동목적을 위해(「독립운동판결문」) 조직했다고 하였다. 1926년부터 1927년까지 공산주의운동 관련 치안유지법 위반 사건을 보면, 「적혈결사대」사건을 제외하고 1년 이하의 징역, 또는 집행유예를 단서로 붙인 것으로 그 후의 과형 상황과 비교하면 비교적 가벼웠다고 할 수 있다. 또한 복심법원에서의 무죄 판결도 주목된다.

치안유지법 시행부터 1928년 2월까지의 확정 판결을 분석한 고등법원 검사국의 『조선치안유지법 위반 조사(1)』(1925.5~1928.12)에는 문서 등에 의한 선전을 주요수단으로 하는 공산주의운동 현상을 다음과 같이 고찰하고 있다.

문서 등의 수단으로 주의를 선전하는 결사는 기관지 혹은 기관 잡지를 발행하던지, 또는 그 외의 방법, 예를 들면 선전문 배포, 강연 등을 이용하여 주의 선전을 하고 있다. 기관지라던가, 기관 잡지 등 일정한 선전 기관을 갖춘 결사는 조선 이외의 지역에서만 보이며, 조선 내에서는 단속이 엄중하기 때문에 단순히 선전문 배포 또는 집회 등을 이용하는 정도인데, 사실은 표면에 나타나지 않는 이른바 지하운동을 통해 교묘한 연락 통일을 꾀하고, 단속하는 관헌의 눈을 속이려 하고 있다.

이른바 지하운동을 통해 교묘한 연락 통일을 꾀하고 단속하는 관헌의 눈을 속이려 하는 조직이야말로 조선공산당이 분명하지만, 대개는 「자각회」, 「태양회」 등과 같이 단순히 선전문 배포 또는 집회 등을 이용하는 정도였고, 게다가 그들 행동은 초기 단계에 머무른 것이기 때문에 검거해도 처벌은 비교적 가벼웠다. 또한 『조선 치안유지법위반 조사(1)』에 의하면, '민족주의'의 평균 형기가 3년인데 비하여, 공산주의는 10월이었다. 치안유지법 운용 초기단계에서 공산주의운동에 대한 적용은 적극적인 반면, 그 과형 정도는 그렇게 무겁지 않았다고 지적할 수 있다. 또한 무죄 판결이나 적용 조문의 변경이 있었던 것처럼 그 운용은 시행 착오가 거듭되는 단계였고, 아직 안정적으로 운용되지는 않았다고 할 수 있다.

그러나 1926년 7월 대구경찰서에 검거되어 1927년 7월 5일 대구지

진우연맹사건 공판정, 『동아일보』(1927.7.7)

방법원에서 판결이 내려진 무정부주의 「진우연맹眞友聯盟사건」은 엄중히 처벌되었다. 위정자 그룹이 공산주의를 능가하여 무정부주의에 대해 위협을 느끼고 있었던 것은 치안유지법 제정 과정에서 분명하지만, 식민지 조선에서도 그 위기감은 공유되어 있었다.

현 사회조직을 파괴하고, 모든 권력 지배 관계 및 사유재산제도를 부인하는 자유 평등의 신사회를 실현하려는 목적을 품은 이른바 무정부주의자인 방한상方漢相, 신재모申宰模 등은 1925년 9월 30일, 진우연맹이라는 비밀결사를 조직했다고 한다. 그 목적 실현을 위해 내지 및 상해에서 동지 고삼현高三賢으로부터 폭탄을 입수하고 이를 사용하여 대구부 내의 도청, 재판소, 우편국, 부청 및 경찰서 등 각 관서官署를 폭파하고, 이들 각 관서의 수뇌를 암살하고, 동 부내의 가장 번화한 원정元町, 본정本町 등 각 점포를 파괴할 것을 밀의했지만, 실행하지 못한 단계에서 검거되었다는 「범죄사실」로 치안유지법 제1조 제1항을 적용받았다. 방한상, 신재모 등 4인에게 징역 5년을 선고했다. 병합죄가 많은 독립운동을 제외하고는 초기 단계에서 가장 무거운 구형이었다.

이 사건으로 「자아인사自我人社」(도쿄)의 구리하라 가즈오栗原一男와 「흑화사黒化社」(도쿄)의 무쿠모토 가즈오椋本運雄도 징역 3년을 선고받았다. 구리하라는 흑색청년연맹 발기식 당시 관헌의 압박을 받았지만 동지가 이에 반항하여 긴자銀座거리에서 통쾌한 폭행 파괴를 감행했다. 조선 내의 동지도 내지內地와 같은 기세로 결사적으로 분투할 것을 기대한다는 뜻을 전달하고 폭력을 구사해야 한다고 하여 다수의 진우연맹원을 선동했다고 하여 치안유지법 제4조를 적용했다. 무쿠모토는 사유재산제도는 절대로 이를 부인해야 하므로 안주하지 말고, 자본가와 싸우지 않으면 안되며, 진우연맹원 모두의 건투를 빈다는 내용의 문서 한 통을 우송한 것이 치안유지법 제3조 선동에 해당한다고 간주했다(무쿠모토의 경우는 누범 가중).[35]

진우연맹사건의 엄벌 판결은 치안유지법에 담겨 있던 강력한 위력이 무정부주의이기 때문에 분출한 결과라 할 수 있다. 그리고 그것이 한꺼번에 전국적으로 발휘된 것이 제1차·제2차 조선공산당사건이었다.

제1·2차 조선공산당사건

1925년 4월 17일, 경성에서 비밀리에 결성된 조선공산당과 다음날 18일에 결성된 고려공산청년회는 관헌에게 들키지 않은 가운데 당세를 확대하다가 11월 23일 신의주 폭행사건을 계기로, 이른바 「조선 적화음모사건

---

35 이상은 고등법원 검사국, 『조선 치안유지법 위반사건 판결(1)』에 의함.

발각」³⁶이라는 꼬리표를 달고 신의주경찰서에 의해 관계자 66명이 검거되었다.

검거를 담당한 신의주경찰서 가야노네 다키오茅根龍夫³⁷ 경부보는 12월 4일 고려공산청년회 결성을 주도한 박헌영에게 공산청년회는 비밀리에 조직한 것으로 공산주의 강령은 현 자본가제도와 사유재산제도를 부인하고 노농러시아적 단체를 조직한다는 것으로 우리들의 주장은 폭력에 의해 국체 변혁을 꾀하고 또는 혁명을 일으키려는 것이 아니라 자연스럽게 도래할 시기를 기다려 역사적 진보과정에 따라 자신의 주장을 관철하는 것이란 진술을 받아내고 다음과 같이 신문訊問했다.

문 너의 입장에서 우리 일본제국의 국체를 어떻게 생각하는가?
답 현재 일본제국의 국체는 자본주의국가입니다.
문 그렇다면 공산주의적 제도와 위배되는 국체라고 생각하는가?
답 물론입니다.

조선공산당의 목적이 사유재산제도 부인인 것은 자명하지만, 이 신문에 나타난 것처럼 국체에 대한 인식을 이끌어내는 것이 그 다음 초점이 되었다. 12월 10일 신의주지방법원 검사정에게 보낸 가야노네 경부보의 의견서에는 「범죄사실」의 첫 번째로 고려공산청년회 조직에 대해 사유재산제도를 부인하고 동시에 우리 일본제국을 자본주의적 제도 하에 건설된

---

36 신의주경찰서 경부보 가야네 다키오(茅根龍夫), 「신만청년회원(新灣靑年會員)의 폭행 사건에 관한 건」, 1925. 11. 23, 『한국공산주의운동사』 자료편 I, 이하 관련 사료 인용은 이 책에 의거함.
37 [역주] 1924년 부터 1929년까지 신의주경찰서에서 경부보로 재직, 1930년 경부로 승진함.

군국주의국가로 보고 그 국체를 전복하려는 비밀결사라고 규정했다. 그리고, 점점 동지 규합을 꾀하여 조선 적화의 대음모를 기도하여 우리 제국정치를 그 근저에서 무너뜨리려는 것으로 치안유지법 제1조에 해당하는 범죄라 하였다.

12월 22일 신의주지방법원 예심계로 제출된 신의주지방법원 검사국 모토지마 후미이치本島文市 검사의 예심청구서에서는 김과전金科全·박헌영朴憲永·유진희愈鎭熙·독고전獨孤佺 등의 「범죄사실」에 대하여, 사회 전반의 자본 생산을 사회공유로 하고, 분배를 평등하게 하며, 빈부의 계급을 타파하고 각 개인을 자유 평등하게 하는 것은 세계 인류 최상의 행복이라고 맹신했다. 특히 우리 제국의 국체는 자본주의에 입각한 것으로 공산주의를 용납하지 않으니, 그 파괴 변혁이 필요하다고 사유하여, 이를 실현하기 위해 조선 내에서 공산주의를 노동자, 농민 및 청년 사이에 널리 선전했다. 그리하여 그들을 선동하여 혁명을 일으키게 할 것을 기도하여 조선공산당 및 고려공산청년회를 조직했다고 하였다.

그 후, 신의주지방법원에서 예심이 진행되는데, 경성에서 두 조직의 재건운동세력이 검거되자(제2차조선공산당사건, 1926.7, 종로경찰서에서 135명 검거), 1926년 7월 10일, 조선총독의 명으로 이 사건은 신의주지방법원 예심에서 경성지방법원 예심으로 이첩되었다.

제2차 사건에서 경성지방법원 검사국 사토미 간지里見寬二[38] 검사가 경성지방법원에 보낸 예심청구서에는 '우리 제국의 국체를 변혁하고 사유재산제도를 부인할 것을 목적으로 하여 고려공산청년회라는 비밀결사를 조직하고, 공산주의 선전과 동지규합에 노력하고 또한 장래 운동전선에 나

---

38 [역주] 교토(京都) 출신. 1910년 조선총독부 판사, 1919년 조선총독부 검사를 거쳐 1932년 대구지방법원 검사정 역임.

갈 투사를 양성하기 위해'(1926.7.12, 권오설權五卨 등), '우리 제국의 국체를 변혁하고 사유재산제도를 부인할 것을 목적으로 한 비밀결사 조선공산당에 가입하여……공산주의 선전을 한 자'(9.18, 정진무鄭晋武·신명준辛命俊 등)라고 한 것처럼, 그 후 치안유지법 위반사건의 정해진 틀이 된 '우리 국체를 변혁하고 사유재산제도를 부인'이라는 논리가 자리잡기 시작하였다.

1927년 2월 17일, 경성지방법원 고이 세츠조五井節藏 예심판사에 의해 제1차 조선공산당 사건의 예심이 재개되어 제1차와 제2차의 병합 심리가 이루어졌다. 3월 31일, 예심종결이 결정되어 박헌영·권오설 등 101명이 공판에 회부되었다. 거기에서도 '조선을 우리 제국의 속박에서 벗어나게 하고 또한 조선에서 사유재산제도를 부인하고 공산제도를 실현할 목적으로 조선공산당이라 칭하는 비밀결사를 조직하고……조선을 우리 제국의 속박에서 벗어나게 하고, 또한 조선에서 사유재산제도를 부인하고 공산제도를 실현할 목적으로 고려공산청년회라 하는 비밀결사를 조직하고'라 하여 치안유지법 제1조 제1항 등에 해당한다고 하였다.

공판은 9월 13일부터 경성지방법원에서 개정되어, 1928년 2월까지 44회에 이르렀다. 죄명은 치안유지법 위반, 제령 제7호 위반, 출판법 위반이었다. 공판정에서는 경찰관의 고문 폭로와 고발, 변호사의 재판장 기피 신청 등도 있어서 조선 사회의 큰 주목을 받았다.

1928년 2월 13일의 판결은 치안유지법 제1조 제1항에 해당한다고 하여 많게는 김재봉金在鳳과 강달영姜達永에게 징역 6년을, 적게는 양재식楊在植과 이용재李用宰에게 징역 8월까지 82인이 유죄 판결을 받았다. 공산당과 공산청년회의 조직자인지, 가입자인지에 따라 양형의 차이를 두었다. 한편 이규우李奎宇, 이호李浩 등 13인에게는 무죄를 선고했다. 김과전金科全 등 5인은 항소했으며, 재판장은 야모토 쇼헤이矢本正平, 입회검사는 나카노 슌스케中野俊助였다.

그 판결을 개관하면, 우선 첫머리에 다음과 같이 단정하고 있다.

피고 등은 일찍부터 사회운동에 참가하여 대부분은 본래 공산주의에 공명하고 민족주의자에서 공산주의자로 전화한 자들이다. 어느 쪽이던 우리 조선의 현대 사회제도에 대해 정밀하게 조사 연구하지 않고, 함부로 민족적 편견에 갇혀 그 일부분만을 삐뚤게 인식하고邪視, 사회조직에 심대한 수많은 결함이 있어서 점차 반드시 조선 무산대중의 자멸을 가져올 것이라고 망단妄斷했다. 종래의 이른바 민족해방운동에 의거해서는 도저히 그 목적을 달성할 수 없다고 하여, 오히려 순수한 민족해방운동과 구별하여 조선민족해방 관념에 공산주의사상을 혼합시켜 일종의 공산주의운동을 감행하는 것이 낫다고 하여 (하략)

함부로 민족적 편견에 갇혀, 그 일부분만을 삐뚤게 인식하고, 또는 망단妄斷이라고 표현한 것처럼 판결에는 판사나 검사의 민족적 계급적 편견이 노골적으로 드러나고 있다. 이러한 기본적 입장은 이후의 치안유지법 사건 판결에서 일관되게 나타나고 있다.

이어서, 조선공산당에 대하여 조선에서 사유재산제도를 부인하고 공산제도를 실현시키고, 또한 조선을 우리 제국의 속박에서 벗어나게 할 목적으로 조직했다고 하였는데, 예심종결 결정 등과 미묘하게 달라, 사유재산제도 부인이 국체변혁보다 먼저 언급되고 있다. 고려공산청년회에 대해서도 사유재산제도를 부인하고, 공산주의 선전 및 투사의 교양을 쌓고, 나아가 조선에서 공산제도를 실현시키기 위해……일종의 교양기관으로 조직했다고 한 점은, 피고의 주장을 다소 수용한 것으로 곧바로 국체변혁과 직결시키지 않은 점이 주목된다.

그 후 각 피고의 「범죄사실」이 제시되고, 증거조사(신문조서나 공판에서

1·2차 조선공산당사건 기사 해금, 『동아일보』(1927.4.3 호외)

1·2차 조선공산당사건 제1심 판결, 『동아일보』(1928.2.14)

의 진술 등)를 거쳐, 법에 비추어라는 단서 하에 각 피고의 위반 조항과 양형이 제시되었다. 또한 이규우李奎宇, 이호李浩 등에 대해서는 조선공산당의 창립 후, 그 목적을 인지하면서 동 당에 가입한 점이 「범죄사실」이라 하였는데, 이를 인정할 증거가 없다고 하여 무죄를 선고했다.

신의주경찰서나 종로경찰서에 의한 일제검거는 신문에도 단편적으로 보도되었지만, 기사가 해금된 것은 예심종결 결정 후이다. 당국의 발표를 수용하여 신문은 선정적으로 보도했다. 여기에서는 동아일보와 조선일보의 사설 논조를 살펴보자.

예심종결 결정 직후 1927년 4월 4일 「공산당사건」이란 표제의 『동아일보』 사설은 "객관적 사실로서 급격한 세계적 정치형세의 급류를 헤치며 조선인 자체의 각성을 예기함과 함께, 동양평화를 입으로만 외치는 위정자들의 놀랄만한 짧은 생각에 조소를 금치 못한다"[39]고 하여 준엄하다. 공판 직전인 9월 11일 사설에서는 철저 공개를 요구한다고 하여 사법과 행정의 구별이 명확하지 않은 조선에서 민중은 초보적인 재판의 공개쯤은 요구할 권리가 있음을 인정하지 않으면 안된다. …… 이번 기회에 사법권이 행정권에 결코 예속하지 않음을 표시하는 것은 당국자의 임무임을 언급해둔다고 주장했다.[40]

공판 당일인 9월 13일 사설 「공전空前의 비밀사秘密社 – 조선공산당사건 공판」에서는 재판관에 대해서 "제군은 어떤 선입견에 입각하여 압박할 태도를 취하는 것이 아니라 조선사회의 특수사정을 잘 추량하여 선처해야 할 것이다"라고 간청하고 나아가 "전 인류적 표준 위에서 문제를 올려놓고 냉정하게 관찰해야 할 것이며, 그렇지 않아도 악법으로 비난받고 있는 치

---

39 「공산당사건」, 『동아일보』 1927. 4. 4; 조선사상통신사, 『조선사상통신』 299호.
40 「迫頭한 공산당재판」, 『동아일보』, 1927. 9. 11.

퇴정당하는 방청인, 『동아일보』(1927.9.16)

안유지법을 적용할 때 단순히 법조문에 구애될 것이 아니라, 사회의 실정에 적응하도록 법률을 적용하는 아량을 가져야할 것이다"라고 주장한다. 재판관의 양식에 한가닥 희망을 전한 것인데, 실제의 공판은 이를 간단히 뒤집었다.

『조선일보』 9월 14일자 사설 「개인과 결사 - 공산당사건 공판개정에 임하여」는 교토학련사건 공판을 다루었다. 조선공산당사건이 비공개인 점을 비판하여, 정당한 법률 하에서 정당히 심리하는 데에 무슨 비밀이 있는지 민중의 호기심은 집중하고 그 비밀의 내막을 찾아 해명하려고 초조한 기분을 갖게 된다고 하였다. 또한 "우리는 이 대사건의 공판에 임하여 주의와 감시를 게을리 할 수 없음과 동시에, 법정에 서서 직접 변호 책임을 가진 제씨에게 공정을 위해서라면 어디까지나 분투해줄 것을 바라는 바이다"라고 변호사에게 큰 기대를 걸었다.

10월 13일자 「대비밀결사大秘密結社」라는 제목의 『조선일보』 사설은 조선통치의 문제점을 다음과 같이 날카롭게 지적한다.

> 조선에서는 근래 비밀결사사건이 빈번히 속출하는 경향이 있다. 이것은 물론 조선인이 음모를 좋아하기 때문이 아니라, 조선의 정치사정이 조선을 통치하는 자들에 의해 결정되는 정치사정이 걸핏하면 음모를 불러일으켜, 또한 음모를 할 수밖에 다른 방도가 없는 데에도 원인이 있다. 기민함을 자랑하는 경찰 정치로 모든 것을 미연에 방지하겠다고 하며 만사 낙관하고 있는 것인지 모르지만, 이렇게 비상한 억압 하에서 단지 경찰 만능을 유일한 비결로 드러내는 것은 방책이 하수라고 평정하지 않을 수 없다. 근래 사법권 침해 탄핵연설회를 개최하려 한다고 하자 경찰이 결국 금지시켜버린 것을 보고 새삼스럽게 조선에는 사법권이 독립하지 않음에 놀란 사람도 있을 것이다.

10월 14일자 동아일보 사설 「경찰의 죄악 또 하나」는 공판 경비警備의 엄중함과 공판정에서의 고문경찰관의 방청과 필기 등을 다루었다. "사법권에 대해서조차 우월한 지위를 갖고 있다는 것이 여실히 증명되었다"고 한 다음, "민중이 아무런 과오도 없이 경찰의 칼 아래 신음하게 되었다고 한다면, 조선인의 생명이라는 것이 풍전등화와 같다고 말하지 않을 수 없음과 함께, 우리들은 목청을 높여 그 비위를 지적하지 않을 수 없다. …… 무리無理에 대한 경찰의 횡포는 즉 조선인 전체의 생존권을 전적으로 위협하는 것이다"라고 규탄했다.

판결이 선고된 후 "이 사건의 심리는 조선 사회에 얼마나 큰 충격을 부여했는가"라고 적은 1928년 2월 14일자의 동아일보 사설 「조선공산당사건 판결」은 "조선인의 사상사思想史에서 잊을 수 없는 날이 될 것이다"라고 하였다. 그 이유는 인류해방의 사조에서 출발한 공산주의사상이 조선에도착하여, 오늘의 조선은 완전히 세계의 사상권역 안에 놓여있다는 의미에서라고 덧붙였다.

▌제국주의·자본주의='국체'의 정의

조선에서 치안유지법 운용이 절정을 맞이한 1933년의 한 판결(11. 27. 대구지방법원)은 「범죄사실」 기술에서 정형화가 이루어진 사례이다. 이 시기의 전형적인 판결의 하나로 피고인 등은 모두 민족의식이 치열하고, 또한 사유재산제도를 부인하는 사상을 품고 있으며 조선을 일본제국의 속박에서 벗어나게 함과 동시에, 조선에서 사유재산제도를 부인한 공산주의사회 실현을 목적으로 한 「공작위원회」라는 비밀결사에, 이 목적을 알면서 가입했다(국가기록원, 「재소자자료」)고 하여 치안유지법 제1조 제1항 후반과 제1조 제2항 후반에 해당한다고 하였다. 제1항 후반은 조선을 일본제국의 속박에서 벗어나게 함=조선 독립=국체 변혁(여기에서는 비밀결사 가입)이며, 제2항의 후반은 사유재산제도를 부인하는 공산주의사회를 실현한다(여기에도 비밀결사 가입)는 것이다. 이 판결의 형량은 징역 2년 6월부터 1년이었다.

  이러한 정형화가 치안유지법 운용 당초부터 확립했던 것은 아니다. 이미 지적한 바와 같이 국체 변혁의 개념에 조선 독립을 어떻게 연결 지을지, 즉 독립운동과 독립사상에 치안유지법을 어떠한 논리로 적용할까에 관해서는 시행 초기에는 아직 정해지지 않았다. 시행 약 1개월 후에 이 문제가 해결되어 각 검사국에 통첩되었는데, 그것은 독립운동과 그 사상에 치안유지법을 적용해도 좋다는 허가가 내린 것을 의미한다. 그런데 거기에는 이것을 어떠한 논리로 설명할지는 제시되지 않아서, 각 검사국과 법원의 각각의 모색이 이어졌다.

1925년 7월 27일 박희빈朴熙彬에 대한 고등법원 판결에서는 조선을 제국의 속박에서 벗어나게 할 것에 대하여 치안유지법이 아니라 제령 제7호를 적용하고 있는데, 후술하는 1930년의 고등법원의 판례에 의해 국체변혁의 정의가 확립한 후에는 「범죄사실」가운데에 조선독립의 요소를 인정하면 무조건 국체 변혁으로 간주하여 간단하고도 엄중히 처벌했다. 앞서 말한 정형定型의 확립이다.

그러면 치안유지법 위반사건에 대한 사법처분 초기에 '국체'는 어떻게 파악되었던 것일까? 사유재산제도 부인이 공산주의라는 것은 확정되어 있었다. 조선일보 기자 신일용이 집필한 사설을 문제시하여 입건하려 했던 1925년 9월 9일 경성 본정경찰서 경부 오와다 린노스케大和田臨之助[41]가 작성한 「신문지법 위반사건에 관한 건 보고」에는 조선으로 하여금 붉은 러시아의 혁명수단에 의해 사유재산제도를 타파하고 제국주의 즉 우리 국체를 부인하고 그 실행을 암암리에 선동한 기사라는 구절이 있었다. 제국주의가 곧 일본의 국체라는 인식이다. 9월 17일 치안유지법 위반사건으로 검사국에 송치했을 때의 「의견서」에도 동 사설은 '이러한 현 정세에서 동양문제 해결, 붉은 러시아의 정치적 임무를 우리가 특히 중시하는 이유는 붉은 러시아는 일 계급의 국가가 아니며 전 인민의 국가로서' 암암리에 '민주국체를 상찬, 희망했다'고 하였다. 일본국체의 대극점에 민주국체가 위치한 것이다.

---

41 [역주] 1891~?, 이와테(岩手) 현 출신, 니혼(日本)대학 전문부 법과 졸업. 1913년 경시청 순사에 임명된 후, 1918년 경부보를 거쳐 1921년 경기도로 전출됨. 1923년 조선총독부 도(道)경부를 거쳐 경성본정 경찰서 근무, 1931년 충청남도 고등경찰과장, 1934년 전라북도 고등경찰과장 역임.

9월 22일 신일용에 대한 경성지방법원 검사국의 제2회 신문訊問에서 사토미 간지里見寬二 검사는 '암암리에 민중民衆 국체를 종용, 희망하는 듯한 문구가 있다'고 신일용을 압박하자, 신일용은 '나는 민중국체를 희망하고 그 실현을 바라고 있는 것은 아니지만, 이 논설은 제한된 시간에 급히 작성하여 문장도 충분히 다듬을 여유도 없었고, 내 본심이 아닌 것이 문장으로 표현된 것'이라고 대답했다. 그리고 10월 5일 사토미 검사의 공판청구서에서는 '암암리에 민주民主 국체를 상찬, 희망하고, 우리 국체 및 사유재산제도를 부인하고 그 목적 실행으로 붉은 러시아의 혁명운동에 의해 현상을 타파해야 함을 강조, 선동했다'[42]고 하였다. 경찰과 사법당국은 제국주의는 곧 일본의 국체이며 러시아의 국체는 민주국체 혹은 민중국체로 부정해야 한다는 인식이 있었다.

다음으로 제1차 조선공산당사건의 신의주경찰서 조사 단계를 살펴보자. 1925년 12월 1일 박헌영을 취조한 신의주경찰서 가야노네 다키오茅根龍夫의 「청취서」(임의진술, 경성종로경찰서)에는 고려공산청년회의 조직에 대하여 '우리의 목적은 제국 정부, 군국주의자 등을 매장하고 러시아와 같은 공산주의자의 세계로 만들 목적'이라는 진술이 있다. 12월 4일 신의주경찰서에서 피의자 박헌영에게 가야네 경부보가 "너의 입장에서 우리 일본제국의 국체를 어떻게 관찰하고 있는가?"라고 질문했을 때, 박헌영이 "현재 일본제국의 국체는 자본주의적 국가"라고 대답한 것은 전술했다. 같은 날 피의자 조이환曺利煥에게도 가야네는 "일본제국의 국체는 무엇인가?"라고 질문했고 그 답변은 자본주의적 국가 및 군국주의적 국가라는 것이었다.

그리고, 12월 10일 신의주지방법원 검사정에게 송부된 박헌영과 조

---

42 「辛日鎔 外 2名(治安維持法違反, 新聞紙法違反)」, 『경성지방법원 검사국 문서』, 국사편찬위원회 한국사데이터베이스.

이환 등에 대한 「의견서」에도 사유재산제도를 부인하고 동시에 우리 일본제국을 자본주의적 제도 하에 건설된 군국주의 국가로 판단하고, 그 국체를 전복하려는 비밀결사 고려공산청년회를 조직하여…… 조선 적화의 대음모를 기도했다. 이로써 우리 제국정치를 그 근저에서 전복하려고 한 것[43]이라고 하였다. 종전의 일본제국의 국체=자본주의적 국가라는 도식이 일본제국은 자본주의적 제도 하에 건설된 군국주의국가라고 다소 상세해졌다. 12월 19일 유진희愈鎭熙, 김상주金尙珠 등에 대한 의견서에도 피의자를 '우리 제국의 조직제도를 자본주의적 조직제도 하에 건설된 국가라고 규정하고, 늘 불만을 품고 있던 전 조선 좌경사상주의자의 원로'라고 하였다.

이와 같이 신의주경찰서 단계에서는 '국체'를 '현재 일본제국의 국체는 자본주의적 국가, 자본주의적 제도 하에 건설된 군국주의적 국가'로 규정했다. 가야네 경부보 등 경찰 측의 국체 이해에 입각하여 피의자에게 진술시켰을 가능성이 높지만, '국체 변혁=조선 독립'이라는 정형화된 발상은 아직 보이지 않았다. 또한 일본의 치안유지법 처단에서 맹위를 떨친 군주제 철폐를 내건 불온사상으로 간주하는 방식과도 달라서, 국체의 본래의 어의인 국가의 특색 혹은 국가의 상태라는 뜻으로 사용하고 있었다.

신의주지방법원 검사국의 모토지마本島 검사의 국체 이해는 어떠했을까? 12월 20일 조이환에 대한 제2회 신문조서에는 "문: 우리나라의 국체는 어떠한가?, 답: 물론 우리의 주의에서 보면 우리나라 국체는 자본주의이고 따라서 우리는 부인한다"라고 되어 있다. 21일 제2회 신문에서 피의자 독고전獨孤佺은 "그렇다면 금일 우리 국체에 대해서는 어떤가?"라는 질문에, "국체에 대해서는 별다른 생각이 없다. 단지 공산주의 공명자를 많이 얻어

---

43 「치안유지법위반(박헌영 외 10인 조서)」 1925, 국회도서관 소장.

서 공산당 세력을 확대시킬 것만을 생각하고 있다"고 대답하고 있다.

그리고 22일 박헌영과 독고전 등에 대한 예심청구서에는 「범죄사실」을 "특히 우리 제국의 국체는 자본주의에 입각한 것으로 공산주의를 받아들일 수 없고 따라서 이를 파괴 변혁할 필요가 있다고 사유하고, 그 실현을 기하고자 우선 조선에서 노동자, 농민 및 청년 등 사이에서 공산주의를 확대하고 선전하며 최종적으로는 그들을 선동하여 혁명을 일으키게 할 것을 기도하였다"고 기술되었다. 우리 제국의 국체는 자본주의에 입각한 것이라는 인식은 경찰신문 단계와 같으며, 신일용 사건에서 '제국주의, 자본주의=일본의 국체'라는 인식과도 같다.

1926년 3월 2일 신의주지방법원 예심 법정 신문(제2회)에서 고시오 시즈오越尾鎭男[44] 판사와 김재봉과의 문답을 보면, '문: 조선의 장래 또는 독립에 대하여 어떤 생각을 갖고 있는가? 답: 조선 독립에는 반대하지 않지만 공산주의 실현을 바라고 있다"는 내용이 있었다. 이것은 당초에 '국체 변혁=조선 독립'이라는 발상이 존재했던 것은 아님을 보여준다. 그런데 제1차 조선공산당사건이 신의주지방법원에서 예심이 진행되던 중 경성으로 이첩되고, 경성지방법원에서 다시 예심이 시작된 다음에 이 '국체' 이해는 달라진다.

한편, 1926년 6월, 일제 검거에 의한 제2차 조선공산당사건 사법 처리도 병행하여 진행되었다. 8월 30일 조선공산당원으로 고려공산청년회 홍원군 책임 간부 권영규權榮奎에 대한 종로경찰서 경부보 요시노 도조吉野藤藏의 「의견서」에는 당의 목적인 우리나라의 현 제도, 즉 제국주의, 자

---

44 [역주] 1922년 광주지방법원 판사를 거쳐 1926년 신의주지방법원 판사, 이후 대구복심법원, 평양복심법원 판사 등 조선에서 각 지방의 판사를 두루 거쳤으며, 1945년에도 광주지방법원 목포지청의 판사를 지냈다.

본주의를 파괴하고 공산주의의 신사회 건설에 노력하고자 선전했다고 하였다. 여기에서도 앞서 신의주경찰과 검찰의 인식과 마찬가지로 '우리나라의 현 제도 즉 제국주의, 자본주의'를 '국체'와 동의어로 생각하고 있었다고 보인다.

 이에 앞서 7월 11일 권오설 등에 대한 경성지방법원 검사국 사토미 간지의 「예심청구서」에는 '우리 제국의 국체를 변혁하고 사유재산제도 부인을 목적으로 고려공산청년회라는 비밀결사를 조직하고'라고 정형화된 구절이 명시되었지만, 국체 변혁과 사유재산제도 부인이 구체적으로 어떠한 것인지를 설명하지는 않았다. 또한 9월 9일 권영규, 한정식韓廷植, 오기섭吳淇燮 등에 대한 경성지방법원 검사국 나카노 슌스케中野俊助의 「예심청구서」에도 '우리 제국의 국체를 변혁하고, 사유재산제도를 부인할 것을 목적으로 한 비밀결사 조선공산당에, 이 결사의 목적을 알면서 가입하고'라고 되어 있을 뿐이다.

 피의자 강달영姜達永에 대한 나카노 검사의 신문조서(제2회, 8.14)에는 '우리는 이 불합리한 사유재산제도를 폐지하고 모든 생산을 자유 평등하게 나누고 모두에게 차별 없는 공산주의사회로 할 것을 목적으로' 조선공산당을 조직했다는 진술이 있다. 권영규에 대한 신문(제1회, 8.28)에도 '현 사회제도인 자본주의제도를 없애고, 우리들이 이상으로 여기는 공산사회를 건설하는 것이 목적'이라고 진술되었다. 더욱이, 권영규의 제2회 신문(9월 6일)에는 '당신은 조선공산당의 목적이 현재 자본주의사회를 없애고 공산주의적 사회로 한다는 것을 경찰관의 조사에 임하여 자세히 진술한 것이 아닌가?"라는 질문에, 권영규는 '그런 것은 모두 고문을 당하여 엉터리로 진술한 것'이라고 대답하고 있다.[45]

---

45 이상 權榮奎被疑者訊問調書(第二回, 1926.9.6), 「權榮奎 외 2명(치안유지법위반)」,

이렇게 보면, 제2차 조선공산당사건의 「예심청구서」에 보이는 '우리 제국의 국체를 변혁하고 사유재산제도를 부인할 것을 목적으로 한 비밀결사 조선공산당' 가운데에 국체 변혁의 부분은 실질적인 의미를 갖고 있지 않았다고 할 수 있다. 검찰의 신문에서 사유재산제도 부인을 추궁하면서도 독립 지향에 대해서는 언급하지 않은 점은 아직 '국체 변혁=조선 독립'이라는 논리를 적용하려는 관점이 없었음을 나타낼 것이다. 스테레오타입으로 '우리 제국의 국체를 변혁하고 사유재산제도를 부인할 것을 목적'이라고 기술한 것은 단지 치안유지법 제1조 제1항의 조문을 적용하려는 의도의 결과는 아니었을까?

제2차 조선공산당사건의 경찰 취조에서는 '우리나라의 현 제도, 즉 제국주의, 자본주의 파괴'를 국체 변혁으로 간주하고 있었는데, 검찰 취조에서는 국체 변혁에 대해서 의식적인 추궁은 이루어지지 않았다. 그런데 경성지방법원에서 고이 세츠조五井節蔵[46] 판사가 예심을 담당하면서, 국체관觀에 큰 전환이 이루어졌다.

▎'국체변혁=조선독립'으로의 전환

1926년 12월 이래 제1차·제2차 조선공산당사건의 예심을 담당한 고이 세츠조 예심판사는 시종일관하여 국체 변혁을 조선독립의 의미로 추궁했다. 무엇보다 이른 시기인 1926년 12월 13일, 신명준辛命俊과 정진무鄭晋

『경성지방법원 검사국 문서』, 국사편찬위원회 소장.

46 [역주] 1889~?. 야마가타(山形) 현 출신, 1916년 도쿄제국대학 법과대학 독법과 졸업, 1916년 조선총독부 사법관 시보로 부임, 부산지방법원에서 근무. 1920년 경성지방법원 판사, 1925년 대구복심법원 판사를 거쳐 경성지방법원 판사에 임명됨.

武에 대한 신문에서 조선공산당은 조선 독립 및 사유재산 부인을 목적으로 조직된 것이라는 견해를 견지하고 있다. 고이 판사는 조선공산당의 목적이 조선 독립에 있다는 방향으로 진술을 유도하고자 했지만, 피고들은 독립에 대해서는 논의하지 않았다고 부인한다. 그러자 고이는 마지막에 '피고는 조선 독립을 희망하지 않는가?'라고 압박했다.

고이는 제1차 조선공산당사건의 박헌영과 신철수申哲洙에게도 마찬가지로 "고려공산청년회는 우리 제국의 국체를 변혁하고 사유재산제도를 부인할 목적으로 조직한 것이 그 동기가 아닌가?"[47]라고 추궁하고 있다.

피고들이 조선공산당의 설립목적이 조선 독립과 관계없다고 완강히 부인하자, 고이 예심판사는 조선통치론이라는 돌파구를 도출했다. 1927년 2월 17일 김재봉에 대한 제1회 신문의 마지막에 다음과 같은 문답을 하고 있다.[48]

> 문 조선공산당은 우리 제국의 국체를 변혁하고 사유재산제도를 부인할 목적으로 조직한 것이 그 동기가 아닌가?
> 답 그렇습니다.
> 문 피고 모두에게 이른바 국체란 조선 독립을 의미하고 있는가?
> 답 그렇지는 않습니다. …… 공산제도 하에서는 통치권은 천황이 총괄하지 않고 국민이 선거한 중앙집행위원장에게 위임합니다. 따라서 천황은 자연히 그 존재를 인정받지 못하게 됩니다. 우리가 앞서

---

47 이상 「鄭晉武 외 2명(치안유지법위반)」, 『경성지방법원 검사국 문서』, 국사편찬위원회 소장.
48 「金在鳳 외 19인 조서」(3), 김준엽·김창순 편, 『한국공산주의운동사』 자료편 1, 고려대학교출판부, 1979, 616쪽.

우리 국체를 변혁하고 운운한 것은 이러한 의미로 말씀드린 것입니다. 우리 조선공산당은 우리들의 손으로 조선 공산제도를 실현시킬 것을 바라고 있으므로 만약 그 실현이 이루어진다면 앞서 말한 순서대로 결국 조선은 일본제국의 속박을 벗어버리게 될 것입니다.

아마도 여기에서 돌파구를 찾은 고이는 '조선 독립=국체 변혁'으로 귀결되는 속임수를 만들어냈다. 예를 들면 신명준에 대해(제2회 신문, 3.17) "조선공산당은 피고들 조선인의 손으로 조선을 공산제도의 국가로 건설하고, 통치할 것을 목적으로 조직한 것이 그 동기가 아닌가?"라고 추궁하고, "나는 단지 조선에서 사유재산제도를 부인하고 공산제도를 실현할 것을 목적으로 한다는 생각은 했지만, 조선의 통치권을 우리들 손에 귀속시키고 이를 통치하는 것까지 목적으로 생각하지 않았다"[49]는 진술을 하도록 했다.

나아가 입당 때에 조선 독립이라는 목적을 듣지 못했다고 하는 신명준에게 "그러나 조선이 우리 제국의 식민지인 이상, 우리 제국이 조선에 공산제도 실현을 절대로 허락하지 않을 것은 자명한 이치이므로, 이를 달성하고자 한다면 당연히 우리 제국의 지배를 벗어나게 할 필요가 있는데, 이를 깨닫지 못했을 리가 없다고 생각하는데 어떠한가?"라고 추궁했다. 신명준은 "그렇게도 생각할 수 있지만 나는 거기까지는 전혀 생각하지 않았다"라고 답하게 함으로써, 제국의 지배로부터 이탈을 인정하는 선까지 몰고 갔다. 이렇게 무의식 중에 조선 독립을 지향하고 있었음을 인정하도

---

49 「鄭晉武 외 2명(치안유지법위반)」, 『경성지방법원 검사국 문서』, 국사편찬위원회 소장.

록 하여 그것이야말로 국체 변혁에 해당한다고 단정한 것이다.

그러나 조선 독립이 어떠한 의미로 국체 변혁이 되는지, 국체의 내실이 어떤 것인지는 설명하지 않은 채로 치안유지법 제1조의 조문에 맞추어 무조건 조선 독립이 곧 국체 변혁이라고 결론지었다.

경성지방법원의 공판조서를 보면, 피고의 입장에서 본 고이 예심판사가 주도한 신문의 속임수가 잘 드러난다. 제16회 공판(1927.10.20) 때 야모토 쇼헤이矢本正平[50] 재판장과 권오설의 문답이다.

> **문** 그러나 피고는 당원 예심 제1회 신문 때······ 현재의 사회제도를 통렬히 매도하고 비밀결사를 조직하여 다수의 사람이 단체를 만들어 동 사회제도를 파괴하고 공유재산제도를 펴는 것은 우리 사회운동가의 초미의 급무라고 역설하고 그 조직을 발의하여 고려공산청년회라는 비밀결사를 조직하게 되었다고 진술하고 있는데 어떠한가?
>
> **답** ······ 예심판사의 신문 중 금일의 사회는 자본주의사회인가라는 질문을 받고, 그렇다고 대답했고, 그것은 봉건시대에서 비롯된 것으로 앞으로도 그 진행을 계속해 나가므로, 그 결과 어떠한 사회가 도래하는가 하면 빈부의 차별이 없는 사회라고 확신한다고 진술하자, 예심판사는 그러한 사회는 조선에만 출현하는지를 질문했고, 나는 일본도 마찬가지가 될 것이라고 말하자, (예심판사는 - 역주) 그러면 국체의 변혁이 되지 라고 말했습니다. 그리고서 조선의 독립을 희망하는가 라는 질문을 받고 희망한다고 대답한 적이 있으므로 혹은 그것이 국체의 변혁 의

---

50 [역주] 1886~?. 미야기(宮城) 현 출신, 1913년 도쿄제국대학 법과대학 독법과 졸업, 1914년 조선총독부 판사에 임명, 이후 각 지방법원 판사를 거쳐 공주지방법원 부장을 거쳐 1927년 경성복심법원 판사 겸 경성지방법원 판사에 임명, 1928년 고등법원 판사 역임.

사가 있는 것으로 비추어졌는지는 모르겠습니다.

제17회 공판(10.22)에서도 이 점이 반복되었다. 권오설의 진술에는 고이 예심판사로부터 "가령 조선에만 공산제도가 실시된다면 어떻게 되는가라고 질문을 받고, 일본의 정치로부터 벗어나게 되겠지요 라고 대답하였더니, 고이는 그것이 즉 국체의 변혁이 된다고 말하여, 입씨름을 한 적이 있습니다"라는 내용이 있다.

또한 제9회 공판(10.4)에서 홍덕유洪惠裕는 재판장으로부터 "예심판사로부터 조선공산당을 조직한 목적에 대하여 처음에 어떤 신문을 받고 어떤 대답을 했는가? 라는 질문을 받고 조선에 공산제도가 실시되면 통치권은 어찌되는가 라고 신문하므로 그렇게 되면 조선은 일본의 통치권에서 이탈하게 되겠지요 라고 대답하자, 예심판사는 그러면 우리 제국의 국체를 변혁하는 것이 되는 것이 아닌가 라고 힐문했는데, 나는 그렇게는 되지 않을 것이라고 생각한다고 말했습니다"[51]라고 대답하고 있다.

홍덕유는 그러한 통치권 이탈은 국체 변혁이 아니라고 반론했는데, 고이 예심판사는 조선에서도 일본에서도 공산제도 실현은 현재의 국체 변혁이 된다는 논리로 유도함으로써, 무조건 "국체 변혁의 의사가 있다"고 결론을 내리고, 그것이 조선공산당의 설립 목적이었다고 비약시켰다.

이리하여 3월 31일의 박헌영, 권오설 등에 대한 고이 예심판사의 「예심종결 결정」에서는 "조선을 우리 제국의 속박에서 벗어나게 하고 동시에 조선에서 사유재산제도를 부인하고 공산제도를 실현시키고, 또한 조선에

---

51 이상 「高允相外 91명 公判調書(제16회)」, 「高允相外 91명 公判調書(제17회)」, 「高允相外 91명 公判調書(제9회)」, 地方法院公判調書, 『경성지방법원 검사국 문서』, 국사편찬위원회 한국사데이터베이스.

서 사유재산제도를 부인하고 공산제도를 실현할 목적으로 고려공산청년회라 칭하는 비밀결사를 조직했다"[52]는 공식을 정립했고 그 논리는 이어지는 공판 법정에서 거의 답습되어 갔다.

1927년 9월에 개정하고 1928년 3월에 결심 판결이 이루어진 제1차·제2차 조선공산당사건 공판에서 야모토 쇼헤이矢本正平 재판장의 초점은 예심종결 결정에서 기록된 '국체 변혁=조선 독립'에 대해 각 피고를 다시 한 번 추궁하고, 조선 독립의 의사가 있음을 확인하는 데에 맞추어져 있었다. 각 피고에 대한 신문에서는 우선 '조선을 우리 제국의 속박에서 이탈시켜, 조선에서 사유재산제도를 부인하고 공산제도를 실현하기 위한 목적으로 조선공산당이라 칭하는 비밀결사를 조직'한 점에 대한 인정 여부를 추궁했다.

9월 15일 제2회 공판에서 재판장은 김재봉에게 "조선공산당은 사유재산제도를 부인하고 우리 제국의 국체를 변혁할 것을 목적으로 하고 있는 것이 아닌가?"라고 질문하자, 김재봉은 "조선공산당은 전술한 바와 같이 완성되어 있는 것이 아니지만, 가령 그것이 성립했다고 치고 또 공산제도 실현이 이루어진다면 그 결과로 우리 제국의 국체 변혁을 가져오게 되겠지요"라고, 예심 신문과 같은 진술을 받아내었다. 또한 제9회 공판에서 홍덕유로부터, 제16회 공판에서는 권오설로부터, 예심 재판정에서의 국체변혁을 둘러싼 입씨름 내용에 관해 다시 진술이 이루어진 점은 살펴본 바와 같다.

제10회 공판(10.6)에서 강달영은 "조선공산당은 제국의 국체 변혁, 사유재산제도의 부인을 목적으로 조직했다"는 예심 진술에 대해 질문을 받고 "그것은 내가 말씀드린 것이 아니라, 예심판사가 마음대로 그렇게 기재하게 한 것입니다. 지금 질문한 내용을 나에게 신문했지만, 나는 국제공산당에 가맹하는 방편으로 조선공산당이라고 이름을 붙인 것에 불과하며 그

---

52 「치안유지법위반(朴憲永 외 10인 조서)」 1925, 국회도서관 소장.

런 목적으로 조직한 것이 아니라고 대답해서 구타 당했습니다"라고 대답하고 있다. 나아가 제14회 공판(10.15)에서도 전정관全政琯은 "예심 제3회 신문 때 조선공산당은 공산제도 실현을 바랄 뿐 아니라 조선을 우리 제국의 속박에서 벗어나게 할 것을 목적으로 한다고 진술했는데 어떠한가?"라고 질문을 받고 "그런 말은 하지 않았습니다. 예심판사가 그렇게 말했지만, 나는 그것을 인정하지 않았습니다"라고 대답하고 있다.

대다수의 피고는 조선공산당의 조직이 '조선을 우리 제국의 속박에서 벗어나게 하고 또 조선에서 사유재산제도를 부인하고 공산제도를 실현시킬 목적'이었는지를 질문 받으면, "모릅니다", "그런지, 아닌지 전혀 모르겠습니다", "그런 것은 모르겠습니다", "나는 그런 것은 전혀 모릅니다"라고 부정했다.

또 하나는, 야모토矢本 재판장도 마지막에 반드시 "피고는 조선의 독립을 희망하는가?"라는 질문을 하고 있다. 이에 대하여 "정치적으로도 경제적으로도 모든 점에서 압박당하고 있으므로 독립을 희망하고 있습니다"(김재봉), "희망하고 있습니다. 아마 조선인으로 독립을 희망하지 않는 자는 한 명도 없을 것이라고 생각합니다"(강달영), "나는 매일의 생계가 곤란하므로 그러한 것을 생각할 여유가 없습니다"(민창식閔昌植), "이상적이 되면 좋다고는 생각하고 있습니다. 그러나 독립은 도저히 실현이 불가능하다고 생각합니다"(김항준金恒俊), "조선의 독립은 민족적 감정으로 좋은 일이라고 생각합니다"(남해룡南海龍) 등 다양한 진술이 이루어졌다.[53] 이와 같은 독립에 대한 인정 여부는 각 피고의 양형에 영향을 끼쳤다고 생각된다.

1928년 2월 13일, 제1차·제2차 조선공산당사건의 판결이 선고되

---

53 이상 「高允相 外 91명 공판조서」, 地方法院公判調書, 『경성지방법원 검사국 문서』, 국사편찬위원회 한국사데이터베이스 참조.

었다. 이 판결에서 주목할 점은 예심과 공판의 신문에서 '국체 변혁=조선 독립'이라는 공식이 성립된 점을 수렴하여, 조선공산당에 대해 "조선에서 사유재산제도를 부인하고 조선을 우리 제국의 속박에서 벗어나게 할 것을 목적으로 조직되었다"는 논리가 추인된 점이다. 단지 고려공산청년회에 대해서는 「예심종결 결정」과 달리, 사유재산제도를 부인하고 공산주의 선전 및 투사의 교양을 증진하여 나아가 조선에서 공산제도를 실현시키기 위해……일종의 교양기관으로 조직된 것이라고 하였다. 박헌영 등의 진술이 받아들여졌다고 볼 수 있으며 국체 변혁과는 연결 짓지 않았다.

치안유지법 시행 후 사유재산제도 부인의 의의는 자명했지만, 국체 변혁에 대해서는 해결에 이르지 않고 시행 후 한동안 '제국주의·자본주의=일본의 국체'라는 이해가 일반적이었다. '국체 변혁=조선 독립'이라는 획기적인 전환은 제1차·제2차 조선공산당사건에 대한 경성지방법원의 예심을 통하여 탄생했고, 공판과 판결을 통해 그 전환이 가속화되었다.

1928년 12월 27일 경성지방법원의 조선공산당 만주총국사건에 대한 판결은 국체 변혁=조선 독립으로 전환하는 과정을 보여주고 있다. 이 사건은 1927년 10월 간도총영사관 경찰서에 검거되어 경성지방법원으로 이송된 것으로, 우리 일본제국은 사유재산제도를 구가하는 나라이므로 조선에서 이 제도를 부인하고 공산제도를 실현하도록 하는 것은 도저히 허용할 수 없는 것이므로, 그것을 실현하기 위해서는 조선을 우리 일본제국의 속박에서 이탈시켜 조선의 독립을 꾀하는 것이 낫다고 사유하여라고 단정하여 최원택崔元澤에게 징역 6년을 최고로 하여 28인을 유죄에 처했다. 여기에서 조선의 독립은 공산제도 실현을 위한 전제조건으로 간주되고 있다. 2월의 제1차·제2차 조선공산당사건의 판결에서는 '사유재산제도의 부인'과 '조선 독립=국체 변혁'을 '또한[且]'으로 연결하였다.

다른 한편으로 만주총국사건의 판결에서는 조선공산당이 조선을 우리 일본제국의 속박에서 이탈(국체변혁)시키고, 또한[亦] 조선에서 사유재산제도를 부인하고 공산제도를 실현시킬 목적으로 결성된 것이라 하여 '또한[亦]'으로 연결하고 있다. 역시 고려공산청년회에 대해서도 조선공산당과 같은 내용으로 정의했다. 이 혼합 형태는 국체 변혁과 사유재산제도 부인의 관계 설정에 대한 인식이 아직 불완전했음을 보여준다.

그리고 양형의 적용 법령이 최종적으로 제령 제7호로 되어 있는 것도 만주총국사건의 판결이 과도기의 것임을 보여주고 있다. 최원택崔元澤의 경우, 조선공산당의 결사 행위는 범죄 당시의 법으로는 제령 제7호에 해당하고, 그 후의 만주총국 조직과 활동은 '중간법'인 구 치안유지법과 '현행법'에 해당하는데, 양형에서는 중간법과 범죄 당시의 법은 그 형이 동일하므로 제령 제7호 제1조를 적용했다.[54] 치안유지법 운용의 초기단계에서 이런 사례가 있었지만 1928년 말의 시점에서도 제령 제7호를 우선하는 사례가 나타나고 있다.

독립운동에 대한 적용 초기단계

고등법원 검사국 『조선치안유지법 위반조사(1)』의 「소지한 사상의 주의별 인원抱懷せる思想の主義別人員」(유죄 확정)에 의하면, 45명의 공산주의에 비하여 민족주의는 51명으로 다소 많다. 「결사별 확정 판결 인원結社別確定判決人員」에는 민족주의는 정의부正義府 17명, 신민부新民府 10명, 한국광복단과 참의부參議府가 각 4명이다. 이들 조직은 모두 만주와 중국에 근거지가 있었다.

---

54 이상 『日本共産党関係雑件 −治安維持法違反被告事件関係』 3권(朝鮮共産党関係), 일본외교사료관 소장.

평균 형기가 공산주의가 10월인데, 민족주의가 3년인 점은 강도, 공갈, 방화 등과 병합죄에 의한 것으로 추측된다.

1920년대 전반에 독립운동 단속의 법적 근거가 제령 제7호·보안법이었던 흐름은 치안유지법 시행 후에도 이어졌다. 전술한 것처럼 1925년 7월 27일 박희빈朴熙彬에 대한 고등법원 판결은 "조선을 제국의 속박에서 벗어나게 한다"는 것에 대하여 제령 제7호를 적용했다. 그 후의 독립운동 관계사건에서도 10월 22일 경성지방법원 판결은 보안법 위반, 같은 날의 고등법원 판결은 살인·강도와 제령 제7호 위반, 1926년 3월 23일 대구지방법원 판결은 제령 제7호 위반이었다.

1926년 11월 17일 경성지방법원은 이선호李先鎬, 이병립李柄立 등의 학생이 6월 10일 순종 국장을 앞두고 조선의 독립운동을 선동하는 불온문서를 군중에게 산포하고, 조선독립만세를 고창하고, 이로써 조선독립 달성을 기도했던 것을 정치변혁을 목적으로 하여 공동으로 안녕질서를 방해하고 혹은 방해하려 한 것으로 제령 제7호 제1조를 적용하여 각 징역 1년을 구형했다. 그렇지만 "한낱 어린 학도로 그 사려가 아직 성숙하지 않고……잘못된 민족적 의식에 지배당하여 청소년에게 흔한 일시적 격분에 휩쓸려 본 건을 감행한 것이 틀림없다"[55]라는 이유에서 모두 집행유예 5년을 선고했다.

집행유예가 붙은 점에 대해 검찰이 항소하자, 1927년 4월 1일 경성복심법원의 판결에서 집행유예가 취소되었다. "피고인 등은 모두 각각 버젓한 학교의 생도로 애도 중에도 면학에 힘써야 함에도 불구하고, 그 영향이 어떤 주변에 미치자, 갑자기 예측하기 어려운 여러 정세를 이용하여 장의

---

55 「大正15年刑控936,937號李先鎬外十人判決文」, 한국역사연구회편, 『일제하사회운동사자료총서』 제8권, 고려서림, 1992.

당일을 기하여 다수가 함께 조선독립운동을 선동하는 불온문서를 연도의 군중에게 산포하고, 조선 독립의 희망을 사람들에게 심고 이를 달성할 것을 도모"[56]한 것이 제령 제7호에 해당한다는 준엄한 내용이었다.

다른 한편으로 독립운동사건에 치안유지법을 발동하는 징후도 나타났다. 1926년 3월 31일 치안유지법 및 제령 제7호 위반사건으로 간주된 대구지방법원의 판결은 서동일徐東日을 징역 3년, 윤병채尹炳采와 최성희崔聖熙를 무죄로 했다. 서동일의 「범죄사실」은 "국민당이라 칭하여 조선민족 독립을 위해 군대를 양성하고 무력으로 국권회복을 꾀하고 이로써 정치변혁을 거둘 것을 목적으로 한 결사에 가입"한 것이라 하고, 치안유지법 제1조와 제령 제7호 제1조에 해당한다고 한 다음, "범정犯情의 무게는 앞서 제시한 제령 제7호 제1조의 형에 따랐다"고 하였다. 윤병채와 최성희에 대한 조선 독립군자금 모집 사실은 서동일의 협박에 의한 것으로 무죄를 인정했다.

검찰이 이 무죄판결에 대해 항소하자, 5월 20일 대구복심법원은 두 피고가 "정치 변혁에 찬동하고 제국의 치안을 방해했다고 한 공소 사실은 그 증거가 없다"고 하여 무죄를 유지했다(「독립운동판결문」).

독립운동에 치안유지법을 단독으로 적용한 첫 사례는 1926년 10월 5일 경성지방법원 판결에서 보인다. 이보만李輔晩은 상해에서 학교에 다니던 중에 조선 독립을 희망하게 되어 "우리의 혁명은 이민족의 통치를 타파하고 그 모든 경제적 사회적 나쁜 세력을 구축하고 의미 있는 신사회를 건설하는 것"(「독립운동판결문」)이라고 하여 「독립정신사獨立精神社」를 조직한 것이 치안유지법 제1조 제1항에, 조선독립운동 선동이 제3조에 해당한다

---

56 고등법원 검사국, 『조선치안유지법 위반사건 판결(1)』, 1929; 박경식 편, 『朝鮮問題資料叢書』 제11권, アジア問題研究所, 1989.

고 하여 전자를 적용하여 징역 1년 6월을 선고했다.

판결문 원본을 확인할 수 없지만, 1927년 12월 신의주지방법원의 신민부사건 판결을 『조선신문』(8.13)이 보도하고 있다. 허성묵許聖黙 등 12명은 하얼빈영사관 경찰서에 검거되어 신의주로 이송된 것으로 보인다. '일당 중 거두로 지목되는 허성묵은 극단적인 배일사상을 갖고 조선독립을 위해 운동해 왔는데, 1922년 8월 중국 간도 용정촌에 건너가 동기중학교冬期中學校[57]를 열고 스스로 교장이 되어 배일사상 선전에 힘써 1925년 신민부라는 불령단체를 조직하고 다른 9명과 행동을 함께 하여 왕성히 불온문서를 조선 내외에 배포하고 독립 달성에 힘써온 자'라 하여, 허성묵에게 징역 3년, 김병희金炳嬉에게 징역 1년 6월, 그 외 8명에게 징역 1년(집행유예 3년)을 선고했다.

8월 31일 경성지방법원 판결에서는 전좌한全佐漢이 조선독립을 목적으로 조선혁명군 대본영이라 하는 비밀결사를 조직하여 단원 4~50명을 모아 조선 독립 선전 및 군자금 징수(「독립운동판결문」)를 한 것이 치안유지법 제1조 제1항에 해당한다고 하여 징역 5년을 선고했다.

치안유지법 위반·강도의 병합죄로 기소된 11월 2일 경성복심법원에서는 강도죄만을 인정하고(징역 5년) 치안유지법에 대해서는 신의주에서 국체를 변혁할 목적으로 한국혁명군이라는 결사를 조직하고……가입했다는 점은 증거가 충분하지 않다(「독립운동판결문」)고 하여 인정하지 않았다.

고등법원 검사국 『조선치안유지법 위반조사(1)』에 의하면, 민족주의 계열의 정의부의 공범관계는 1924년 9월부터 1927년 4월까지 14그룹

---

57 [역주] 원문 그대로임. 『중외일보』 1927. 8. 16에도 동기중학교(冬期中學校)로 되어 있으나, 동흥중학교의 오기로 보인다.

30명에 이른다. 병합죄는 강도, 총포화약류 취체령 위반, 유가증권 위조, 강도 살인, 공갈 등으로 극도로 포악하여 확정 판결된 총 형기는 무기징역 1명, 징역 40년 10월로 가장 많다. 현재 이 정의부에 관한 판결 중 치안유지법만을 적용한 사례는 찾아볼 수 없다.

치안유지법 시행 초기 단계에는 공산주의운동에 대한 적용 사례에서 보듯이, 독립운동에 대한 법령 적용도 제령 제7호를 우선하거나 무죄 판결을 하는 등, 시행착오 단계로서 안정적 운용은 이루어지지 않았다.

3
만주 간도에서의 초기 적용

▌ 전권단電拳團사건

중국 동북지방에 '간도間島'로 불리는 지역[58]은 1920년대가 되면 조선인에 의한 독립운동 외에 공산주의운동의 근거지를 형성하고 있었다. 여기에서는 영사재판권을 확장하여 영사경찰권을 행사하고 있던 일본외무성 소속 영사관경찰이 재만조선인의 독립운동이나 공산주의운동의 억압과 단속에 임하고 있었다.[59]

1925년 2월 19일, 간도 총영사가 외무대신 앞으로 보낸 보고 「간도 혼춘琿春지방의 공산주의운동에 관한 건」에는 "공산주의운동으로 인해 당지방 청년학생 사이에 이 사상이 상당히 주입된 것은 사실로써······ 점차 사상 악화가 초래됨과 아울러 과격분자가 증가하는 경향을 보이고 있으며, 이미 비밀리에 각처에 공산주의 관련 기관이 설립된 형적이 있다"고 하고,

---

58   현재의 중국, 길림성 연변조선족자치주.
59   荻野富士夫, 『外務省警察史―在留民保護取締と特高警察機能』, 校倉書房, 2005 참조.

"이런 상황에서 조선 및 간도 훈춘 지방으로 주의, 선전자가 침입하지 않도록 상당한 조치가 필요하다고 생각된다. 본 건은 치안유지법 성립 여부를 지켜보고 나서 본인의 의견을 상세히 보고 드리고자 한다"고 적고 있다. 제50제국의회에서 치안유지법안 심의가 막 시작된 상황을 주의 선전자의 조선 및 간도 훈춘지방 침입 방지라는 관점에서 주시하고 있었다.

6월 23일 간도 총영사가 외무대신에게 보낸 보고 「치안유지법 조선 시행에 관하여 불령선인에게 끼치는 영향에 관한 건」에서는, 「블라디보스토크 의열단 지부에서의 불령 각 단체의 결의사항」이나 「신민부新民府가 발행한 신민보新民報 게재 치안유지법 성토문」 등 정보수집에 임하고 있던 것을 알 수 있다. 후자의 말미에는 "왜국倭國의 각종 악법이 조선 사회에서 실시됨에 따라 조선 민중은 급진적으로 테러리스트 기분을 촉진할 것이라고 예언함과 함께, 왜적倭賊의 악법 실시의 가혹행위를 성토한다"라고 되어 있다.

공산주의 선언에 대한 경계 수준을 강화하고, 청년 학생의 동정을 시찰하고, 탄압 기회를 기다리고 있던 상황에서 발동된 것이 1925년 8월 27일의 「전권단電拳團사건」이다. 8월 28일, 간도총영사는 외무대신 앞으로 "일한병합기념일에 불령선인의 행동을 조사, 경계 중이던 바, 27일 밤을 틈타 용정촌 친목회에서 조선 독립 및 공산주의에 관한 선전문 약 500매를 시내에 반포해서 즉시 압수하고, 동회 선전부장 이하 부원 13명을 검거했다"고 급보했다. 이어서 9월 2일 상세한 「공산주의 계통의 불령선인 검거에 관한 보고」를 했다. "8월 29일 일한병합기념일을 기하여 불온문서 반포 및 과격 행동으로 민심 교란을 기도한 정황을 탐지함으로써 28일 오전 4시부터 경찰서 직원 20여명에게 각 부서를 정하여 검거에 착수하여 동일 오후 2시까지 체포 압수⋯⋯검거 인원 16명 중 영신永新 중학교(기독교계) 학생 2명, 동흥東興중학교 학생 및 소학부 교사(천도교계) 11명, 무직

자 3명이며, 선전문의 취지는……공산주의적 단결에 의한 독립운동의 고취에 있다"고 하여 치안유지법 위반을 적용할 예정이라고 하였다.

「선전문」에는 "강도 일본의 군벌파를 세계의 모든 군벌파와 함께 우리 인류사회에서 매장하라! 우리 삼천리 강산에서 왜적의 군벌 자본가를 박멸하고, 무산계급의 신사회를 건설하려는 것이다"는 구절이 있고, 강령으로 "1. 우리는 현 사회의 불합리한 모든 제도를 파괴하고, 대중 본위로 역사적 필연의 신 사회 건설을 목표로 한다. 1. 우리 혁명 사업에 장애를 초래하고, 민중에게 해독을 끼치는 자들을 근본적으로 직접 박멸할 것을 맹약한다"고 천명하고 있다. 6월 21일에 용정촌 근교에서 다섯 명이 창립회의를 열고, 강령·규율과 조직 등을 결정했다. '우리 혁명 사업에 장애를 초래하고 민중에게 해독을 끼치는 자들'이란 친일조선인단체 광명회光明會를 가리키는 것으로 보이며, 「전권단」이라는 명칭이 나타내듯이 직접 박멸을 결성의 첫번째 목적으로 했다고 추측된다.[60]

이 검거는 공산주의화한 불령선인 활동에 대한 위협적인 탄압이라고 생각되는데, 전권단이 현 사회의 불합리한 일절의 제도를 파괴한다는 강령을 내걸고, 규율 등도 준비하고, 조사부·심리부審理部·실행부 등을 두어 조직 체계를 갖추고 있던 점이 치안유지법 적용에 해당되었다고 생각된다. 간도 총영사관 「대정14년(1924) 중의 간도, 혼춘 및 접양接壤지방 치안개황에 관한 건」(1926.2.13)에 의하면, 전권단의 검거자는 20명으로, 김성한金星漢, 김성호全盛鎬, 김정희金鼎熙, 전영국全榮國 4인이 간도 총영사관 치안유지법 공판에 회부되었다.

또한 9월 15일 조선총독부 경무국장의 「간도에서의 적화 조선인 검거

---

60 이상 外務省編, 『外務省警察史』 23(間島の部), 不二出版, 1998 참조.

에 관한 건」⁶¹에서는 '이번 검거로 이들 단체의 진상을 밝히고 동시에 근절하게 된 것은 치안 상 기쁨을 감출 수 없다'고 하였다.

간도 연길현 용정촌에서 발행한 『간도신보間島新報』에는 전권단 사건 관련 기사가 게재되었다. 『간도신보』는 1921년 7월 용정 일본인거류민회를 모체로 창간한 일본어판 신문이다. 필자는 아직 그 신문을 직접 볼 기회가 없었는데, 연변대학교의 김태국 교수가 상세한 『「間島新報」 표제 색인標題索引』(2011)을 편집했다. 김태국 교수는 "일본영사관 하부조직으로 일본제국의 대외팽창의 선봉을 이룬 일본인거류민회는 이번에는 신문 발행을 통하여 일본인 거류민회는 물론, 연변지역 조선족 인민에 대한 통제를 강화하고자 했다"고 지적한다. 이 책에는 전권단에 관해 다음과 같은 표제의 기사가 있다.

1925년
    9월 19일   불령不逞 공산당원 전권단 일당 어제 기소
    10월 1일   전권단 일당 어제 제1회 공판 개정
    11월 6일   전권단 체포를 두려워하여 돈화敦化로 도망간 시내 모某교 생도, 호구지책에 궁하여 귀순을 청하는 편지를 보냄
    11월 13일   은진중학생(방창락方昌洛)이 전권단에 가입하여 도망 중 체포, 치안유지법 위반으로 징역 5월
1926년
    4월 2일   전권단 수괴 김경한金環漢 어제 공판 금고 8월

---

61 조선총독부 경무국장, 「간도에서의 적화 조선인 검거에 관한 건」, 1926.9.15, 『불령단관계잡건 조선인의 부』(재만주), 국사편찬위원회 한국사데이터베이스.

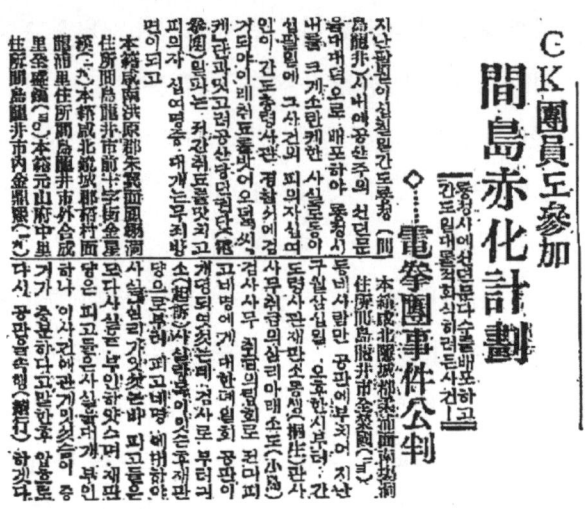

CK단원도 참가, 간도 적화 계획, 『동아일보』(1925.10.7)

후술하는 바와 같이 간도지방에서 영사관 경찰에게 독립운동, 공산주의운동 관계로 검거된 조선인의 대부분은 조선으로 이송되지만, 이 전권단사건은 간도 총영사관에서 영사재판으로 처분하기로 선택되었다. 1년 미만의 형기라면 영사재판이 가능하다는 규정에 의한 것이다.

또한 1925년 10월 7일자 『동아일보』는 「CK단원도 참가 - 간도 적화 계획」이라는 제목으로 전권단사건의 제1회 공판이 9월 30일, 간도 총영사관 재판소에서 기류 한조桐生半造 판사 사무취급事務取扱(외무 통역생) 하에 고지마 시치로小島七郎 검사 사무취급(영사관경찰 경부) 입회로 이루어졌음을 보도했다. 김성한金星漢 등 4인의 보고에 대해 "재판장은 피고들이 사실을 부인하고 있지만, 이 사건에 관계한 것은 그 증거가 충분하다"고 적었다. 치안유지법 적용 조문이나 양형量刑은 불명이다.

『간도신보間島新報』에 의하면, 수괴로 지목된 김경한金璟漢의 판결은 무언가의 사정으로 다음 해인 1926년 4월에 이루어졌다. 나중에 검거된 은

진중학생의 경우는 징역 6월, 수괴는 금고 10월로 차이가 있다. 치안유지법 적용을 보면, 아직 형벌 선택이 유동적이었음이 엿보인다(일본의 경우, 교토 학련學連사건의 경우는 금고, 그 후는 거의 징역이다). 1926년에는 전권단 관계자 1인이 검거되었다. 조선 내에서 초기에 그랬던 것처럼 양형은 비교적 가볍다.

간도 총영사관 경찰부에서는 1926년 5월, 관내의 경찰서장 및 분서장 사무 협의회를 열고 치안유지법 적용에 대하여 스에마쓰 요시츠구末松吉次 경찰부장이 다음과 같은 지시·주의를 하달했다.[62]

> 국체를 변혁하고 또는 사유재산제도를 부인할 것을 목적으로 결사를 조직하고, 또는 그 목적으로 소요 폭행을 하는 범죄를 선동한 자들에 대해서는 치안유지법 실시에 따라 근거 있는 단속을 할 수 있게 되었다. 본법에 의한 범죄는 주로 공산주의적 사상의 실행범으로 현지의 사정상 매우 경계할 필요가 있다. 실제로 본 영사관 경찰서에서 검거한 전권단 일파는 본법에 의해 처음으로 처분하는 것이며 최근 일반에 공산주의적 경향은 점차 침투하고 있음을 파악할 수 있어서 한층 엄밀한 사찰 경계가 필요하다. 그 적용에 대해서는 신중히 고려하고, 일반에 특별 예방 목적을 달성하도록 노력해주기 바란다.

전권단 사건이 치안유지법으로 처음 처분하는 것이라는 인식을 보이고, 공산주의적 사상의 실행범에 대한 근거 있는 단속 무기를 획득한 점에 주의를 환기하고 있다. 또한 민족주의적 분위기에 더하여 공산주의적

---

62 外務省編, 『外務省警察史』 23(間島の部), 不二出版, 1998 참조.

경향이 점차 현저해진다는 것은 간도라는 현지의 특색도 작용하여 매우 경계가 필요하다고 하고, 치안유지법의 활용을 촉구했다. 직후에 열린 관내 각 분관 주임 사무협의회에서 "마적馬賊 불령선인 외에 일반 조선인 청년의 농후한 적화운동은 무엇보다 중요한 성질을 띠게 되었다"고 하여 특히 폭력운동의 수령으로 지목되는 자에 대한 치안유지법 적용을 지시하고 있다.[63]

▍제1차 간도공산당 사건

1926년 10월, 간도 용정촌에서 조선공산당 지부로 만주총국滿洲總局 동만구역국東滿區域局이 설립되었다(동시에 「고려공산청년회 동만구역국」도 설치). 당초, 이 움직임을 파악하지 못했던 간도 총영사관 경찰은 청년·학생층에 대한 선전 활동이 활발해지자, 극력 내사를 추진하여 1927년 10월 동만도東滿道 간부 당원 검거를 단행했다. 치안유지법이 적용되어 당원으로서 범죄 증빙 확실로 간주된 28명이 조선 측으로 이송되었다(그 후 검거인원 추가). 이것을 제1차 간도공산당사건이라 한다.

  1928년 4월 30일 경성지방법원에서 예심종결 결정이 이루어져 29명이 공판에 회부되었다. 11월 26일에 공판이 개정되어 12월 5일에는 경성지방법원 검사국의 모토하시元橋 검사가 논고하여 징역 8년에서 1년형까지를 구형했다. 신문에 게재된 모토하시의 담화에는 공산운동은 일종의 독립운동이며, "피고 등의 이른바 공산당 결사 행위는 마르크스주의를 토

---

63 「영사회의 관계잡건 재만 영사회의」, 『외무성문서』, 마이크로필름 S647, 일본외교사료관 소장.

대로 한 것으로 그 주의는 군주주의 국가인 우리 국체가 받아들일 수 없는 것이다. 또한 피고 등이 사유재산제도를 부인한 것은 조선을 일본제국에서 이탈시키지 않고는 도저히 행할 수 없는 것이므로, 그것은 결국 조선독립운동과 마찬가지로 국체변혁을 꾀하는 범죄행위"라고 하였다. 또한 검거 이래 피고들이 "범죄 의사를 계속 갖고 있는 것으로 간주하여 개정치안유지법을 적용하는 것이 타당하다"고 하였다.[64] 이에 대하여 담당 변호사는 "법으로는 소급 적용하지 않는 원칙에서 봐도, 개정 전의 구 법률을 적용하는 것이 당연하고, 피고 등이 그 의사를 계속 갖고 있어도 표면 행위로 드러나지 않는 이상, 그 의사나 사상을 처벌할 수는 없다"고 반론했다.[65]

12월 27일, 1인에게 징역 6년, 2인에게 징역 5년 등 전원 유죄 판결을 내렸다(징역 1년인 4인에게는 집행유예 3년을 부과). 선고이유의 첫머리에는 "이러한 사회 현상은 분명히 우리 제국에서 사유재산제도를 인정한 데에서 기인한 것이므로, 이런 제도를 파괴하고, 공산제도를 실현하는 것이 낫다고 가볍게 믿었다"고, 이를 실현하기 위해서 조선을 우리 일본제국의 속박에서 벗어나게 하여, 조선독립을 꾀하는 것이 낫다고 생각하던 자라고 하였다.

이 판결에서 주목되는 것은 제1차 간도공산당=조선공산당 만주총국 동만구역국에 대해서 우선 사유재산제도를 부인한 공산주의 집단으로 규정하고 그것을 실현할 수단으로 조선을 '일본제국의 속박에서 이탈=조선독립=국체 변혁'을 위치지운 점이다. 또 하나는, 검찰이 요구한 개정 치안유지법을 적용하지 않고, 제령 제7호를 적용한 것이다. 최고형 6년을 선고받은 최원택崔元澤의 경우, 조선공산당 조직은 범죄 당시의 법으로 제령 제

---

64 『조선사상통신』, 1928.12.6에 의함.
65 위와 같음.

7호를, 결사조직과 임원, 지도자로서의 임무는 중간법으로서 구 치안유지법에 해당하고, 만주총국 설치 등은 현행법으로 개정 치안유지법에 각각 해당한다고 하였다. 그러나, 중간법 및 범죄 당시의 법은 모두 현행법보다 그 형이 가볍고, 중간법과 범죄 당시의 법과는 그 형이 동일하기 때문에, 제령 제7호 제1조 제1항을 선택했다.[66] 검찰은 항소를 검토했지만, 결국 단념했다.

「소화昭和 2년(1927) 중 간도 혼춘 및 동 접양지방 치안개황」[67] 중의 「소화2년(1927) 중 검사 취급사건 죄명표 별표」를 보면, 영사관 경찰에 의한 치안유지법 위반은 4건으로 52인이다. 앞선 제1차 간도공산당사건 외에도 치안유지법을 적용한 사건이 있었음을 알 수 있다.

---

66 이상 高等法院檢事局, 「朝鮮治安維持法違反事件調査(一)」, 荻野富士夫編, 『治安維持法關係資料集』1.

67 「소화(昭和) 2년 중 간도 혼춘 및 동 접양지방 치안개황」, 외무대신 앞 간도총영사 대리 보고, 1928. 2. 3, 『외무성경찰사』23(間島の部).

II

전면 시행하는 치안유지법
1928~1934

1
전면시행기의 개관

▌ 처분자의 급증 – 1930년대 전반의 본격 운용

치안유지법은 일본 국내에서는 1928년 3월 15일 일본공산당에 대한 일제 검거를 계기로 본격적으로 시행됨과 아울러 치안유지법 개정이나 단속기구의 대대적 확충을 단숨에 실현함으로써 치안유지법의 전면적 전개 기반을 마련했다. 조선에서 치안유지법은 시행 직후부터 공산주의운동, 민족주의운동의 탄압으로 활용되기는 했으나, 역시 1928년을 큰 획기로 하여 전면적 운용 단계에 들어간다.

우선 치안유지법의 전면적 전개 양상은 경찰(고등경찰)의 검거자 수에 나타난다. 〈표 3〉의 검거를 보면, 1928년에 1,000명대로 급증하고, 1932년 4,257명으로 절정에 달한다. 이들 검거자 수는 공식적 수치이다. 실제로는 치안유지법 위반 용의로 검거·검속되고 취조를 당한 후 훈계를 받고 경찰 조사 단계에서 석방된 자가 다수 존재한다. 「검거 남발은 불가」라는 제목의 1930년 3월 5일자 『조선일보』 사설은 경찰관서에서 검사국으로 기소의견을 첨부하여 회부한 피의자 숫자를 산출하기까지 반드시 그

표 3 조선에서의 치안유지법 위반자 처분상황

처분 연도	검거	기소	수형 (受刑)	불기소		
				기소유예	그 외 불기소	계
1925	8	4	4	2	2	4
1926	338	163	121	21	154	175
1927	212	87	82	4	121	125
1928	1,304	517	376	26	761	787
1929	1,343	433	306	43	867	910
1930	1,538	654	451	47	837	884
1931	1,921	834	506	139	948	1,087
1932	4,257	1,180	803	547	2,530	3,077
1933	2,103	592	312	401	1,110	1,511
1934	2,087	517	-	-	-	-
합계	15,111	4,981	2,961	1,230	7,330	10,130

척식성관리국, 「조선에서의 사상범죄조사자료(朝鮮に於ける思想犯罪調査資料)」, 1935.3, 『治安維持法関係資料集』 2.

이상의 용의자를 검거하고 엄중한 취조를 하는 것은 일반적으로 목격하는 것이라 하고, 불기소 처분까지는 이르지 않지만, 우선 경찰관서에서 어떤 일정한 고통을 맛보고 석방당한 자가 반드시 상당한 숫자에 달한다고 주장했다. 이 상당한 숫자라는 눈에 보이지 않는 숫자가 실제 검거자 숫자의 배후에 존재한다.

경찰이 지방법원 검사국으로 송치한 건수가 〈표 4〉에 있는 수리 인원이다. 이것 역시 1928년에 급증하여, 1932년에 절정에 달한다. 수리한 피의자를 검사국에서 취조하고 기소, 기소유예 등의 사법처분을 행하는데, 이 기소 인원도 같은 추이를 보이고 있다. 일본과 마찬가지로 조선에서도 치안유지법은 1930년대 전반에 전면 운용되었다.

표 4 조선치안유지법 위반사건 연도별 누계 인원표

연도 \ 종별	검사국 수리인원	전체 수리인원 중 해당 인원			
		기소	기소유예	기소중지	불기소
1925	88	33	2	35	18
1926	380	161	41	64	131
1927	279	135	1	81	54
1928	1,418	496	60	253	391
1929	1,282	447	52	246	465
1930	2,133	558	71	886	497
1931	1,755	651	151	306	567
1932	4,393	1,022	1,110	642	1,145
合計	11,728	3,501	1,488	2,513	3,248
1933	2,039	543	678		
1934	2,067	520	706		
1935	1,696	478	661		
1936	667	246	238		
1937	1,228	413	573		
1938	987	283	348		
1939	790	366	163		
1940	286	141	72		
합계	20,741	6,172	4,831		

1925~1932: 拓務省管理局,「改正治安維持法案參考資料」, 1934.2,『治安維持法關係資料集』2;
1936~1940: 朝鮮総督府,「思想犯保護觀察制度實施の状況」, 1941.12,『治安維持法關係資料集』3.

　이 치안유지법의 운용의 큰 추이에 대해서는 고등법원검사국『사상휘보』제8호(1936.9)의「기왕 10년간 치안유지법 위반 건수, 인원, 연도, 청별廳別 조사」에도 "조선에서는 1929년부터 1932년까지 공산주의운동이 가장 치열했다"고 서술되어 있다.

『동아일보』의 비판

이러한 치안유지법 위반이 급증한 이유 중에 사회운동의 고양이 있었다는 점은 틀림없지만, 다른 한편으로 1928년에 개정된 치안유지법이 더욱 운용을 확대한 점도 큰 요인이다. 개정으로 치안유지법의 위력이 증대되었음을 간파하고 있던 『동아일보』는 사설에서 거듭 치안유지법 개정을 비판했다.

우선 3·15 사건을 구실로 하는 1928년의 치안유지법 개정에 대해서, 5월 20일자의 「치안에 관한 긴급칙령안」은 "적어도 ① 교육 등에 의한 사상 선도, ② 발본색원적인 사회정책 등에 관해서는 별반 시설도 없이, 오로지 엄벌과 탄압을 능사로 삼으려하여, 긴급하지 않은 것을 긴급하다고 하는 반동적인 시책에 대해 추부樞府[1]까지도 찬성할지"가 주목된다고 하는 정도에 그쳤다. 6월 26일자의 「치안유지법 개정안 통과 – 다나카田中 내각의 협량狹量」에서는 "형벌을 준엄하게 해서 민중의 (사상적) 경향을 좌우할 수 있다면, 이보다 더 다행스러운 일은 없을 것이다. 그러나 사상문제라는 것은 대포를 발사해서, 눈앞에 달려드는 적군을 격퇴하는 군사적 행동과는 별개로 취급하지 않으면 안되는 것이니, 나쁜 사상에 전염된 원인을 추구推究하고, 근본적으로 그 결함을 보충함으로써 그 분자로 하여금 안도하게 하는 것이 국가사회를 위하여 만전의 방책이라 할 것이 아닌가"라고 비판했다.

1930년대 전반, 개정된 치안유지법의 위력이 전면적으로 발휘되고

---

[1] [역주] 추밀원(樞密院). 일본제국헌법 하에 설치된 일본 국정과 황실에 관한 천황의 최고자문기관. 1888년 설치되고 1947년 폐지. 회의에는 천황이 참석하며, 국무대신도 고문관으로 출석하여 의결에 참가했다. 자문사항은 황실에 관한 사항, 헌법에 관한 법률, 칙령, 대외교섭 등 주요 국무 등이다.

치안유지법으로 처분된 범죄가 급증했다. 1932년 2월 20일자의 「격증하는 사상범 – 근본대책 여하如何」는 이를 정면에서 문제삼은 사설이다. 이 글에서는 3·1운동 이후, 사상적으로 조선은 신문화 신사상의 수입에 몰두하고, 당초 모방에 불과한 운동은 점점 이론을 연구하고 실행에 옮기게 되어 그 운동은 조직화되고 교묘해졌으며, 환경적으로는 농촌 피폐에 대한 원성이 일부 지식계급에게 불안과 초조감을 주었다고 하였다. 게다가 공산주의 사상은 청년이나 일부 지식계급에 국한하지 않고, 노동자, 농민과 같이 실생활을 영위하는 계층에 침투하는 경향이 있는데, 당국은 강압 일변도의 정책으로 밀어붙이고 있다고 지적했다. 그러나 "역사적으로 사상에 대한 탄압으로 근절된 전례는 없다"고 하여 "특히 조선민족과 같이 정치경제적으로 위축과 제한을 강제당한 곳에서는 더욱더 사상적 원인과 사회적 결함을 진지하게 연구하고 현실적인 대책을 강구하지 않으면 안 된다"고 분석했다.

이 논점은 1932년 10월 25일 자의 「사상범죄와 대책 – 엄벌보다 원인의 시정是正」에서 재론된다. 사상범의 재범이 많다는 점에 착안하여, 행형으로 범죄의 징계가 성립하지 않는 점, 또한 사상의 전환이 이루어지지 않은 점, 또 하나는 세상에서 말하는 것처럼 범행이 단순히 부화뇌동한 일시적 기분 등에 의한 것이 아니라는 점을 지적한다. "중형이나 고역苦役을 가하는 엄벌주의만으로 죄과를 징치懲治하고 사상을 전환시킬 수 없다"고 하고 나서, 행동에서의 악이 있기 때문에, 사회의 공안을 위해 그 악을 진압해야 하지만, 악의 동력이 되는 잘못된 사상을 막는 것이 타당하며, 나아가서 그릇된 사상의 근원에 존재하는 사회생활의 왜곡이나 결함을 시정하는 것이 근본적이라고 제언한다.

이러한 사회의 근본문제 시정을 요구하는 제언은 당국자에게 도달하지는 않았다. 일본과 조선 모두 공산주의운동에 대한 공세는 증가하여, 이 운동이 쇠퇴하는 경향을 보여도. 추격의 손길을 늦추지 않았다. 비장의 카드로 촉망받은 것이 치안유지법의 재개정이며, 1934년과 1935년에 두 차례 시도되었다(모두 성립하지 않음). 이 치안유지법 재개정을 기도한 점에 대해서도 『동아일보』는 과감하게 반응했다. 아직 사법성司法省 내의 개정 논의 단계이지만, 1933년 6월 27일 「치안유지법 개정안 윤곽, 법률 기능의 기형적 발전」이라는 사설에서 개정안의 개요를 적고 나서, "이것은 과거에 사례가 없는 법의 영역을 횡축으로 넓혀 재판제도에 특수한 개변을 요구하는 것으로, 충분한 주의를 기울이지 않으면 안된다"고 논하였다. 그 중에서도 부정기 구금, 또는 예방구금제 도입에 대해서는 무고한 사람의 불안이 한층 가중될 것이라고 강한 위구심을 표명했다. 이어지는 8월 4일 자의 「치안유지법 개정안 - 사법성의 사상대책 요항要項」은 명확해진 개정안의 문제점을 지적하고 엄벌 방침의 확대 강화에 주의를 기울일 필요가 있다고 하였다.

의회 상정을 앞둔 1934년 1월 21일자의 「치안유지법 재개정안 - 역린적인 결과를 삼갈 일」은 1928년 개정법으로 사상탄압법으로서는 그 이상 엄격한 것이 없을 정도의 한계에 달한 것이므로, 거기에서 더욱 개정을 가하는 것은 한 번 더 깊이 고려할 문제라고 하고 나서 다음과 같이 기술했다.

이번 재개정안은 특히 치유법의 횡적 발전을 꾀하는 것인즉, 외곽단체죄 또는 선전행위죄는 그 해결 여하에 따라 그 검거 영역이 너무나 광범할 우려가 없지 않으며, 예방 구금이나 보호 감찰 등도 인권을 걸핏하면 유린하게 될 우려가 있는 것이라. 이같은 과민적인 사상대책이 혹 역린적인 결과를 짓지는 않을까 하는 것도 중대 문제일 것이니 이 점에 대하여 특히 신중한 고려가 없어서는 안될 것이라고 믿는다.

예방 구금 등에 대해 강한 반대도 있어서 1934년 치안유지법 개정에 실패한 정부는 1935년에 의회에 다시 상정했다. 이에 대하여 3월 9일자 사설 「치안유지법 개정안」에서는 피의자의 구류기간이 엄격화하고, 일본과 같은 2개월이 되었으며, 갱신도 1회뿐이므로, 조선의 입장에서는 현저한 개선이라고 하였다. 그것은 "구류기간 문제는……치안유지법 위반자에 대해서는 한층 중대하며, 조선에게는 더욱 중대하다. 구류기간이 3, 4년이 되는 것은 일상다반사이므로, 범죄자 자신의 고통은 말할 나위 없다. 범죄자 자신은 물론 그 가족의 고통이 심하다. 따라서 사회 전체에 미치는 영향이 매우 심대하다고 하지 않을 수 없다"는 현상에 입각하고 있다.

▎공산주의운동 단속의 우위

치안유지법 유죄 확정자의 주의별 인원을 나타낸 〈표 5〉에서는 앞 장의 시행착오·모색기에 민족주의가 공산주의보다 다소 많았던 점에 대해, 본 장의 전반에 해당하는 1928년 3월부터 1930년 12월까지는 공산주의가 민족주의보다 압도적으로 많고, 치안유지법의 전면 시행 대상이 공산주의로 향하고 있었음을 알 수 있다. 이 기간의 결사별 확정 판결 인원은 조선공산당 189명, 고려공산청년회 141명, 정의부 33명, 참의부 15명이다.[2] 이 경향은 1934년까지 이어진다.

또한, 피고인과 수형자를 합한 사상범죄자(구치 중인 자 및 형무소 재감자)의 연도별 누계 비교를 나타내는 〈표 6〉도 거의 같은 경향을 보이고

---

2 「朝鮮治安維持法違反調査」(2)(その二), 高等法院檢事局思想部, 『思想月報』 4, 1931. 7.

표 5 치안유지법 유죄 확정자의 주의별 인원 　　　　( )의 숫자는 평균 형기

	무정부주의	공산주의	민족주의	공산주의 및 무정부주의
1925.5~ 1928.2	11명 (3년)	45명 (10월)	51명 (3년)	4명 (1년 5월)
1928.3~ 1930.12	19명 (3년 9월)	412명 (2년 2월)	135명 (3년 6월)	13명 (1년 6월)

1925.5~1928.2: 高等法院檢事局,「朝鮮治安維持法違反事件調査(一)」, 荻野富士夫編, 『治安維持法關係資料集』1.
1928.3~1930.12:「朝鮮治安維持法違反調査」(2)(その二), 高等法院檢事局思想部, 『思想月報』4, 1931.7.

표 6 사상범죄자 연도별 누계 비교표 　　　　　　　　　　　　　　　(1934.6 기준)

	무정부주의	공산주의	사회주의	민족주의	노동운동	농민운동	합계
1927	14	137	10	534	85	34	814
1928	11	436	2	545	6	18	1,019
1929	7	745	8	445	2	34	1,241
1930	18	706	–	647	12	1	1,385
1931	9	1,005	2	515	42	35	1,609
1932	10	1,750	–	462	10	63	2,295
1933	15	1,383	2	656	22	87	2,165
~1934.6	13	1,242	–	538	13	61	1,867

척식성관리국,「조선에서의 사상범죄조사자료 2」, 1935.3, 『치안유지법 관계자료집』2.

있다. 재판에서 최종적으로 유죄가 확정하기까지 2~3년이 걸리기 때문에 공산주의로 분류되는 사상범 재감자의 증가가 현저해지는 것은 1931년 이후가 된다.

　　검찰 당국이 파악한 공산주의운동의 추이는 "조선의 공산주의운동은 경기도, 함경남북도, 평안북도, 전라남도에서 가장 왕성히 이루어

져……1929년경까지 공산주의운동은 경성 방면을 운동의 중심지로 하고, 신의주 방면을 국외와의 중계지로 하는 프티 부르주아, 인텔리의 사상 선전, 농민 중심의 운동이었기 때문이다. 이어서 이 운동은 선전기를 거쳐 점차 실지 선동기로 전환하고, 프티부르주아, 인텔리의 손을 떠나, 농민 중심에서부터 직접 노동자 중심으로 옮겨가고, 또한 최근 북선北鮮이 일본·소련, 일본·만주의 군사적, 정치적, 경제적 관계에서 더욱 중요성을 띠고 있는 관계상, 그 중심지대가 북선으로 이동했기 때문"[3]이라는 것이었다.

1928년 3월부터 1930년까지 유죄 확정 판결을 선고한 재판소를 보면, 역시 경성지방법원이 돌출하고 있다. 건수로는 전체의 34%, 인원으로는 53%를 넘는다.[4] 지방법원별 치안유지법 위반 검거자를 보면 1931년은 아직 경성지방법원이 42%로 가장 많지만, 1932년, 1933년은 함흥지방법원이 가장 많아,[5] 공산주의 운동의 중심지대가 북한지역으로 이동한 것을 뒷받침한다.

1920년대 말부터 1930년대 전반에 걸친 치안유지법 관계 범죄에서 공산주의가 민족주의를 크게 능가하는 상황은 마쓰다 노리히코松田利彦 교수가 『치안상황』 각 연도판의 구성(조선총독부 경무국 편)을 검토하여 1920년대 후반부터 특히 사회주의 운동 및 민족협동전선 운동에 대한 경계심이 높고, 그 경향은 1930년대에도 전체적으로는 계속되고 있다고 분석한[6] 연구결과와도 조응한다.

---

3 「기왕 십년간의 치안유지법 위반 건수, 인원, 연도, 청별 조사(既往十年間に於ける治安維持法違反件數,人員,年度,庁別調)」, 『사상휘보』 제8호, 1936.9.
4 「조선치안유지법 위반조사(2)」, 『사상월보』 제4호.
5 척식성관리국, 「조선에서의 사상범죄 조사자료」, 『치안유지법 관계자료집』 2.
6 松田利彦, 『日本の朝鮮植民地支配と警察-1905~1945』, 校倉書房, 2009 참조.

▌ 죄상罪狀은 무엇이었는가?

다음으로 치안유지법의 어느 조문이 적용되었는지를 나타내는 〈표 7〉을 보자. 제1조는 국체 변혁·사유재산제도 부인의 결사 조직과 가입, 그리고 결사를 위한 목적 수행의 세 가지가, 제2조는 협의, 제3조와 제4조는 선동, 제5조가 이익 수수授受에 해당한다. 전체로서는 가입이 많지만, 조직도 1932년까지 거의 매년 증가하고 있다. 이것은 조선공산당, 고려공산청년회, 정의부, 참의부 등 외에도 독서회나 노동조합 등이 비밀결사로 간주되어 다수 처벌받았기 때문이다. 또한 일본 내의 운용에는 1928년 치안유지법 개정으로 추가된 목적 수행의 비율이 많아 거의 제1조에 집중되어 처벌된 것과 달리, 조선은 목적 수행이 그다지 많지 않다. 이것은 협의나 선동에 해당한다고 한 사례가 상당수 있었기 때문이다.

판결에 부과된 양형을 보면, 1928년 3월부터 1930년 말까지 확정 판결 579명 중 사형 6명, 무기징역 2명, 징역 10년 이상이 11명, 가벼운 형에서는 징역 6월이 11명, 7월이 1명, 8월이 3명, 10월이 16명이다. 금고형은 없고 모두 징역형이다. 사형·무기, 장기 징역형은 모두 살인·강도 등의 병합죄로 처벌받았다. 일본 내에서는 사형 판결은 없고, 또한 징역 1년 미만은 한 가지 사례뿐이다. 1인당 평균 형기(사형·무기 제외)는 2년 7월이며 1928년 2월 이전은 2년이었다.

「치안유지법 위반사건에 따라 기소유예 및 집행유예가 된 자에 관한 조사」[7]에 의하면, 사상전향자의 증가에 따라 1933년부터 기소유예자, 집행유예자가 격증했다고 한다. 검찰에서의 기소유예는 1925년부

---

7 「治安維持法違反事件に付起訴猶予及執行猶予に為りたる者に關する調査」, 고등법원검사국. 사상부 『思想彙報』 제5호, 1935. 12.

표 7 치안유지법 위반 죄상 조사 (조문별)

분류 \ 연도	조직	가입	목적수행	협의	선동	이익수수	계
1925			5		1		6
1926	88	71	14	3	5	3	184
1927	51	22	16	2			91
1928	89	313	110	12	12	7	543
1929	175	224	40	23	14		476
1930	135	332	122	60	47	5	701
1931	228	482	110	117	34	2	973
1932	526	837	181	39	42	2	1,727
1933	297	277	297	101	21		993
計	1,589	2,558	995	357	176	19	5,694

척식성관리국, 「조선에서의 사상범죄 조사자료」, 1935.3, 『치안유지법 관계자료집』 2. 1925년부터 1927년까지 '목적수행'의 수치가 적힌 것이 의문이나, 원문 그대로임.

터 1934년까지 평균으로 17.9%인데, 1932년부터 25.3%, 1933년에는 33.3%, 1934년에 33.0%로 급증하고 있다. 판결 중에 집행유예가 점하는 비율은 전체로는 5%인데, 1933년에 8.1%, 1934년에 10.6%로 증가하는 경향을 보이고 있다.

마지막으로「치안유지법 위반 피고인의 동기에 관한 조사」[8]는 "조선공산주의운동자는 도대체 어떠한 동기로 이 운동에 뛰어들게 되었나"라는 관심에서 이루어지고 있다. 피고인 총수 259명(1930년부터 1934년) 중 동기별로 가장 많은 것은 좌익문헌 탐독이고, 이어서 친구의 감화, 권유, 생

---

8   「治安維持法違反被告人の動機に関する調査」, 『思想彙報』 제5호, 1935.12

활고, 민족적 편견의 순서이다. 이들 결과로부터 다음을 지적하고 있다.

특히 눈길을 끄는 것은 일본 공산주의운동자와는 전혀 별개의 동기로, 민족적 편견, 일한병합에 대한 불만 및 일선인日鮮人 차별 대우 등을 들 수 있다. 이에 소위 민족적 편견이라는 것은 조선 독립사상을 품고 있던 것이 그 동기가 되었음을 의미한다. …… 민족적 편견이라는 동기는 점차 감소해온 것과 달리 좌익문헌 탐독, 친구의 감화는 증가 경향을 보이고 있다.

각 연도별로 보면, 1930년은 권유, 민족적 편견의 순서이며, 1931년부터 1933년 사이에는 좌익문헌 탐독이 가장 많다. 1934년은 좌익문헌 탐독과 친구의 감화가 거의 비슷하다.

2
독립운동에 대한
본격적 운용

▌ '제국의 속박 이탈＝국체 변혁'이라는 인식으로

본 장의 범위로 삼는 1930년 전후의 수년 동안, 치안유지법의 주된 대상은 공산주의 운동이었지만, 우선 독립운동에 대한 본격적 적용에 대해 개괄해 보고자 한다.

고등법원 검사국이 작성한 1925년부터 1933년까지「민족주의만을 지도이론으로 한 사상범을 대상으로 치안유지법 적용 여부를 검토한 경우」(표 8)를 보면, 검거자 합계는 556명, 기소자 합계는 383명으로 그들 총검거자의 4.3%, 총기소자의 8.6%에 해당하며 역시 '독립운동'의 비율은 감소하고 있다.

1928년 이후 독립운동에 대하여 치안유지법을 적용한 사법 처분은 어떻게 이루어졌을까? 경성지방법원 검사국의 사상검사 사사키 히데오佐佐木日出男는「식민지 독립운동의 법률상의 성질」[9]에서 치안유지법 시행 후

---

9. 佐佐木日出男,「植民地独立運動の法律上の性質」,『思想彙報』1, 1934. 12.

표 8 민족주의만을 지도이론으로 한 사상범을 대상으로 치안유지법 적용 여부를 검토한 경우

연도 \ 종별	검거	기소	불기소
1925	2	2	
1926	19	9	10
1927	30	30	
1928	111	87	24
1929	57	42	15
1930	101	76	25
1931	69	47	22
1932	140	80	60
1933	27	10	17
計	556	383	173

척식성관리국, 「조선에서의 사상범죄 조사자료」, 1935.3, 『치안유지법 관계자료집』 2.

식민지의 독립운동은 국체 변혁운동으로서 치안유지법 적용 대상이 되어, '후법後法은 전법前法을 폐지시킨다'는 원칙에 의해 조선독립운동 단속 역할은 제령 제7호에서 치안유지법으로 바뀌었다고 주장했다. 그러나 실제로는 유연하게 역할 교체가 이루어진 것이 아니라 여전히 제령 제7호도 존속한 가운데, 치안유지법 적용이 일반화했다. 그 경우에 조선 독립이 '제국의 속박' 이탈을 의미한다고 하여 「범죄사실」로 간주하는 사례가 증가했다.

사사키 사상검사가 독립운동에 대한 치안유지법 적용 사례로 든 것이 1928년 4월 20일 신의주지방법원의 이동구李東求 등 고려혁명당사건에 대한 판결이다. 이 판결문 원문은 확인할 수 없지만(신문보도에 의하면 이동구의 양형은 징역6년), 항소한 평양복심법원의 판결문은 살펴볼 수 있다. 이동구는 형평운동에 종사하던 중 일본제국의 현존 제도를 파괴하고 혁명

에 의해 조선민족을 해방시키고자 정의부원, 천도교도, 형평사원을 연결하는 공고한 혁명당 조직을 획책하고, 1926년 3월에 고려혁명당을 결당하여 활동하다가, 1927년 3월에 검거되었다. 적용 조문은 구 치안유지법에서는 제1조 제1항에, 현행 치안유지법에서는 제1조 제1항 전반에 해당한다고 하여 징역 5년을, 다른 피고들도 징역 4년에서 2년까지를 구형했다. 제1심에서 징역 3년을 선고 받은 두 명의 피고가 이 혁명당에 가입한 취지의 공소사실은 증명이 충분하지 않아 무죄로 판결 받은 점은 주목된다.[10]

고려혁명당 가입이 치안유지법 제1조위반에 해당한다고 하여 1928년 5월 14일 광주지방법원 순천지청은 김정환金正桓, 송희종宋熙鐘 등에게「예심종결 결정」을 했다. 이들이 혁명적 수단에 호소하여 일본제국의 속박을 벗어날 목적으로 조직한 고려혁명당의 취지에 찬동하여 이에 가맹했다는 것이다(「독립운동판결문」). 판결 내용은 확인할 수 없다.

1929년 4월 19일 우편우송차 등을 습격한 권총 강도사건 검거가 확대하여「공명단共鳴團」에 의한 독립군자금 모집사건으로 비화되었다. 수사와 취조를 거쳐 경기도 경찰부에서 경성지방법원 검사국으로 피의자 10명을 송치했다. 실행자인 김정련金正連에 대한「의견서」에는 일찍이 치열한 배일사상을 품고, 평소에 일본제국 통치의 속박을 벗어나 조선독립을 기도했다고 적었다. 5월 20일 경성지방법원 검사국은 치안유지법 위반·강도 등으로 경성지방법원에 공판을 청구하여 다음과 같은「범죄사실」을 지적했다.[11]

---

10 고등법원 검사국,「조선치안유지법 위반조사판결」(1), 박경식 편,『조선문제자료총서』제11권.
11 국사편찬위원회 편,『한민족독립운동사자료집』41,「독립군자금모집 10」.

피고 최양옥崔養玉 동 김정련金正連은 일찍이 배일사상을 품고 조선 민족의 독립을 희망하던 자인 바, 1928년 음 9월 중, 중국 하북성 석가장石家莊에서 안혁명安革命이란 자의 권유로 조선을 일본제국의 속박에서 벗어나게 할 목적으로 조직되고, 상해 프랑스 조계 삼마로三馬路에 본거를 둔 비밀결사 공명단共鳴團에, 그 결사의 목적을 알면서 가입하고 동 단체의 재정부에 소속되었다. 앞서 제시한 목적 달성의 비용을 충당하기 위해 아래 피고 2명은 조선 내에서 자금을 모집할 것을 기도하여 (하략)

공판은 세 번 연기되어 12월 6일에 열렸다. 12월 7일자 『조선신문』은 「춘천 가도의 권총강도단 공판이 개정하자 즉시 방청 금지. 방청자는 새벽부터 몰려들어 어수선한 재판소 구내, 몽수를 벗긴 순간, 획 민첩한 악수, 방청석에 무언의 인사」라고 보도했다. 12월 13일 공판에서는 검찰 측 구형대로 최양옥에게는 징역 10년, 김정련은 8년형의 판결이 내렸다. 제1차·제2차 조선공산당사건에서 개발되었다고 하는 '제국의 속박 이탈＝국체 변혁＝조선 독립'의 공식이 여기에서도 활용되고 있다.

1929년 10월, 경성 본정경찰서는 조선에 잠입하여 활동하고 있던 의열단의 서응호徐應浩, 윤충식尹忠植, 김철호金哲鎬, 김원봉金元鳳 등을 검거했다. 10월 13일 신문訊問에서, 서응호는 "의열단의 취지 강령은 무엇인가?"라는 질문에, 일본제국주의를 타파하고 조선 독립을 완성하기 위해 조직된 단체라고 진술했다. 11월 1일 검사국에 송치할 때의 「의견서」에는 「범죄사실」로 일본인 고관, 조선인 친일파의 거두를 암살함과 함께 내지 및 조선에 소재한 중요건물의 파괴를 감행하여 조선 통치에 일대 지장을 초래하게 하고, 일반 조선민족의 동정과 결속을 꾀하여 일본제국의 속박에서 벗어나 조선을 독립시킬 목적으로 조직된 결사 의열단의 취지에 공명, 동 단에 가맹 활동 중이라고 하였다.

춘천 가도의 권총강도단, 『조선신문』(1929.12.7)

또한 11월 8일 경성지방법원 검사국의 공판청구서에는 서응호에 대해 "의열단이 조선을 제국의 속박에서 벗어나게 할 목적으로 조직된 결사임을 알면서 이에 가입하고"라 하였다.[12]

또한 고등법원 검사국의 『조선치안유지법 위반사건 판결(1)』에는 1928년 5월 17일 관동청 지방법원 신민부사건 판결 내용이 수록되어 있다. 신민부는 "한국의 독립을 달성하기 위해 중국 영토 내에 거주하는 혁명적 한족韓族을 중심으로 민중적 의회 기관을 조직하여 관내 일반 한족을 통치하고 한국 독립에 이바지할 실력을 준비할 것을 강령으로 하고, 이로써 일본의 국체를 변혁할 것을 목적으로 한 결사이며, 그 통치에 복종하지 않는 자, 또는 일본 관헌과 내통하는 자는 반역자로서 형벌에 처한다는 등의 명목 하에 동포 한인에 대한 살인, 강도, 공갈 등을 일삼았다"고 하고, 치안유지법 제1조에 해당한다고 하였다. 단, 적용한 법률은 강도, 강도미수, 살인, 공갈 등의 형법 조문이며 무기징역에서 10년까지라는 중죄로 다루었다.

이처럼 1928년 이래 치안유지법 위반을 적용한 독립운동 사건의 사법처분에서는 '제국의 속박 이탈=국체 변혁'이라는 인식이 일반화되고 있었다. 그것을 확정한 것이 1930년의 고등법원 판결이었다.

---

12 「서응호 등 공판청구서」, 국사편찬위원회 편, 『한민족독립운동사자료집』 30(의열투쟁 3), 1997, 297쪽.

국체 변혁이라는 도식의 확정

사상검사 사사키 히데오佐佐木日出男는 「식민지독립운동의 법률상의 성질」에서 민족독립운동을 처단할 때 제령 제7호를 적용할지, 치안유지법을 적용할지는 과거에 다소 논의된 문제였다고 하였다. 또한 1930년 7월 2일자 『동경일일신문東京日日新聞』은 경성발로 「조선독립운동은 치안유지법으로 처단할 수 없음 – 평양복심법원판례」라는 기사를 싣고 다음과 같이 관측했다.

> 빈번히 일어나는 조선독립운동을 재단裁斷하는 데에 한 시기를 긋고 또한 식민지 헌법상의 의의 해석까지 파고 들어간 신 판례가 수일 내에 이루어지게 되었다. 조선인의 독립운동에 대하여 내지(일본) 재판소가 취한 종래의 태도는 사유재산제도를 부인하는 점에 대해서만 치안유지법에 저촉되는 것으로 처단하고 조선의 독립만을 의미하는 운동은 헌법 정신에 비추어 치안유지법의 국체 변혁을 목적으로 하는 행위로 간주하지 않았다. 그런데 조선에서는 항상 치안유지법 및 제령 위반으로 처벌하고 두 법의 영역에서 상이한 견해가 존재해왔다. 이 점에 관해서 대심원과 고등법원 모두 아직 판례가 없어 논의만 왕성하게 이루어졌는데, 이번의 신 판례로 조선이 내지보다 한발 앞서 법의 적용을 통일하게 되었다.

일본과 조선에서 독립운동에 치안유지법을 적용하는 문제에 대해 상이한 견해가 존재했으며, 조선에서도 항상 치안유지법 및 제령 위반으로 처단되는 상황이었음을 지적하고, 이제 법 적용의 통일이 이루어질 예정이라는 내용이다. 조선에서 통일되지 않았던 상황이란, 앞서 사사키가 말

본정서에 검거됐던 의열단 사건 진상, 『동아일보』(1929.11.3)

한 과거에 다소 논의되었던 문제의 맥락을 의미할 것이다.

여기에서 말한 신 판례는 고등법원의 신간회 철산鐵山 지부支部에 대한 판결인데, 그보다 먼저 이 법 적용의 통일에 관한 판결은 1개월 전, 고등법원의 판결에서 이루어졌다. 1930년 3월 6일 고려혁명당 안주安州 총부장 황금술黃金述의 상고에 대해 평양복심법원은 제령 제7호 제1조를 적용하여 그에게 징역 5년을 선고했다. 그런데 5월 22일 고등법원은 원 판결을 파기하고 치안유지법을 적용하여(양형은 모두 징역 5년), 다음과 같이 제령 제7호와 치안유지법의 관계에 대한 판단을 내렸다(「독립운동판결문」).

제령 제7호와 치안유지법과는 그 내용과 양태에서 전혀 동일하지 않지만 양자가 공통으로 구성하는 요건을 갖추고 있음이 법 조문상 명백하므로 …… 제국의 조선에서의 통치권을 배척하고 조선의 독립을 기도하는 실행방법으로 그 결의에 참여하는 경우는 이 제령 제7호에 해당함과 동시에 치안유지법에도 해당하는 것은 두 말할 필요가 없다. …… 국체를 변혁할 목적으로 제령 제7호 위반 행위를 하고, 이로 써 치안을 방해하고자 했던 본 건의 경우, 그 행위는 그 후에 시행된 치안유지법 위반 행위 가운데에 포함된다. …… 원심이 이 인정사실에 대하여 제령 제7호만을 적용한 것은 실로 당위성을 상실한 것으로, 원판결은 이 점에서 법령 적용의 착오가 있으며 파기를 면할 수 없다.

판결 중에 이처럼 제령 제7호와 치안유지법의 관계에 대하여 판단을 내린 것은 이례적인데, 아마도 평양복심법원 신간회 철산지부 사건 판결로 인해 이에 대한 판단이 촉구되었기 때문으로 추측된다.

1929년 11월 20일, 신의주지방법원은 이 사건에서 '일면, 신간회 강령인 조선 민족의 정치적 경제적 각성을 촉진할 것을 목적으로 함과 동시에, 다른 한편으로 철산 지회원이 적극적으로 조선 전 민족과 결속하여 우리 제국의 속박에서 벗어날 것을 목적으로 삼는 결사를 철산지회라는 명의로 조직할 것을 밀의'했다고 하여 치안유지법 제1조를 적용하여 징역 7년 등의 판결을 내렸다. 피고가 항소하자, 평양복심법원은 1930년 4월 22일 방토邦土를 참절僭竊하고, 국가적 분립을 목적으로 한 이른바 국체 변혁에까지는 이르지 않는 수준의 정치변혁으로 인정된다고 하여 치안유지법을 적용하지 않고 제령 제7호 제1조 전반에 해당한다고 하여 징역 2년을 선고했던 것이다. 전술한 『동경일일신문』이 조선독립운동을 치안유지법으로 처단하지 않은 평양복심법원의 신 판례라 한 것은 이를 의미하고 있다.

단, 신간회 철산지부의 활동이 국체 변혁에는 이르지 않은 수준의 정치변혁으로 인정된다는 판단에서 제령 제7호를 적용한 것이어서 방토를 참절하고, 국가적 분립을 목적으로 한 국체 변혁으로 간주된 활동이라고 한다면 치안유지법을 적용한다는 함의가 내재되어 있다고 생각된다. 게다가 여기에서 이후의 독립운동 처분의 키워드라고도 할 수 있는 방토 참절이 언급된 점은 주목할 만하다.

5월, 황금술 사건에 대한 판결은 그 적용문제에서 고등법원에서의 입장을 명확하게 드러내었다. 그리고 7월 21일, 신간회 철산지부 사건의 상고에 대한 거듭된 판결에서 독립운동에 대한 치안유지법 적용이 확정되었다. 제령 제7호를 위반했다는 판결에 불복한 평양복심법원 검사장은 상고 취의서에서 다음과 같이 복심법원 판결을 비판하고 치안유지법 제1조 적용을 주장했다.

(복심법원판결이-인용주) 본 건 피고인의 행위가 우리 제국의 통치권을 배척하고 조선 독립을 조직한 것은 아니고, 단순히 조선인의 정치적 자유 회복을 암시하는 것을 목적으로 한 행위임을 인정하는 취지라고 한다면, 중대한 사실 오인이라고 하지 않을 수 없다. …… 피고인 등이 목적으로 한 바는 우리 제국의 통치권을 배척하여 공동 단결하여 조선의 정치적 독립을 달성하는 데에 있는 것은 실로 명료하며 의심할 여지가 없다.

이에 대하여 변호사 가타오카 스케사부로片岡介三郎는 "피고 등은 정치적 경제적 각성을 촉구할 것을 중심으로 자치적 자유 회복을 기도했을 뿐이며 조금도 제국의 통치권을 배척하고 조선의 독립을 목적으로 한 국체 변혁을 기도한 것은 아니다"라고 반론했다. 그러나 이 변론에는 거꾸로 조선의 독립을 목적으로 한 활동이라면 국체 변혁 행위로 치안유지법 적용이 된다는 것을 인정한 셈이 되어버렸다.

고등법원의 판단은 "그 중심 취지가 조선 독립을 달성하고자 한 점에 있는 것은 쉽게 이해할 수 있으며 조선 독립을 달성하는 것은 일본제국 영토의 일부를 참절하여 그 통치권을 실질적으로 축소시키고 이를 침해하는 것에 틀림 없다. 그러므로 치안유지법의 이른바 국체 변혁을 기도한 것으로 이해하는 것이 타당하다"고 하여 복심법원 판결을 파기했다. 이를 통하여 조선 독립을 달성하려는 것은 일본제국 영토의 일부를 빼앗아 통치권을 실질적으로 축소하고 침해하려는 것이라는, 이후의 독립운동 처벌에 활용되는 논리가 개발·확정되었다. 판결에서 결사는 미조직 상태라고 하여 치안유지법 제2조(협의)를 적용하여 박봉수朴鳳樹에게 징역 2년 등을 선고했다(이상 「독립운동판결문」).

앞서 『동경일일신문』의 기사에서 최후의 지도적 판결이라고 한 것이 바로 고등법원 판결을 말하는 것이다. 이 기사는 장래 조선 사상운동에 크게 영향을 끼칠 것이라고 하였는데, 과연 그대로 되었다.

앞서 소개한 사사키의 논문에서는 이 고등법원 판결로 "조선 독립운동의 법률상 성질이 확정되었다"고 하였다. 그리고서, 치안유지법은 "일반적 독립운동과 같은 것을 적용 대상으로 하는 법률이 아니다"라는 반대론이 여전히 존재하는 점에 대하여, "법률 해석은 반드시 입법자의 의사에 구애되어 그 의의를 협소하게 삼고 그 적용을 제한할 필요는 없다. 그 문리 또는 논리가 허용하는 범위에서 현재의 국가 또는 사회에 적응하는 새로운 의의를 갖도록 해야 한다. …… 설령 입법자의 진의는 소극적이었다고 해도 이를 적극적으로 해석하지 못할 이유는 없다"는 논리를 전개한다. 일찍이 치안유지법의 시행 당시, 고등법원 판사인 노무라 조타로野村調太郎가 같은 논리를 전개한 것이 떠오르지만, 실제로 치안유지법 운용이 본격화하는 가운데, '현재의 국가 또는 사회에 적응하는 새로운 의의'를 내세우며 확장 해석을 합리화·정당화하고 있는 것이다.

나아가 사사키는 "조선의 공산주의 결사는 거의 조선의 공산화 및 독립을 그 목적으로 한다. 그러므로 조선의 독립을 기도한다는 점에서는 보통의 독립운동과 아무런 차이가 없다. 조선을 일본제국의 속박에서 이탈시킴과 함께 조선에서 사유재산제도를 부인하는 공산주의 사회를 실현하는 것을 목적으로 한다"는 논리는 치안유지법 공판에서 가장 빈번히 인용된 전형典型에 대해 확실한 보증서를 부여했다.

미즈노 나오키 교수는 "판례로 확립하기에는 또 하나의 판결을 기다리지 않으면 안되었다"고 하여 1931년 6월 25일 조선학생 전위동맹 사건에 대한 고등법원 판결을 주목했는데,[13] 이에 대해서는 후술하기로 한다.

공판 청구 – 사법 처분 특징 1

독립운동에 대한 치안유지법의 사법 처분에는 세 가지 특징이 있다. 첫째, 검찰의 기소 절차에는 예심 청구와 공판 청구의 두 가지가 있는데, 독립운동 관계는 대개 공판 청구로 전개되었다는 점이다. 공판 청구는 예심을 거치지 않고 곧 공판으로 직행하는 것이다. 일본 내의 치안유지법 사건에서는 대부분 예심 청구가 이루어지며, 조선에서도 공산주의운동은 예심이 청구되는 경우가 많다. 아마 독립운동의 경우는, 경찰과 검찰 단계에서 피의자는 「범죄사실」을 긍정하고, 공판에서 다투는 자세가 약하기 때문이라고 추측된다.

위에서 살펴본 사례에서 보면, 서응호 등 의열단 관계 사건은 1929년 11월 8일 경성지방법원 검사국에서 경성지방법원으로 공판 청구가 진행되었다. 11월 29일 공판이 개정되었고 재판장은 피고인 서응호에게 다음과 같이 신문했다.

13　水野直樹,「植民地独立運動に対する治安維持法の適用」, 浅野豊美·松田利彦編,『植民地帝国日本の法的構造』, 2004, 434쪽.

문   의열단은 조선을 제국의 속박에서 이탈시킬 것을 목적으로 조직된 결사라는 것을 알고 가입했는가?

답   네. 알고 가입했습니다.

문   피고는 지금도 조선의 독립을 희망하고 있는가?

답   나는 그후 의열단을 탈퇴했고, 유월한국혁명동지회留粵韓国革命同志会[14]는 그 곳을 떠나면 자격이 사라져버리므로 현재는 두 단체 모두 관계가 없습니다.

공판은 신속히 진행되었고 재판장의 증거 조사에 대해서도 피고들은 의견과 변명, 반증이 없음이라고 대답하여 결심結審[15]이 이루어졌다.[16] 판결은 일주일 후인 12월 6일에 내렸다. 최양옥, 김정련 등 공명단의 군자금 모집, 강도사건은 검거 약 1개월 후인 1930년 5월 20일에 치안유지법 위반, 총포 화약 취체 위반, 강도 등의 혐의로 공판이 청구되었는데, 12월 6일 공판 개정까지 분규했다.

오랫동안 하와이에서 독립운동을 해온 조용하趙鏞夏는 일본을 경유하여 상해로 도항하던 중, 고베神戸에서 검거되어 경성으로 이송되었다. 1933년 1월 24일, "재하와이 조선인단체인 대한교민단, 대한독립단, 국민동지회 등이 연합하여 재상해 대한민국임시정부를 후원하고 조선을 제국의 속박에서 이탈시킬 것을 목적으로 한인협회라는 결사를 조직하여 그

---

14   [역주] 월(粵)은 중국 광동성의 다른 이름. 유월한국혁명동지회는 중산대학 한인유학생을 중심으로 결성된 단체로 김성숙(金星淑)의 주관으로 기관지 『혁명운동』을 발간했다.

15   [역주] 당사자가 의견을 진술하고 증거 제출, 변호사 변론, 피고의 최종진술이 끝난 것을 말함.

16   「徐應浩 등 공판청구서」, 『한민족독립운동사자료집』 30(의열투쟁 3), 1997, 300쪽.

위원장이 되었고, 또한 자주 선전문서를 인쇄 반포하여 이전과 마찬가지로 민족의식을 앙양하고, 이로써 동 결사의 목적 수행을 위해 활동했다"는 등을 「범죄사실」로 규정하여 경성지방법원 검사국(사사키 히데오佐佐木日出男)이 공판을 청구했다.

공판은 한번 연기되었다가, 3월 31일에 개정되었다. 재판이 시작된 후 재판장이 「범죄사실」을 읽자, 조용하는 "대체로 신문한 대로 틀리지 않다"고 대답했다. 조용하에게는 동일 오후 제2회 공판에서 징역 2년 6개월이 선고되었다.[17]

이처럼 독립운동에 대한 사법처분은 피의자·피고가 「범죄사실」을 대개 인정한 경우, 검찰의 취조부터 공판의 판결 선고까지 신속히 진행되는 경우가 많았다. 그것은 공산주의운동에 대한 사법처분이 특히 경찰 취조와 예심 심리를 거쳐 장기화하는 점과 비교할 때 분명히 차이점이 있다. 조직이 발각·적발되면, 「범죄사실」에 대해서는 다투지 않고 인정하는 사고방식이 우선되었는지 모르겠다.

단, 민족주의 사건에서도 적은 사례이지만, 기소가 '예심 청구'의 형태를 취하고, 예심·공판으로 진행하는 경우도 있었다. 1930년 8월 15일 치안유지법 위반과 도박 등으로 경성지방법원 검사국에서 예심 청구한 이우민李愚民은 대한독립임시정부가 조선의 독립을 꾀할 것을 목적으로 한 결사임을 알면서 가입하고, 선전부원으로 중국 각지에서 독립선언서를 배포한 점, 다물단이 조선의 독립을 꾀할 목적으로 한다는 것을 알면서 가입하여 활동한 것을 「범죄사실」로 간주했다.

---

17 「趙鏞夏 공판조서」, 『한민족독립운동사자료집』 42(독립군자금모집 11), 2000, 389쪽.

1931년 2월 12일 예심의 신문에서 예심판사와의 사이에 다음과 같은 문답이 이루어졌다.[18]

문 이 한교단韓僑團은 이면에서 조선 독립을 목적으로 하는 단체가 아닌가?

답 그런 것을 목적으로 하는 단체인지 아닌지는 모르지만, 배일단체라고 추측하고 있습니다.

문 그러나 피고는 당 법원의 검사에게 한교단은 조선 독립을 목적으로 하는 단체라는 것을 입단 당시부터 알고 입단했다고 진술하지 않았는가?

답 프랑스조계에서 조직된 것이므로 배일단체라는 것을 추측했다고는 진술했지만, 그런 사실을 알고 입단했다고는 진술하지 않았습니다.

문 그 뿐 아니라 경찰에서도 이면裏面에서 조선의 독립사상 선전을 목적으로 하는 단체라고 진술하고 있는데, 어떤가?

답 그런 진술은 하지 않았습니다. 경찰에서도 동 단체는 배일단체라고 진술한 것입니다.

이를 보면 이우민은 경찰과 검사국에서의 취조에 저항하고, 「범죄사실」 부분을 다투었음이 추측된다. 또 다른 부분에서는 경찰 취조 때 고문이 있었다고 진술하고 있다. 아마 취조에 저항하는 태도를 보여, 검사국이 예심에 회부한 것이 아닐까 한다. 4월 24일 공판이 개정되어 징역 8월을

---

18 「李愚民 신문조서」(1931.2.12), 『한민족독립운동사자료집』 30(의열투쟁 3), 112쪽.

구형하고, 28일에 판결이 선고되었다(양형은 불명). 예심청구에서 판결까지 꽤 시간이 걸린 사례이다.

▮ 병합죄에 의한 중죄 – 사법 처분 특징 2

독립운동에 대한 치안유지법의 사법처분의 두 번째 특징은 살인·강도 등과의 병합죄의 비율이 높은 점, 따라서 치안유지법 단독 적용에 비하여 사형이나 무기징역, 10년 이상의 징역 등 중죄로 처벌되는 점이다.

1928년 9월 19일, 신의주지방법원은 대한독립단에 가입하여 '이래 독립운동에 힘 쓰고' 그 사이에 현금 강탈과 밀정 살해, 유기 등의 범죄를 저질렀다고 하여 장하청張河淸, 장관청張官淸에게 무기징역을 구형했다. 제령 제7호와 치안유지법에 각각 해당한다고 한 다음, 양형으로는 강도살인죄 등을 적용했다.[19]

평양복심법원은 11월 6일의 판결에서 이의준李義俊, 김창균金昌均에게 사형 판결을 내렸다(사이토 마코토齋藤實 총독 저격사건). 피고 등은 조선 독립을 목적으로 조직된 대한독립의용군(또는 통의부)이라는 단체에 그 취지에 찬동하여 가입하고, 참의부 개칭 후에도 소대장 등으로 활동, '조선 독립의 목적 하에 각 부하를 인솔하여 조선에 들어와, 현금 등을 강탈하고 경찰관 임시출장소를 습격하여 경찰관을 살해한 외에 사이토 마코토 총독 암살 미수에도 관여했다'고 하였다. 통의부나 참의부 가입은 치안유지법 제1조 제1항에 해당한다고 했는데, 강도·살인·방화 등의 죄는 사형이 선고

---

19 국가기록원 소장, 「가출옥」 자료.

되었다.[20]

　1929년 2월 5일 평양복심법원 판결에서는 최창철崔昌鐵의 조선 독립을 목적으로 하여 다수의 사람이 조직한 주만참의부駐滿參議府라는 결사에 그 사정을 알고 가입하고, 강도·방화·살인이라는 범죄사실에 대해 징역 10년을 선고했다. 여기에서도 제령 제7호와 치안유지법에 해당한다고 하였는데 가장 무거운 주택 등 방화죄에 따라 처분되었다.

　전술한 공명단 사건(1929.12.13 경성지방법원 판결)에서도 양형으로는 강도죄가 적용되어 징역 10년 등이 선고되었다.

　이후 치안유지법 제1조 제1항(국체변혁 결사에 가입)에 해당한다고 한 모든 판결에서는 중죄로 처분되었다. 1929년 7월 9일 평양복심법원에서는 강도죄를 적용하여 징역 7년형, 1930년 3월 5일 신의주지방법원에서는 밀정 살해의 살인죄를 적용하여 징역 10년에서 7년까지를 선고했다. 1932년 4월 30일 신의주지방법원 판결에서는 군자금 조달을 위해 강도·살인 미수죄를 적용하여 징역 10년에서 6월을 선고, 1932년 9월 29일 신의주지방법원 판결에서는 살인죄 등을 적용하여 징역 10년에서 5년형까지, 1932년 12월 21일 신의주지방법원에서는 강도죄 등을 적용하여 징역 6년에서 5월형까지를 선고했던 것을 들 수 있다(이상 「가출옥」 자료).

　1931년 4월 4일 조선일보는 「두선杜選[21]한 조선사상관계법규」라는 사설에서 조선에서 겹겹이 둘러쳐진 치안법령의 가혹함에 대해 "범죄 행위만을 응징하기 위해 엉성한 법망만을 펴는 데에 여념이 없다면, 그 불공평, 그 불합리는 명백하지 않은가?"라고 날카롭게 규탄하고 다음과 같이 논하였다.

20　고등법원 검사국, 『조선치안유지법 위반사건 판결(1)』.
21　[역주] 틀린 곳이 많고 거침.

현재 조선 내에서 실시되고 있는 사상관계 법령을 보면, 조선에 한하여 적용되는 특별법으로 보안법, 제령 제7호를 비롯하여 집회취체령, 경찰범처벌규칙, 출판법, 신문지법, 총포화약류취체령 등이 있다. …… 일본이나 조선에 공통으로 적용되는 특별법인 개정치안유지법이 있어서 조선은 일본 내지보다도 이중으로 법률의 무게를 짊어지고 있다. …… 이것만으로도 또한 그 준열함을 비판받을 상황에, 더욱이 일반사상관계의 형법 및 치안유지법을 겹쳐 적용하고 있는 지금, 조선의 법적 부담이야말로 문자그대로 무겁다고 하지 않을 수 없다. …… 집회취체령 …… 보안법 등은 모두 20여 년 전 구한국시대의 법률로서 그 당시에 비하여 상전벽해로 달라진 오늘날, 이를 그대로 실시한다면 어찌하여 시대착오의 사법행정이라고 하지 않을 수 있겠는가? …… 우리는 '1. 조선인에게 법률 부담을 줄여라, 2. 시대착오의 법률을 폐지하라'고 주장하는 것이다.

이 일반사상 관계의 형법 및 치안유지법을 겹쳐 적용하고 있는 상황은 앞서 살펴본 바와 같은 각 법원의 판결에서 관철되고 있다.

▍외부에서 조선으로 이송 – 사법 처분 특징 3

독립운동에 대한 치안유지법 사법 처분의 특징 중 세 번째는 검거가 조선 밖에서 이루어지고 사법 처분을 위해 조선으로 이송되는 경우가 절반을 차지하는 것이다. 그 대부분이 중국 동북부와 중국 관내인 것은 독립운동의 중심세력인 정의부·통의부·신민부 등의 활동이 이들 지역에서 이루어지고 일본의 영사관 경찰에 의해 검거되기 때문이다. 고등법원 검사국

『조선치안유지법 위반조사』(2)[22]에 따르면 민족주의 40개 단체의 활동지역 중 조선 1, 만주 21, 중국 본부 17이었다. 공산주의 단체 29 중 조선이 22인 것과 대조적이다. 주거지별로 보면 전체 579명 중 조선은 414명으로 가장 많으며, 만주 97명, 중국 본부 18명으로 나타난다.

    조선 밖에서 이송된 치안유지법 위반사건으로, 1928년 9월 19일 신의주지방법원 판결(무기징역), 1929년 5월 22일 신의주지방법원과 7월 9일 평양복심법원 판결(징역 7년), 1930년 3월 5일 신의주지방법원 판결(징역 10년~7년), 3월 31일 신의주지방법원 판결(징역 5년), 1932년 4월 30일 신의주지방법원 판결(징역 10년~6월), 9월 29일 신의주지방법원 판결(징역 10년~5년), 12월 21일 신의주지방법원 판결(징역 6년~5년), 1933년 12월 15일 신의주지방법원 판결(징역 3년) 등을 들 수 있다. 후술하는 바와 같이, 중국 동북부에서도 공산주의운동 세력이 강한 간도지방의 검거는 주로 경성지방법원으로 이송되는데, 독립운동의 경우는 신의주지방법원 이송으로 되었던 것 같다.

    검거와 이송하는 측을 살펴보면, 예를 들어 1929년 5월 봉천 총영사관 해룡海龍 분관 경찰서는 「불령선인단 정의부 의용군不逞鮮人團正義府義勇軍」을 검거하여 살인죄, 치안유지법 위반을 적용한다는 「의견서」를 첨부하여 6월에 신의주지방법원으로 이송하고 7월에 사형판결을 내리고 있다. 또한 해룡분관의 「경찰사무개황」에는 1930년분으로 살인 및 강도미수, 치안유지법 위반이 1건 1인, 제령 및 치안유지법 위반이 10건 10인이라는 수치가 보인다(모두 조선인).[23] 아마도 이들도 신의주지방법원으로 이송되었을

---

22 高等法院檢事局『朝鮮治安維持法違反調査(2)』,『思想月報』4, 1928년 3월부터 1930년 말까지 확정판결.
23 外務省編,『外務省警察史』10(滿州の部2), 不二出版, 1997.

것이다.

일본에서 이송된 사례도 있다. 조용하趙鏞夏는 1932년 12월 일본을 경유하여 상해로 향하던 도중 고베에서 검거되었다. 효고兵庫현 특고과의 지쿠마루 가츠도시軸丸勝敏 경부는 조용하를 취조하고 12월 12일 「의견서」를 첨부하여 고베神戶지방재판소 검사정에게 송치했다. 거기에는 "재하와이 조선인을 규합하여 단체를 결성하고 해외에서 재상해 대한임시정부의 지원운동에 참가했다"는 등의 「범죄사실」을 열거하고 치안유지법 위반 적용을 요구했다. 맺음말에는 "종래 재상해 대한임시정부의 준동이 끊이지 않는 하나의 원인은 해외불령선인이 당해 정부에 대한 지원단체 결성 및 자금 원조에 의한 것이며, 따라서 이런 류의 해외 불령운동을 근절하는 것이 가장 중요하다고 생각하므로 본건 피의자의 행위에 대해서는 상당히 처분해주길 바란다"고 하였다.

고베神戶지방재판소 검사국의 아다치 가츠기요安達勝淸 검사는 조용하를 2회 청취한 후, 경성지방재판소 검사국으로 이송 조치를 했다. 12월 28일 「이송서」에는 "이 자에 대한 대정8년(1919) 제령 제7호 위반사건은 귀청에서 처리하는 것이 바람직하다고 생각되므로 이송한다. 따라서 효고兵庫현 특고과에서 그 자를 조선까지 호송하게 될 것"이라고 하였다.

1933년 1월 14일 경성지방법원 검사국의 사사키 히데오佐佐木日出男 검사는 조용하에 대한 신문을 개시하여 24일에 공판을 청구했다. 3월 31일 공판이 개정되었는데, 당일에 결심 재판과 판결까지 이루어졌다.[24]

---

24 국사편찬위원회 편, 『한민족독립운동사자료집』 42, 「독립군자금 모집 11」.

십자가당 사건 – 검거에서 검사국 송치까지

국사편찬위원회 편 『한민족독립운동사자료집』 제47·48권은 「십자가당十字架黨 사건」에 대해 경찰 검거부터 공판까지 사법처분의 전모를 망라하고 있다. (경성지방법원 예심종결 결정서와 판결문은 미포함) 이 자료는 경성지방법원 검사국에 소장된 자료군의 하나로, 간행사에 의하면 강원도 홍천을 중심으로 유자훈劉子勳 등이 십자가당을 조직하여 종교적 신사회운동을 전개한 사건과, 남궁억南宮檍 등이 홍천의 모곡牟谷학교에서 한국사 등의 민족교육을 실시한 사건과 관련한 재판기록이며 1930년대 초 국내 종교계의 사회운동에 의한 민족운동과 민족정신을 환기하는 민족교육의 일면을 알 수 있는 중요한 기록이다. 남궁억은 대한제국의 고관과 황성신문의 사장을 역임한 유명인이었기 때문에 사회적으로 크게 주목받았다.

십자가당 사건은 홍천경찰서가 1933년 11월 4일, 남궁억 등에 대한 임의동행, 가택수색과 불온 교재를 압수하면서부터 시작되었다. 다음날 5일, 홍천경찰서 순사부장 신현규申鉉奎는 보안법 및 치안유지법 위반에 해당할 사건을 적발했다고 하여 서장 앞으로 「범죄 보고」를 제출했다. 보안법 위반에 관한 남궁억의 범죄는 "일한병합에 불만을 품고, 구한국의 왕정복고를 꿈꾸고, 자신이 경영하는 모곡학교를 이용하여 장래에 자신의 주장의 토대를 구축하고자, 명치43년(1910)부터 현재까지 계속적으로 동교 생도에게 민족의식을 고취시키고자 불온 역사 및 불온 창가를 가르치고, 혹은 조선의 독립을 선동하는 듯한 언동을 일삼고, 천진무구한 아동에게 독립사상을 주입하고 일반민에 대해서는 무궁화 재배를 장려하고, 또는 불온 역사를 제작 발매하여 오로지 민족의식 주입에 전념했다"고 하였다.

치안유지법을 위반했다고 한 이유는 모곡학교 교사 유자훈이 중심이 되어 "현재 조선민족의 비참한 생활 상태 및 자유의 억압은 오로지 일본제국 자본주의 경제조직의 압박 및 일본제국의 불평등한 사회정책에 기인한다고 하여 조선민족의 사활의 분기점을 개척하기 위해서는 우리 종교인이 힘을 길러야한다. 우선 종교기관을 이용하여 다수의 당원을 모집하고 단결하여 일본제국의 속박을 벗고, 완전한 조선민족의 독립을 꾀한다. 그 목적을 달성한 후에는 그리스도의 박애에 의한 기독교적 공산주의 사회를 건설하고자, 4월에 십자가당을 결성하고, 당원 모집 등의 활동을 했다"는 것이다.

검거 직후의 단계에서 이미 사건의 큰 틀은 확정되어 있었다. 남궁억, 유자훈 등 12인은 홍천경찰서에 '임의동행' 당하고, 바로 검거되었다고 추측된다.

11월 7일부터 남궁억에 대하여 "조선 역사를 가르친 이유는 무엇인가, 학교에서 무궁화를 많이 재배하고 있는데 그 동기는 무엇인가?" 등에서부터 신문이 시작되었다. 취조는 12월 13일까지 4회에 이르렀다. 남궁억의 딸인 경순庚順에게는 "표면에 드러난 목적은 종교의 발전을 기하는 단체라고 하지만, 이면의 목적은 남궁억을 중심으로 무궁화 선전을 해서 민족운동을 하려는 결사가 아닌가?"라고 추궁했다.

유자훈에 대해서는 십자가당 설립 목적을 거듭 신문하고 있다. 20일 제2회 신문에서, "십자가당의 목적은 현재의 사회제도에서 공인하고 있는 사유재산제도를 부인하고 공산주의 사회를 건설하는 것이 아닌가?", "너는 러시아에서 조선에 귀환할 때 이미 십자가당을 조직하여 조선에서 공산주의사회를 건설하려는 계획이었다고 하는데, 러시아의 지령을 받고 온 것이 아닌가?"라는 어림짐작에 입각한 추궁을 거듭했다. 유자훈은 이를 부정하면서도 "사건이 이렇게 된 이상은 사형선고를 받아도 할수 없다"고 궁지에 몰려 조직의 근본목적이 "현 사회제도를 근본부터 파괴하고, 공평한 이상의 신사회를 건설하는 것"이라고 공술했다. 후에 공판에서는 이러한 진술을 부정하고 고문에 의해 강요당했다고 고백했다.

23일 유자훈의 제3회 신문에서는 국가와 천황에 대하여 다음과 같은 공방이 이루어졌다.[25]

문 그렇다면 너는 국가를 부인하는 것이 아닌가?
답 나는 결코 국가를 부인하는 것이 아닙니다. 국가라던가 천황은 있어도 좋지만, 그 계급만은 철폐하지 않으면 안 된다고 말하는 것입니다.
문 천황과 보통인민이 평등하게 된다면 국가를 부인하는 것이 아닌가?
답 직무만으로는 천황의 직무를 취해도 좋지만 일 개인으로서는 차별할 필요가 없다는 것입니다.
문 그렇다면 천황은 지존지고至尊至高한 분이고 국법에서 침손해서는 안된다고 엄격히 규정하고 있는데, 천황이 인간으로서 다르지 않고 평등하다고 한다면, 너의 주의는 불경죄가 되는 것은 물론, 국가를 부인하는 것이 아닌가?
답 전혀 국가를 부인하는 것이 아니라, 단지 계급의식만을 조성하지 않는다면 문제로 생각하는 것은 없습니다. 나의 주의는 천황이 존재해서는 안 된다는 것이 아니라 단순히 존재해도 좋지만, 계급만은 만들 필요가 없다고 하는 것입니다.
문 그것이 결국 국가를 부인하는 주의가 아니고 무엇인가?
답 해석의 한계도 있지만 나는 존재를 부인하는 것이 아니라, 계급의식만을 없애고 인류인 이상 누구라도 평등해야 한다는 것입니다.

---

25 이상 국사편찬위원회 편, 『한민족독립운동사자료집』 47, 「십자가당사건 1」.

신문하는 측은 국가와 천황을 부정한다는 답을 듣고자 하는 데에 대하여 피의자 유자훈은 공산주의적 국가관이 아니라 기독교적 국가관의 입장에서 공술하기 때문에 양자의 문답은 어긋나고 있었다. 12월 10일 유자훈에 대한 제5회 신문에서는 이상적인 장래사회에서는 십자가당이 정치기관이 된다는 공술에 대해 "그렇다면 일본의 국가를 부인하는 것은 물론, 국체를 변혁하는 것이 아닌가?"라고 추궁했다. 유자훈은 "말할 것도 없이 정권을 획득한다는 것은 현재의 국가라던가 국체를 그대로 두는 것은 도저히 불가능한 것이다. 국가도 국체도 파괴하지 않으면 안 된다. 만약 국체를 변혁하지 않는다면 이러한 것을 계획할 리도 없다"[26]고 답변하였다.

이것이 유자훈의 속마음인지는 의심스럽지만, 경찰 측에서는 치안유지법 위반으로 간주할 수 있는 진술을 얻은 것이 되었다. 신문은 12월 12일까지 6회에 이르렀다.

경찰에서는 피의자에 대한 신문과 함께, 모곡학교의 생도를 증인으로 신문하고 있다. 11월 5일 김순이金順伊(15세)에게 "모곡학교에는 무궁화를 많이 재배하고 있는데 그 이유를 알고 있는가?", "교장 남궁억은 조회할 때, 생도에게 조선을 잊어서는 안 된다는 것을 말했다고 하는데 사실인가?" 등을 질문하고 있다.[27]

검사국에 송치할 때 피의자의 「소행素行조서」가 첨부된다. 성격이나 행동거지, 본인에 대한 품평, 반성 여부 등의 항목에 대하여 주로 거주지의 주재 순사가 순찰 때 탐지한 내용 및 품평을 종합하여 작성한다. 남궁억의 경우, 다음과 같은 내용이다.[28]

---

26 국사편차위원회 편, 『한민족독립운동사자료집』 48, 「십자가당사건 2」.
27 국사편찬위원회 편, 『한민족독립운동사자료집』 47, 「십자가당사건 1」.
28 11월 13일 서면(西面)경찰관 주재소 순사 구로사와 후쿠마쓰(黒澤福松) 작성, 「소

성격: 성품이 강직하고 늘 민족사상을 품고 있으며 총독 정치에 불만 불평을 품고 있음.
행동거지 및 본인에 대한 품평: 사립 모곡학교를 경영하고 사재를 털어 직접 그 학교의 교장이 되어 관헌의 눈을 피하여 늘 민족사상 보급 선전에 힘쓰고 있음. 본인에 대한 세평은 본인의 경력과 지주라는 점 등으로 인해 나쁘지 않음.
반성할 가능성: 완전히 민족사상 덩어리여서 반성할 가능성 없음.

유자훈의 「소행조서」(11.17)에는 '성격이 온후함을 가장하지만 매우 음험하고 늘 민족사상을 품고 있다, 농후한 민족사상 소지자이므로 처벌하지 않으면 반성할 가능성 없음'이라고 하였다. 치안유지법으로 처벌할 것을 전제로 한 내용은 경찰관의 편견으로 가득 차 있다.

피의자에 대한 취조가 끝나자, 12월 14일 남궁억, 유자훈 등 14명이 홍천경찰서에서 경성지방법원 검사국으로 송치되었다. 첨부된 「의견서」에는 각 피의자의 경력과 함께 「범죄사실」이 열거되어 마지막에 경찰의 입장에서의 법률 적용이 명기된다. 남궁억의 경우, 「범죄사실」로 앞선 「범죄보고」 내용이 구체적으로 기록되고, 정치에 관한 불온한 선동을 함과 동시에 일본제국 정치로부터 이탈하여 조선 독립을 획책했다고 하였다. 유자훈의 경우도 마찬가지로 「범죄보고」 내용을 상세하게 기록한 다음 십자가당의 결성 의도와 목적을 다음과 같이 단정하고 있다.

특히 일본은 만주국 승인 문제가 발단이 되어 세계적으로 고립하며 그 정세가 지극히 불리해지면 미·러·중 3개국에 의한 일본과의 전쟁은

행조서」, 『한민족독립운동사자료집』 48, 367쪽.

필연적으로 야기될 것이다. 그러므로 우선 종교기관을 이용하여 강력한 단체를 조직하여 세계대전 혼란을 틈타 일대 혁명을 일으켜 일본제국의 속박에서 벗어나 조선을 독립시키고, 이로써 박애주의에 의한 인류애, 계급제도 철폐, 천부의 자유권리를 향유하는 세 조건을 구비하는 공산주의 사회를 건설하고, 노농러시아와 같이 유물적으로 치우친 공산사회를 초월한 진정한 이상적 평화사회를 만든다. 그리고 이를 점차 전 세계에 파급하기 위해 일대 결의 하에……이에 일본제국의 국체를 변혁하고 조선을 독립시킴과 함께, 무산계급 독재를 행하여 토지 및 생산품은 개인의 가족생활에 필요한 정도의 소유를 인정하고 생산기관 및 그 외는 모두 사유를 금지하고 이를 십자가당 중앙당 소유로 한다. 이로써 사유재산제도를 부인하는 이상적인 공산주의사회 건설을 목적으로 한 결사로 십자가당을 조직하고 몸소 지도자의 임무에 종사하고 그 후에 계속하여 당원 모집 및 당 자금 징수에 열중했던 것이다.

마지막으로 이 사건은 생각건대라 하여 경찰의 처분 희망을 제시했다. 남궁억에 대해서는 조선총독부의 시책에 대한 강한 비판에서 "정치에 관한 불온선동을 한 자로서 그 행위는 가장 증오스러울 뿐 아니라 본인은 가령 혹형을 받고 죽는다고 해도 자신의 주의는 관철하겠다고 호언하므로, 사상 전향의 희망이 없는 것은 물론, 엄중처분하지 않으면 조선통치에 큰 악영향을 끼칠 것"이라고 단정하고 보안법 제7조에 해당하는 증거는 충분하다고 하여 기소를 주장했다(남궁경순南宮庚順에 대해서도 보안법 해당으로 기소를 희망). '엄중처분하지 않으면 조선통치에 큰 악영향을 끼칠 것'이라는 강한 표현에서 이 사건을 중대시하고 있음이 잘 드러난다.

유자훈 외 4명에게는 "교묘하게 종교기관을 이용함과 더불어 무산 청년을 망라한 공고한 단체를 조직하여 조선을 일본제국의 속박에서 이탈시켜 독립시킴과 함께, 현 사회계급제도를 파괴하고 사유재산제도를 부인하는 공산주의 사회를 건설하겠다는 것은, 우리 제국의 국체 및 경제조직에서 받아들일 수 없는 주의를 감행하려 한 것이며, 그뿐 아니라 당의 중요 간부가 되어 조선 내 중심단체인 기독교도를 이용하는 것은 그 방법이 실로 교묘"하므로 치안유지법 제1조 제1항 및 제2항에 해당한다고 하여 기소를 주장했다.

경성지방법원 검사국에서는 사상검사인 사사키 히데오佐佐木日出男가 이 사건을 담당했다. 신문은 유자훈만 3회이며 다른 피의자는 2회씩이었다. 12월 14일에 시작하여 26일에는 예심청구가 이루어졌다. 이 사이에 증인 신문은 11명에 이르는데, 치안유지법 사건이 일반적으로 그런 것처럼 검찰의 취조는 한정적이며, 본격적인 신문은 예심에 위임되었다.

제1회 검사 신문은 경찰에서의 공술에 대해 인정 여부를 묻는 간단한 것으로 남궁억도 유복석劉福錫(유자훈)도 "틀림없습니다"라고 대답하고 있다. 사사키 검사는 피의자의 행동의 배후에 조선 독립과 사유재산제도 부인 의도가 없었는지를 집요하게 신문했다. 남궁억의 제2회 신문(12월 22일)에서는 "당신은 민족사상이 농후하고 일본의 통치 하에 있는 것을 좋아하지 않고, 산간에 은거하여 학교를 설립하여 생도에게 민족사상을 주입하고 민족의식을 앙양시키고, 또 조선에서의 일본 정치를 비난하고 조선독립을 선동하고 있었다고 하는데 어떠한가?", "이 역사책에는 조선인에 대하여 민족적 의식을 주입하고 조선의 독립을 선동하는 듯한 내용이 적혀 있는데 선동 목적으로 한 것인가?" 등을 추궁했는데, 남궁억은 "그런 뜻은 조금도 없었다"고 부정했다.

유자훈에 대한 두 번째 신문(12.23)에서는 "조선은 일본 식민지의 지위에 있다고 생각하여 현재 조선인이 곤궁한 원인은 일본 통치 하에 있기 때문이다. 이를 벗어나 조선민족을 구제하는 외에 다른 방법이 없다고 생

십자가당 공판개정, 『동아일보』(1935. 1. 19)

각하고 있던 것이 아닌가?", "십자가당은 표면은 기독교의 선전을 구실로 하고, 실제로는 조선을 제국의 속박에서 벗어나게 하고 조선에서 공산제도를 실현하려는 결사가 아닌가?" 등으로 추궁했는데, 유자훈은 "그런 목적은 없었다"고 부정했다.

12월 26일, 남궁억과 유자훈 등 6명은 경성지방법원에 예심 청구되었고, 6명은 불기소가 되어 이 단계에서 석방되었다. 남궁억에 대한 「범죄사실」은 그동안과 마찬가지로 민족의식 앙양에 의해 정치에 관하여 불온한 언동을 하고 치안을 방해하여, 보안법에 해당한다고 하였다. 창가唱歌 교과에서 가르친 「무궁화」에 대해 벚꽃을 일본에 비유하고 무궁화를 조선에 비유하여 두 꽃의 우열을 비교하여 암암리에 일본을 배척하는 뜻을 드러내었고, 또 「잊어버린 나비」에 대해서는 "조선인이 조선 안에서 생활하지 못 하고 간도 등지로 이주하는 것은 조선에 대한 일본의 정치가 좋지 않기 때문이라는 뜻을 비유했다"는 해석을 추가했다. 유자훈의 「범죄사실」은 "기독교의 전도를 구실로 조선인에 대하여 민족적 의식을 주입하고, 그들을 선동하여 조선의 독립을 꾀할 것을 목적으로 그 실행에 대해 협의했다"고 하였다. 이 예심청구서에서 십자가당이 등장하지 않은 점, 사유재산제도 부인에 대해서도 언급하지 않은 점, 따라서 해당한다고 상정된 치안유지법 제1조 제1항의 조직이 아니라, 제2조의 협의가 적용된 점은 주목된다.

예심청구라는 기소 단계에서 기사 해금이 이루짐으로써 각 신문은 크게 보도했다. 12월 27일자 『동아일보』는 「홍천 십자가당 남궁억 등 6명 기소, 1명 보안법, 그 외 치안유지법 위반, 불기소로 6명은 출감, 목사 유복석 중심 비밀결사를 조직, 민족주의에 공산주의를 가미/일기장에서 결사가 폭로/무궁화 묘목을 팔아 민족주의 고취」라고 보도했다.

경성지방법원의 예심은 마쓰무라 후미오增村文雄가 담당하여 1934년 1월 15일 남궁억의 신문을 개시했다. 각 피고에 대한 신문은 3회 또는 4회 이루어졌으며, 22명에 대하여 증인 신문이 진행되었다. 8월 4일 예심이 종결하고 4명이 공판에 회부되고 2명이 면소되었다. 다른 치안유지법 위반사건과 비교하여 특별히 장기간 진행되었다고는 할 수 없지만, 그래도 반년 이상이 걸렸다. 72세의 고령인 남궁억의 보석은 겨우 예심종결 직전에 인정되었다.

남궁억에 대한 예심 신문의 초점은 조선의 독립을 둘러싼 것이었다. "조선민족으로서 조선이 독립하면 좋다고 생각하는 것은 어떤 근거에 의한 것인가?", "조선민족으로서 독립국가를 가져야만한다고 한 것은 어떤 이유에 의한 것인가?" 외에, 공산주의에 대한 생각을 질문하는 등, 여러 가지 표현 방법을 구사하여 독립사상의 위법성을 자백시키고자 하였다. 그러나 남궁억이 "조선이 독립국가가 되면 좋다는 정도의 관념에서 말한 것이며 별도로 그 외에 이론적 근거가 있어서 말한 것이 아니다"라고 대답하자, 추궁도 더 이상 진전되지 못 했다(제1회, 1934.1.15).

「무궁화」 등 "조선어 창가는 조선민족의식을 고취하기 위해 가르친 것이 아닌가?"라는 신문에도 "그런 의미가 대부분이다"(제2회, 5.29)라고 대답하여 말하자면 확신범[29]의 대답이며 이러한 교육활동이 범죄성을 갖고 있음을 인정하는 내용을 자백하도록 하려는 숨은 의도는 관철하지 못했다.

유복석劉福錫(유자훈)에 대해서는 "공산주의는 어떠한 것인가?", "조선의 독립에 대해서 어떻게 생각하는가?"(제1회, 1.16) 등의 신문에 대해 부인하는 대답이 돌아올 뿐 역시 범죄성을 인식시키지 못해서 "당신은 이 세상의 국가의 존재를 인정하지 않는 사상을 갖고 있는 것은 아닌가?", "당신은 각 민족이 각자 국가를 갖지 않으면 안된다는 것을 생각하고 있던 것은 아닌가?"(제3회, 6.5) 등으로 몰아붙이고 있다. 십자가당의 조직에 대해서는 제3회의 마지막에 "문: 그대는 조선민족은 독립국가를 건설하지 않으면 안된다는 것처럼 생각하고 그 목적을 위해 기독교의 신앙 통일을 표면적 간판으로 삼은 십자가당을 조직한 것이 아닌가?", "답: 나는 조선의 독립을 절대로 희망하는 것은 아니다. 나는 종교가로서 전 세계 모든 민족이 기독교의 신자가 될 것을 희망하고 있는 것이다"라는 공방이 이루어지는 데에 그쳤다.

---

29 [역주] 정치적, 종교적 신념에 입각하여 옳다고 믿고 하는 행위,또는 그런 행위를 하는 사람.

▌ 십자가당 사건 – 공판

안타깝게도, 「예심종결 결정」의 내용은 알 수 없다. 그리고 이유를 알 수 없지만, 경성지방법원에서 남궁억 등에 대한 보안법 위반, 유복석(유자훈) 등에 대한 치안유지법 위반 공판이 개시되는 것은 5개월 후인 1935년 1월 18일이었다. 재판장은 야마시타 히데키山下秀樹[30], 입회 검사는 무라타 사부미村田左文[31]이며 변호인으로 이인李仁이 출석했다.

    이 십자가당 사건 공판에 대해서는 별권에서 다시 살펴볼 것이므로 여기에서는 요점을 서술하는 데에 그치고자 한다. 재판장은 「범죄사실」로 된 논점에 대해 신문하고 있다. 예를 들면, 남궁억에게 "피고인은 청년, 아동에 대하여 민족의식 주입에 힘쓰고 청소년에 대해서는 일한병합의 사실을 깊이 명심하여 조선의 국권 회복에 힘쓰지 않으면 안된다고 가르쳤다고 하는데 어떤가?"라고 묻자, 남궁억은 "신문한 대로 틀림 없다"고 시인했다. 이 문제를 더 이상 추궁하기를 단념한 재판장은 일본의 한국병합 후 총독부의 시정이 가져온 좋은 결과를 강조하여 남궁억이 자신의 언동의 잘못을 인정하도록 유도했다. "병합 후의 오늘날 조선의 일반 민중은 일하기만 하면 옛 조선시대에 비하여 보다 행복한 생활을 영위할 수 있게 된 것이 아닌가?", "이번에 통치당국자는 조선 민중의 대부분을 점하는 일반

---

30 [역주] 1895~?. 효고(兵庫) 현 출신. 1921년 교토(京都) 제국대학 법학부 영법과 졸업, 1921년 5월 조선총독부 사법관 시보로 부임, 이후 부산지방법원 판사를 거쳐 1928년 경성복심법원 판사. 1930년 경성지방법원 판사 역임.
31 [역주] 1898~?. 구마모토(熊本)현 출신, 1922년 도쿄제국대학 법학부 영법과 졸업, 1922년 5월 조선총독부 사법관 시보로 부임, 1924년 경성지방법원 판사, 1926년 대구복심법원 판사 역임. 1932년 2월 조선총독부 검사, 경성복심법원 검사를 거쳐 1932년 8월부터 경성지방법원 검사 역임.

농민의 생활을 경제적, 정신적으로 향상시키고자 한층 배려와 노력을 하여 상당한 성적을 거두고 있는 것 같은데 그에 대해서는 어떻게 생각하고 있는가?" 등의 질문을 했다. 남궁억은 "그런 문제에 대해서는 젊을 때는 생각도 하고 동료와 토론한 일도 자주 있었지만 나이를 먹은 현재에는 아무런 생각도 하지 않고 있다"고 하여 응대하려 하지 않았다. 신문의 마지막에는 다음과 같은 문답이 이루어졌다.

문 그렇게 위정자가 민중의 생활 향상을 위해 노력하고 있는데 피고인으로서도 시대의 발전을 모르고 함부로 언제까지나 일한병합에 반대할 필요가 없을 것이라고 생각하는데 어떠한가?
답 원래 그렇습니다. 그런 취지로 총독정치가 이루어지고 있다면 나는 그에 대찬성입니다.
문 그러면 앞으로는 그런 일은 하지 않겠는가?
답 이야기하는 뜻은 잘 알았고 스스로도 알고 있으니 앞으로 하라고 해도 하지 않겠습니다.

유복석은 처음에 "종교운동의 목적으로 십자가당을 조직한 일은 사실이지만, 이 당은 결정서에 기재한 것 같은 목적을 갖는 결사가 아니다"라고 대답해서, 여기에서 논점이 꼬였다. 재판장은 "조선을 일본에서 독립시켜 천국을 만들기 위해 십자가당을 조직하고 이를 전 세계에 확대하여 세계를 통일하는 단체를 조직하려 했던 것이 아닌가?", "동시에 그러한 단체를 조직하여 조선을 일본 제국주의에 반대하고 자본주의제도를 배척하여 운동을 벌이고자, 그를 위해서는 가령 자신의 일신을 단두대 위에 세워서라도, 정신은 영원히 살아 그 운동을 해야 한다고 생각하고 있던 것이 아닌가?"라고 십자가당 결성의 배후에 있는 의도를 진술하도록 유도했다. 이에 대하여 유복석이 "나는 종교운동에 대하여 신문하는 내용과 같은 신념을 갖고 있지만, 신문하는 방식의 조선 독립운동 등에는 아무런 관심이 없습니다"라고 대답하자, 재판장은 "피고인은 검사 및 예심판사에게 그렇게 진술하고 있지만, 경찰에서는 지금 신문하는 내용의 목적 및 결심을 하고 십자가당을 조직했다고 진술했는데 그렇지 않은가?"라고 압박했다. 유복석은 여기에서 "경찰에서는 고문을 당하여 어떤 진술을 했는지 모르지만 신문하는 내용의 목적으로 십자가당을 조직한 것은 아닙니다"라고 하여 고문에 의한 강요가 있었다고 말했다. 이 진술에도 불구하고 그 후에도 재판장은 "당규는 표면에 내세운 것이므로 십자가당의 진정한 목적은 드러내지 않았고, 진정한 목적은 지금 신문한 바와 같은 것이라는 것은 틀림없지 않은가?"라고 계속 추궁했다.

각 피고에 대한 신문이 끝나자, 재판장은 증거 조사를 진행하여 검사와 예심판사의 신문조서 뿐 아니라 「도道 순사 보고서」, 「사법경찰관 사무취급의 피의자 신문조서 및 관계자 신문조서」를 증거로 채용했다(피고인과 변호인은 그에 이의를 제기하지 않음). 이어서 검사는 공소사실에 대하여 증거가 충분하다고 하여 남궁억에게 보안법에 해당한다고 하여 징역 10월을, 유복석에게 치안유지법에 해당한다고 하여 징역 1년 6월을 구형했다. 이에 대하여 이인李仁 변호사는 피고인 4명을 위해 변론을 하여 피고인 남궁억, 김복동에 대해서는 관대한 처분을 하여 집행유예 판결을, 피고인 유복석과 남천우南麒祐의 행동은 범죄 증명이 없으므로 무죄 판결을 하길 바라며, 가령 유죄라고 해도 집행유예 판결을 해달라는 뜻을 전했다. 재판장이 최종진술을 촉구하자 유복석은 "조금도 정치적 의미를 갖지 않았음에도 불구하고 자신이 조선인이기 때문에 그 순수한 종교운동을 공산주의운동으로 간주하는 것은 너무나 유감스러우므로 올바르게 처분해달라"고 호소했다. 남궁억은 "별도로 할 말이 없다"고 대답했다.[32]

1월 31일, 제2회 째 공판에서 판결이 언도되었다. 그 판결문을 확인할 수 없지만, 남궁억은 보안법 위반으로 징역 10월, 유복석은 치안유지법 위반으로 징역 1년 6월이라는 구형대로 양형이 이루어졌다. 단, 남궁억에게는 집행유예 3년이 선고되었다. 특히 유복석의「범죄사실」의 인정에서는 경찰「신문訊問조서」내용이 증거로 채택되었다고 추측된다. 일간신문에서 크게 다룬 것이나 민족독립운동의 재판과정이 1여 년이 걸렸다는 점을 감안하면, 4명이라는 최종적인 유죄 인원과 양형에서 볼 때 십자가당 사건의 탄압 수위는 비교적 가벼운 편이었다. 당국의 의도는 용두사미로 끝난 감이 있지만, 사립학교와 기독교를 중심으로 하는 독립운동의 동향에 대하여 치안유지법이나 보안법을 발동할 수 있다고 위협을 가한 점은 큰 의미가 있다고 할 수 있다.

---

32 이상 국사편찬위원회 편,『한민족독립운동사자료집』48,「십자가당사건 재판기록 2」.

3
조선공산당 붕괴에 이른 치안유지법 적용

▎조선공산당 재건운동에 대한 연속적 탄압

1928년 2월, 제1차·제2차 조선공산당사건 판결 후, 일본 내의 3·15 사건[33]을 계기로 한 치안체제 확충과 연동하여, 조선에서도 1928년 중에 고등경찰과 사상검찰이 증강되었다. 1928년 10월 확충된 조선총독부 경무국 보안과는 「조선공산당 사건 개황」을 정리하고 있다. 그 서두에 조선공산당 및 고려공산청년회의 수차에 걸친 검거 탄압에도 불구하고 여전히 비밀결사 조선공산당의 조직 계획이 끊이지 않고, 그 행동이 점점 은밀해지고 그 방법은 점점 교묘해져 무엇보다 그 사찰과 규탄 방법을 고심하고 있는 상황이라고 한 것처럼 조선공산당의 거듭되는 재건운동에 대해 골치를 앓고 있었다. 경무국 『조선경찰의 개요(1929)』는 그 후에도 제4차에 걸쳐 공산당사건을 검거하는 상황이어서 그 절멸은 쉽게 기대하기 어려운

---

33 [역주] 1928년 3월 15일에 발생한 일본공산당 대탄압사건. 일본공산당, 노동농민당 등 50여개의 단체, 수천명이 검속되고 488명이 기소되었다.

상황이라고 기술하고 있다.

『개요』에서는 제1차·제2차 사건 이래, 전술한 고려혁명당(1926.12 검거)에서부터 고려공산청년회 만주총국(1928.9 검거)까지 9건을 약술하고 있다. 그 합계는 검거 425명, 검사국 송치 388명, 미검거 396명이다.[34]

그런데 1931년 1월 11일, 조선총독부 법무국이 간행한 『조선 독립사상운동의 변천』에는 "조선에서는 관헌의 사찰이 양호하여 조선공산당 및 고려공산청년회는 모두 발전할 여지가 없게 되었다"고 하여 3여년 동안 거듭되는 재건운동을 거의 진압했다고 자부했다. 단, 새로운 상황으로 '조선 밖의 운동자'가 조선으로 잠입하는 상황을 주목함과 아울러 노동운동으로, 소작쟁의로 파고 들어가고 있으며, 학교의 맹휴도 대상으로 하고 있을 뿐 아니라 그 조직에서 각 방면으로 야체이카(세포)를 부식하여 모든 표현단체에 프랙션fraction(분파)을 두는 방향에 대해 경계를 펴고 있다.

1928년 2월 경성 종로경찰서를 중심으로 동아일보 편집국장 김준연金俊淵 등 35명을 검거한 이른바 제3차 조선공산당 사건이 발생했다. 재조직했다고는 해도, 아직 선전 및 실행에 착수하지 못한 단계에서 일제 검거가 이루어진 것이다. 1929년 10월 28일 경성지방법원 예심종결 결정에서는 면소 2명을 제외하고 30명이 공판에 회부되었다. 거기에서는 조선공산당은 조선을 일본제국의 속박에서 이탈시키고 또한 조선에서 사유재산제도를 부인하고 공산제도를 실시할 목적으로 조직되었다고 정의했다. 예심을 담당한 고이 세츠조五井節藏 판사는 국체 변혁과 사유재산제도 부인을 '또한[且]'으로 병렬시키는 것을 자신의 장기로 삼았다.[35]

---

34 朝鮮總督府警務局,「朝鮮警察の概要(1929)」,『公文類聚』제53편(1929) 제9권, 일본국립공문서관 소장.
35 『日本共産党関係雑件－朝鮮共産党関係』6, 1930.7, 일본외교사료관 소장.

제4차 조선공산당 사건은 1928년 7월 이래, 경기도경찰부가 수사를 개시하여, 163명이 검거되고 82명이 검사국에 송치되었다. 이 재건운동의 특징에 대해서 재경성 조선학생과학연구회를 중심으로 각 중등학교 학생이 공산당 야체이카를 조직하고 고려공산청년회의 지휘를 받은 점을 들고 "최근 빈발하는 중등학생의 동맹휴교사건도 모두 공산당의 지도에 의한 것이라 한다"[36]고 기록하고 있다.

이 제4차 조선공산당의 책임비서인 차금봉車今奉에 관한 「형사 제1심 소송기록」(경성지방법원)이 『일제하 사회운동사 자료총서』 제8권에 수록되어 있다. 차금봉의 검거는 지체되어 1929년 1월 7일이었다. 뜻밖에 「경찰범 처벌규칙」 위반으로 구류한 인물이 알고보니 소재 불명으로 기소 중지되었던 제1차·제2차 조선공산당사건 피의자인 차금봉으로 판명되어 곧바로 취조가 개시된 것이다. 차금봉은 결사의 내용도 모르는 채로 '책임비서'가 되었으며, 후에 조선공산당임을 알고 탈퇴를 결의했지만 인정받지 못한 상황에서 검거가 개시되는 바람에 당의 해산을 결의했다고 공술했다. 경찰부 고등과의 경부보 김황규金晃圭는 "네가 공산당에 가입한 것은 본건 이전이 아니었느냐?", "너는 처음부터 공산당임을 알고 가입한 것이 아닌가?"라고 추궁했으며, 차금봉은 "처음부터 자각해서 가입한 것은 아니다"라고 대답했다. 취조는 3회에 걸쳐 이루어졌다. 차금봉의 「피의자 소행 조서素行調書」에는 "다소 반성이 보인다"고 기록되었다.

1월 25일 「사건송치서」와 함께 "이 사건은 치안유지법 제1조에 해당하는 범죄의 증빙이 있으므로 기소가 당연하다고 생각함"이라는 「의견서」가 경성지방법원 검사국에 송부되었다. 동일 나카노 슌스케中野俊助 검사가

---

36 朝鮮總督府警務局保安課, 「朝鮮共産黨事件の概況」, 『公文類聚』53편 9권, 1929, 일본 국립공문서관 소장.

담당하여 신문을 시작했다. 차금봉은 서대문형무소에 구류중 장티프스를 앓았다. 2월 4일 경성지방법원으로 보낸 「예심 청구서」의 「범죄사실」은 "일찍이 조선을 제국의 속박에서 이탈시키고 또한 조선에서 사유재산제도를 부인하고 공산제도 실현을 꾀할 목적으로 조직한 조선공산당에, 그 사실을 알고 가입하여 여러 차례 당 중앙집행위원에 선출되고······조선공산당의 발전을 위해 여러 가지 획책해온 자"라고 하였다. 3월 10일 차금봉은 감옥에서 사망했다. 고문사가 의심되었으며, 그의 장례도 탄압으로 치루어지지 못했다.

1931년 3월 9일에 이루어진 경성지방법원 고려공산청년회 사건의 사법 처분 과정을 따라가 보자. 검거일시는 불명인데, 1929년 7월 15일, 경성 종로경찰서의 「의견서」에는 최덕준崔德俊에 대하여 현재의 자본주의 사유재산제도를 부인하고, 현 정치제도를 변혁하여 공산사회 실현을 목적으로 한 비밀결사 고려공산청년회 만주총국의 소속회원이 되어라고 되어 있다. 7월 26일 「예심청구서」에는 일찍이 조선을 제국의 속박에서 이탈시키고 또한 조선에서 사유재산제도를 부인하고 공산제도 실현을 목적으로 조직된 비밀결사 고려공산청년회에 가입했다고 한다. 그 후 예심 진행이 지체되어, 1여 년 후인 1930년 7월 5일 「예심종결결정서」에는 "피고 등은 사유재산제도는 백가지 폐단을 양성하는 원인으로 현대 사회에 해독을 끼친다고 망상하여 이를 저주한 나머지, 조선을 일본제국에서 독립시키고 조선에서 사유재산제도를 철폐하고 공산제도를 실시할 것을 기도했다"고 하였다.[37] 공판 개시까지는 또다시 지체되어 1931년 3월 9일 경성지방법원의 판결(후술)에서 인정식印貞植과 함께 최덕준에게는 징역 6년이 선고되었다.

---

37 이상 「訊問調書(洪承裕 외 11명, 치안유지법 위반)」, 국회도서관 소장.

1930년 4월 7일 「조선공산당 조직계획 검거의 건(제2보)」이라는 제목으로 경기도 경찰부장이 경성지방법원 검사정에게 보낸 통보에 의하면, 27명을 구속하여 취조중이라고 밝히고 다음과 같은 특징을 열거하여 그 중요성을 강조하고 있다.[38]

종래의 공산당사건 검거에 비하여 그 수가 반드시 많다고는 할 수 없지만, 신진新進 공산대학 졸업생인 몇 명의 투사를 망라하여 모두 국제공산당의 신용을 얻은 인물로 구성되어 있다. 게다가 이번 당 조직의 방침은 종전의 정당 등이 중심이었을 때는 세력을 둘러싼 파쟁이 거듭되어 얻은 것이 아무 것도 없었다고 하여, 직접 무산대중 속으로 투신하여, 농민·노동자 사이에서 정예분자를 뽑아 공고한 당 조직을 만들고자 용의주도하게 착착 그 기초를 다진 것이다. 그 검거 여부는 장래의 사상운동에 중대한 영향을 끼칠 것으로 보인다.

또한 1932년 1월 조선총독부 경무국 「코민테른의 밀명을 받은 동방노력자공산대학 졸업생 검거 개요」는 1931년 11월부터 경기도 경찰부가 수사를 진행한 결과, 모스크바공산대학 졸업 후에 코민테른으로부터 조선 적화 및 공산당 재건 밀명을 받고 조선에 들어온 김광은金光恩, 김대봉金大鳳 두 명을 검거했다고 한다. 그들의 전술은 선전에서 선동으로 이행하여, 일상투쟁의 격화를 꾀하는 한편, 투쟁 목표는 노동자·농민이 당면한 경제적 조건을 주안점으로 노동·소작쟁의를 지도할 것 등으로 결정했지만, 실제 활동이 여의치 않은 상황이었다고 한다. 12월 15일, 12명에 대해 각각 의

---

38 「조선공산당 조직계획 검거의 건(제2보)」, 1930.4.7, 『일제하사회운동사자료집』 4.

견(기소 의견 9명, 기소유예 의견 2명, 기소중지 의견 1명)을 첨부하여 경성지방법원 검사국에 송치하고 검사국에서는 7인에 대한「예심청구」를 진행하였다.[39]

서대숙徐大肅 교수의『조선공산주의운동사』(1970)는 1932년 4월 대전에서 검거된 권대형權大衡 등「조선공산당 협의회 사건」(제6차 조선공산당사건)을 계기로 "조선에서 민족적 차원의 조선공산당 부활을 위한 공산주의자 측의 최후의 조직적 노력이 끝나고, 국외의 모든 조선인 공산주의자들은 일본, 중국, 러시아공산당과 함께 활동했으며 조선에서 당을 재건하기 위한 진지한 시도는 이제 사라지게 되었다"고 기술하고 있다.

▎일본 제국주의 지배 배제를 국체 변혁으로 간주하다

조선공산당·고려공산청년회에 대한 탄압이 일단락되어 가는 단계에서 정리된 조선총독부 법무국의『조선독립사상운동의 변천』은 조선공산당의 의의와 목적에 대하여 "조선문제로서는 공산당 지도 하에 노동자·농민의 결합으로 공동전선을 전개하고 일본제국의 통치를 변혁하고 그 사유재산제도를 부인하려는 것이다"라고 총괄했다. 일본제국의 통치 변혁이란 국체 변혁을 의미하는 것이 된다. 덧붙여서 "세계 프롤레타리아 국가 건설을 위해 자본주의국인 일본의 제국주의를 타파하고 식민지 조선의 독립을 꾀하지 않으면 안 된다. 민족문제 해결은 프롤레타리아 독재의 일부이다"라고 설명한다. 여기에서는 국체 변혁을 자본주의 국가인 일본 제국주의 타

---

39 朝鮮總督府 警務局,「コミンテルンの密命を帶べる東方勞力者共産大學卒業生檢擧槪要」(1932.1),『일제하사회운동사자료집』4.

파로 파악했음을 알 수 있다.

　일본에서는 일본공산당이 군주제 철폐를 강령의 하나로 든 것을 크게 문제시하여, 천황제 부정은 불령不逞하며 이것이 곧 국체 변혁이라는 점을 강조하여 치안유지법을 운용하고 있었다. 이에 비하여, 조선에서는 자본주의 국가인 일본제국주의 자체가 일본 통치의 내실로 이해되었으며, 그것을 타파하려는 것이 국체 변혁이라고 간주되었다. 여기에 천황제 부정이라는 불령한 의미는 포함되지 않았다. 치안유지법 시행 초기에 제국주의·자본주의가 곧 일본의 국체라고 인식한 점과 상통하는 것이라 할 수 있다. 그 후 독립운동에 치안유지법을 적용하는 논리로 제국의 속박 이탈 논리가 개발되고, 공산주의운동을 국체 변혁으로 몰아가기 위한 논리로 제국주의·자본주의가 곧 일본의 국체라는 인식틀이 다시 부상한 것이다.

　『조선독립사상운동의 변천』이 이와 같은 인식에 이른 배경에는 제1차·제2차 조선공산당사건의 판결 이후 축적된 공산당 관계사건 판결의 사고방식이 가로놓여 있다. 이 책에서는 두 개의 경성지방법원 판결을 주목하고자 한다.

　첫째, 1930년 8월 30일 제3차 조선공산당사건 판결이다. 거기에는 피고들에 대해 "공산주의에 공명하여 사유재산제도를 철폐하여 공산주의 사회 실현을 목적으로, 먼저 그 혁명에서 용납할 수 없는 일본제국주의 지배를 배제하고 조선 독립을 도모하고자 하였다. 이로써 사유재산제도를 부인하고 프롤레타리아 독재 사회를 실현하고자 했으며, 그 목적 달성을 열망하고 있던 자"라고 규정하였다(징역 6년 등을 선고). 이것은 일본제국주의 지배를 배제함으로써 조선 독립을 꾀한다는 구도이다. 이전의「예심종결결정」에 있던 두가지 사안을 '또한[且]'으로 병렬하던 방식이 수정되었다.

　둘째, 11월 28일 김복진金復鎭 등 공산당사건 판결에서는, "피고 등은 모두 사유재산제도가 현 사회에 해독을 끼치는 것으로 제반 인습은 이 제도에서 배태된 것이라고 믿고 이를 철폐하여 공산제도 사회를 실현할 것을 이상으로 하여 조선에서 혁명을 수행하는 데에 용납할 수 없는 일본제국주의 지배를 배제하고 독립을 도모함으로써 조선에서 사유재산제도를 부인하고 프롤레타리아 독재 사회를 수립하여 공산제도 사회 실현을 열망한 자"라 하였다. 여기에서도 일본제국주의 지배를 배제하여 조선의 독립을 실현한다는 구도가 성립되어 있다.[40]

게다가 모두 일본제국주의 지배를 배제하여 조선 독립을 이룬다는 것, 즉 국체 변혁을 먼저 달성하고 나서 사유재산제도를 부인한 공산제도 사회를 실현하겠다는 순서이다. 그것은 이 사건 전후의 치안유지법 위반사건 사법 처분에서 자주 인용된 것처럼 국체 변혁과 사유재산제도 부인을 '또한[且]'으로 연결하여 병렬적 관계로 파악한 것과 달리, 공산제도사회를 장래의 이상으로 삼고, 그 실현 수단 혹은 전제조건으로 '조선 독립=국체 변혁'을 위치 지웠기 때문이다.

▎'조선 독립의 목적은 국체 변혁과 동일'

또 한가지, 이 문제의 성격을 파악하는 데에 단서를 제공하는 것이 일본 내의 판결과의 비교이다. 교토京都지방재판소에서 주관한 고려공산청년회 일본총국 관서부 사건 판결(1931.5.15)이 고등법원 검사국 사상부 『사상월보』 제3호(1931.6)에 게재되어 있는데 그 서두에는 다음과 같은 주注가 달려있다.

---

40   이상 조선총독부 법무국, 『朝鮮獨立思想運動의 變遷』, 1933.11.

형의 양정은 피아彼我 거의 같은 수준이지만, 법의 적용에서 경성은 제1조 제1항 및 제2항을 적용하는데 교토에서는 제1조 제2항만 적용했다. 교토의 판결에는 '무산계급의 독재를 거쳐 공산제 사회 실현을 그 목적으로 함'으로 되어 있는데, 이것은 이른바 국체 변혁이 되는 것이 아닌가 하고 생각한다. 연구문제로 삼아야 할 것이다.

교토지방재판소 판결에서는 고려공산청년회가 "비밀결사로 조선에서 사유재산제도를 부인하고, 무산계급의 독재를 거쳐 공산제 사회 실현을 그 목적으로 했다"고 간주하고, 교토京都 조선노동조합 집행위원장, 신간회 교토 지회 간사를 지낸 정휘세鄭輝世에게 치안유지법 제1조 제2항을 적용하여 징역 3년을 구형했다. 사유재산제도 부인만을 적용했으며, 국체 변혁에 대한 언급은 없다. 역시 1930년 6월 30일 도쿄東京지방재판소 후지이 고이치로藤井五一郎 예심판사가 주재한 재일조선인 전한경全漢卿 등 29명의 치안유지법 위반 피고사건의 예심종결 결정에서는 조선공산당은 이(코민테른) 지휘 아래 혁명적 수단으로 조선 독립을 꾀하고 사유재산제도를 부인하고 조선에 프롤레타리아 독재사회를 수립하여 이로써 공산주의 사회 실현을 목적으로 한 비밀결사라 하였으며, 여기에서도 국체 변혁은 거론되지 않았다.

교토지방재판소 판결과 비교 참조할 필요가 있는 경성지방법원의 인정식 등 공산당사건 판결(1931.3.9)에서는 고려공산청년회가 조선을 일본제국의 속박에서 이탈시켜, 조선에서 사유재산제도를 부인하고 공산제도 실시를 목적으로 한 비밀결사로서 신 치안유지법 제1조 제1항 전반과 제1조 제2항을 적용하고, 양형으로는 인정식에게 국체변혁 결사에 가입하고 임원이 되었다고 하여 징역 6년을 선고했다.

조선 측 사법당국이 연구문제로 삼아야 한다고 문제 제기한 이유는 교토지방재판소 판결로 대표되는 일본 내의 조선인 공산주의운동 사건 판결에서 국체변혁이 포함되지 않은 점 때문이었다. 교토지방재판소 판결의 무산계급의 독재를 거쳐 공산제 사회 실현을 그 목적으로 했다는 부분은 조선 측에서 보면 충분히 국체 변혁에 해당하는 것이었다. 일본 국내와 조선 측에서 이렇게 어긋나는 점이 생긴 이유는 전술한 바와 같은 각각의 국체인식이 달랐기 때문이다.

단, 조선공산당·고려공산청년회가 일본제국주의 지배를 배제하여 조선 독립, 곧 국체 변혁을 실현하여, 그 후에 사유재산제도 부인에 의한 공산제도 사회 실현을 지향한 비밀결사라는 구도는 실제의 판결에서는 아직 정착하지 않았다. 앞서 인정식 등의 판결에서도, 고려공산청년회에 대해 조선을 일본제국의 속박에서 이탈시켜 사유재산제도를 부인하고 공산제도 실시를 목적으로 한 비밀결사라 하는 것처럼 일본제국주의 지배 배제라는 인식은 드러나지 않는다. 그리고 국체 변혁과 사유재산제도 부인을 병렬적인 '또한[且]'으로 연결하는 방식의 정형화된 틀이 정착해 나갔다. 조선을 일본제국의 속박에서 이탈시켜라는 구절에 일본제국주의 지배 배제는 조선 독립이 포함되어 있다는 해석을 끼워넣음으로써 그 후의 처분에서는 더 이상 재론할 필요 없이 국체 변혁과 사유재산제도 부인을 간단히 '또한[且]'으로 병렬시키는 것으로 충분하다고 한 것이다.

연구문제로 삼아야 한다고 한 공산당 사건에서 국체 변혁=조선 독립이라는 논점에 대해서는 다른 각도에서 거듭 확인 작업이 이루어졌다. 미즈노 나오키 교수가 '판례로 확립하기에는 또 하나의 판결을 기다리지 않으면 안되었다'고 지적했던 1931년 6월 25일 「조선 학생전위동맹사건」의 고등법원 판결이 바로 그것이다.[41]

---

41 「식민지독립운동에 대한 치안유지법의 적용」, 浅野豊美·松田利彦 편, 『植民地帝国日本の法的構造』, 434쪽.

정관진丁寬鎭은 1931년 4월 2일 경성지방법원이 내린 유죄 판결에 항소했는데, 5월 4일 경성복심법원 판결도 '피고인의 제의에 입각하여 조선을 일본제국의 속박에서 이탈시켜 또한 조선에서 사유재산제도를 부인하고 공산제도를 실시할 목적으로 학교 생도의 운동단체로 비밀결사 조선학생혁명당을 조직하고……이 조선학생혁명당을 조선학생전위동맹으로 개칭하여 임원으로서의 임무에 종사'한 것을 인정하여 징역 5년을 선고했던 것이다. 정관진은 다시 고등법원에 상고했다.

그「상고취의서」에서 변호인 최백순崔白淳은 조선학생혁명당의 목적은 사유재산제도 부인에 있으며, "결사의 강령에 정치적 해방이 포함되어 있어서 조선을 일본의 정치에서 이탈시킬 것을 부수적 목적으로 한 것으로 보이지만, 이것만으로 국체 변혁 목적이 있었다고 단정할 수 없다. 조선을 일본 정치에서 이탈시키는 것만으로는 제국의 국체에 영향이 없다고 생각되기 때문이다"라고 변론하여 치안유지법 제1조 제1항의 적용은 잘못되었다고 하였다.

이에 대하여 6월 25일 고등법원 판결은 "만일 조선 독립을 달성하고자 한다면, 우리 제국 영토의 일부를 참절僭竊하여 그 통치권 내용을 실질적으로 축소시키고 이를 침해하려는 것에 틀림 없으므로 치안유지법에 이른바 국체 변혁을 기도하는 것으로 해석하는 것이 타당하다"고 하는 신간회 철산지부 사건의 고등법원 판결을 따라 "이른바 국체는 단지 통치권 소재에 관계된 것일 뿐만 아니라 통치권 그 자체의 내용도 포괄하는 개념이라고 해석하는 것이 타당하다"고 하여 상고를 기각했다(「독립운동판결문」).

여기에서는 국체 변혁을 일본 제국주의 지배 배제라고 한 설명과는 달리, 우리 제국 영토의 일부를 참절하여 그 통치권을 실질적으로 축소시키고 이를 침해하려는 것이라는 독립운동 탄압을 위해 개발된 논리를 내세우고 있다.

8월 4일자 『조선일보』는 「조선○○의 목적은 국체 변혁과 동일, 치유법 범위 확대, 고등법원 신판례」라고 보도했다. 또 『아사히신문朝日新聞』조선판에는 "조선××을 목적으로 하는 행동이 치안유지법 제1조 제1항에 저촉되는지 아닌지에 대해 동 법의 해석상 의문이 많고, 특히 조선 법조계의 미결 문제의 하나였는데, 이번 고등법원에서는 학생혁명당 사건의 상고를 사례로……신 판례를 만들었는데, 동 법의 조선에서의 운용 범위는 한층 확대될 것이다"⁴²라는 기사가 실렸다. 위 기사의 ○○나 ××는 모두 '독립'의 복자伏字이다.

고등법원의 판례 확립을 계기로 독립운동이던, 공산주의운동이던, 경무·사법당국이 그것을 국체 변혁으로 보면, 거두절미하고 치안유지법 제1조 제1항을 발동할 수 있게 된 것이다.

▍상해로부터의 이송

앞서 소개한 『조선독립사상운동의 변천』에는, 공산당 재건 운동의 새로운 상황으로 조선 국외 운동자의 잠입을 주목하고 있다. 또한 1932년 1월 조선총독부 경무국의 「코민테른의 밀명을 띤 동방노력자 공산대학 졸업생 검거 개요」처럼 조선 외 지역에서 조선으로 들어오는 이들의 동태를 경계하고 있다. 우선 상해上海에서 공산주의자 검거와 조선으로의 이송을 살펴보자. 치안유지법 시행 초기에는 신의주지방법원으로 이송되는 경우도 있었지만, 본격적 운용단계에서는 경성지방법원으로 이송하는 루트가 정착

---

42 『조선사상통신』, 조선사상통신사, 1931.8.4.

했던 것 같다.

1928년 6월 18일 경성지방법원의 조동호趙東祜에 대한 판결부터 살펴보자. 제1차 조선공산당 관계자로서 조동호는 1928년 1월 상해 총영사관 경찰에 검거되어 경성지방법원 검사국으로 송치되었다. 조선에서 사유재산제도를 부인하고 공산제도를 실현시키고, 겸하여 조선을 우리 제국의 속박에서 이탈시킬 목적으로 조선공산당이라 하는 비밀결사를 조직하고 선전부 책임자로 활동한 것이 치안유지법 제1조 제1항에 해당한다고 하여 징역 4년을 선고했다.[43]

상해 조선인 공산주의운동의 중심인물 구연흠具然欽은 프랑스조계로 피신하고 있었기 때문에 체포에 관해서는 이만저만 고심한 것이 아니었는데…… 이구치井口영사가 열심히 프랑스 측 관헌과의 교섭을 비밀리에 신속히 이룬 결과, 1930년 9월 11일, 영사관 경찰에 의해 검거되었다.[44] 10월 1일 상해 총영사관 경찰서 순사 고토 겐타로後藤源太郎는 「의견서」를 작성했다. 구연흠의 「소행 내력素行來歷」에서는 조선 또는 세계혁명운동에 몰두하고 있는 자로서, 그 성질이 가장 불량, 위험한 인물이라고 하고, 「범죄사실」로 조선공산당 가입 및 재조직 외에, 조선 독립 상 필요한 민족적 모든 혁명 역량의 총집중에 노력하고 한국유일독립당을 조직한 것을 열거하고, "본인은 처벌할 필요가 있다고 생각됨, 기소해주길 바라는 의견임"이라고 하여 치안유지법 제1조의 적용을 요구했다.

구연흠의 검거 사실은 조선 경무당국에 통보되었다. 10월 2일, 경기도 고등과 미와 가즈이치로三輪和一郎 경부는 경기도 경찰부장에게 '영장 집행 구인'을 요청했다. 10월 3일, 경성지방법원 검사정은 정식으로 상해 총

---

43 「趙東祜 판결문」, 『일제하사회운동사 자료총서』 제8권, 고려서림, 1992.
44 「구연흠 체포보고서」, 『訊問調書(具然欽外二名Ⅱ: 治安維持法違反)』, 국회도서관 소장.

영사관 검사 사무취급 담당자에게 구연흠 등 3인의 「구인장 발부 집행」을 촉탁했다. 10월 14일 상해 총영사관 경찰서는 경성지방법원 검사정에게 "본일 당지에서 출범하는 나가사키마루長崎丸로 인신人身 및 증거물건, 당 경찰서에서 취조한 청취서 그 외 관계서류와 함께 사건을 이송함"이라고 통보했다. 10월 19일자 『경성일보』는 「삼엄한 경계 속에 도경찰부에 수용됨. 5년간 모습을 감추고 있었지만 마침내 체포된 구연흠 일당, 이번 검거는 큰 수확」이라고 보도했다.

경성지방법원 검사국의 모리우라 후지로森浦藤郎 검사가 취조를 개시하여, 10월 29일 「예심청구」가 이루어졌다. 그 후 예심 진행은 오랜 시일이 걸려 약 1여 년 뒤인 1931년 11월 18일에 경성지방법원 예심판사 와키데츠 하지메脇鐵一[45]에 의해 「예심종결 결정」이 이루어졌다. 「범죄사실」은 조선을 일본의 속박에서 이탈시키고 동시에 공산주의제도를 실시할 목적으로 조직한 비밀결사 조선공산당에 그 사정을 알고 가입한 외에, 한국유일독립당 상해촉성회 조직, 한국독립운동자동맹 조직 등으로 조선독립사상을 고취 선동하는 등, 크게 조선 독립을 목적으로 책동했다고 하였다.[46]

11월 18일자 『경성일보』는 「사유재산제도 부인, ○○운동을 기도한 구연흠 등 일당 3명 예심, 이번 18일 마침내 종결, 여운형呂運亨과 서로 알며, 상해 테제를 결정하고 유력한 단체를 형성」이라고 보도했다. 공판은 12월 10일에 개정되었고 17일에 구연흠에게 징역 6년의 판결이 내렸다.

---

45 [역주] 1896~?. 오이타(大分) 현 출신. 1922년 도쿄제국대학 법학부 독법과 졸업, 사법관 시보로 일본 내 지방재판소 검사대리로 근무, 1924년 조선총독부 판사로 임명되어 경성지방법원에서 근무, 1933년 고등법원 판사. 1931년 간도공산당사건 해결로 고등법원 판사로 승진. 1936년 사직하고 변호사로 개업함.
46 「구연흠 예심종결결정」, 『訊問調書(具然欽外二名II: 治安維持法違反)』, 국회도서관 소장.

재외독립 및 공산주의운동의 중진 인물로 간주된 여운형의 사법처분 경위를 살펴보자. 여운형은 1929년 7월 10일 상해에서 영사관경찰에게 검거되었고, 경성지방법원 검사의 영장에 의거하여 경성으로 이송되어, 경기도 경찰부에서 취조를 받았다. 경기도 경찰부는 7월 29일 다음과 같은 「의견서」를 첨부하여 검사국으로 송치했다.[47]

> 피의자는 상술한 것처럼 1919년 이후, 제국의 속박을 벗어나 조선 독립을 이루고자 크게 활약하고 그 행위를 계속하고 있던 중, 1925년 봄 노농勞農 대사 카라한과 알게 되어 조선 독립의 전제로 중국혁명을 달성할 것, 중국혁명을 성취하면 조선 독립은 필연적으로 해결된다는 굳은 신념 하에 중국혁명운동에 참가하고 동분서주하여 그 성공을 도모했다. …… 이 사건은 대정 8년 제령 제7호 정치에 관한 범죄 처벌의 건 제1조 및 제3조, 치안유지법 제1조, 동 제2조, 동 제3조, 동 제7조에 해당하는 범죄로 증거 충분하므로 기소해야 할 것

검사 취조는 신속하게 진행되어 1929년 8월 8일, 나카노 슌스케中野俊助 검사가 「예심청구」를 하였다. 그러나 예심 개시는 지체되어 1930년 2월 22일에 제1회 신문이 이루어졌다. 3월 3일 제4회 신문에서 고이 세츠조五井節藏 예심판사는 "일본제국은 사유재산제도의 국가이므로 식민지인 조선에서도 이를 배척하여 공산제도를 실현하는 것은 허용되지 않으므로, 억지로 이를 실현하고자 한다면 우선 조선을 일본제국으로부터 독립시키는 외에 방법이 없으니, 이를 그 목적의 하나로 삼은 것은 아닌가?"라고 추

---

47 조선총독부 경무국장 발 외무성 아세아국장 통보, 1930. 6. 28, 『한국공산주의운동사』 자료편 1.

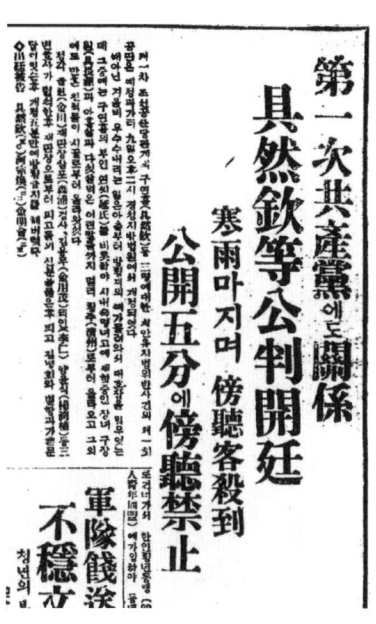

제1차 공산당에도 관계 구연흠 등 공판 개정, 구연흠과 그의 가족들
『동아일보』(1931. 12. 10)

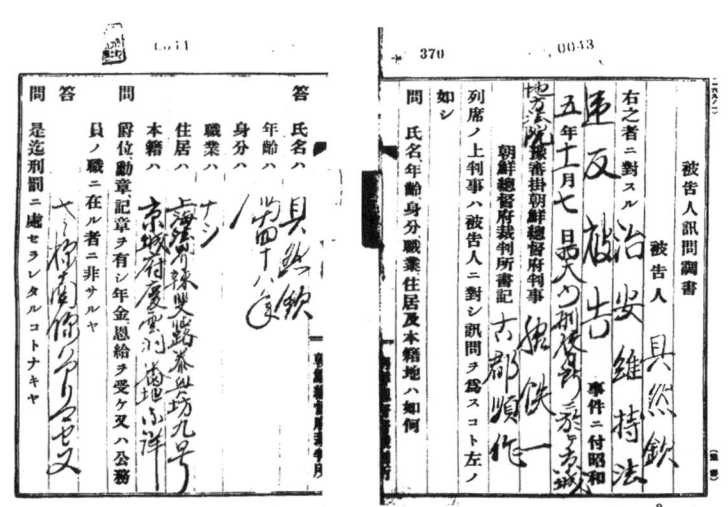

경성지방법원 신문조서, 구연흠, 1931. 12. 9
「신문조서, 구연흠 외 2명 (2)」(국회도서관 소장)

전면 시행하는 치안유지법 1928~1934

궁하자 여운형은 "그렇지는 않다"고 부정한다.[48] 예심은 3월 6일까지 7회에 걸쳐 이루어졌다.

1930년 3월 11일 「예심종결 결정」에서는 조선을 제국으로부터 독립시킬 시도를 하려는 범의犯意를 계속 갖고 고려공산당 입당이나 한국노병회 조직 등을 들어 안녕질서를 방해했다고 하여 제령 제7호 위반으로 공판에 회부했다. 코민테른 승인을 얻은 행위는 「개정 치안유지법」에서 보면 목적수행죄에 해당하지만, 1926년 1월 범죄 당시의 「구 치안유지법」으로는 "동 행위를 방조했다고 해도 죄를 구성한 것이 아니어서 논하기에 부족하다"고 하여 치안유지법 위반은 면소되었다.[49]

4월 9일 개정된 경성지방법원의 공판(재판장 가네가와 고기치金川廣吉,[50] 입회검사 이토 노리오伊藤憲郎[51])에서는 "조선공산당은 국체 변혁, 사유재산제도 부인을 목적으로 한 결사라는 사정을 알면서 피고는 1926년 1월 상해 체재 중인 조봉암曺奉岩을 재상해 러시아 부영사 윌데에게 소개하고 여권 교부, 그 외 도항 편의를 해준 일이 있는데, 그러한가?"라는 질문에 여운형은 "나는 단순히 소개했을 뿐이고 지금 말한 것 같은 일은 없었다"고 대답하였다. 검사는 치안유지법 위반이 면소가 된 점에 항고하겠다고 한 다음, 징역 5년을 구형했다. 여운형은 최후진술에서 "조서가 어떻게 작성되었든, 내가 오늘 당 법정에서 진술한 것과 이전의 진술이 조금도 다르지 않다는

---

48 「呂運亨 조서(3)」,『한국공산주의운동사』 자료편 1, 378~379쪽.
49 여운형,「예심종결 결정서」,『조선통신』 1930. 3. 14~3. 17.
50 [역주] 1888~?. 나가노(長野) 현 출신, 1913년 도쿄제국대학 법과대학 독법과 졸업, 1915년 광주지방법원 판사로 부임, 1917년부터 경성지방법원 판사로 부임.
51 [역주] 1892~?. 아오모리(青森) 현 출신, 1918년 도쿄제국대학 독법과 졸업, 같은 해 조선총독부 사법관 시보로 부임. 1920년 조선총독부 판사, 1927년 조선총독부 검사, 이후 평양복심법원 고등법원 검사 역임.

예심 취조 9개월만에 여운형 공판 개정,『동아일보』(1930.4.10)

것을 나는 확신한다. 또한 내가 독립운동과 관계를 끊은지 수년이 지난 오늘, 검사가 구형한 5년 징역은 너무나 중형이라고 생각한다. 아무쪼록 관대한 판결을 바란다"고 말했다.[52]

판결은 4월 26일에 확정되어 여운형에게는 징역 3년이 부과되었다. 판결문은 불명이어서 추측의 범위에 그치지만 제령 제7호를 적용했다고 생각된다. 이 적용 법령에 불복하여 검찰 측이 항소했다.

---

52 「呂運亨 조서(3)」,『한국공산주의운동사』자료편 1, 409쪽.

경성복심법원의 공판은 6월 2일 개정하여(재판장 스에히로 기요기치末廣淸吉, 입회검사 야나기 하라요시柳原義), 9일에 판결이 내렸다. 일한병합은 동양평화를 교란하여 조선 민족의 복리를 저해하는 것이라 하고, 이후 다수의 동지와 공동으로 조선을 일본제국의 속박에서 이탈시켜 독립을 도모하고 그 목적을 달성하려는 의도 하에 범의犯意를 계속 갖고, 고려공산당이 조선을 일본제국으로부터 독립시켜 사유재산제도를 부인하고 공산제도 실현을 목적으로 결성한 결사라는 사정을 알면서 이에 가입한 것을 들어 엄연한 국체를 변혁하려는 목적으로 결사에 가입한 죄로 개정 치안유지법 제1조 제1항 후반에 해당하지만, 양형 판단에서는 범죄 당시의 법인 제령 제7호 제1조 제1항을 적용하여 징역 3년이라고 하였다. 원심 검사의 항소이유는 적용 법령을 제령 제7호 위반에서 치안유지법 위반으로 변경하려는 것이었다.[53]

이외에도 1931년 상해 총영사관에 7인, 1932년 천진 총영사관에서 1인, 1933년에 상해 총영사관에서 1인의 치안유지법 위반사건이 있었는데,[54] 그것들이 어떻게 「사법처분」되었는지는 불명이다. 그 후 중국에서 치안유지법 위반 관계 영사재판은 전혀 이루어지지 않았다.

▌ 간도로부터의 이송

경성복심법원 판사 이토 노리오伊藤憲郎는 간도間島에서의 사법재판사건의 제2·제3심 전체 및 제1심 사건의 일부는 인접지인 본국의 재판소 즉 조

---

53 「呂運亨 조서(3)」, 『한국공산주의운동사』 자료편 1, 430~435쪽.
54 외무성 조약국 제2과, 『영사재판 관계 통계표』에 의함.

선총독부 법원에서 다루고 있다[55]고 하였다. 이것은 1911년 3월 30일 시행한 「간도에서의 영사관 재판에 관한 건」(법률 제51호)에 의거한다. 제1조는 "간도에 주재하는 제국 영사관의 예심을 거친 사형, 무기 또는 단기 1년 이상의 징역 혹은 금고에 해당하는 죄의 공판은 조선총독부 지방재판소가 이를 관할한다"고 규정하고 있다. 이에 따라 전술한 제1차 간도공산당사건은 간도 총영사관에서 예심 종결 후 경성지방법원으로 이송되었다.

영사관 경찰에 의한 간도 조선인 공산주의운동 탄압은 그 후에도 계속되었다. 간도총영사관 「소화3년(1928) 간도 혼춘琿春 및 인접지방 치안개황」[56]에는 "그들의 간담을 서늘하게 하고 당黨과 회會 양 운동에 근본적인 타격을 가하여 마침내 만주총국을 무력화시켰다"고 기술하고 있다. 제2차 간도공산당사건(1928.9, 85명 검거), 제3차 간도공산당사건(1930.4, 68명 검거), 제4차 간도공산당사건(1930.6, 67인 검거)이 잇달았다. 『외무성경찰사』에 수록된 「재간도경찰사 부표在間島警察史付表」에서 집계해보면, 치안유지법 위반자 수는 1928년에 193명, 1929년에 164명, 1930년에 265명, 1931년 332명이다. 간도영사관 경찰이 적발한 치안유지법 사건은 사법 처분을 할 때 조선으로 이송하는 것이 관례가 되었다.

1927년부터 1931년까지 간도에서 조선 측 지방법원으로 725명(조선공산당원 327명, 중국공산당원 399명)이 이송되었다. 후술하는 5·30사건(제5차 간도공산당사건)이 그 절반을 차지한다. 이 중 예심 면소가 19명, 불기소가 193명에 달하여, 이송 인원의 약 30%를 차지했다. 이런 점에 대해 간도총영사관은 불만스럽게 생각하고 문제제기를 했다.(후술) 1930년

---

55 『경무휘보』150호, 제6권 제11호, 1927.11.
56 간도총영사관, 「昭和三年間島,琿春及同接壤地方治安概況」, 『外務省警察史』23, 不二出版, 1998.

11월 28일 간도총영사관에게 보낸 외무대신의 전보에는 "피고인을 조선으로 호송할 때에는 그 방법 등이 눈에 띠지 않도록 주의를 기울이고 호송 도중에 중국 측에 탈환되는 것 같은 일이 없도록" 주의하라고 하였다.[57]

간도총영사관 「소화昭和3년(1928) 5월 검거한 공산당사건 대요」[58]에는 공산주의자 그룹 북풍회 관계자의 검거 후의 조치로 "그 사업이 아직 단서를 잡지 못하고 또 증빙이 충분하지 않아 단순히 불온한 계획을 기도했다고 인정하는 데에 그치므로, 대정 8년 제령 제7호 위반에 해당하는 것으로 인정되므로 회령경찰서로 인계했다"고 한다. 인계 후의 상황은 불명이다. 또한 8월 17일 하얼빈 총영사는 외무대신에게 "공산주의자 고려무산청년회원 한국인韓國仁 외 4명 검거에 관해서는……수사의 형편상, 조선 신의주경찰서로 송치한 바, 동 서署에서 취조한 결과 6월 25일 유죄 의견을 첨부하여 신의주검사국으로 사건을 송부했다는 것을 통지받음"[59]이라고 통보하고 있다.

검거는 간도영사관 경찰이 정력적으로 추진했지만, 사건이 빈발하고 인원이 많아 사법처분까지 일손이 부족한 상황이었다. 9월 19일 간도총영사관은 외무대신에게 보낸 전보에서 "당 관에서 검거한 치안유지법 위반 피의자 약 50명의 예심 심리는 지방의 안녕을 어지럽힐 우려가 있을 뿐 아니라, 당 관의 감방이 좁아서 도저히 수용할 수 없으므로 작년의 예에 따라 명치明治44년(1911) 법률 제51호에 의해 조선총독부 법원 관할로 이첩하도록 계획하고 있으며……당 관과 가장 가까운 청진법원을 지정할 수

57　외무대신 앞 간도총영사관 전보, 「사법사무 공조 및 인원 증가 방법 품신의 건(司法事務共助並に人員增加方稟申の件)」, 1932. 5. 11
58　間島總領事館, 「昭和三年五月檢擧したる共産黨事件大要」(1928. 5. 10), 『朝鮮共産黨關係雜件』 2, 외교사료관 소장.
59　위와 같음.

있다면 편리하다."고 요청했다. 이에 대하여 9월 24일, 조선총독은 외무대신에게 "본 사건 관할을 청진지방법원으로 지정해주길 희망했으나, 동 지의 감옥은 감방 수가 적고 직원도 부족하여 경성 서대문형무소로 이송하는 방법을 동 영사관에 통보했다"[60]고 전달하고 있다.

1928년 후반부터는 간도지방의 치안유지법 위반사건은 경성지방법원으로 이송되는 루트가 확립했다. 1928년 10월 3일 외무성 「재중국 일본인 공산주의운동 및 검거 제2회 개황에 관한 건」에 의하면, 간도지방에서는 9월 25일 간도총영사관 경찰서에서 「동만조선청년총동맹」을 중심으로 하는 공산주의운동 주모자 11명을 동두구東頭溝 분관 경찰서에서 5명 (그 후 34명), 혼춘 분관 경찰서에서 10인을 검거하고, "모두 치안유지법 위반사건으로 인신人身을 경성지방법원으로 송치했다"고 한다. 12월 6일 경기도지사는 「간도공산당원 출옥에 관한 건」에서 "본년 10월 간도 총영사관에서 이송되고 그후 경성지방법원 검사국에서 취조 중인 제2차 간도공산당사건 피의자 중 다음에 기록한 15명은 불기소처분되었다. 12월 1일 …… 서대문형무소에서 석방되어 …… 몇 명이 「서대문형무소여, 안녕히」 등 조롱하는 듯한 말을 남기고, 조금도 근신하지 않는 모습으로 …… 그 동정을 주의하고 있다"[61]고 통보하고 있다.

빈번하고 게다가 대량의 피의자 이송에 대해 간도총영사관 측과 조선총독부 측은 각각 일본정부에 고충 해결을 요구했다. 우선 1930년 8월 22일, 고다마 히데오児玉秀雄 정무총감은 요시다 시게루吉田茂 외무차관에게 본부 재판소 및 검사국은 사무가 복잡할 뿐만 아니라, 형무소에서도 이런

---

60 「鮮人犯罪被疑者の収容審理其他を在間島総領事館より朝鮮総督府に移管關係雜件」, 일본외교사료관 소장, D-1-2-0-1.
61 이상 『조선공산당관계잡건』 제2권, 일본외교사료관 소장.

종류의 사건이 격증한 결과, 수용에 거의 여력이 없는 상태라고 하여 "장래 이런 종류의 사건에 대해서는 될 수 있는 한 그 죄상을 명확히 하고 범죄 정황이 무거운 것에 한하여 이송하도록 배려해주기 바란다"고 요망했다. 또한 12월 3일, 조선총독부 법무국장은 간도총영사에게 "대부분의 범죄인의 경우는 경찰 처분으로 하고 이쪽으로 이송하는 것은 엄선하여 될 수 있는 한 적은 인원을 보내주길 바란다"고 같은 취지의 개선을 요구했다. 이에 12월 5일, 간도총영사도 외무대신 앞으로 "현재 이쪽의 수용자에 대해서는 감독하기에 매우 불편하며, …… 앞으로 속속 검거계획을 실행해야하는 데에도 지장이 초래되는 상황이므로 신속히 인신과 함께 이송자를 인수해주도록, 동 부(조선총독부-인용주)와 교섭해주길 바란다"고 요청했다.[62]

〈표 9〉의 다른 기관 이송이란 조선으로 이송한 것을 말한다. 간도총영사관의 검찰사무를 담당하는 사법영사가 경찰로부터 송치를 받아 수리한 후, 조선 지방법원 검사국으로 이송한 인원수로 보인다. 그런데 합계는 앞선 725명과 꽤 차이가 있는데, 그 이유는 알 수 없다. 이것과는 별도로 경찰 단계에서 피의자가 조선 지방법원 검사국으로 송치되는 경우도 있었던 것 같다. 또한 1933년 이후에 이송이 거의 없는 이유는 후술하는 것처럼 조선 측과의 갈등이 생긴 결과이다.

또한 이 표에서 주의할 것은 1929년에 예심청구로 1인, 1930년과 1931년에 공판청구로 9인이 적혀 있는 점이다. 이것은 간도총영사관 내에서 예심 및 공판이 실시된 것을 의미한다. (결과는 불명) 전술한 전권단 사건의 경우도 간도총영사관의 공판에서 유죄 판결을 받은 것을 상기하면, 조선으로 이송이 본격화되기 이전에는 직접 사법 처분을 완결한 것도 있

---

62 「鮮人犯罪被疑者의 収容審理其他를 在間島総領事館より朝鮮総督府に移管関係雑件」, 일본외교사료관 소장, D-1-2-0-1.

표 9 검사 취급사건 죄명 별표(치안유지법)

연도	수리 건수	수리 인원	예심 청구	공판 청구	기소 유예	기소 중지	그 외	다른 기관 이송	미제 (未濟)
1928	8	102	-	-	6	-	-	2	8
1929	4	5	1	-	-	-	2	1	-
1930	55	385		8	-	2	4	20	21
1931	140	444		1	11	-	10	107	11
1932	53	157	-	-	3	-	19	31	-
1933	7	8	-	-	4	-	-	1	1
1934	3	8	-	-	8	-	-	-	-

간도총영사관, 「검사 취급사건 죄명 별표(치안유지법)」, 『외무성경찰사』 23~26권.

었던 것이다. 후술하는 바와 같이, 1932년 이후는 다시 간도총영사관에서 직접 예심·공판을 진행하고 있다.

간도에서 조선으로 치안유지법 위반사건의 피의자를 이송하는 관행은 1932년에 중단되었다. 간도총영사관은 1931년도 이송, 즉 5·30사건 관계자의 대량 이송이 유의미한 결과를 내지 못하고 끝나버려 최종적인 사법 처분을 조선에 위임하는 것을 중지했다. 〈표 10〉과 같이 1927년 이래 1933년까지 이송 총인원은 767명에 이르는데, 그 중 유죄는 410명에 그친다. 344명이 불기소, 면소, 무죄가 되었다. 이것을 결국 쓸데없이 검거하고 쓸데없이 이송해서 그 결과와 영향이 심대하다고 인정하고, 결과 없음으로 총괄한 것이다(그 경위는 후술함).[63]

덧붙여, 만주국 영사재판의 치안유지법 위반사건의 수치를 살펴보자.

---

63 이상 「在支帝国領事裁判関係雑件」 제1권, 외교사료관 소장 자료번호 D-1-2-0-2.

표 10 이송 공산당 피고 결과표

연도	종류	이송	불기소	면소	무죄	유죄	사망	미제 (未濟)	계
1927	조선공산당	29			1	28			29
1928	조선공산당	85	35	2	1	47			85
1929	조선공산당	1				1			1
1930	조선공산당	76	24	1	2	49			76
	5·30사건	67	27	4	1	34	1		67
	중국공산당	40							
1931	중국공산당	388	112	118	16	250	9	3	508
1932	중국공산당	80							
1933	중국공산당	1				1			1
계		767	198	125	21	410	10	3	767

간도총영사관, 「이송 공산당 피고 결과표」, 「재중국 제국영사 재판관계잡건(在支帝国領事裁判関係雑件)」(D-1-2-0-2).

표 11 만주국 및 중국에서의 형사사건표(치안유지법)

연도	하얼빈	신경 (新京, 長春)	길림 (吉林)	간도 (間島)	봉천 (奉天)	그외	합계
1931	2	9	-	-	3	3	17
1932	2	3	2	2	-	1	10
1933	-	-	18	1	1	-	20
1934	1	1	12	-	5	-	19
1935	-	-	4	7	5	1	18
1936	-	2	5	7	2	2	18
1937	-	1	-	3	-	-	4
합계	5	17	41	20	16	7	106

만주국 및 중국에서의 형사사건표(치안유지법), 外務省条約局第二課 各年 『領事裁判関係統計表』.

외무성조약국 제2과 『(1932~1934) 영사재판 관계 통계표』의 「민주국 및 중국에서의 형사사건표」에 의하면, 〈표 11〉과 같이 재만주국 각 영사관에서 1932년부터 1934년까지 3년간 합계 49명이 영사재판을 받고 있다. 예심과 함께 공판도 각 영사관 사법영사에 의해 이루어졌다고 추측된다. 간도총영사관이 숫자가 적은 것은 후술하는 것처럼 강도, 방화, 살인 등의 죄명으로 되어 있기 때문인 것 같다. 또한 중국 천진과 상해 총영사관에서 한 사람씩 영사재판을 받았다.

간도 5·30 사건의 사법처분 – 검거에서 이송까지

1930년 5월 30일, 간도 용정촌, 두도구頭道溝를 중심으로 조선인 공산주의자 집단은 공산주의 선전문의 산포, 민회民會, 보조 서당補助書堂(조선총독부 지원 서당)에 방화, 발전소 파괴, 전선 절단, 천도경편철도天圖輕便鐵道[64]의 교량 훼손 등[65]의 무력투쟁을 일으켰다. 참가자는 약 500명으로 알려져 있다. 이에 대하여 간도영사관 경찰은 효율적으로 대처하지 못했는데, 그 후 일본·중국 관헌의 관계자 검거는 6월과 11월을 정점으로 연말까지 합계 1,670명에 달했다. 12월 간도총영사의 보고, 「간도지방 공비사건의 경과의 건」에는 공비 세력이 주춤하여 민심도 점차 평정되는 중이며 거의 태풍이 지나간 상태라고 기술했다.

---

64 [역주] 만주 길림성 화룡현 개산둔(開山屯) 역에서 연길현 노두구(老頭溝) 역, 조양천(朝陽川)과 연길(延吉)을 잇는 철도. 광산개발을 목적으로 부설된 산악지대의 경편철도임. 1918년 완공.

65 외무대신 앞 간도 총영사 전보, 1930.5.31~6.10, 외무성 편, 『외무성경찰사』 제24권.

영사관 경찰이 검거하여 취조 결과 범죄 증거가 충분하다고 인정 받은 이른바 공비는 그동안의 예에 따라 조선 측으로 이송되었다. 위의 간도총영사 보고에는 1930년 9월 8일 55명을 시작으로 11회에 걸쳐 총계 329명이 이송되었다. 이 중 앞서 3회째의 66명이 5·30 사건 관계자, 12월 이후 8회분 263명이 중국공산당으로 분류되었다.[66] 그 후에도 이송은 계속되었다. 이를 일괄하여「제5차 간도공산당사건」이라 한다.

이 사건으로 이송된 제1진의 예심이 종결된 후, 고등법원 검사국이 펴낸『사상월보』제4호(1931.7)에는 「예심종결 결정서」의 일부가 게재되었다. 전문前文에서 사상검사 이토 노리오伊藤憲郎는 "중국령으로 경비가 느슨하고, 일본경찰관도 적은 곳이어서 그동안 아무튼 조선인 공산주의자의 소굴이 된 것 같은데, 조선공산당이 붕괴한 후 만주총국 재설치가 구체화되어……중국공산당이 만주에서 세력을 펴자, 이에 영합하여 1930년 5월 30일 간도 용정촌 부근에서 폭동을 일으켰다"고 기술하고 있다.

「조선공산당 만주총국 폭동사건」[67]을 통해 검거에서부터 이송까지의 경과를 중심으로 살펴보자. 주모자로 간주되어 사형당한 주현갑周現甲은 조선인 마을을 벗어난 동굴에 잠복하여 선전사업에 몰두하던 중, 1930년 11월 29일 두도구 분관 경찰서에 검거되었다.[68] 같은 날, 두도구 경찰서에서 취조가 개시되어 다음과 같은 문답이 이루어졌다(피의자 신문조서).

---

66 外務省編,『外務省警察史』25(間島の部2), 不二出版, 1998; 荻野富士夫,『外務省警察史－在留民保護取締と特高警察機能』, 校倉書房, 2005 참조.
67 「주현갑 외 41명(치안유지법 위반 등)」,『경성지방법원 검사국 문서』, 국사편찬위원회 전자사료관.
68 「共産黨員潛伏箇所探知に關する件」, 1930.11.29,『경성지방법원 검사국 문서』, 국사편찬위원회 전자사료관.

문　공산주의는 어떤 것인가?

답　사유재산제도를 부인하고 이로써 생산소비를 일률적으로 하려는 주의이다.

문　조선공산당은 어떤가?

답　조선을 일본제국의 속박에서 이탈시켜 조선에서 사유재산제도를 부인하고 공산제를 실시할 것을 목적으로 한 비밀결사이다.

문　너희가 중국공산당에 가입한 이유는 무엇인가?

답　우리는 중국에 거주하는 만큼 중국에서 압박과 착취를 받는 것은 물론이다. 그래서 직접 중국혁명에 참가하여 중국을 적화하는 것이 목적이고 중국의 혁명이 성공하면 그것은 세계혁명의 역할을 하는 것이며, 나아가 조선혁명을 원조하는 것도 된다. 그리고 중국공산당에 가입했다고 해서 중국인만 적화시키겠다는 것은 아니다. 중국에 거주하는 조선인의 적화도 그 목적이다.

문　너희가 중국공산당에 가입한 것은 조선혁명을 하기 위한 수단 방법이 아닌가?

답　그렇지는 않다.

공산주의나 조선공산당에 대한 신문에서, 말하자면 모범 답변을 하고 있는 점에서 볼 때 경찰이 요구한 것을 공술하도록 강요받았을 가능성이 높다. 중국공산당 가입에 대해서 중점적으로 추궁받은 것이다. 11월 30일, 두도구 경찰서에서 각 경찰서로 다수의 공산당원 일람표가 포함된 「치안유지법 위반 피의자 수배 방법 건」이 통보된 점에서 볼 때 그 자백은 고문에 의한 강요가 있었을 것으로 추측된다. 30일에 주현갑 등 5인에 대해 두도구 경찰서장 하세가와 기요시長谷川淸는 치안유지법 위반 용의로 「의견서」를 붙여 간도총영사관 검사 사무취급 사카시타 덴센坂下天僊에게 송치했다. 사카시타의 소속은 영사관 경찰 경부로 검사 사무취급 업무를 명 받고 있었다.

주현갑에 대한 「의견서」(11.30)에는 「범죄사실」로 조선공산당 가입과 중국공산당 가입을 인정했다. 후자는 "평강구平江區 책임비서로 추대되었고, 이래……주의 선전, 당세 확장에 대해 협의를 거듭하여…… 「전략」이라는 제목의 기관지 등을 발행하고, 전 조선공산당의 목적과 마찬가지로 만주에서 조선인을 적화시키고 조선을 적화시키기 위해 오로지 그 목적 달성에 노력해 왔다"고 한다. 「소견」에서는 "그들 잔당은 최근 점점 폭동을 일으켜 야적한 곡물에 방화하고 그 외 협박이 심하다. 그들은 선전하고 공을 세우기 위해 농민에게 좋은 미끼를 사용하여 자신들의 위력을 보이면서 점차 공산화시키려는 경향이 농후하여 매우 위험하다. 그러므로 일반 사회에서 이러한 범죄를 예방하기 위해 엄중히 처분해야 할 것으로 사려된다"고 하여 치안유지법 제1조에 해당하는 범죄라고 하였다.

간도영사관 경찰은 중국공산당을 국체 변혁과 사유재산제도를 부인하는 비밀결사로 새롭게 규정할 방침이었다. 이러한 동향은 12월 4일 외무대신에게 보낸 전보에서 찾아볼 수 있다. 간도총영사는 조선 사법당국 일부 인사로부터 "이 지역의 공산당이 중국공산당 산하에 가맹한 이상, 이것을 제국의 치안유지법으로 처단하는 문제에 대해 동 부(조선총독부)의 해석은 일치하지 않는 것 같다"고 전해들었다고 하여, 그것이 만일 불기소처분이 되는 경우에는, 장래 이 지방에서 공비共匪를 단속하는 데에 극히 중대한 문제를 야기할 것[69]이라고 우려를 표명하고 선처를 요망했던 것이다. 단, 그 후의 조선 측의 사법처분을 통해 그 염려는 불식되었으며, 예심종결 결정 및 판결에서 치안유지법은 중국공산당을 새로운 표적으로 삼았다(후술).

---

69 「鮮人犯罪被疑者收容審理其他を在間島総領事館より朝鮮総督府に移管關係雜件」, 일본외교사료관 소장, D-1-2-0-1.

두도구 분관경찰서의 문종주文種珠 순사는 주현갑의 「소행素行조서」 (11.30)에서, "품성이 교활하여 내심 극히 음험하다. …… 전과가 없지만 어릴 때부터 극단적인 위험사상을 품고 있으므로 지방 양민 사이에 비평이 좋지 않다"고 혹평하고 "과거 4년간 주의 선전 상황에 비추어 반성의 여지가 없다고 인정된다"고 하였다.

그 외 5·30 사건의 피의자에 대한 「의견서」나 「소행조서」도 마찬가지이다. 11월 8일 박문익朴文益, 이복도李福道 등에 대한 간도총영사관 경찰서의 「의견서」에는 "피의자는 현 사회제도에 불만을 품고 만주에서 조선공산당이 여러 파벌로 나누어 쟁투하는 폐해가 있을 뿐 아니라, 국제공산당의 일국一國 일당一黨 원칙에 반하는 것을 자각하고 1930년 3월경부터 ML파, 화요파 등을 잇달아 해산하고 중국공산당에 합류했다. 중국공산당을 이용하고, 그 세력과 중국공산화를 구실로 삼아, 나아가서는 조선에서 사유재산제도를 부인하는 공산제도를 실현하고자 했다. 그 목적 실현과 당세 확장을 위해 간도지방에서 음으로 주의를 선전하고 혹은 불온문서를 첨부하여 반포하여 군중의 공산혁명의식을 환기하는 데에 노력한 자"라고 하였다. 박문익이 가입한 고려공산당과 중국공산당은 모두 조선을 제국의 속박에서 이탈시켜, 조선에서 사유재산제도를 부인하고 공산제도를 실현할 것을 목적으로 한 비밀결사라고 단정하고, 치안유지법 제1조의 적용을 요구했다. 박문익의 「소행조서」에도 주현갑과 마찬가지로 "성격이 음험하고 잔인하다. …… 반성의 여지 없다"고 하였다.

11월 9일, 간도총영사관 백초구百草溝 분관경찰서가 작성한 김철우金哲宇, 강원姜元 등에 대한 「의견서」에는 "최기현崔枝賢은 그 범행을 쉽게 자백하지 않을 뿐 아니라 드러난 사실조차 부인하고 또한 이전에 한 말을 부정하고 사사건건 자신의 행동을 덮으려 하는 자로 그 심정이 실로 증오스럽다. 그가 품은 위법성은 도저히 소멸할 수 있는 성질이 아님을 엿볼 수 있으므로 특히 중형을 요한다"는 일절도 있다. 의도대로 자백하지 않는 점에 대해 담당 경찰관은 「의견서」로 보복을 하고 있던 것으로 보인다.

일부 피의자는 간도 총영사관의 검사 사무취급에게 취조를 받았지만, 대개는 취조도 없이 그대로 경성지방법원 검사국에 이송된 것 같다. 가령 12월 13일, '외무대신의 이송명령에 의해' 구속 중인 배동건裵東健 등 37명이 간도총영사관 총영사 오카다 겐이치岡田兼一의 명의로 조선총독부 사이토 마코토齋藤實 앞으로 이송되었다.

▌간도 5·30사건 – 예심 종결 결정

경성지방법원 검사국에 이송된 피의자는 1931년 2월경부터 취조를 받았으며, 주현갑은 3월 19일 경성지방법원에 예심청구가 이루어졌다. 8월 15일자 『동아일보』에 「전후 500여명 호송, 기소 320명, 오늘 제15회 기소」라고 된 것처럼 단속적으로 되풀이되는 방식으로 이송과 예심청구(기소)가 진행되었다.

1931년 6월 27일, 경성지방법원의 무라타 사분村田左文 판사에 의한 김근金槿, 소성규蘇聖圭 등에 대한 예심종결 결정에서는 35인을 공판에 회부하고 8명을 면소했다. 각 신문은 크게 다루었다. 같은 날 『경성일보』는 「간도 일대에 걸친 미증유의 폭동사건 단숨에 극단적 테러화, 미온적 운동에 속을 태우다가 갑자기 사전준비로 성공함」이라고 대서특필했다. "애당초, 그 폭동이 일어난 것은 어째서인가? 거기에는 증오할만한 국제공산당 코민테른의 놀랄만한 지령과 구제하기 어려운 소아병적 주의자의 부화뇌동이 광상 이중주를 연주한 것이다"라고 하고 무라타 판사의 담화로, "대체로 당원의 자질은 간부도 중등학교를 거쳤을 정도여서 인물로는 비교

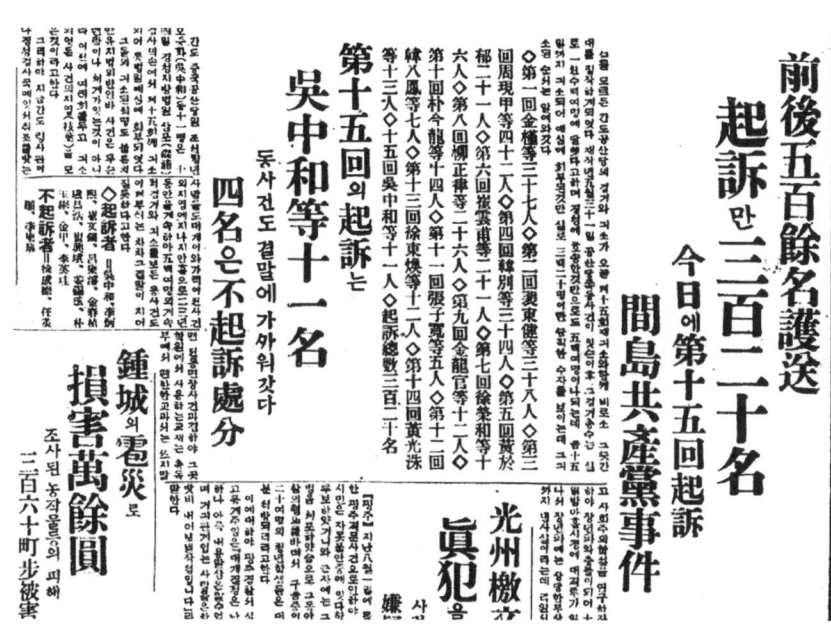

전후 500여명 호송, 기소만 320명 간도공산당사건, 『동아일보』(1931.8.15)

적 건실한 자가 많은데 교양이 부족하고 어리석은 몽상에 빠져 이런 태평한 세상에서 직접행동으로 심각한 소동을 일으킨 것은 정말 언어도단이다. 그들 소아병 환자를 낫게 할 약이 무엇인지 일반에서도 크게 생각해주었으면 한다"는 내용을 실었다. 6월 28일의 『도쿄아사히신문東京朝日新聞』의 표제는 「포학함의 경지를 찍은 간도공산당虐を盡した間島共産党」이다.

한편, 6월 28일자의 『조선일보』는 「치안유지법 적용이 문제, 중국공산당에 적용이 문제, 예상되는 법리法理 논전論戰」에서 다음과 같은 논점을 지적했다.

> 피고 일동과 재야의 법조계에서는 중국공산당원으로 중국××을 위하여 활동한 자에게 동법(치안유지법-인용자주)을 적용할 수 없다고 주창

속칭 간도공산당 사건 272명 공판 회부, 『동아일보』(1932. 12. 28, 호외)

하게 되었다. 즉 현행 치안유지법 중의 국체는 일본 만세일계의 천황 통치제도를 말한 것이오, 사유재산제도는 현재 일본의 경제조직을 말하는 것이므로 적용할 수 없다는 것이다. 그러나 사법당국에서는 본 법을 적용하였으니, 동 법이 처음 적용되는 것인만큼 공판까지 법리 논전이 첩출할 것이며 처형에도 주목되는 것이라 한다.

사법당국이 중국공산당에게 치안유지법을 적용했다는 것은 6월 27일 「예심종결 결정」이유의 두 번째를 가리킨다(제1은 조선공산당 가입). 재만 조선인 공산주의운동은 파벌, 투쟁만을 일삼고, 그 본래의 목적은 대체로 수행하지 못하고 있는 상황이라 한다. 이에 대하여 연변당부延邊黨部를 두고, 만주는 물론, 만주 전체의 적화 공작이 착착 정착하고 있는 상태인 중국공산당에, 5·30 기념 폭동에 참가하면 입당이 용이하다고 은근히 제시하여, 동만주지방에서 일본 제국주의 및 중국 국민당 군벌 세력을 몰아내고 적화를 완성하기 위해 동 지방에서 일대 폭동을 유발시켰다고 하였다.

최종적으로 1932년 12월 28일에 예심이 종결하고, 272명이 공판에 회부되었다. 면소는 118명이나 되었다. 12월 29일 『오사카 아사히신문』은 "피고의 죄명은 치안유지법 위반, 소요, 살인, 강도, 사체 유기 이하 25 종류에 달한다. 대개 적색테러가 갖는 모든 죄악을 망라하여 건수로서는 방화 70건, 강도 백 수십 건, 살인 30 여건으로, 테러의 절정을 보이고 있다. 사형에 해당한다고 추정되는 자도 30명에 가깝고, 피고 가운데 각지의 폭동을 지휘한 자가 약 70명에 이른다. 그 가운데에도 각 현의 책임자로 가장 활약한 것은 주현갑周現甲, 이동선李東鮮, 배동건裵東健 3명이며 부인 당원으로 김경애金敬愛 외 2명이 이채를 띠고 있다"고 보도했다.

공판 개시를 앞두고 다수의 피고인을 수용하기 위해 경성지방법원 대

증축 중인 경성지방법원, 『每日申報』(1933.9.5)
하단 오른쪽 끝 야마시타 시게키(山下秀樹) 재판장, 왼쪽 끝 사사키 히데오 검사

법정을 증축했다. 9월 5일자 『매일신보』는 총공사비 1만 5천 원, 피고석 66평'이라 한다. 13명이 관선변호인이 되었는데 그 중에 이인李仁도 포함되어 있다.

간도 5·30사건 – 판결

공판은 1933년 9월 25일에 시작하여 11월 22일까지 30회에 이르렀다. 11월 20일 경성지방법원 검사국의 사상검사 사사키 히데오佐佐木日出男는 논고에서 "우리나라의 정치를 반대하고, 조선의 적화 및 독립을 꾀하는 따위는 하늘이 부여한 복지를 스스로 방기하는 것일 뿐 아니라 다수의 조선인 동포를 위해서 불이익을 꾀하는 것이라고 하지 않을 수 없다. 따라서 피고인 등의 본건 행위에 대해서는 아무런 동정할 여지가 없다"고 하고, 「본건 범행 영향 및 처벌 방침」에 대하여 다음과 같이 설명했다.[70]

> 인심을 불안하게 하고, 간접적으로 동 지방의 국민 발전을 저해한 무형의 손해는 오히려 크다고 하지 않으면 안된다. 만주국 건설로 간도의 치안상태는 점차 양호해지고 있지만, 여전히 조선 내의 상태와 비교하면 하늘과 땅의 차이가 있다. …… 우리나라로서는 다수의 국민이 거주하는 동 지방의 치안을 유지하고 재류민이 안도하며 생활하도록 함은 물론, 동 지방이 종래 조선 적화의 책원지인 사실을 일변시켜 국민의 국외발전의 유력한 근거지로 만들 필요가 있다. 따라서 동 지방에서 일어난 이런 종류의 범죄는 엄중하게 처벌하여 장래 다시는 이와 같은 범죄가 발생하지 않도록 기하지 않으면 안 된다. …… 만일 국체를 변혁하고 또한 경제조직의 근본 파괴를 기도하는 운동에 대해서는 그 배경 사상 여하를 불문하고 엄벌로 임하여 화근을 미연에 제거하지 않으면 안 된다.

양형에 대해 매우 중한 형벌이 필요하다고 하여 실제로 사형 18인, 무기징역 25인 등을 구형했다. 그리고 중국공산당을 치안유지법 처단 대상으로 자리매김한 점에 대해서는 조선의 적화 및 독립운동을 원조할 목적이 있다는 점은 피고인의 공술 등에서 명백하다고 하면서도 그 설명은, "일국의 공산당이 타국의 공산운동에 관여하는 것은 코민테른의 조직 원칙에 반하는 것으로 생각하는데, 중국공산당의 경우는 우연히 그 예외적

---

70 「資料-第5次間島共産黨事件論告要旨」, 『思想月報』 3권 10호, 1934.1, 44쪽.

행동을 한 것으로 보지 않을 수 없다"고 억지로 완곡한 어법을 구사했다.

12월 20일, 판결이 선고되었다. 형량은 사형이 22인으로 구형보다 무거운 엄벌이었고, 261명이 유죄, 무죄는 16명이었다. 간도 5·30사건 공판은 조선에서 치안유지법 위반사건 처단으로 최대의 탄압이었다. 이에 대해 33명이 항소했다. 그 중에도 그 외의 형법 위반과의 병합이 아니라 중국공산당 가입만으로 사형을 선고당한 주현갑周現甲이 상고하여, 재심청구와 재판투쟁을 계속해나갔다. 그 결론이 나는 것은 1936년의 일로, 이것은 다음 장에서 다시 서술하기로 한다.

▌ 간도총영사관과 조선 사법당국의 대립

간도 5·30 사건의 사법처분이 진행되는 가운데 간도총영사관과 조선총독부 사이에 대립이 나타났다. 그 저변에는 전술한 양 당사자의 이송 인원과 사법처분을 둘러싼 갈등이 있었다.

1931년 5월 1일자 『오사카 아사히신문 부록 조선 아사히』(서북판)는 「관할이 다른 조선에서 간도사건의 뒤처리, 법원도 형무소도 크게 곤란」이라는 표제의 기사를 실었다. 간도에서 피의자의 대량 이송으로 경성지방법원 사상검사나 예심판사는 "매일 간도 데이day의 연속으로 빨갱이 조사로 수난시대를 노정하고 있다"고 하고 형무소는 "문자 그대로 만원이어서 행정상 관할이 다른 범인만으로 경비는 물론 취조 사법관도 매우 곤혹스러워하고 있으며, 일부에서는 외무성 직할 간도사건을 조선재판소 소관으로 미룬 것은 너무나 염치가 좋다고 비난의 목소리조차 울리고 있다"고 보도했다.

6월 28일자 동 지(남선판)는 5·30 사건 최초의 예심종결을 보도한 가운데, 경성지방법원의 무라타 사분村田左文 예심판사의 「취조 고심담」을 실었다.

관할이 다르기 때문에 증인 조사나 실지 검증을 할 수 없는 등 지장이 있고, "이는 영사재판을 설치하든지, 혹은 법규를 개정하여 자유롭게 취조가 가능하도록 하든지, 하지 않으면 오로지 사법관을 힘들게 할 뿐으로 취조의 엄정성, 나아가서는 재판의 공정을 기할 수 없을 것이다"라고 보도했다.

이러한 불만이나 비판의 목소리는 간도 측에도 전달되었을 것이다. 1932년 1월 12일 간도총영사관 경찰부 경부로 사법영사 사무취급을 담당한 오가하라 시게노리大河原重範는 경성에 출장하여 경성지방법원 검사국과 협의했다. 귀임 후 간도총영사에게 제출한 보고에 의하면 치안유지법 위반사건 피의자 처분에 대해 경성지방법원 검사국은 비밀결사 가입 시에 18세 미만으로 주의 목적 달성을 위해 활동은 했지만 공작은 하지 않은 자에 대해서는 불기소처분으로 하겠다는 방침을 제시했다. 구체적으로 중국 공산당의 목적 달성을 위해 조직된 것을 모르고 농민협회 및 반제동맹, 호조회互助會 등에 가입한 자나 피의자가 범죄사실을 전혀 부인하고, 특히 물적 그 외의 증거가 없는 자도 마찬가지로 불기소 방침으로 정했다. 또한 반성의 기미가 현저하고 보호 감독자가 있는 경우에는 기소유예 방침을 취하기로 했다. 이것은 간도 측에서는 원하지 않는 것이었다. 나아가서 검사국 측은 간도 측의 기록 작성에 대해서도 거북한 주문을 붙였다.

예를 들면 신문은 될 수 있는 한 1회로 간단명료하게, 또 필요조건을 빠트리지 않도록 할 것이라는 것으로 "여러 차례 신문을 한 조서의 경우, 일시, 장소, 방법이 합치하지 않는 것이 많다. 그래서 어느 것이 진실인지 의심이 생기게 하여 취조상 번거롭다"고 하였다. 특히 사법경찰관이 작성한 신문조서에 대해서는 취조에 임해서는 될 수 있는 한 완전하고 상세하게 작성할 것, 및 증거수집을 중시하라고 하였다. 「소행素行 조서」에서도 동 조서는 처벌 판정 및 형의 양정 등 자료가 되기 때문에 가능한 한 정확하게 작성할 것을 요구했다. 이러한 요구는 검사국 입장에서 고등경찰에게 제시한 사법처분상 주의점이고 조선 안에서도 이미 실시되고 있는 내용이었을테지만, 행간에는 간도영사관 경찰의 수사와 취조가 엉망이고 불철저하다는 혹평을 담은 요청 사항이었다고 할 수 있다.[71]

1932년 12월 19일 간도총영사가 외무대신 앞으로 보낸 「사법공조에 관한 건」은 10월 21일 경성 사법관회의에 참가한 쇼지 이사오庄子勇 사법영사가 총독부 법무국장과 경성지방법원 관계자와 협의한 내용의 보고서를 송부한 것이다.

법무국장과의 협의에서 쇼지 영사는 전술한 바와 같은 현상을 기반으로 이송을 연기할 것과, "앞으로 기소될 피고인 전부, 또는 그 대부분을 사실상 당관 사법영사가 취급하도록 해주길 바란다"는 방침 전환을 제기했다. 정확히 말하자면 쇼지는 당 사법영사에게 공판(치안유지법 제1조 제2항) 또는 예심(동 조 제1항) 청구를 하고, 궁극적인 방법을 요구하는 것이라고 적고 있다. 그것은 치안유지법 제1조 제2항, 즉 사유재산제도 부인에 관한 치안유지법 위반사건에 대해서 간도총영사관에서 예심과 공판을 모두 실시하고, 치안유지법 제1조 제1항(=국체변혁=조선독립)에 관한 위반사건에 관한 예심은 간도에서, 공판은 조선 지방법원에서 실시한다는 내용이다.

이어서 경성지방법원 관계자와의 협의에서는 법원 측에서 야마시타 히데키山下秀樹 사상계 재판장과 와키 데츠이치脇鐵一 사상계 예심판사가, 검사국 측에서 검사정과 차석 검사 외에 사사키 히데오 사상검사가 출석했다. 거기에서는 간도총영사관 측에 다음과 같은 엄중한 주문이 제출되었다.

> 야마시타 판사는 증거 완비를 요구하고…… 와키 판사는 '현재 경성지방법원 예심에 넘겨진 간도사건 피고인 수는 400명인데, 그 절반은 공

---

71 이상 「在支帝国領事裁判関係雑件」 제1권, 일본 외교사료관 소장, D-1-2-0-2.

판에 회부할 증거가 충분하지 않다. 약 200명은 농민협회에 가입한 것을 치안유지법 위반에 해당한다고 기소했지만, 농민협회의 정체가 분명하지 않다. 즉 동 법에 해당한다는 증거가 충분하지 않아 이 부분은 면소 결정이 될지도 모른다. 다음으로 중국공산당에 가입했다고 하여 치안유지법 위반으로 기소한 자는 내지에서 면소 결정을 내린 경우가 있지만, 당 예심에서는 이것이 치안유지법에 해당한다는 증거를 발견했다. 즉 중국공산당 신강령 제7호에 식민지 해방운동 원조 규정이 있는 것을 발견했으므로 이 부분은 아마 공판에 회부될 것이다. ……종래 예심에 회부된 피고인은 조무래기가 많고 핵심자는 적다. ……증거는 신빙성이 없으면 안 된다.

조선 측에서는 우선 간도 측의 취조가 자백에 편중되어있고 증거수집이 불충분한 점을 지적했다. 그리고 "검사 사무취급이 처음에 피고를 자백시킨 사법경찰관에게 피고인을 다시 보내, 자백을 강요한 형적이 있고, 혹은 사법경찰관이 1천 매 이상의 조서를 하루에, 혹은 이틀에 작성한 형식이 보이는 것은 신뢰할만한 조서라 하기 어렵다. 또 고문의 형적이 신체에 남아있는 자, 예를 들면 달군 부젓가락으로 신체를 고문했다는 공술이 있고, 의사의 감정서를 첨부하여 대응하고 있다. 그러니 이것을 공판에 회부해도 공판 판사의 심증을 얻기 어렵고, 또한 공판정에서 방청 조선인에게 끼칠 영향을 고려하면 사건을 공판에 회부하지 않는 것이 적절하다. 이상은 면소의 이유임과 동시에 장래 이 점에 대해 주의를 요망한다"고 하였다.

고문을 포함한 취조 방법이나 조서 작성의 문제점을 들어 면소가 되는 것도 어쩔 수 없다고 하여 간도 측에 그런 문제점의 개선을 요구한 것이다.

미즈노 시게가쓰水野重功 검사정도 "경찰서에서의 자백만으로는 공소를 유지하기 부족하며, 가령 방증이 있다고 해도 고문 형적이 있으면 유죄

판결을 기대하기 어려워 기소하지 않는다"고 하였다. 즉 불기소 이유로서는 증거가 충분하지 않음을 지적하고, 장래에 증거 완비와 함께 사건을 잘 선택해주도록 요구했다.

경성지방법원 관계자가 고문에 대해 이의를 표명한 것은 조선 내의 경찰에서의 취조에서도 같은 일이 일상적으로 일어나고 있는 것을 실제로 숙지하고 있었을 것이므로, 미즈노 검사정의 이러한 태도는 이중적 태도라고 하지 않을 수 없다. 그러나 다른 한편으로 간도영사관 경찰이 자행한 고문의 정도가 상식을 벗어나고 있다는 판단이 있었기 때문이라고 생각된다. 간도에서의 고문의 잔학성에 대해서는 후일, 공판정에서 폭로되었다(별권 참조).

간도총영사관의 방침 전환

1932년 5월 11일, 간도총영사는 외무대신에게 치안유지법 위반사건을 조선에 이송하여 사법 처분을 맡기고 있는 현황에서, 간도총영사관의 사법영사가 검사로서 기소 여부를 판단하는 방침으로 변경하는 점에 대해 양해를 구하고 그를 위해 「사법사무 공조 및 인원 증가 방법」을 상신했다. 표면적인 이유로 삼은 것은 대량으로 피의자를 이송한 결과, 조선 측에서 '기소·불기소 처분, 예심종결 결정, 재판 결과'가 나오기까지 시간이 걸리는 데다가 동 법원 예심판사는 오로지 기록에 의존한 조서 및 피고인의 공술만으로 사건을 처리하는 것으로 보이는데, 피고 인원이 많은데다가 증거방법이 적고 또 공산당원이 일본 국내처럼 이른바 확신범이 아니므로 자백하지 않은 자가 많아서 예심판사나 공판판사의 노력 부담과 고심이 많다는 것이다.

그것을 해소하기 위해서 본연의 상태로 환원할 것, 즉 조선으로 이송하지 말고 직접 사법 처분을 했으면 한다고 양해를 구했다. 명목적으로는 본래의 책무를 갖는 당관 사법영사에 여력이 있다고 하였지만, 본심은 당관 사법경찰관이 고심 끝에 검거 이송한 피고인을 경성에서 증거조사가 곤란하다는 이유로 증거 불충분으로 불기소처분해버려 의기소침해지는 이상한 현상이 나타나고 있는 점에 있었다. 그래서 당해 협정의 효력은 잠시 그대로 두고, 앞으로 기소되어야 할 피고인 전부, 또는 그 대부분을 사실상, 당관 사법영사가 취급했으면 좋겠다는 제안을 한 것이다.

이에 대하여, 7월 13일, 외무대신은 간도총영사에게 "앞으로 공산당 사건에 대해서도 일반 중죄사건과 마찬가지로, 귀관에서 예심을 해도 무방하다"고 통지했다. 〈표 9〉와 같이 1932년 이래 이송 인원이 급감한 것은 이러한 간도총영사관 측의 방침 전환이 있었기 때문이다.

아마도 직접 기소 처분을 하겠다는 방침 전환은 간도총영사관 측의 일방적인 통고의 형태를 취하여 조선 사법당국은 양해하지 않을 수 없었다고 생각되며, 이 협의로 양자의 협정이 성립했다. 외무대신에 의한 인가는 1933년 8월 18일인데, 이미 1932년 이후는 실행되고 있었다.

쇼지 이사오 영사가 간도 총영사에게 보낸 보고 가운데에는 협의에 의한 필요 시설을 언급하고 있다. 그 가운데 중국공산당을 치안유지법 대상으로 하는 점에 대한 견해가 주목된다. 즉, 조선인 중국공산당원은 주로 조선의 경제적 사회적 및 정치적 해방을 목적으로 하고, 우리 국체 변혁은 간접적으로 기도하는 것으로 인정하는 것이 타당할 것이라고 하고, 조선의 경제적 해방이라는 점에 착안하여 이들 피고인에 대해서는 치안유지법 제1조 제2항으로 공판을 청구하는 것이 타당하다고 생각된다고 적고, 봉천총영사관에서 그 실례가 있었다고 하였다. 그것은 치안유지법 제1조 제2항=사유재산제도 부인에 관한 치안유지법 위반사건에 대해 간도총영사관에서 공판을 실시한다는 새로운 방침과 부합한다. 그 배경에는 국체 변혁에 대해 중국공산당과 직접적으로 연결시키는 것은 바람직하지 않다는 생각이 있던 것으로 보인다. 여기에서도 식민지 해방운동 원조 규정이 있음을 발견함으로써 중국공산당에게도 치안유지법을 직접 적용할 수 있다고 본 조선 측의 인식과 차이를 드러내고 있다고 볼 수 있다.[72]

1932년에 간도총영사관 측의 방향 전환을 촉구한 것은 총독부 법관이 갖는「간도사건은 남의 사건」이라는 관념에 대한 불신이었다. 한편으로 조선 측 사법당국은 간도 측의 조선인 공산주의자에 대한 탄압과 방식에 대한 불신을 갖고 있었다.

이 방침 전환에 따라 간도총영사관에 의한「공산당 피고사건」의 처분이 실행되었다. 1934년 2월 7일 재만주국 특명전권대사 히시카리 다카菱利隆[73]에게 보낸, 간도총영사의 통보「간도지방의 조선인 소송사건 처리방법에 관한 건」에 의하면 조선 측에「공산당 피고사건」이송을 중지한 후, 1932년과 1933년에 합계 8건 48명이 "'다른 죄명'으로 당관에 예심청구를 하여 당관의 예심사건이 되었다"고 하였다. '다른 죄명'을 활용했다는 것은 아마도 치안유지법 위반으로 하면, 법률 규정상 조선 측으로 이송하게 될 것이므로 그 회피를 우선시했다는 의미로, 실제로 강도·방화·살인 등의 죄명이었다. 단, 1932년 12월 21일 접수한 1건만 치안유지법 위반 등이었으며 3인이 예심을 거쳐 유죄가 되었다.

이들「공산당 피고사건」의 예심을 담당한 것은 도쿄지방재판소 판사

---

72 이상「鮮人犯罪被疑者の収容審理其他を在間島総領事館より朝鮮総督府に移管關係雜件」.
73 [역주] 1871~1952. 사츠마 번 사족 출신. 일본 육군 군인, 외교관, 1894년 육군사관학교(5기) 졸업. 대만총독 참모 역임. 관동군 사령관, 만주국 대사 역임. 1941년 퇴역.

로 있다가 전근해 온 쇼지 이사오 사법영사였다. 쇼지가 담당한 예심은 전체 35건, 88명인데, 피고인 수에서는 「공산당 피고사건」이 절반 이상을 차지했다.

또한 이 통보에서는 장래의 예상으로 앞으로 치안유지법 위반사건이 격증할 가능성은 적다고 하여 공산당 사건의 당사자는 군사행동을 하고 있기 때문에 군사행동에 의한 토벌로 대응할 것, 귀순자가 착실히 증가하여 형사피고인이 되는 경우가 적을 것이 예상된다는 이유를 들고 있다.[74]

중국공산당 가입에 대한 치안유지법 처단

이미 5·30 사건의 영사관 경찰 단계의 취조에서 중국공산당 가입을 치안유지법 위반으로 처단하는 점은 정해진 방침이 되어 있었다. 예를 들면, 백초구百草溝 분관경찰서의 김철우金哲宇에 대한 「의견서」(1930.11.9)에는 "중국공산당 왕청현汪清縣 구위원회의 일원으로 본건 피의자 중 중요인물에 대하여 공산주의운동 가입 소개 및 동 주의 선전, 및 동 주의 달성의 직접행동을 선동"이라고 되어 있어, 치안유지법 제1조 제1항 등의 적용을 요구하고 있다. 또한 두도구頭道溝 분관경찰서의 주현갑에 관한 「의견서」(11.30)에는 조선공산당 가입과 함께, 중국공산당에 가입하고 만주에서의 조선인을 적화시키고, 나아가 조선을 적화시키고자 오로지 그 목적 달성에 노력해온 행위를 치안유지법 제1조에 해당하는 범죄라 하였다.[75]

그러나, 간도 측에서는 "조선 검사국의 일부에서는 당지의 공산당이

---

74 이상 「在支帝国領事裁判關係雜件」 제1권.
75 국사편찬위원회, 「경성지방법원 검사국 자료」.

중국공산당의 산하로 가맹한 이상, 이를 제국의 치안유지법으로 처단하는 점에 대해 조선총독부의 해석이 일치하지 않는 것 같다"[76]고 관측하고 있으며, 이송 후의 처분을 우려하고 있었다. 그 점에서 보면, 1932년 10월 간도 측과 경성지방법원 관계자와의 협의회에서 경성지방법원의 와키 데츠이치脇鐵一 예심판사가 "중국공산당 신강령 제7호에 식민지해방운동 원조 규정이 있는 것을 발견했다"고 하여 중국공산당을 국체 변혁결사로 간주할 수 있다고 언명한 점은 간도 측을 일단 안도하게 했다.

와키 예심판사의 위의 발견에 앞서, 1932년 7월 경찰부장 회의에서 사카이 나가사부로境長三郎 고등법원 검사장은 "조선인으로 중국인에 의해 조직된 중국공산당에 가입하고 혹은 그 지령을 받아 조선의 독립운동을 감행하는 무리가 증가하고 있다"고 주의를 환기하고 있다.[77] 그러한 사태에 대해 조선 측에서도 대응을 하지 않으면 안되는 상황이었다.

다음으로, 판결 단계에서 중국공산당 가입이 어떻게 처벌되었는지를 살펴보자. 1931년 4월 20일 신의주지방법원은 이의봉李義鳳과 김복개金福介에게 각 징역 2년을 판결했다. 중국 요녕성遼寧省에서 조선의 정치상 독립 및 사유재산제도를 부인하고 공산주의 사회를 건설할 것을 목적으로 조직된 「농민동맹」에 가입하고, 더욱 중국공산당의 세포분자인 「농민협회」에 가입, 그들의 목적수행을 위해 활동한 것이 치안유지법 제1조의 제1항, 제2항에 해당한다고 하여 형량이 무거운 쪽인 제1항으로 처단했다.[78]

10월 6일 평양복심법원의 판결은 만주에 거주하는 다수의 조선인이

---

76 외무대신 앞, 간도총영사, 「좌경조선인 피고인의 재조선 감옥에 이송방법에 관한 건」, 1930.12.5, 「조선인 범죄 피의자의 수용 심리 그 외를 재간도총영사관에서 조선총독부로 이관 관계 잡건」.
77 『高等法院檢事長訓示通牒類纂』, 『일제하 지배정책자료집』 제8권.
78 「全鮮治安維持法違反事件確定判決集」 제7집, 『사상월보』 제3호.

조직한 중국공산당 청년회는 조선의 사유재산제도를 부인할 것을 목적으로 결성된 비밀결사로, 그 내용을 알면서 가입 및 농민협회에 가입했다고 하여 치안유지법 제1조 제2항을 적용했다. 또한 신봉하는 공산주의 무력투쟁화에 필요한 무기 강탈을 위한 강도·살인죄를 적용하여 징역 8년에서 2년형을 부과했다. 여기에서는 사유재산제도 부인만이 부각되었다(「가출옥」).

마찬가지로 1933년 3월 20일 신의주지방법원 판결, 10월 20일 동 법원 판결도 중국공산당 가입을 「범죄사실」로 간주했지만 모두 사유재산제도 부인을 따지는 치안유지법 제1조 제2항을 적용했다(「가출옥」).

1933년 12월 20일 경성지방법원의 서동환徐東煥에 대한 판결은 중국공산당 가입에 대해 치안유지법 제1조 제1항을 적용했다. 판결을 보면, "소화昭和 5년(1930) 5월에 중국공산당은 그 행동강령인 1항목을 삽입하여 중국뿐 아니라 조선을 제국의 속박에서 이탈시키고 공산제도를 실현할 것을 목적으로 하기에 이르렀다"(「가출옥」)고 하였다. 여기에서는 중국공산당의 신강령 제7호에 식민지 해방운동 원조 규정이 추가된 점에 착안하여 국체 변혁 결사로 보는 것이 가능하다고 하였다. 와키 예심판사의 앞서의 '발견'이 활용되었을 것이다.

1933년 12월 27일, 신의주지방법원에서 중국공산당 상해上海 한인韓人지부 임원 사건에서는 김명시金命時의 징역 6년을 최고로, 7인에게 유죄 판결을 내렸다. 김명시의 경우, 중국공산당 상해 한인지부가 조선을 일본의 속박에서 이탈 독립시키고, 또한 조선 안에서 사유재산제도를 부인하고, 공산제도 사회를 실현시킬 목적도 함유했음을 알고 이에 가입했다고 인정되었다. 더욱 대만, 베트남, 필리핀, 인도 등의 각 식민지 민족 및 중국인 등 약 300명과 협의하여, 조선인, 대만인 및 그 외 동방의 피압박민족이 각각 본국으로부터 이탈할 것을 도모, 요컨대 조선 독립도 목적으로 삼아 동방 피압박민족 반제反帝 대동맹을 조직하고자 우선 그 준비회인 결사를 조직하고 스스로 위원이 되어 활동했던 것 등도 「범죄사실」이라고 하였다. 이미 중국공산당을 국체 변혁의 결사로 인정한 것을 전제로 하여 조선 독립을 내건 시점보다 소급한 행위에 대해서도 치안유지법 제1조 제1항 전반을 적용했다.[79]

무정부주의운동에 대한 적용

치안유지법 시행 초기에는 흑기연맹黑旗聯盟이나 진우연맹眞友聯盟 등 무정부주의운동에 대해 발동한 경우가 있었지만 그 후에는 산발적인 적용으로 나타났다.

1929년 3월 18일 경성지방법원은 이정규李丁奎에게 징역 3년의 판결을 내렸다. 중국 조선무정부주의자연맹 기관지 『탈환奪還』에서 「혁명 원리와 탈환」이라는 제목의 글을 기고하여, "경제·사회 방면에서 각 자유를 회복하는 것이 혁명의 이상이며 정신이므로, 이를 실현하기 위해서는 자유연합 조직을 통해 빼앗긴 권리를 권력계급으로부터, 빼앗긴 경제조건을 자산계급으로부터 각자 되찾고 이로써 탈환을 실행하는 외에 아무것도 없다"고 분석하고, 1928년 6월에는 일본제국 국체를 변혁(무정부주의의 실현, 즉 권력 부인)할 것을 목적으로 하여 동방무정부주의자연맹이라는 결사를 조직했다고 하여, 치안유지법 제1조 제1항 전반을 적용하고 있다.[80]

---

79 「中國共産黨上海韓人支部役員事件」, 고등법원검사국 사상부,『사상월보』제3권 제11호, 1934. 2.
80 『조선공산당사건 관계잡건』제3권, 일본외교사료관 소장.

1930년 5월 26일 경성복심법원의 권오순權五淳에 대한 판결은 치안유지법 제1조 제1항 전반을 적용하여 징역 5년을 부과했다. 피고들은 무정부주의를 신봉하고 인류는 모두 절대 자유롭고 평등하며 현재의 국가조직은 그 주의에 배치하는 것이므로 이를 타파하지 않으면 안된다는 사상을 품은 자이고, 1929년 2월, 겉으로는 잡지문예운동을 간행한다는 명목 하에, 앞에 언급한 사상을 실현할 목적으로 문예운동사라는 결사를 조직했다고 하였다.[81]

1933년 5월 11일의 경성지방법원은 피고 8명에게 징역 6년에서 2년의 유죄 판결을 내렸다.(3월 24일 함흥지방법원 판결에 항소) 그 중심인물로 간주된 이홍근李弘根은 "① 현재의 국가제도를 폐절하여 '코뮨'을 기초하여 그 자유연합에 의한 사회조직으로 변혁할 것, ② 현재의 사유재산제도를 철폐하고, 지방 분산적 산업조직으로 개혁할 것, ③ 현재의 계급적 민족적 차별을 철폐하고, 전 인류의 자유 평등 우애의 사회 건설을 기할 것"이라는 취지의 강령을 갖고, 국체 변혁, 사유재산제도 부인 목적 하에 조선공산무정부주의동맹이라는 결사를 조직했다고 하여 치안유지법 제1조 제1항 전반, 동 조 제2항 전반에 해당한다고 하였다(「가출옥」).

이들 무정부주의운동에 대한 치안유지법 적용은 맹아적인 결사조직을 검거하여 징역 5년 전후의 형량을 선고하는 것처럼, 공산주의운동 처단에 필적하는 수준이거나, 그 이상이었음을 알 수 있다. 또한 일찍이 일본 의회에서 치안유지법안을 심의했을 때 와카츠키 레지로若槻禮次郎 내무대신이 무정부주의 처단에 국체 변혁 조항을 활용할 수 있다고 발언한 것이 현실화되음도 지적할 수 있다.

---

81 「權五淳 외 6인 판결문」, 『일제하사회운동사 자료총서』 제12권.

4
1930년대 전반 공산주의운동에 대한 집중적 운용

▌학생들의 공산주의운동에 대한 단속

앞서 살펴본 것처럼 1930년대 초까지 수차례에 이르는 조선공산당의 재건 운동을 거의 맹아 단계에서 탄압한 결과, 치안당국은 자신감을 갖게 되었다. "조선 내에서는 관헌 사찰이 양호하여 조선공산당 및 고려공산청년회 모두 발전할 가능성이 사라졌다"고 자신하여 조선총독부 법무국이 『조선독립사상운동의 변천』을 간행(1931.1.11)한 것이 이를 시사한다. 이와 함께 이 책은 공산주의운동의 새로운 상황으로, 노동운동으로, 소작쟁의로 파급한 점과 학교의 맹휴를 그 대상으로 삼았다. 그리고 그 조직에서 각 방면에 야체이카를 부식하고 모든 표현단체에 프락치를 두는 것을 경계하기 시작했다.

『조선독립사상운동의 변천』 간행에 관여한 것으로 보이는 법무국 법무과의 사무관 이토 노리오伊藤憲郎는 「조선 특수의 형사정책적 문제」[82] 에

82　伊藤憲郎, 「朝鮮特殊の刑事政策的問題」, 『朝鮮司法協会雑誌』 11권 5호, 1932. 5.

조선총독부(『조선박람회기념사진첩』, 조선총독부, 1930)

서 "오늘날 사상운동의 헤게모니를 장악한 것은 지난 시대에 조선을 풍미한 윌슨이 주창한 민족자결주의 이론보다도 코민테른의 그것임은 틀림없다. 기업 안에서의 조직활동과 선전 선동을 위한 출판활동은 경계해야 한다고 생각된다. 이에 비하여 만연한 의식을 표현하는 국민운동·민족운동의 경우는 고립적이고 일시적인 한, 치안 문란의 정도는 점점 약해질 것이다"라고 주장했다.

앞서 제시한 〈표 6〉「사상범죄자 누적 비교표」에서도 피고인과 수형자의 합계인 사상범죄자의 숫자는 1929년을 경계로 공산주의가 민족주의를 능가하고, 1934년 6월까지의 누계에서는 두 배의 차이를 보였다. 공산주의 사상범죄자는 1930년대 전반에 각년도 1천 명 선이 이어지고, 1932년에 정점을 이루었다. 조선공산당·고려공산청년회 관계 이외의 공산주의로 분류된 분야-노동운동, 농민운동, 학생운동과 이토 노리오가 지적한 기업 내의 조직활동과 선전 선동을 위한 출판운동은 조선공산당과 청년회가 큰 타격을 입은 후에도 활발한 운동을 전개했다. 이들에 대하여 치안당국이 억압에 힘쓴 결과가 수치로 나타났다고 할 수 있다.

본 절에서는 당·청년회 재건운동과는 직접적으로 연결되지 않은 채 개별적으로 조선 사회에서 광범위하게 전개된 공산주의운동이 치안유지법 위반의 중요한 단속대상으로 어떻게 사법 처분되었는지를 탐색하고자 한다. 우선 1929년 11월 광주학생운동을 계기로 하여 각지에서 식민지 노예교육 반대를 내걸고 동맹휴교로 크게 고양되었던 학생운동부터 살펴보자.

1930년 1월 도경찰부장 회의에서 경무국장의 훈시 초안 중 삭제된 부분에는 "이번에 발발한 광주학생사건의 경우도 동 지역의 주의자의 지도 하에 조직된 학생들의 공산주의 비밀결사가 잠복하여 있다가 우연히 발생한 내지인과 조선인 학생의 투쟁 사건을 이용하여 점점 이를 악화시키고 전 조선에 파급시키고자 하였다. 또한 경성에서도 학생 비밀결사의 근간이라고 봐야 할 단체의 존재를 적발하게 이르렀다"고 하였다. 그리고 "공산주의자 및 민족주의자들이 장래 중견이 될 학생 지도를 위해 어디에 중점을 두고 또 학생들은 이 주의에 어떻게 현혹당하고 있는지를 엿볼 수 있다"고 주의를 환기하였다. 이것은 경무국 보안과의 현상 인식을 잘 보여주고 있다. 이 회의에서 이루어진 보안과의 지시사항 중 다음과 같은 「학생운동의 사찰 단속에 관한 건」[83]이 있다.

최근 각지에서 발생한 학생 동맹휴교사건은 거의 공통적으로 민족주의 또는 공산주의적 경향을 띠고 있으며, 단순한 어린 학도의 행위로 간과하기 어려운 점이 있다. …… 여러분은 항상 주의자, 불량학생들의

---

83 「學生運動の査察取締に關する件」, 『道警察部長會議書類』, 국가기록원 소장.

행동에 깊이 주의를 기울여주길 바라며 학생 비밀결사의 유무에 관해서는 부단한 사찰과 동시에 동맹 및 호응하는 다른 학생사건이 발생할 때에는 그 배후에 책동하는 주의자, 사상단체를 적발하도록 노력하고, 만일 어린 학생에 대하여 주의 사상을 선전하고 또는 이를 주의 운동으로 유인하려는 자가 있을 때에는 단호한 단속을 취하여 사건의 화근을 일소하기 위해서 한층 노력해주길 바란다.

한편, 사법당국의 대응으로 1930년 2월 12일 고등법원 검사장이 각 검사장과 검사정에게 보낸 「학생 준동사건 처리에 관한 건」이라는 통첩이 있다. 광주학생운동이 각지에 파급하고 학교 동맹휴학이나 시위운동이 빈발하고, 다수의 학생이 검거, 송치된 사태에 대한 대응에 쫓기면서, 종래와는 다른 기소 기준이 제시되었다. 공산주의 비밀결사를 조직하는 등의 주의자는 기소하여 엄벌하지만, 권유를 받아 단순히 가입했을 뿐 아무런 구체적 활동을 하지 않은 자에게는 될 수 있는 한 불기소 처분을 하고 장래를 훈계하는 선에 그치라는 대응이 제시된 것이다. 또한 비밀결사 조직에 이르지 않고 불온한 행동에 그친 경우에는 수괴, 선동, 솔선 지휘, 불온격문 작성·반포, 그 외 폭행, 협박, 훼기 등의 행위가 있는 자는 기소하지만, 단순히 외부의 선동으로 부화뇌동한 것에 불과한 자는 될 수 있는 한 불기소하고 장래를 훈계하는 데에 그치도록 처리하라고 지시했다.[84]

기소의 범위를 한정한다는 방침은, 사법 처분 능력을 넘는 치안유지법 위반사건의 양적 증가에 대한 현실적인 요청에 부응함과 아울러, 일본 내 사법당국이 1930년 단계에서 채택한 학생 처분의 완화 수준과 보조를 맞

---

[84] 「學生蠢動事件處理に関する件」, 신주백 편, 『일제하 지배정책 자료집』 제9권.

추는 것이었다. 요원의 불길처럼 타오르는 학생운동에 대처하기 위해서는 엄벌과 사상 선도 방침을 병행할 수 밖에 없었다고 할 수 있다. 그것은 학생운동 관련 판결에도 반영되었다. 여기에서는 사법 처분의 각 단계의 조서 관련 자료가 비교적 잘 남아있는 「조선학생전위동맹사건」과 「경성고등여학생 동맹휴교사건」을 사례로 살펴보겠다.

조선학생전위동맹사건

「조선학생전위동맹사건」의 발단은 1929년 12월 3일 경성 종로경찰서 순사부장 유승운劉承雲이 서장에게 올린 보고 「학생시위운동 등 불온계획에 관한 건」에서 찾아볼 수 있다. 그 내용은, '11월 3일 광주학생사건이 돌발하여 당지에서 11월 12일 학생시위운동이 일어나자, 서울청년회계의 공산당 및 공산회원 등은 배후에서 각 학교 학생을 선동하여 불온비라를 산포하고 전 조선적으로 학생 시위운동을 야기했다. 계속하여 전 민족적으로 대중운동을 일으켜 공산주의 선전운동을 전개하고 다수의 동지를 규합하여 분산적인 상태인 공산당 및 공산청년회의 조직을 완성시켜 목적운동을 달성'하고자 조선청년총동맹 간부 차재정車載貞, 고학당苦學堂 생도 한경석韓慶錫 등이 각 학교와 연락하여 불온비라 산포 계획을 추진하고 있다는 것을 탐문했다고 하였다.

12월 3일에는 몇몇 학교에 불온비라가 산포되었다. 4일 유승운 순사부장의 보고 「불온격문 산포에 관한 건」에는 "본 격문은 단순히 학생 생도의 발상이라고 보기 어렵고, 배후에 사상단체 등 사주자가 있는 것이 확실하다"고 관측하고 4일부터 검거를 시작했다. 당초의 조사에서는 보안법과 출판법 위반 피의사건이었지만, 곧 치안유지법 위반이 추가되었다.

경신학교儆新學校 4년생인 정종근鄭種根은 12월 7일의 첫 신문에서 피의사건에 대한 관여를 부인했다. 이에 대해 경찰 측은 '나중에 신문할테니 잘 생각해 두도록'하라고 주의를 주는 것으로 끝났다. 10일 제2회 신문에서는 다음과 같은 공방이 이루어졌다.

문 너는 데모운동에 대해 아무것도 모른다고 하지만 공동 피의자가 진술하고 있으니 자신이 한 대로 솔직하게 말하는 것이 어떤가? 잘 생각해 보라. (이때 피의자는 무언가 중얼중얼 생각하고 있었다.)
답 잘 알겠습니다.
문 데모운동을 시작한 처음부터 말하라.
답 광주사건이 발생하고 권유근權遺根이 조사하러 다녀온 다음, 11월 상순경입니다. 경신학교에서 권유근에게 상세한 보고를 받았습니다. …… 둘이서 회합하고 또 같이 협의한 결과, 우리는 경성에서는 각 학교의 정황도 잘 모르니, 또 총동맹휴학보다 시위운동이 바람직한데 경성에서는 경계도 엄중하고 각 학교도 광주처럼 할 수 있을지 의문이므로, 우리는 선전문을 산포하고 각 학교 및 일반사회의 민심을 선동할 필요가 있으니 선전 격문을 작성 산포하기로 했습니다. 그리고 둘이서는 불가능하니 몇 명인가 함께 실행하기로 결의했습니다. 그리고 우선 권유근을 참여시키기로 했습니다.

정종근은 제3회 신문(12.19)에서 격문 산포와 동맹휴학의 목적에 대해 추궁받자, "광주학생사건을 일반사회에 선동하여 알리고, 민심을 동요시켜 소란을 일으키고, 흥분하게 하여 마침내는 일본 압박정치에서 벗어나게 할 목적이었다"고 진술했다. 28일 제6회 신문에서는 "이번 운동사업은 무슨 결사 사업으로 했는가?"라고 추궁받고 "비밀결사 조선학생전위동

맹의 지령에 의해 했습니다"라고 공술했다.[85]

비라 산포나 시위 선동 기도를 조선학생전위동맹, 조선공산청년회, 고려학생혁명당 등의 조직과 연결시키기 위해 종로경찰서는 많은 학생을 대상으로 1930년 1월 중순까지 취조를 계속해 나갔다.

피의자들은 경성지방법원 검사국에 송치되었는데, 종로경찰서의 「의견서」나 검사국의 「신문訊問 조서」를 확인할 수 없어서 이 글에서는 2월 8일 경성지방법원에 보낸 모리우라 후지로森浦藤郎 검사의 「예심청구서」를 살펴보겠다.

21명에 이르는 예심청구에는 다섯 개의 「범죄사실」을 들고 치안유지법 위반 외에 보안법 위반, 출판법 위반을 들었다. 한경석韓慶錫에 의한 조선학생전위동맹의 조직, 차재정車載貞 등 7명에 의한 조선공산청년회 조직은 모두 조선을 제국의 주권에서 벗어나게 하고 또한 조선에서 사유재산제도를 부인하고 공산제도를 실현할 목적으로 라고 되어 있다. 비라 산포 등에 대해서는 광주사건으로 동요의 조짐이 있는 경성부내 각 중등학교 생도를 선동하여 시위운동을 하게 하고 점차 전 조선으로 파급시켜 민족적 차별 관념을 기조로 한 총독정치를 타파할 것을 협의했다고 하였다.

예심은 와키 데츠이치脇鐵一 검사가 담당하여 9월 말까지 이어지고, 14명이 공판에 회부되었다(「예심종결결정서」는 누락). 피고들은 광주사건에 자극을 받아 격문 비라를 작성한 것을 인정하고, 그 의도를 "오로지 일반인, 특히 학생 일반에 광주사건의 진상을 알리고 이것이 여론이 되어 학무 및 경무 당국이 반성해준다면, 광주 학생들도 석방될 것이라고 생각했다"(정종근 신문조서 제2회, 6.19)고 공술했다. 한편, 피고들 모두는 각종

---

85 이상 「휴교사건 재판기록 1」, 국사편찬위원회 편, 『한민족독립운동사자료집』 49.

비밀결사의 조직에 대해서는 강하게 부정하고 경찰의 고문에 의한 자백 강요라고 주장했다. 정종근은 6월 27일 제3회 신문에서 다음과 같이 공술했다.

문 피고는 고려학생혁명당에 가입한 일이 있는 것이 아닌가?
답 그런 데에 가입한 적은 없습니다. 이름도 들은 적이 없습니다.
문 1928년 4월 김태래金泰來 또는 정관진丁寬鎭의 권유로 가입한 것이 아닌가?
답 그런 적이 없습니다.
문 이 혁명당이 나중에 조선학생전위동맹이라는 것으로 개칭된 것이 아닌가?
답 그런 것은 모릅니다.
문 피고는 경찰에서 이상과 같이 당국으로부터 이 신문 내용대로 권유를 받아 가입한 후 그 명칭이 개칭되었다고 진술하지 않았는가?
답 경찰에서는 인간으로서 참을 수 없는 고문을 받았습니다. 뭐라고 대답했는지 기억하지 않습니다. 정말 잔인무도한 일입니다. 그러한 일은 전혀 없습니다. (중략)
문 피고는 조선의 독립 또는 공산제도 실현을 목적으로 하는 결사를 조직하거나, 가입한 적이 있는 것이 아닌가?
답 그런 일은 없습니다. 실제로 이번에 경찰의 취조는 말로 다 할 수 없는 것이어서 뭐라 대답했는지 지금도 기억나지 않지만, 그때는 그렇게 대답하지 않을 수 없었습니다.

또한 7월 5일 차재정車載貞은 제3회 신문에서 "저는 경찰에서 최상급의 고문을 받아서 죽는가보라고 생각했을 정도였기 때문에 뭐라 말했는지 모르겠습니다"라고 공술했다. 와키 데츠이치 예심판사는 고발한 고문 사실은 무시하고 예심청구서에 있던 「범죄사실」을 대부분 인정하여 예심종결 결정을 내린 것으로 생각된다.

경성지방법원에서의 공판은 재판장 가네가와 히로요시金川廣吉 주재하에 1931년 3월 23일 비공개로 개정되어 4회의 심리를 거쳐 4월 7일 판결이 이루어졌다. 공판의 초점은 역시 비밀결사 조직의 유무였다. 3월 26일 제2회 공판에서 재판장은 이학종李學鍾에게 "조선학생혁명당이라고 하는 것은 조선의 독립과 조선에서 사유재산제도를 부인하고 공산제도를 실시할 것을 목적으로 조직된 것이라고 한 점인데, 어떠한가?"라고 추궁했다. 대답은 "그런 일은 모릅니다"였다.

3월 31일, 제3회 공판에서는 정종근에 대해 "피고는 조선학생혁명당에 가입하기 이전의 사실은 인정하고 있지만, 동 당에도 가입해서 당원이 된 것이 아니었는가?"라고 질문하자, "그런 일은 전혀 없습니다"라고 대답했다. 그러자 다시 "피고는 검사국에서는 그 단체에 가입하여 운동할 수 있다면 찬성한다고 말한 것으로 진술했고, 경찰에서는 그때 가입했고, 그 후에 공동 피고인 유축운柳丑運에게 권유하여 입당시키고 이석李錫을 후보당원으로 추천했다고 진술했는데 어떤가?"라고 추궁했다. 정종근은 "그런 진술을 했는지 기억이 없습니다. 만약 그렇게 말했다고 해도 그것은 사실이 아닙니다"라고 대답했다.

나아가 한경석에 대해서도 "피고는 예심 법정에서 처음에는 그 사실을 부인했다가, 예심 신문을 받을 때 지금까지 거짓을 공술했고, 실제로는 조선학생혁명당을 개칭한 조선학생전위동맹에 가입했다고 진술하고 있는데 어떤가?"라고 추궁하고 있다. 한경석은 "나는 단지 조선학생전위동맹에 가입했다고만 말했을 뿐입니다"라고 답변했다.

재판장이 증거 조사 종료를 선언하자 검사는 범죄 증명 충분이라고

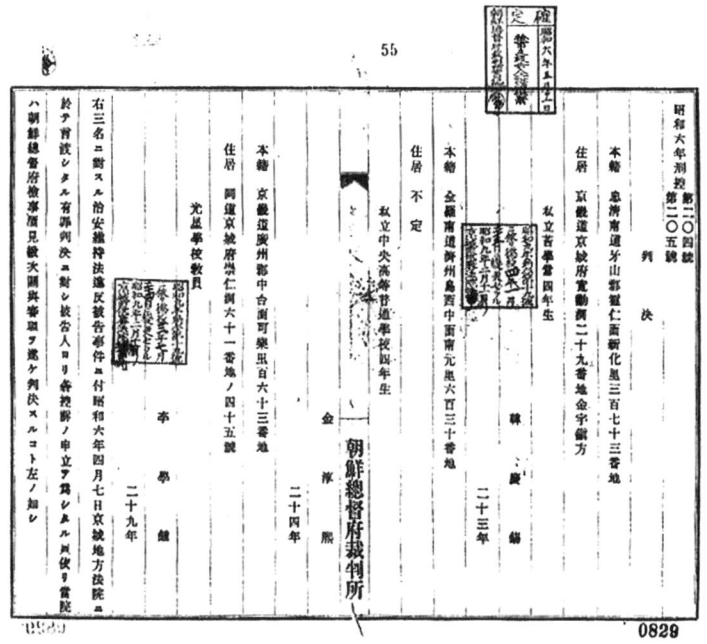

한경석에 대한 경성복심법원 판결문(1931.5.11), 「독립운동판결문」(국가기록원 소장)

하여 한경석과 김순희金淳熙에게 각각 징역 6년을 구형하고 결심結審을 마쳤다. 판결에서는 한경석과 김순희에게 치안유지법 위반으로 각각 징역 5년 등을 선고했지만 한경석 등 3인은 항소했다.

경성복심법원의 공판은 5월 4일에 개정하고 2회째인 11일에 판결이 선고되었다. 재판장은 스에히로 세기치末廣清吉이다. 한경석은 조선학생전위동맹에 가입을 인정하고 그것은 노동자, 농민 등 이른바 무산계급인 자의 문화 발전을 도모할 목적을 위해 조직한 것이라고 공술하고 조선학생혁명당 가입은 부인했다. 재판장은 "그런 것이 아니라, 앞서 진술한대로 조선을 일본제국의 속박에서 이탈시켜 독립하고 또한 조선에서 사유재산제도를 부인하고 공산제도를 실현시킬 목적이었던 것이 아닌가?", "정관진은 혁명당도, 또 개칭한 해당 전위동맹도 모두 이와 같은 목적을 위해 조직한 것이라고 진술하고 있는데 어떤가?"라고 집요하게 추궁했다.

검사는 한경석과 김순희에게 각각 징역 5년을 구형했다. 변호인은 '관대한 판결을 해주길 바란다는 의견'을 진술했다.[86] 11일 판결에서는 구형대로 양형量刑이 이루어졌다.

항소심의 판결문을 보면, 한경석에 관해서는 조선학생혁명당은 조선을 일본제국의 속박에서 벗어나게 하고 조선에서 사유재산제도를 부인하고 공산제도를 실현할 목적으로 조직한 비밀결사라는 것을 알고 동당에 가입했는데, ······ 이 혁명당의 명칭을 조선학생전위동맹으로 개칭하여 이를 지속시키고자 고학당苦學堂 외에 널리 다른 학교에도 진출하기로 정하고 ······ 독서회 조직 책임자가 되는 등의 결의를 하고, 이로써 임원의 임무에 종사하고라고 인정하고, 치안유지법 제1조 제1항 후반, 제2항 후반에 해당한다고 하였다(「독립운동판결문」). 피고들이 완강히 부인했음에도 불구하고 경찰·검찰·예심의 각 신문조서를 근거로 「범죄사실」을 인정한 것을 알 수 있다.

또한 조선학생전위동맹사건에서 한경석 등과는 별도의 공판으로 진행된 정관진에 대해서는(제1심 판결은 4.2, 제2심은 5.4) 고등법원(재판장 마스나가 쇼이치增永正一)까지 사실관계를 다투고, 6월 25일 판결에서 식민지 독립을 꾀한 것이 국체 변혁에 해당한다는 판례를 정착시키게 되었다는 것은 이미 언급하였다.

---

86 이상 「휴교사건 재판기록 2」, 국사편찬위원회 편, 『한민족독립운동사자료집』 50.

▍경성 고등여학생 동맹휴교 사건 – 검거에서 송치까지

광주학생운동은 경성의 학생들에게 큰 충격을 주었다. 조선학생전위동맹 사건도 그 하나였지만, 1930년 1월 15일 "경성에서 조선인 여학교 생도 약 2천 명은 남학생과 연락하여 우선 각 학교에서 만세를 외치고, 소요를 일으키고 교외에 나가 일제히 시위운동을 하려 했다"[87]고 한다. 이 경성 지역 고등여학생 동맹휴교사건 중 이화여자고등보통학교의 사례를 보자.

1930년 1월 15일, 경성부내 각 학교, 특히 여학교를 중심으로 광주학생사건에 관한 동정적 일대 동요가 있을 것이라는 정보에 의해 서대문경찰서에서는 사립 이화여자고등보통학교 생도를 감시하고 있었다. '첫 번째 수업이 끝났다는 종이 울리자, 3년 갑조 생도 전부는 서로 팔장을 끼고 돌연 바깥으로 나가자고 연호하며, 복도를 거쳐 남쪽 교사校舍 출구에서 교정으로 순차적으로 탈출했기 때문에 다른 생도도 이에 휩쓸려……전 생도 약 오백여 명이 교정으로 눈사태처럼 쏟아져나와 소동을 일으켜', 태극기와 구한국국기를 펼치고 대한독립만세, 광주학생만세, 피압박민족만세 등을 연속하여 고창하는 사태가 발생했다. 1시간 여에 걸친 소동 후, 주모자로 지목된 최복순崔福順과 임경애林敬愛 외 50명이 검속되었다. 이 제1보는 곧 「보안법 위반 피의사건에 관한 범죄상황의 건」으로 서대문경찰서 순사 이용경李龍景에 의해 서장에게 보고되었다. 이어 이용경은 「사립 이화여자고등보통학교 소요에 관하여 이면 책동자의 건」도 보고했다. 최복순 등 3인의 학생이 광주학생사건을 동정한 동맹휴교에 이화학교만 참여하지 않았다는 점을 만회하고, "지금까지 사회에서 배일학교로 숭배받아 온

---

87 고등법원 검사국 사상부, 「경성시내여학생 만세소요사건」, 김경일 편, 『일제하 사회운동사자료집』 제10권.

만세사건 여학생 40여 명을 송국, 『중외일보』(1930.1.30)

체면을 유지하기 위해서도 이번 기회에 꼭 무언가 운동을 하지 않으면 안 된다고 하여 동교 생도에 대해 시위운동을 할 것을 선동하고 있다는 소문이 있다"는 내용이다.

1월 18일부터 검속자 다수에 대한 취조가 시작되었다(대부분은 1월 24일 유치). 18일 서대문경찰서의 다키구치 사네지瀧口實二 경부보는 최복순에게 다음과 같이 신문하고 있다.

문 앞서 결의한 6개 항의 결의 중 일본의 야만정책에 반대하자고 되어 있는데 어떤 의미인가?
답 그 의미는 광주학생사건에서 조선인만을 압박했다는 것을 전해 들어서 그것을 의미한 것입니다.
문 일본의 야만정책에 반대한다는 것은 조선을 독립시킨다는 의미는 아닌가?

답 그런 의미는 아닙니다. 단지 자신들은 앞서 결의한 6개 항을 관철하기 위한 목적이었습니다.

문 만세를 외치고 시위운동을 하면 결의한 6개 항이 관철될 수 있다고 생각했는가?

답 6개 항의 결의 관철이 완전히 가능하다고는 생각하지 않았지만, 최근 조선인의 민심이 잠자고 있는 상태이므로 각성시킬 목적도 있었습니다.

최복순을 포함하여 소요에 의한 피검자는 보안법 위반에 해당한다고 하였다. 한편 적기赤旗와 격문 비라 작성자로 지목된 이순옥李順玉은 치안유지법 위반을 적용받았다(1.25 유치). 1월 24일 제1회 신문에서 이순옥은 격문 작성을 의뢰받자, "나는 즉시 이에 응하여 자신의 평생 숙원인 기회가 왔다. 이 절호의 기회를 놓치지 말고, 이 기회를 이용하여 자신이 이상으로 생각하는 공산주의를 선전할 목적으로 무산계급의 혁명 만세 및 약소민족의 해방 만세, 또 제국주의 타도 만세 등의 문자를 나열하고 지면의 중앙에는 노농러시아의 마크를 넣어 적화를 의미한 선전 비라 3종과 붉은 천을 구입하여 두 장의 적기를 제작했다"고 공술하였다.

이어지는 신문에서 "따라서 너는 우리 국체의 변혁운동을 선전한 것이지?"라고 추궁받자, 최복순은 "전 세계에서 제국주의 통치국의 타도운동을 하는 것이므로, 물론 일본도 그 안에 포함됩니다"라고 대답했다.[88]

동시에 1월 15일과 16일에 숙명, 배화, 동덕여고보, 근화여학교 등

---

88 이상 「동맹휴교사건 재판기록 4」, 국사편찬위원회 편, 『한민족독립운동사자료집』 52.

시내여학생 만세사건 제1회 공판 개정, 『동아일보』(1930. 3. 19)

11개교가 시위운동에 나섰다. 1월 31일 『조선일보』에는 검거자가 약 130명에 이르며, 이렇게 다수의 여학생이 일제히 소요를 일으킨 사건은 미증유의 일이라고 보도했다. 1월 30일 그들 피의자 86명이 서대문경찰서장의 명의로 경성지방법원 검사국으로 송치되었다(1월 31일자 『조선일보』에는 27명).

「의견서」에는 "각 피의자는 모두 배일적 민족의식이 농후하여 총독정치를 저주하는 마음이 절실하다"고 하였다. 「범죄사실」로 간주된 1월 15일의 시위운동은 이화여자고등보통학교 생도의 계획과 공작이라는 구도로 묘사되어 '치안을 교란한 사건'으로 단정되었다.

각 학교별 행동에서는 근화여학교의 경우가 "오전 9시 30분이 되자 이충신李忠信이 자기 자리에서 일어나 「어젯밤 부내 각 학교 생도가 집합하여 오늘 아침 오전 9시 반에 일제히 시위운동을 일으킬 것을 협정함에 따라 우리 학교도 이에 침묵하고 있을 수 없는 때가 되었으므로 시위운동을 일으키자.」고 선언하자, 2학년생이 모두 일어나 함성을 올리며 복도로 나왔고 이 소리를 들은 4학년생도 이에 응하여 함성을 올리며 복도로 나와 2학년생과 합류하여 왕성하게 만세를 고창하고 정문에서 쏟아져 나오려 하는 상황이었다"고 한다.

「이순옥에 대한 치안유지법 위반 사실」에서는 그 언동에 대하여 "항상 피의자가 접하는 쪽은 주의 사상 방면이므로 자신은 아무튼 사회주의자로서 영예 있는 희생을 각오하고 항상 조선을 일본제국의 굴레에서 이탈시키고, 또한 현재의 사회제도는 배격하여 모든 사유재산 제도를 부인하는 공산주의를 실현할 수 있는 신사회 건설을 목적으로 했다. 항상 기회를 엿보아 자신의 이상 실현을 위해 일반 민심을 동요시키고, 그 주의를 선전하여 무산계급의 혁명을 일으키고 대중의 이익을 획득할 것을 결의 중이던 바 의뢰에 응하여 격문을 작성하고 적기赤旗를 제작했다"고 하였다.

피의자 허정자許貞子와 최복순 등 33명은 보안법 제7조에, 이순옥은 치안유지법 제3조에, 윤옥분尹玉粉은 보안법 제7조와 치안유지법 제3조에 해당한다고 하여 각각 기소해야 한다는 의견이 첨부되었다. 그 외의 피의자에게는 기소유예와 불기소 의견이 첨부되었다. 1월 31일자『조선신문』은 여러 가지 비난도 있지만, 당국으로서는 처분자를 최소한도로 축소하여 매우 관대한 처치를 한 것이라고 서대문경찰서의 구로누마 리키야黑沼力彌 고등주임의 담화를 게재했다.

2월 7일자로 경성 종로경찰서에서 제출한 허정자의「신원 조서」는 그의 성격을 음험하고 교활하다 하고, 행실과 본인에 대한 평가는 "행실이 극히 나쁘고 몇 명의 정부情夫를 만들고, 일정한 직업을 갖는 것을 싫어하고 늘 주의 운동에 진력하고 특히 과격한 언동을 일삼고 세평이 극히 나쁘다"고 혹평했다.

경성 고등여학생 동맹휴교사건 – 기소에서 판결까지

경성지방법원 검사국에서는 이토 노리오伊藤憲郎 고등법원 검사가 경성지방법원 검사직무대리로 신문을 담당했다. 모두 보안법 위반 피의사건으로 취급했다. 주모자를 이화고보 4년생 최복순이라 하고, 근우회 서무부장 허정자로부터 "교묘한 선동적 암시를 받았다"[89]는 구도가 만들어졌다.

2월 3일 이순옥에 대한 제2회 신문에서는 "조선에 대해서는 어떠한 이상을 품고 있는가?", "당신은 공산주의적 사회 실현을 이상으로 생각하고 있다고 말하지 않았는가?"라고 추궁했다. 이순옥은 "조선에 대해서 특별한 이상을 갖고 있지 않지만, 단지 국가적 지위를 빼앗긴 것은 매우 애석하다고 생각하고 있는 정도이며, 이를 어떻게 하겠다는 것까지는 생각하고 있지 않습니다", "오늘날 사회는 유산계급이 무산계급에 대하여 횡포 압박을 일삼고 있으니, 이런 폐해가 있는 사유재산제도의 결함은 현재의 사회제도가 나쁘기 때문이며, 이런 결함을 개선하고 또 부인의 지위를 향상시키는 것이 우리가 이상으로 삼는 바입니다"라고 대답했다. 이순옥의 언동은 명확한 이론으로 뒷받침된 것이 아니라 현상에 대한 강한 불만과 강한 변혁 의지에 입각한 것이었다.

이순옥의 사촌동생인 윤옥분尹玉粉의 제2회 신문(2.3)에서 이토 검사는 "네가 만든 비라에 적힌 피압박민족 해방 만세, 무산계급 혁명 만세 등의 문구의 의미는 알고 있는가?", "그렇다면 제국주의 타도 만세, 약소민족 만세의 의미는 알고 있는가?"라고 추궁했는데 윤옥분은 "저는 그런 말은 조금도 알지 못합니다"라고 대답할 뿐이었다. 나아가 본 건과 같은 시

---

89 고등법원 검사국 사상부, 「경성시내여학생 만세소요사건」, 김경일 편, 『일제하 사회운동사자료집』 제10권, 한국학술정보, 2005.

위운동을 하고 만세를 외치게 된 동기를 질문받고 윤옥분은 정신없이 소동을 피운 것으로, 어떤 의미인지 모르고 다른 사람을 따라서 했을 뿐이라고 대답하고, "앞으로 이런 짓은 하지 않겠습니다. 후회하고 있습니다. 제발 관대한 처분을 해주시길 바랍니다"라고 공손하게 자신의 생각을 표명했다.

경성 고등여학생 동맹휴교사건에 관해서 이토 검사는 예심 청구가 아니라 공판 청구를 선택했다. 2월 10일 공판청구서에는 86명의 송치자 가운데, 허정자, 최복순, 이순옥 등 8명으로 압축되고, 죄명은 모두 보안법 위반 피의사건으로 정리되었다. 8명 이외는 불기소, 기소유예가 되었을 것이다. 예심 청구가 아니라 공판 청구를 한 것은 기소된 8명이 각각 공손한 뜻을 표명하고 조속한 처분에 동의했기 때문이라고 생각된다.

각자의 「범죄사실」이 열거되었다. 신간회 중앙집행위원장 허헌許憲의 딸로서 중심인물로 지목된 허정자의 경우, 민족운동의 의도를 갖고 경성에서 여학교 생도 중 유력자를 물색하여 이러한 정치적 의미를 갖는 학교 소요를 일으키고자 기획 중에, 이화고보생 최복순이 원조를 요구하자 제휴를 약속하고 행동했다고 하였다. 이옥순의 경우는 "현재 사회제도를 저주하는 자이며, 함께 기거하고 있는 이화고보생 윤옥분에게 이 소요계획을 듣자 이에 참가하고 적기赤旗 2기와 제국주의 타도 만세, 약소민족 해방 만세 혹은 무산계급 혁명 만세, 피압박민족 해방 만세 등의 문구, 그 외 불순한 동그라미를 적은 비라 100여 매를 작성해 주었다"고 하는데 치안유지법 제3조의 선동은 언급하지 않았다. 그리고 8명의 행동은 '치안을 방해한 것'으로 하였다.

이토 검사는 각 학교의 교원이나 도道 학무과 직원을 증인으로 신문하고 있다. 이화여자고보 교원인 안형중安衡中은 "광주학생사건에 관하여 유언비어가 나돌고 있었기 때문에, 부내 각 학교 생도에게 동요의 조짐이 있어서 학교장 등이 생도에게 훈계 등을 한 적이 있는가?"라는 질문에 "그런 일은 자주 있었습니다. 광주사건으로 생도가 오해하고 있기 때문에, 힘써 그 오해를 풀어주도록 생도를 타일렀고, 또 그러한 것을 입에 담는 생도가 있으면 한 명 한 명 불러서 그것이 오해임을 타이르고 있었는데, 본건의 경우와 같은 사태에 이른 것은 생도의 감정이 폭발한 것이 아닌가라고 생각되며, 근거가 있는 행동은 아닐 것이라고 생각합니다"라고 대답하고 있다. 이토 검사는 각 증인에게 피의자가 된 소속 생도의 인물됨에 대해서도 질문하고 있다.[90]

『경성 시내 여학생 만세소요사건』에 수록된 「법정 심리審理 상황서」를 통해 공판 경과를 살펴보자. 경성지방법원의 공판(재판장 가네가와 히로요시金川廣吉, 입회 검사 이토 노리오)은 3월 18일 오전에 개정하고 오후에도 속행했다. 공판정 안에서는 제복과 사복경찰관이 배치되었다. 법정 밖에는 "다수의 조선인이 운집하여 그 중에는 남녀학생도 각 십여 명이 섞여 법정 안에서 나올 피고인들을 보려고 북적거렸지만 단속경찰관의 제지로 구내 밖으로 퇴산했다"고 한다.

재판장의 신문에서 이순옥 등은 전부 시인했는데, 허정자는 "이면에서 여학생을 지휘한 적 없다"고 진술했다. 재판장이 "아직 어린 여학생들을 가르친다는 것은 결국 지휘했다는 것이 아닌가?"라고 반문하자 "이런 것을 지휘라고 한다면 어쩔수 없이 긍정한다"고 대답하며 불만스런 표정이었다고 한다.

19일의 제2회 공판에서는 이토 검사가 다음과 같이 논고했다.

---

90 이상 「동맹휴교사건 재판기록 3」, 국사편찬위원회 편, 『한민족독립운동사자료집』 51.

원래 온순 정숙해야 할 부인이 이러한 불법 정치적 단체운동을 하는 것은 용서할 수 없으며, 특히 이순옥이 작성한 격문, 깃발에는 제국주의 타도 만세, 무산계급 만세 등이라고 적었으며, 마치 계급운동인 듯한 모습을 보이고, 이화고보의 경우는 소요가 1시간이나 벌어지고 학교의 창문을 파괴하고 또 혁명가 같은 노래를 고창했다. 실로 엄벌에 처해야 한다. 이런 부분은 학생에게 특권이 없고 학문에 절대의 자유는 없다. …… 본 건 피고 등은 광주학생사건을 동정한 결과 이에 이르렀다고 하지만, 그것은 직접적 원인이며 중대한 원인은 최근 학생의 사상이 악화했기 때문이다. 피고 등은 수천 명의 여학생의 면학을 방해하고 조선의 교육을 파괴하고 또 조선의 가정을 문란하게 한 자이다. 이천만 조선 민중을 구하기 위해서는 일반 예방의 견지에서 집행유예와 같은 것을 가볍게 부여해서는 안 된다.

판결은 22일에 선고되었다. 모두 보안법 제7조를 적용하여 허정숙은 징역 1년, 최복순은 징역 8월, 이순옥은 징역 7월(집행유예 4년) 등 전원이 유죄가 되었다. 사건은 사회적으로 큰 반향을 불러일으켜, 기소나 공판 개정, 판결과 집행유예에 의한 출옥 등이 있을 때마다 일간신문도 크게 보도했는데, 양형 자체는 비교적 가벼웠다고 할 수 있다. 고등법원 검사국의 총괄은 이번 여학생 운동은 그 조직의 발전에서 외형적으로도 내용적으로도 모두 외부의 조종을 받은 것이라고 하였으며 판결도 그러한 점에 입각해 있었다.[91]

---

91 이상 「경성시내여학생 만세소요사건」, 김경일 편, 『일제하 사회운동사자료집』 제10권, 한국학술정보, 2005.

교사의 운동 – 신흥교육연구소 사건

학생운동에 대한 당국의 주시와 경계는 초등교육이나 야학교로도 향했다. 조코 요네타로上甲米太郎, 야마시타 도쿠나오山下德治 등 신흥교육연구소 사건으로 불리는 교육운동에 대한 탄압은 초등교육에 관한 최초의 치안유지법 사건이다.

1930년 12월 5일 조코 요네타로의 검거에서 시작한 이 사건의 의미에 대해 1931년 1월 17일 경기도 경찰부「교육자를 중심으로 한 치안유지법 위반사건 검거의 건」이 기술하고 있다. 전술한 것처럼 '최근 학생의 사상적 경향이 점차 악화하고 있는 것'을 경계하던 중, 신흥교육연구소를 중심으로 조선 내 초등학교 훈도와 장래 훈도가 될 사범학교 생도들이 어떤 종류의 비밀결사를 조직하려고 준비한다는 단서를 포착하고, '순진한 자제에게 교육의 그늘에 숨어서 계급적 의식을 주입하려는' 중대사안임을 알고, 일제히 검거를 단행했다고 한다. 이에 이어지는 부분이다.[92]

> 본 건은 운동 착수 후 일자가 짧고, 주모자 몇 명이 일찍부터 협의를 한 정도로, 아직 완전한 결성에는 이르지 않아, 맹아를 제거함으로써 그 영향이 작은 범주에 그치도록 하였지만, 만일 자제 교양이라는 무거운 책임을 지고, 견실한 국민사상의 함양에 중대한 관계를 맺는 교육자, 특히 장래 교직에 종사할 사범학교 생도 등에게 이러한 사상적 범죄를 감행하는 것은 매우 한심한 사안으로, 장래 사상 단속상은 물론, 교육상 신중하게 고려할 필요가 있다고 생각된다.

---

92 이상「教育者を中心とする治安維持法違反事件檢擧に關する件」, 국사편찬위원회, 한국사데이터베이스.

자제 교양이라는 무거운 책임을 지고, 견실한 국민사상 함양에 중대한 영향을 끼칠 교육의 영역에서 계급적 의식을 주입하는 것은 아직 작은 범주의 맹아라 해도 절대로 허용되어서는 안된다고 하였다. 이미 1930년 12월 23일 조코 요네타로와 야마시타 도쿠나오 등 5인은 치안유지법 제2조를 적용해야 한다는 의견을 첨부하여 경성지방법원 검사국으로 송치되어 있었다.

경찰과 검사국, 예심 신문조서나 예심청구서는 확인되지 않는다. 다음은 1931년 8월 8일 경성지방법원 예심종결 결정을 보자.[93]

야마시타에 대해서 교육 분야에서 널리 이 이론(유물적 변증법 - 인용자 주)을 교시하고, 사회주의적, 계급적, 노동적, 반종교적 교육을 연구, 건설, 선전하고 또한 일면 혁신적 교육노동조합 결성을 촉진하여 프롤레타리아혁명을 실현시키고자 하고, 신흥교육연구소의 창설이나 『신흥교육』을 간행하여 공산주의 의식 함양에 노력하고 있다고 하였다. 조코 요네타로의 경우는 "현재의 교육은 자본주의적 교육이기 때문에 이를 배격하여 공산주의 이론에 입각한 프롤레타리아교육을 해야 한다고 하여……공산주의 이론에 기반하여 교원조합을 조직, 일반 프롤레타리아와 제휴하여 공산주의운동을 해야한다고 생각하기에 이르렀다"고 하였다. 송치된 5인의 「범죄사실」은 치안유지법 제2조(협의)에 해당한다고 하여 공판에 회부했다.

이 사건은 사회적인 반향을 불러일으켜 8월 8일 예심종결 결정으로 기사 해금이 이루어지자, 각 신문에서 크게 보도했다. 8월 8일자 『조선신문』은 호외를 발행하여 「경성사범생에게 공산교육의 독수毒手, 『신흥교육』의 간판으로 마침내 경성사범생까지」라고 보도했다.

---

93 「신흥교육연구소 사건」, 고등법원검사국 사상부, 『사상월보』 제1권 6호, 1931. 9.

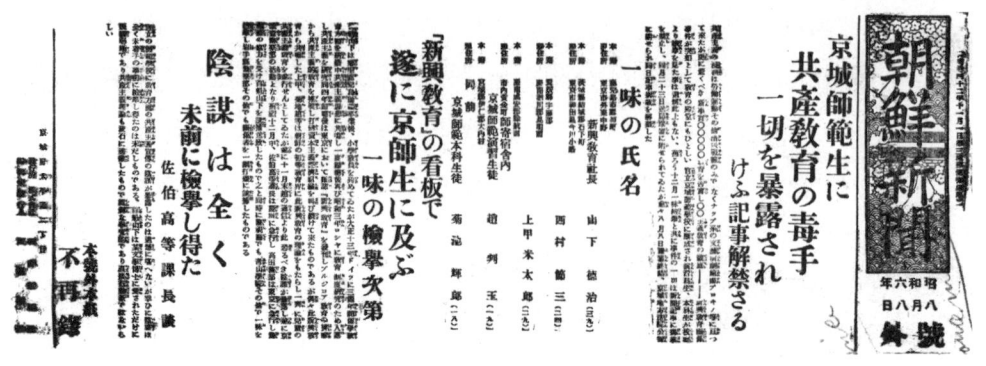

경성사범생에게 공산교육의 독수, 『조선신문』(1931.8.8, 호외)

공판 개시는 지체되었다. 11월 26일 경성지방법원 판결은 야마시타와 조코에게 징역 2년을 구형했다. 두 사람은 항고했다. 1932년 6월 23일 경성복심법원 판결에서 야마시타는 무죄, 조코 요네타로는 징역 2년, 집행유예 5년을 선고받았다. 적용 조문은 치안유지법 제2조로 추측된다.

9월 30일 고등법원의 「사실심리 결정」문을 통해 복심법원에서의 야마시타의 주장을 살펴보면, "신흥교육연구소는 순수한 문화단체이며, 그 운동은 문화운동 이외에 아무것도 아니고, 공산주의적 자각을 촉구하여 교육노동자조합 결성을 조성한다는 것은 애당초 의식한 적도 없다. 그러니 이를 이야기한 적도 없고, 단지 유물론을 연구하여 일반 교육자를 계몽하려는 이상가에 불과하다"고 하였다. 조코 요네타로는 「범죄사실」로 간주된 것을 "부인할 뿐 아니라 사유재산제도 부인, 혹은 공산주의란 어떤 것인지 그 진위조차 파악, 이해하지 못하고 있다"고 반론했다.

검사는 야마시타에게 무죄를, 조코 요네타로에게 집행유예를 선고한 것에 불복하여 상고했다. 9월 30일, 고등법원은 이 상고를 인정하여 「사실심리 결정」을 진행하겠다고 하였다. 야마시타에 대해서는 주재하는 잡지 『신흥교육』을 보니, 각 권호를 채우고 있는 내용은 모두 공산주의적 좌익

논진이 아닌 것이 없어서, "야마시타가 공산주의 사상의 소유자임과 동시에 그 주의 실현을 목적으로 한 사항을 실행하고자 협의한 사실을 인정할 수 있다"고 하여 복심법원의 판결을 사실 오인이라고 하였다. 그리고 "적어도 치안유지법이 규정하는 선동의 책임은 도저히 면할 수 없다고 해야 한다"고 한 점에서 볼 때, 야마시타를 치안유지법으로 처벌하려는 고등법원의 강한 의지를 읽어볼 수 있다.

조코 요네타로의 경우는 「범죄사실」을 전면 부정한 것 자체가 아무런 반성의 모습이 없는 것이라고 간주되었고, 주의의 심각성과 충실한 모습도 압수한 일기나 편지 등에서 알 수 있다고 하였다. 그리고 "과형科刑의 목적은 응보應報가 아니며 범인을 반성하게 하여 개과천선하게 하려는 것이다. 그렇지만 범인의 개과천선은 과형의 전부가 아니고, 과형은 특별한 것과 일반사회를 경계警戒할 필요가 있는 것의 관점에서 하는 것이다"라고 하고, 조코의 처분이 갖는 의의를 다음과 같이 강조했다.[94]

> 피고인 조코 요네타로의 경우는 자기 자신이 좌경화되고 적화赤化된 것에 그치지 않고 감수성이 가장 민감한 소학생을 교양하는 책무가 있음에도 천진무구한 아동을 적화시키고자 함에 이르러서는 그 책임이 무겁고, 그 영향이 끼치는 바는 두려워할 만하다. …… 내지에서는 …… 소학교 교원의 적화사건 …… 열 손가락으로 헤아릴 정도의 사건이 빈발했지만, 현해탄을 넘어 우리 조선에서 이런 종류의 본 건이 발생함에 이르러서는 더욱 동종 사건을 속출시킬 우려가 없지 않음을 생각하면, 일반사회를 경계하기 위해서도, 피고인에 대한 과형은 매우 중형의 실

---

94 이상 「신흥교육연구소 사건-사실심리결정」, 고등법원검사국 사상부, 『사상월보』 제2권 7호, 1932.10.

형을 부과해야 한다. 하물며 피고인에게 반성, 그 외 아무런 정상을 관용할만한 이유가 없으므로 피고인에 대한 집행유예는 형의 양정상, 매우 부당하다고 생각한다.

야마시타에 대해서는 "원판결에서 중대한 사실 오인이 있다"고 하고, 조코에게는 집행유예라는 '형의 양정이 매우 부당'하다고 판단하여 고등법원은 "사실심리를 하겠다"고 결정했다.

11월 28일, 고등법원은 사실심리 결정 때와 같이 5인의 재판관(재판장은 마스나가 쇼이치增永正一)이 참여하여, 야마시타와 조코에게 징역 2년, 집행유예 5년의 판결을 내렸다. 야마시타에게는 '조선으로 『신흥교육』을 매월 30부씩 우송하게 하여 사유재산제도를 부인하고 공산주의제도사회 건설을 기할 목적으로, 그 실행을 선동한 자'라 하여 치안유지법 제3조를, 조코에게는 같은 목적 실행에 대해 협의했다고 하여 동 법 제2조에 해당한다고 하였다.

교육 관계 치안유지법 위반 사건 속출

신흥교육연구소 사건에 대한 고등법원의 「사실심리 결정」에서 '다시 동종 사건이 속출할 우려가 없지 않다'고 예측한 것처럼 그 후 교육 관계의 치안유지법 위반사건이 빈발했다.

1930년대 후반까지 계속된 농촌의 야학회 관련 치안유지법 위반사건 중, 첫 번째로 발생한 것으로 보이는 사건이 1933년 4월 11일 강형재姜炯宰 등 4인에 대한 대구복심법원 판결이다. 농촌교육회에서 설립한 농촌 야학교를 진흥하여 동 생도들을 공산주의로 유도하여 대중 농민에게 영향을 끼쳐 공산제도 사회를 실현하는 것이 낫다고 사유하여 적색교원회赤色教員會를 조직했다고 하였다. 그 야학교에서는 아동들에게 프롤레타리아 동화, 동요를 교육하고, 잡지『소년전기少年戰旗』를 교재로 사용할 것 등을 결의했다. 피고인들은 그 무렵 산호리山湖里 및 봉정리鳳亭里 야학교에서 계급의식을 유발하여 단결하여 자본주의와 투쟁하자는 내용의 동화(양羊 이야기, 프랑스 소년 기사 이야기佛國小男士の話 등)를 가르쳤다고 하였다. 치안유지법 제1조 제2항이 적용되어 모두 징역 1년 6월이 부과되고 3인은 집행유예 3년이 선고되었다.[95]

1933년 12월 13일자『호치신문報知新聞』에는「조선의 적화 교원 22명을 기소, 교재를 악용하여 아동을 선동」이라는 표제로 10월 4일에 경상도 전 경찰서원을 동원하여 일제히 검거했던 사건을 보도했다. 그들 적화赤化 교사 일당은 아동 교육에서 수신, 국어 교재를 악용하여 몰래 아동들을 자신의 수중에 넣으려고 증오할만한 수단을 부린 것으로 반도문화사상 일대 불상사라고 하였다.

경남 교원 적화사건의 피고 김두영金斗榮 등에게는 1934년 7월 5일 부산지방법원에서 징역 4년부터 1년까지의 판결이 내렸다. 김두영에 대한「범죄사실」은 교직에서 사회의 실상을 견문하면서, 빈곤한 아동 및 그 부형에 대한 동정, 빈곤 아동에 대한 가혹한 수업료 징수에 대한 반감, 조선인 교원에 대한 대우 불만 등으로 마침내 그 신념을 심화하여, 조선공산당 재건을 꾀할 목적으로 경상남도 내에 적색교육노동자 결사를 조직하고 우선 현재의 자본주의 교육제도를 철폐하여 무산자 본위의 공산주의 교육제도 수립을 꾀하고, 나아가 조선에서 사유재산제도를 부인하여 공산제도의

---

95 「姜熜宰 외 3인 판결문」, 김경일 편,『일제하 사회운동사자료집』제10권.

실현을 기하고 이를 위해 동지 교원을 획득, 결사의 확대 강화와 아동에 대한 공산주의 주입을 기도하여 적색교육노동자협의회를 결성했다고 하였다. 김두영에게는 치안유지법 제1조 제2항을 적용했다(이상 「가출옥」).

7월 6일 『조선신문』은 이 판결을 「사상 전향도 인정하지 않고 거의 검사 구형대로 판결」이라는 표제로 보도했다. 그리고 후지모토藤本 재판장의 담화로 "공산주의의 사상적 오류를 지적하면서, 신분이 교직에 있으면서, 사상적으로 깊이 생각하지 않고 간단히 부화뇌동하여 순진한 아동에게 주입한 것은 용서할 수 없는 행위이며 지금 일부 피고는 전향을 맹세했다고 하지만 신분이 교직자라는 점에서 집행유예를 선고할 수 없었다"는 기사를 실었다.

'사유재산제도 부인'만을 적용

1920년대 말부터 1930년대 전반까지 특히 만주사변 이후의 치안유지법 판결을 개관할 때, 몇 가지 특징이 있다. 조선공산당·고려공산청년회 및 그 재건운동의 경우, 치안유지법 제1조 제1항과 제2항, 즉 국체변혁과 사유재산제도 부인 조항이 적용되었다. 한편으로 본 절에서 살펴본 것처럼 당과 청년회와 직접 연결되지 않는, 개별적인 공산주의운동 관련 사건의 판결에서 제1항 국체변혁을 적용하지 않고 제2항 사유재산제도 부인만을 적용하는 사례가 꽤 빈번히 나타났다. 이것이 이 시기 조선에서의 치안유지법 위반사건 판결의 첫 번째 특징이다.

그것은 재판 당국자 자신에게도 인식되고 있었다. 척식성 관리국 「조선에서의 사상범죄 조사자료」(1935.3) 중에는 「치안유지법 위반 사유재산제도 부인만으로 처벌한 인원」이라는 표가 포함되어 있다. 이 자료는 조선총독부 법무국이 작성한 것으로 추정되는데, 1925년부터 1933년까지 전 수형자 2,961명 중, 34%에 해당하는 1,002명에게 사유재산제도 부인만이 적용되었다. 1931년에 19%, 1932년에 62%에 이르며, 1933년에도 45%를 차지한다. 이것은 동 시대에도 역시 눈에 띠는 경향으로 간주되고 있었다.

제국의회에서는 사유재산제도 부인이 공산주의운동을 대상으로 한다고 설명되었다. 조선에서도 치안유지법 초기 단계의 운용에서는 이 설명을 따르는 형태로 시작되었다. 조선공산당과 고려공산청년회에 대하여 '조선 독립=국체 변혁'을 적용하기 위해 억지 논리를 개발하여 적용해갔던 것을 상기하면, 주로 1930년대 공산주의운동에 대한 처분은 본래의 해석에 의거하여 적용했다고 할 수 있다. 재판관들은 무리하게 국체 변혁과 연결할 필요도 없다고 생각했던 것이 아닐까? 그것은 실질적으로 치안유지법 적용의 허들을 낮추었다고 보는 것도 가능하다. 게다가 사유재산제도 부인만을 적용했다고 해서 양형이 가볍게 된 것은 아니다.

1930년 8월 30일 김동환金東渙 등 4인의 프롤레타리아 문화운동에 대하여 대구지방법원은 조선 내에서 사유재산제도를 부인하고, 공산주의제도를 실현할 목적으로 권대拳隊라 명명한 비밀결사를 창립했다고 하여, 치안유지법 제1조 제2항을 적용하여 징역 2년을 부과했다. 또한 이 판결에서는 "피고 등이 국체 변혁을 목적으로 하여 판시한 권대拳隊라는 비밀결사를 조직했다는 공소사실은 그 증명이 없다"고 판단하고 제1조 제1항 적용을 명확히 부정했다. 이것은 예심종결결정서나 검사의 논고 구형에서 국체 변혁 조항 적용을 요구했던 것을 추측하게 한다(「독립운동판결문」).

10월 6일 광주지방법원의 장매성張梅性 등 11명에 대한 판결에서는 "일찍부터 공산주의에 공명하고 현시 조선의 사회조직에서는 여성은 가정에서 남성 때문에, 무산대중으로서는 자본계급 때문에, 조선민족으로서는

현직 훈도 등의 권대 비밀결사 항소판결 언도, 『부산일보』(1930. 11. 10)

장매성 등 광주소녀회 판결 보도, 『동아일보』(1930. 10. 7)

일본제국주의 때문에 삼중의 압박을 받음으로써 현 사회조직을 파괴하고 사유재산제도를 부인하는 공산제의 신사회를 창설하고 따라서 조선여성으로서 이들 압박에서 벗어날 것을 열망하고 있다"고 한 다음, 소녀회라는 비밀결사를 조직했다고 하여 치안유지법 제1조 제2항을 적용하여 징역 2년을 부과했다. 여기에서는 국체 변혁에 대한 언급은 없다(「독립운동판결문」).

1933년에 재조일본인에 대하여 이루어진 판결도, 사유재산제도 부인만 적용되었다. 2월 6일, 경성지방법원은 히비야 이사오日比野勇, 우츠노미야 타로宇都宮太郎에게 징역 3년에서 1년 6월의 판결을 내렸다. 피고인 등은 모두 사유재산제도에 대해서는 불만스러운 생각을 버리기 어려워, 좌익문헌을 탐독하기에 이르렀고, 그 환경과 더불어 마침내 공산주의사상에 감득, 공명하기에 이른 것이라 하고, 토요연구회라는 비밀결사를 조직하여 마르크스·레닌주의 연구 및 무산청년동맹원 양성을 당면의 모토로 했다고 한다.[96]

「조선공산주의자 진주晉州협의회 사건」에서 25명을 수리한 검사국은 19명을 기소, 1933년 5월 27일 예심을 종결하고, 18명을 공판에 회부했다. 7월 31일 부산지방법원 진주지청 판결에서는 "사유재산제도를 부인하고 진주 지방에서의 공산주의운동의 통일 지도, 확대 강화를 목적으로 한 이른바 중앙부中央部라는 비밀결사 조직을 결의하고, 활동부서로 노동위원회, 농민위원회, 학생협의회의 각 건설부를 두고, 노동자, 농민, 학생 간에 세포단체를 조직하고자 수차례 회합 협의했다"고 하였다.

그 가운데 진주농업학교 생도인 나카오 마사루中尾勝 등은 비밀결사 독

---

96 「토요연구회사건 판결(확정)」, 고등법원검사국 사상부, 『사상월보』 제2권 12호, 1933. 3.

서회를 조직하고, 사회과학에 관한 서적을 구입, 회람하고 의식 향상을 꾀할 것, 동지 획득에 힘쓸 것을 합의하여 수차례 회합했다고 하였다. 치안유지법 제1조 제2항이 적용되어 징역 3년에서 1년까지 선고되었다. 나카오는 징역 1년이었는데 "전도 유망한 청소년으로 본 건 범행을 한 것은 모두 다른 사람의 유혹에 의한 것으로 아무런 전과도 없고 사상 전향할 뜻이 현저하다"고 하여 집행유예 3년을 선고했다.[97]

고등법원 검사국 사상부의 『사상월보』 제10호(1932.10)에는 관동청 고등법원 복심부의 「여순공과대학 적화사건, 케른협의회 사건」의 판결문이 게재되어 있다. 이것은 1930년 6월 27일 관동청 지방법원이 여순공과대학 적화사건에 대하여 "사상연구조직을 확대하여 마르크스주의 연구에 관한 편의와 보급을 꾀하고 노동운동으로 실직하거나, 검거된 사람들 및 가족의 구원자금 모금 신청을 협정한 데에 그쳐, 이 회의에 대해 즉시 치안유지법의 국체 변혁 또는 사유재산제도 부인 목적으로 결사를 조직하고, 혹은 그 실행을 선동했다고는 인정할 수 없다(6.27, 『만주일보』에 게재된 판결요지)"고 하여 무죄 판결을 내린 것에 대해 검찰이 항소한 것이다. 1931년 4월 20일 관동청 고등법원 복심부의 판결은 다음과 같이 우선 '전만주학생연맹회 설립 준비회' 조직을 인정했다.

현시의 자본주의 사회 조직은 계급투쟁의 결과 변혁될 것이며 모든 생산기관은 자본가의 사유에서 무산계급의 수중으로 돌아가야 한다고 생각하고……이 연구회가 우리나라 공산운동의 일익으로 참가함으로써 동 주의의 이론과 실천을 통일시키고 또한 그 투쟁을 위한 전략 전

---

97 「조선공산주의자 진주협의회사건」, 고등법원검사국 사상부, 『사상월보』 제3권 7호, 1933.10.

술 문제를 탐구하고 연구회를 만들어 하나의 행동단체, 즉 마르크스주의 체현 단체로 할 것을 기하기 위해, 즉시 구체적 행동으로 옮길 것을 협의하고……사유재산제도를 부인할 것을 목적으로 한 결사를 조직했다.

나아가서 케른협의회 결성에도 관여했다고 하여 히로세 스스무廣瀨進에게 치안유지법 제1조 제2항을 적용하여 징역 2년을 선고했다. 전만주학생연맹회 설립 준비회 조직에 관여했다고 간주된 사토 가즈오佐藤一雄, 다나카 마사미田中貞美, 히데지마 요시오秀島嘉雄 등도 제1조 제2항을 적용하고 모두 금고형을 선택하여 1년 6월부터 1년 2월을 구형했다.

또한 사쿠라이 게지櫻井圭二, 데구치 시게나오出口重治 등에 대해서는 케른협의회 등에 참가했지만, 모두 국체를 변혁할 의사는 물론, 사유재산제도를 부인할 의사를 인정하기 어렵고, 단순히 피고인 히로세 스스무廣瀨進 등, 또는 마쓰다 유타카松田豊 등에게 이끌리어 마르크스주의 지식을 얻고자 한 데에 불과하다고 인정하는 것이 타당하다고 하여 무죄를 선고했다.

아마도 조선이라면 무죄 판결이 될 리가 없고, 또한 금고형의 선택도 이루어지지 않았을 것이라고 추측된다. 관동청재판소에서는 치안유지법 적용이 그 조문에 의거하여 엄밀하게 이루어졌던 것은 아닐까?

협의(제2조)의 적용

일본 국내의 치안유지법 적용은 국체 변혁=제1조 제1항으로 수렴되고 제2조 이하의 적용은 극히 적었다. 이와 대조적으로 조선에서는 1933년까지 누계로 제2조(협의)는 6.3%, 제3조(선동)은 3.1%라는 수치이다(표 7 참조). 1933년에 협의는 10.2%에 달하여 결코 적은 수치가 아니다. 이 협의죄, 선동죄가 활용된 것이 1930년대 전반 조선에서의 치안유지법 위반 사건 판결의 두 번째 특징이다.

    1932년 3월 2일 경성지방법원의 판결에서는 피고 나영철羅英哲이 지인에게 현재 사회는 유산, 무산의 두 계급을 낳고, 그 현격한 불공평이 극심하다. 이러한 불공평은 공산제도의 실시에 의해서만 비로소 제거할 수 있는 것임을 말하고, 동 주의의 선전에 노력하는 등, 공산주의적으로 지도 교양해 온 행위는 조선에서 공산제도를 실현하겠다는 목적 하에, 그 구체적 실천을 협의한 것이라고 하여 징역 2년을 선고했다.

    이 사건의 피고 홍종언洪鐘彦에 대해서는 "이종림李宗林으로부터 우리는 조선에서 사유재산제도를 타도하고, 신속히 공산제도의 사회를 건설하기 위해 운동하지 않으면 안된다. 그를 위해서는 하나의 조직체를 구성하여, 단체의 힘으로 하는 것이 좋은 방책이다"는 말에 공명하여, 나영철과 함께 야체이카를 조직하고, 앞으로 동인의 지도를 받아 공산주의운동을 할 것을 승낙했던 것을 협의죄에 해당한다고 하여 징역 1년 6월의 형량을 부과했다.[98]

    3월 25일 정우상鄭遇尙에 대한 경성지방법원 판결은 현 사회제도를 공산제도 사회로 변혁하기 위해 결사 조직의 준비단계로 지금……공산주의 선전에 힘쓰고, 대중 획득을 위한 운동에 매진할 것을 협의하였다고 하여 제2조를 적용하여 징역 2년을 부과했다.[99]

---

98 「羅英哲 외 6인 치안유지법 위반사건 판결문」, 김경일 편, 『일제하 사회운동사자료집』 제6권.
99 「鄭遇尙 외 4인의 판결문」, 김경일 편, 『일제하 사회운동사자료집』 제6권.

1934년 11월 19일 청진지방법원의 황도흠黃道欽, 황갑룡黃甲龍에 대한 판결의 첫번째 이유는 다음과 같은 것이다.

결사 조직은 결국 경찰에 발각, 검거될 우려가 있을 뿐 아니라, 주의운동의 절대적 요건이 아니므로, 결사를 조직하는 것은 마지막 과업으로 삼고 당면의 활동으로서는 우선 …… 노동자 농민층에서 의식분자를 물색, 획득하여 이들과 직접 마주하여 말로 공산주의적 의식을 주입, 훈련하여 교양을 펴나가면서 그 운동 전선을 전 조선으로 확대하고, 적당한 시기가 도래하면 비밀결사를 조직하여 점차 소기의 목적을 달성할 것을 협의했다.

또한 두 사람이 근무하는 유지油脂회사의 공사 임금이 너무나 낮은데, …… 임금 인상을 요구하고 응하지 않을 때에는 일제히 동맹파업을 감행하여 완강히 그 주장을 관철해야 하지만, 만일 회사 측에서 이를 받아들이지 않을 경우에는 회사 구내에 설치된 가스 탱크를 폭파하여 공장건물을 손괴하여 복수할 뜻을 말한 것을 판결의 두 번째 이유로 들었다.

첫 번째가 협의죄, 두 번째가 재산에 해를 가하려는 범죄를 선동한 것으로 제4조(소요, 폭행 등 선동, 징역 10년 이하)에 해당한다고 하고, 양형은 제4조에 의해 모두 징역 1년 6월, 집행유예 5년을 부과했다.[100]

이상과 같은 판결과는 별도로, 협의죄 적용을 요구한 경찰의 「의견서」나 검사의 「예심청구서」를 확인할 수 있다. 1934년 12월 4일, 피의자 허균許均에 대해 경기도경찰부 다카무라 마사히코高村正彦가 경성지방법원 검

---

100 「黃道欽 외 1인의 판결문」, 김경일 편, 『일제하 사회운동사자료집』 제7권.

사정에게 보낸 「의견서」는 좌익여성운동에 광분하고 있는데, …… 비밀결사 적색노동조합을 결성하고자 의도하여 그 무렵 취업하고 있던 경기도 고양군 숭인면 신설리 서울고무공장 내에 동지를 획득하여 공장 그룹을 결성했다. 이를 점차 상부조직으로 발전시키고, 또한 노동대중에게 실천투쟁을 통한 혁명의식을 주입, 교양하고자, …… 파업 직공의 단결을 공고히 하여 어디까지나 자본계급과 투쟁을 계속하여 목적관철을 기하고자 협의한 것이 치안유지법 제2조에 해당한다고 하여 기소 의견을 첨부했다.

이어서, 허균(許均)의 「예심청구서」는 12월 13일, 경성지방법원 검사에 의해 경성지방법원 예심계에 제출되었다. 거기에는 장래 조선의 공산화를 목적으로 하는 결사 적색노동조합을 조직하지 않으면 안된다는 점, 그리고 그 준비 공작으로 당시 피고인이 근무하고 있던 서울고무공장의 직공을 공산주의적으로 지도 교양하여 우수분자를 획득하고, 공장 그룹을 결성한 다음, 동맹파업 등 실천투쟁을 거쳐 이를 확대 강화할 것을 협정하고…… 이로써 조선의 공산화를 목적으로 하여 그 목적을 위한 사항 실천에 관해 협의했다고 하고 있다.[101]

▎ 선동(제3조)의 적용

협의가 특정 인물과 특정 사항에 관한 논의인데 대하여 선동은 불특정 다수에게 특정 사항을 부추겨, 행동을 유도하는 것이다. 1931년 1월 28일 전주지방법원은 양판권(梁判權) 등 두 명에게 치안유지법 제3조를 적용하여

---

101 『治安維持法違反: 權榮台外三十三名訊問調書』 1934, 국회도서관 소장.

징역 1년 6월 등을 선고했다. 판결문에는 "현대사회의 결함은 유산계급에게 이익을 착취당하고, 무산계급은 비참한 상황에 있는 것이다. 이를 구제하기 위해서는 모름지기 사유재산제도를 전복하여 공산제도를 실현하는 데에 있다고 교시하고……그 목적 수행을 위해 실행 행위를 선동했다"고 하였다(「독립운동판결문」).

10월 3일 대구복심법원은 18세의 학생인 박병두朴炳斗에게 징역 6월, 집행유예 3년을 부과했다. 재학한 학교에서 학교맹휴나 시위행진을 계획하고 친구들에게 "크게 공산주의연구를 하지 않으면 안 된다. 지금은 자본주의 제3기의 단계로 이미 몰락과정을 거치고 있다. 앞으로 점점 주의 연구를 하여 현 사회제도를 부인하고, 공산주의 실현 달성을 기해야 한다"고 권유하고, 그 실행을 사주 선동했다는 것이다(「독립운동판결문」).

1933년 3월 27일, 경성복심법원은 피고 이학규에게 치안유지법 제3조를 적용하여, 징역 1년 6월의 판결을 내렸다. 대포大浦노동조합이나 대포어업조합을 설립한 이학규는 "조합원은 단결이 가장 중요한데, 너희들이 단결 관념이 부족한 것이 매우 유감스럽다. 러시아는 공산주의를 실행하여 빈부의 구별 없이 평등한 생활을 하고 있지 않은가? 우리도 강하게 단결하면 장래 반드시 빈부의 구별 없는 평등한 생활을 할 수 있을 것이다"라고 호소한 것이, 경제적 투쟁 및 정치적 투쟁 의식을 어민 대중에게 주입하고, 이로써 사유재산제도를 부인하고, 공산제도 실현을 꾀할 목적 실행의 선동에 해당한다고 규정했다.[102]

이상의 사례는 선동 대상이 불특정 다수이지만, 친동생에 보낸 편지가 선동죄에 해당한다는 판결도 있다. 1931년 10월 25일 대구복심법원의 피

---

102 「李鶴奎 판결문」, 『일제하사회운동사 자료총서』 제10권.

고 원정상元正常에 대한 판결에서, 징역 1년 6월이 부과되었다. 편지 내용은 다음과 같은 것이다.[103]

> 우리 조선 동포는 굶주림을 견디기 어려워 남북으로 떠돌고 있는 이때, 50여년의 역사를 갖고 대대손손 지켜온 산하山河와 토지는 놈들의 손에 빼앗겼을 뿐 아니라, 소작권까지도 보장받지 못하고 굶어 죽는 기로에 서게 되었고, 놈들은 활동하는 정의로운 사람을 치안유지법, 제령 위반 등의 악법으로 철창으로 끌어가고, 그 귀중한 생명을 빼앗고 있다. 그러나 사회의 진화는 놈들의 억압으로도 저지할 수 없는 것이다. 진리는 어디까지나 진리이다. 진리를 무시하는 자는 필연적으로 몰락한다. 신사회는 건설되고야 말 것이다.

이에 더하여, 친동생에게 『전기戰旗』나 마르크스주의에 관한 서적 몇 권을 보낸 것이 사유재산제도 부인에 관한 사상을 고취하고, 이로써 그 목적을 위한 사항 실행을 선동한 것이다. 노동운동에 종사하고, 일찍부터 조선총독 정치에 불만을 품고, 자본가 및 노동자 계급을 철폐한 사유재산제도를 부인하는 공산주의 사회 실현을 열망하고 있다고 하여 일상의 언동이 감시되고 있는 가운데 친동생에 보낸 편지가 표적이 된 것이다.

---

[103] 「최근 전선(全鮮)치안유지법 위반확정판결집」, 『사상월보』 9, 1931. 12.

반제동맹에 대한 탄압

치안유지법 위반 검거자 수, 검사국의 수리 인원이 1932년에 급증하여 절정에 달하는 것은 일본에서도 같은 양상을 보이는데, 만주사변 후 사회상황의 변화가 크게 작용하고 있다. 이와 관련하여 치안유지법 위반사건 판결에서 반제운동에 대한 탄압이 현저해지는 것이 조선 치안유지법 위반사건 판결의 세 번째 특징이다.

1932년 3월 1일 『조선신문』은 「반제동맹 전 조선적으로 결성? 전 지검 검거 빈발」이라는 제목으로 보도했다. 그 선구이자 대표적 사건이 경성제국대학 반제동맹사건이었다.

1931년 9월 만주사건 발발과 동시에, 조선의 최고학부인 경성제국대학을 비롯하여 동 예과, 그 외 내선內鮮 학생 공산분자에 의해 학내 반제동맹이 조직되어, 반제격문 산포 등, 실로 실행 운동으로 착수하려는 상황에서 마침내 적발하여, 26일에 경성 본정경찰서에 의해 일제 검거가 단행되었다.[104] 11월 5일, 신현중慎弦重, 이치가와 아사히코市川朝彦 등 피의자 50명이 경성지방법원 검사국에 송치되었다. 16일에는 그 중 21명이 경성지방법원에 예심 청구되고, 29명은 불기소가 되었다.[105] 1932년 8월 15일, 예심이 종결되고, 19명이 공판에 회부되었다. 일본인 3명이 포함되었다.

예심종결 결정서는 전문이 『조선통신』에 게재되었다.[106] 「이유」의 첫 부분에서 피고의 경력 기록란에 이치가와 아사히코에 대해 일본국내에서

---

104 「反帝同盟事件豫審終結」, 『朝鮮新聞』, 1932.8.16
105 「反帝同盟事件21名けふ起訴」, 『朝鮮新聞』, 1931.11.17.
106 『조선통신』, 조선통신사, 1932.8.17~9.5.

마르크스주의 연구 열기가 높았을 때 "엽기적인 기분에 이끌리고, 본래 그 품성이 철학적 사색에 흥미를 갖고 있는 데에 기인하여 마르크스주의 문헌을 섭렵 연구하게 되었다"고 하고 있다. 「범죄사실」의 두 번째는 신현중愼弦重, 이치가와 아사히코市川朝彦, 조규찬曺圭瓚 은 경성제국대학 내의 종래 독서회를 바꾸어 조선○○ 및 조선에서의 사유재산제도를 부인하고, 공산주의제 사회 실현을 목적으로 한 성대 반제부城大反帝部를 결성할 것을 숙의하고, 그 후 제1, 제2학년 독서회 회원과 조직 제안에 대해 협의했다고 한다. 1932년 8월 16일, 『조선신문』은 「연구하다 맹신盲信으로 나아가, 두려워할 만한 첫걸음」이라고 보도했다.

경성지방법원의 공판(재판장 야마시타 히데키山下秀樹, 입회검사 사사키 히데오佐佐木日出男)은 11월 5일에 개정, 4회의 심리를 거쳐 14일에 판결이 이루어졌다. 우선 "공산주의자의 대량적 검거와 공판 정황, 계속되는 경제계의 불황에 기인하는 비참한 사회현상에 대한 신문 잡지의 특필적 보도가 순진한 청소년의 호기심을 자극하여 공산주의 문헌 섭렵의 단서를 만들었다. 그리고 일반청소년 사이에 이른바 좌경문헌을 손에 들고 절반만 이해한 공산주의 이론을 입에 올리는 것이 오히려 신사상의 소유자로 생각하는, 일종의 허풍조차 느끼게 하는 기운이 사회에 팽배하게 되었다"고 학생과 청년층의 마르크스주의 열기를 언급한다. 신현중에 대해서, "현 사회에서 여러 폐단의 근원은 오로지 사유재산제도에서 배태된 것이라고 하여 이러한 제도를 부인하고 압박 착취 없는, 모두 평등한 사회제도의 실현을 주장하는 공산주의가 아니면 인생의 공존 공영은 기대할 수 없다고 사유했다. 이 주의에 공명하고, 또 1930년 말경 공산주의적 민족해방론을 알게 되어 조선 독립을 희망하게 이르렀다"고 한다. 이치가와의 「범죄사실」은 반제운동을 공산주의운동의 중심축이라고 생각하고 반제회를 경성부내의 각 학교에 조직하고 더욱 이를 통제하는 조직체로 「반제동맹 경성도시학생협의회」를 결성해야 한다는 기운을 조성하고자 그 준비회 조직을 제안했다고 한다.

이에 대해서 치안유지법 제1조 제1항 전반과 제2항, 제3항(결사조직 미수죄)을 적용하여 전원에게 유죄를 선고했다. 신현중은 징역 3년, 이치가와와 조규찬은 징역 2년에 집행유예 3년이 부과되었다. 전체적으로 양형은 가벼운 편이었다.

이 판결문은 사상적 범죄를 처단하는 의미에 대해 다음과 같이 상세히 설명하고 있다.

> 만일 본 건과 같이 국가의 기본을 파괴하고, 경제조직을 근본적으로 변혁할 것을 기도하는 따위의 사상적 범죄는 국가가 그 생존의 필요상, 엄벌로 처단하고, 범인 개인의 근신을 요구함과 함께, 장래에 그런 종류의 위험 발생을 미연에 방지하는 것이 필요하다. 특히 구미제국과 같이 흥망이 영원하지 않은 국가들에서 보이는 국가의 병합·분리 사례와는 전혀 그 취지가 다르고, 조선민족의 복지와 동양 영원의 평화 확보를 위해 명치성제明治聖帝가 단행한 일한병합의 사실에 대하여, 단지 한 조각의 감정론으로 코민테른의 식민지 적화정책에 이용당하여 무비판적으로 그 분리를 도모하려는 행동을 취하는 자가 많은, 특수하고 변형된 조선의 공산운동에 대해서는 그 필요성을 통감한다.

이 처단이 합리적이고, 사회적 위협이 필요하다는 것을 전제로 하여 "범인이 실로 그 잘못을 뉘우치고, 장래 재차 동종의 범행을 저지를 위험이 없다는 것이 명백해진다면, 관용의 태도로 임하는 것이 단지 범인 개인을 위해서 뿐 아니라, 국가 백년의 이익이라고 믿는다"고 하여 양형을 가볍게 하는 것이나 집행유예를 조건부로 하는 점에 대해 언급한다. 징역

1년을 선고한 두 명의 피고에 대해서는 "그 사상이 무엇보다 유치하고 단순히 하급 좌익문헌 몇 권을 읽고 막연히 공산주의에 공명한 데에 불과하다"고 하였다. 집행유예를 부과한 이유에 대해, 깊이 반성해서 과거의 행위에 대한 잘못을 깨닫고, 당 재판정에 임하자, 모두 앞으로 결코 이러한 경솔한 행동을 하지 않겠다는 뜻을 믿을만하게 맹세한 점을 들었다.

이치가와의 양형에 대해서는 유치 중에 "부모님에 대한 사랑, 스승에 대한 사랑 등이 용솟음쳐, …… 이론의 시비는 별도로 하고 일 개인으로서는 마르크시즘 극복이 가능하다"고 한 점 등을 고려했다고 한다.[107]

또한 재판장 야마시타 히데키는 『동아법정신문東亜法政新聞』 제257호(1932.12.5)에서 "본건은 내선인內鮮人을 포함하여 세 그룹이 일체가 된 점에서 종전의 반도의 사상사건과 현저히 다르다. 피고인들은 시종 전향을 표명하고, 맹세를 했지만, 과연 진의일지, 마음 속까지 꿰뚫는 것은 재판관도 불가능하다. …… 재범의 우려가 없다고 확신하며, 학도의 장래를 생각하여 특별히 관대한 처분을 했다"고 하였다. 그리고 "① 주의에 대해, 스스로도 파악하지 못하는 맹신자에게는 타당하지 않음을 깨닫게 하였고, ② 이론 구성만으로 유토피아 몽상을 기도한 자에게는 이론으로 모순 관념을 대립시켰다"고 하였다.

1933년 12월 22일 대구지방법원 판결에서는 피고인들이 1931년 9월, 농민운동 및 반제동맹을 일으키기 위해, 비밀결사를 조직할 것을 모의하고, 영주榮州공산주의자 협의회라는 비밀결사를 조직하고 동지 획득을 위해 활동했다고 하여, 징역 3년에서 2년 6월을 부과했다(「가출옥」). 1934년 11월 13일 평양지방법원 판결은 중국공산당 상해 한인지부의 지

---

107 이상 「城大反帝同盟事件判決」, 고등법원검사국 사상부, 『사상월보』 제2권 9호, 1932.12.

도하에 이른바 제국주의에 반대하는 조선인 집단인 상해한인반제동맹을 조직하고, 활동한 것으로, 징역 5년을 선고했다(「가출옥」).

1934년 12월 20일, 경성지방법원은 조선반제동맹 경성지부 조직사건에 대해, 와다 겐지和田獻仁 등 일본인 3인을 포함한 8인에게 징역 4년에서 1년 6월까지의 판결을 내렸다. 『사상휘보』 제2호(1935.3)의 「사실개요」에 의하면 "소화昭和7년(1932) 4월 이래, 경성에서 조선의 독립 또는 공산화를 목적으로 하여 조선반제동맹, 또는 적색노동조합을 조직할 것을 협의하고, 오르그 연구회를 조직했다"고 한다. 검사국이 수리한 인원은 44명이고, 1934년 3월 31일에 예심이 종결, 9명이 공판에 회부되었다(1인은 분리).

「범죄사실」의 첫 번째는 조선에서의 사상운동은 모름지기 반제국주의적 색채를 띠지 않을 수 없지만, 종래의 운동은 상부조직을 중시하여 자칫하면 파벌투쟁에 빠져 실패하기 때문에, 장래에는 학생, 노동자 등 대중에 기초한 하부조직에서부터 시작하여, 조선의 독립 및 공산제도 실현을 목적으로 하는 조선반제동맹 결성으로 이행시킬 것, 그 준비를 위해 먼저 각자 동지 획득에 힘써야 한다는 뜻을 토의·결정하고, 국체변혁과 사유재산제도 부인 목적 실행을 협의했다고 하였다. 두 번째는, 조선반제동맹 조직 준비로 공장 방면 독서회의 지도권을 갖는 조직을 결성하고자 한 것으로(미수), 치안유지법 제1조 제1항 전반의 미수죄에 해당한다고 하여 이것을 형량으로 적용했다.

농민조합에 대한 적용

조선공산당 및 고려공산청년회의 재건운동을 봉쇄하는 단계에서 치안당국은 새로운 공산주의운동이 학생운동으로 진출함과 더불어, 노동운동과 소작쟁의로 파고드는 것에 대한 경계를 강화했다.[108] 그 대응으로 농민조합과 노동조합이라는 합법단체 운동을 치안유지법으로 처벌할 수 있는 논리를 개발하여 특히 만주사변 이후에 활용해 나갔다. 이것이 조선의 치안유지법 위반사건 판결의 네 번째 특징이다.

1933년경부터 당국의 단속방침은 합법적인 단체·운동으로 확대해 나갔다. 2월 21일자『중앙일보』가「좌익 연극의 핵심체, 무산예술동맹 조직, 표면에서는 합법운동」, 12월 9일자의『조선중앙일보』가「비밀결사조직 합법운동에서 비합법으로의 전환」을 보도한 점에서 그 일면을 엿볼 수 있다.

1931년 2월 28일 수원경찰서장이 경기도경찰부장과 경성지방법원 검사정에게 보낸「비밀결사 적색농민조합 조직계획사건 검거에 관한 건」은 최근 조선 내의 공산주의운동의 현저한 특이성으로, 종래와 같이 도시 중심주의 공산운동에서부터 점차 그 주력을 지방 농민층에 대한 공산주의화로 전화, 이행하는 경향이 있다고 지적하고, 관내 소작쟁의가 격화하는 배경에 주의자의 조직이 관여하고 이를 지도하고 있다고 추측했다. 따라서 관계자를 대상으로 상당한 취조(고문으로 추측됨)를 한 결과, 별동 단체로 적색(좌익)농민조합이라는 비밀결사를 결성했음을 적발했다고 하였다. 그래서 관계자 7인 중 4인에게 기소의견을 붙여 검사국에 송치한다는 것

---

108 조선총독부 법무국,『朝鮮独立思想運動の変遷』, 1933. 11.

이다.[109]

8월 경찰부장 회의에서는 지시 주의사항의 네 번째로 「좌익운동의 단속에 관한 건」을 들었다.[110]

> 앞으로는 오로지 노동조합, 농민조합 등을 통해 무산대중 획득에 힘쓰려 하고 있으며, 이미 지방에 따라서는 농민조합의 적화를 기도하거나, 적색노동조합을 비밀조직으로 하여 점점 운동 확대와 강화를 꾀하고 있다. 이런 정세가 진행되면 장래 반드시 우려할 사태를 야기할 것으로 생각되므로 좌익운동의 동향에 대해서는 세심한 주의를 기울이고 비합법적 운동에 대해서는 원칙으로 초기에 강력한 탄압을 가해야 할 것 같다.

농민조합 적화나 비밀결사 「적색노동조합」의 조직화 경향에 주의를 촉구하고, 초기에 탄압할 것을 지시하고 있다. 1932년 1월 7일 수원경찰서장이 경기도경찰부장, 경성지방법원 검사정에게 보낸 「비밀결사 적색농민조합 조직 계획사건에 관한 건」은 그 실천이라고 할 만한 보고이다. 피의자 남상환南相煥 등은 공산주의혁명으로 이끌기 위해 빈농층 자제를 대상으로 무산無産 교육을 실시하고, 혹은 사상단체와 연계하여 표면 운동을 통하여 혁명의식을 교양 훈련하는 등 노력하였던 것인데, 그것이 곤란하다고 판단하자, 오로지 농민운동에 주력하여 비합법적 적색농민투쟁 전개로 운동방침을 전환했다고 한다. 적색농민조합 조직이나 소작쟁의 실천

---

109 「秘密結社赤色農民組合組織計劃事件檢擧に關する件」(1931. 2. 28), 김경일 편, 『일제하 사회운동사 자료집』 제4권.
110 국가기록원, 「도 경찰부장회의 서류」.

을 했다는 것이 치안유지법 제1조에 해당한다고 하였다. 표면운동에서 비합법적 적색농민투쟁으로 전환하는 것을 범죄로 단정한 이 사례는 이후에 빈번히 활용되었다.

사법당국은 각지의 농민동맹이 농민조합으로 전환한 것을 공산주의운동의 농민운동 진출로 간주하고 대규모의 탄압을 거듭했다. 그 대표적인 것이 정평定平농민조합사건이다. 함흥지방법원 검사국이 수리한 인원은 169명(1931.6.25), 기소 73명, 공판에 회부된 사람이 59명이다. 1932년 12월 9일 함흥지방법원 판결이 내렸다(판결문 불명). 그로부터 1년 뒤인 1933년 12월 14일, 54명이 항소한 경성복심법원 판결에서는 "조선에서 사유재산제도를 부인하고, 공산주의 사회제도를 실현시킬 목적으로 정평농민동맹을 개편 조직하고, 그 가면 아래서 결사를 조직할 것을 기도……종전의 농민동맹을 해소하고, 새롭게 정평농민조합을 조직함과 동시에 그 이면에서 앞서 제시한 목적을 위한 결사를 조직했다"고 하였다. 치안유지법 제1조 제2항 전반을 적용하여 징역 6년에서 2년까지를 부과했다.[111] 가면 아래서와 그 이면裏面에서라는 수식어를 사용하여 농민조합을 비밀결사로 간주하는 방식을 확인할 수 있다.

이보다 앞선 1933년 4월 두 건의 경성복심법원 판결도 거의 같은 논리이다. 1일의 안종철安鍾哲의 판결에서는 홍원洪原 농민조합이 표면 공개된 단체이지만, 이면에서는 사유재산제도를 부인하고, 공산주의 사회 실현을 목적으로 결성한 것임을 알고 이 조합에 가입하고 야학을 개최하여 프로 칼Proletarian culture운동을 행한 점, 삼림·축산 양 조합비의 납부 거부를 선동할 것을 결정한 것이 치안유지법 제1조 제2항에 해당한다고 하여

---

111 「定平農民組合事件判決」, 고등법원검사국 사상부, 『사상월보』제3권 제10호, 1934.1.

징역 2년을 부과했다.[112]

　4월 26일 김문환金文煥에 대한 판결에서는 정평농민조합이 이면에서 사유재산제도 부인을 목적으로 한 단체임을 알면서 가입하고, 야학의 이름으로 청소년을 모으고 공산주의 의식을 교양하여 동지를 획득하고, (정평농민조합 - 인용주) 장원長原 지부의 운동을 재흥시킬 것을 모의, 격문을 배포한 것이 치안유지법 제1조 제2항에 해당한다고 하여 징역 3년을 부과했다(「가출옥」).

　1933년 7월 10일 경성복심법원 판결은 전정관全政瑁에게 징역 5년을 부과하고 있다. 북청지방에 공산주의 사회 건설을 목적으로 한 결사를 조직한 것, 이를 위해 표면 합법운동을 가장하기 위해 북청농민조합 활용(「독립운동판결문」)을 도모했다는 것을 들었다.

　단천端川 농민조합 협의회 사건은 검사국이 수리한 인원이 220명, 기소 75명, 공판에 회부된 인원이 71명에 달하는 대규모이다. 1933년 5월 31일 함흥지방법원의 예심이 종결하고, 판결이 선고된 것은 10월 6일이다. 판결에서는 "단천농민동맹은 무산 농민 외에 유산계급인 지주, 그 외도 혼입되어, 활발한 운동을 할 수 없으므로 지주 등을 배제하고 순 무산 농민을 조직의 본체로 하는 조합으로 개조할 것을 협의하고, …… 합법적 개량주의를 배제하고 농민대중의 혁명적 진출에 의해 조선에서 사유재산제도를 부인하고, 공산주의제 사회 건설을 목적으로 단천농민조합의 이면에서 결사를 조직하고 합법단체라는 가면 하에 이를 적극적으로 적화할 것을 기도했다"고 하였다. 치안유지법 제1조 제2항에 해당한다고 하여 징역 7년에서 1년까지를 구형했다.[113]

---

112 「安鍾哲 판결문」, 『일제하사회운동사 자료총서』 제8권.
113 「端川農民組合協議會事件」, 고등법원검사국 사상부, 『사상월보』 제3권 제8호,

1934년 6월 22일 양양襄陽군 농민조합사건에 대한 함흥지방법원 판결에서 "피고 등은 합법단체인 이 조합의 이면에서 마르크스주의로 교화, 지도하고 공산주의 의식이 조합원 사이에 침투되는 것을 기다렸다가 이를 적색농민조합으로 개조하고자 기획했다"고 한다(치안유지법 제2조(협의)와 제3조(선동)에 해당, 유죄 36인, 징역 4년에서 2년).[114] 또한 7월 12일 적색영흥농민조합원 폭동사건에 대한 경성복심법원의 판결에도 영흥농민동맹은 영흥농민조합으로 개칭하고 이를 합법적 가면 단체로 삼아 그 이면에서라고 하였다.(치안유지법 제1조 제1항 전반부, 제2항에 해당, 소요, 방화, 건조물 훼기 등과의 병합죄로 유죄 20명, 징역 12년에서 2년(치안유지법만))[115]

▍합법적 가면 단체의 처단

합법적 가면단체로서, 그 이면에서라는 논법은 농민운동을 처단하는 데에만 그치지 않았다. 여러 가지 사회운동도 처단 대상이 되었다. 1933년 5월 15일 현초득玄初得 등 5인에 대한 경성복심법원의 판결은, 신간회 및 청년동맹 등 해소 후에 사상운동을 주도할 기관이 없어서, 표면을 합법단체처럼 위장하고 이면에서 공산운동을 하고자 중평仲坪청년회를 조직하고, ○○청년 남녀에 대해 공산주의적 교양을 펴고, 공산운동의 투사를 양성하기 위해······당해 청년회 창설대회를 개최하여 그 조직을 완성할 것을

1933. 11.
114 「조선사상사건 판결-襄陽郡農民組合事件」, 고등법원검사국 사상부, 『사상월보』 제4권 제6호, 1934. 9.
115 「조선사상사건 판결-赤色永興農民組合員暴動事件」, 고등법원검사국 사상부, 『사상월보』 제4권 제5호, 1934. 8.

협의했다고 하여 징역 3년을 부과했다(「독립운동판결문」).

1934년 8월 13일 경성복심법원 판결은 신간회 홍원洪原 지회의 명의로 이를 표면단체로 하고 그 이면에서 조선을 일본제국의 굴레에서 이탈시켜, 우리 국체를 변혁할 것을 목적으로 한 비밀결사를 조직했다고 하여 피고 35명에게 징역 7년에서 2년 6월까지를 부과했다(「독립운동판결문」). 또한 8월 28일 청진淸津지방법원은 「경원慶源 공산청년회」를 비밀결사로 보고, 군郡 내에 무산 청년 중에서 의식분자를 물색 지도하여 「야크」 또는 외곽단체를 결성함과 함께, 이미 설립된 표현단체 안에 플랙션을 결성, 지도한 점, 소년훈련을 위해 조기회, 야학회 등을 실시할 것 및 소작쟁의, 노동쟁의 등을 선동하여 무산주의 의식 앙양에 노력할 것 등을 결의한 것이 치안유지법 제1조 제2항에 해당한다고 하였다. 양형은 군기보호법 위반을 추가하여 징역 7년이 되었다(「가출옥」).

더욱 10월 26일 오기수吳麒洙 등 3인에 대한 대구지방법원 판결에서는 의성義城 체육회의 적화에 힘씀과 동시에 이 독서회 회원인 김두칠金斗七, 문소준文小俊 등에게 의성노동친목회 조직을 맡겨 표면적으로는 조선 고래의 계契로 위장하고, 비밀리에 각 관공서의 말단 직원과 지방 근로자인 청소년을 모아, 주의 보급 및 동지 획득을 목적으로 하도록 했다. 그리고 적색독서회 하부에 이들 단체를 두기로 했다고 하여 치안유지법 제1조 제1항 전반을 적용하여 징역 5년을 부과했다(「독립운동판결문」).

1930년대 전반, 공산주의운동은 비합법운동으로 전면 봉쇄되어 합법운동으로서의 활동영역이 축소된 상황이었다. 그조차도 치안당국은 가면, 가장, 또는 이면에서라는 논리를 동원하여 가차없이 치안유지법을 적용해 나갔다.

조선공산당 재건운동에 대한 적용

검열 통제 하의 각 신문은 당국 발표에 입각하여 치안유지법 위반사건을 보도했는데, 1930년대 전반에는 「조선공산당 재건」이라는 제목이 자주 등장한다. 예를 들면, 일본어 신문만 해도 다음과 같다.

기사명	신문명	일자
조선공산당 재건운동 폭로, 대구서의 대검거, 각방면에 걸쳐 망동한 일당 朝鮮共産黨再建運動の暴露, 大邱署の大檢擧, 各方面に亘り妄動せる一味	조선 신문	1932. 7.10
조선공산당 재건, 당국의 철저한 탄압, 사상적 유희 박멸(사설) 朝鮮共産黨再建, 当局の徹底的彈壓, 思想的遊戲の撲滅	조선 시보	1932. 12.25
조선공산당 재건투쟁 협의회 검거, 일본공산당의 지원을 받아 암약하는 노동계급자 일파, 잇달아 잠입하다. 朝鮮共産黨再建鬪爭協議會の檢擧, 日本共産黨の支援を受け, 暗躍を圖る勞働階級者一派, 相次いで潛入す	조선 신문	1933. 4.21
극히 교묘한 조직화, 조선공산당 재건사건, 김천 군을 근거로 한 경북 농촌 세포조직, 중앙과 서로 호응하여 매우 교묘한 조직 巧智を極めて組織化 朝鮮共産黨再建事件 金泉郡を根據とする慶北農村の細胞組織 中央と相呼応して 巧妙を極めたその組織	조선 신문	1935. 12.24

거의 1932년 중반까지 조선공산당·고려공산청년회와 직접 연결되는 재건운동은 차단되었지만, 그 후에도 당과 청년회를 연결하는 공산주의 조직 재건에 대한 시도는 계속되었다. 또한 치안당국이 억지로 당·청년회 재건운동으로 규정하여 처벌하는 경우도 생각할 수 있다. 이것이 치안유지법 위반사건 판결의 다섯 번째 특징이다.

고등법원 검사국 사상부 『사상월보』, 『사상휘보』 권두의 「조선 중대 사상사건 경과월표」 중에는 재건운동 관계사건이 다수 게재되어 있다. 1934년 5월 『사상월보』 제4권 제2호를 예로 들면, 45건 중 8건에 이른다.

표 12 조선공산당 재건운동 사건 일람

사건명	검사국명	수리인원	기소인원	공판회부
조선공산당재건준비위원회 사건	경성	246	80	60
조선공산당재건설협의회 사건	경성	32	8	3
조선공산당공작회 사건	경성	17	5	-
조선공산당재건설투쟁협의회일본출판부 사건	경성	48	10	-
조선공산당재건설준비회경의선조직위원회 사건	평양	34	8	-
국제공산당관동국의 지도하는 당재건운동 사건	신의주	16	2	-
조선공산당재건 전남동맹 광양지부 등 조직사건	순천	28	11	-
조선공산당 재건운동 사건	전주	216	45	42
조선공산주의운동 통일동맹사건	전주	89	41	-

이 중 눈에 띠는 것은 각종 농민조합사건과 마찬가지로 인원 규모가 크다는 것이다. 검사국이 수리한 수치로는 200명 이상에 달하는 사건도 있다. 경찰에 의한 검거와 구속된 숫자는 더욱 많았을 것이며, 당 재건운동의 명칭을 빌어 지역 사회운동 관계자를 뿌리 채 일망타진한 경우도 있었을 것이다. 여기에 포함되지 않은 사건도 있는데, 관련된 판결을 개관해보자.

1931년 6월 1일, 조선일보 기자 방막민方漠旻에 대하여 경성지방법원은 징역 7년을 부과했다. 『사상월보』 제7호에 게재된 『전 조선 치안유지법 위반사건 확정판결집』 제10보輯의 「범죄사실 개요」에는 "경성에서 「서울파 공산당」의 후계조직을 기도하여, 동 당의 책임비서 후보가 되고 다시 공산주의 열성자 대회를 개최하여 국제공산당 승인을 받기 위해 조선공산당을 조직하고자 협의했다"고 되어 있다. 6월 3일 분리 재판으로 이루어진 이준열李駿烈 등 7인의 판결에서도 이미 와해된 서울파 공산당의 후계조직을 만들 것을 결의했다고 하여 치안유지법 제1조 제1항 전반, 제2항 전반에 해당한다고 하였다. 양형은 징역 7년부터 2년까지이며 2인은 무죄가 되었다. 또한 징역 4년의 안상훈安相勳에 대해서는 검사가 항소하여, 9월 7일 경성복심법원의 판결에서 징역 5년이 선고되었다.[116]

김철환金鐵煥을 검사국에 송치할 당시, 경성 종로경찰서 「의견서」(1931, 월일 불명)에는 그 사상은 점점 실천적으로 첨예화되어 일본제국의 조선 통치를 극도로 혐오 기피하여, 조선을 일본의 권력 범위에서 이탈시켜 조선민족을 해방하고 현재의 사회제도, 즉 국체를 변혁하여 사유재산제도를 근본에서 파괴하여, 이른바 신사회인 공산주의사회 건설을 목적으로 공산주의자 소집 준비회를 비밀리에 개최하고 조선공산당의 재건설을 결의했다고 하였다. 12월 4일 경성지방법원 검사국의 「예심청구서」에는 제국의 조선 통치를 극도로 혐오 기피하여 와 같은 표현을 사용하고, 비밀결사 「조선공산당 재건설동맹」을 조직했다고 하였다.[117] 그 후의 사법 처분 상황은 불명이다.

1933년 4월 20일, 대구지방법원은 권대형 등 11인에게 징역 6년에서 1년까지를 구형했다. 사유재산제도 부인, 공산주의사회 실현 목적 하에 노동자, 농민을 획득하여 각지에서 좌익노동조합, 농민조합을 조직하고 그 연락·통일을 꾀하여 조선공산당을 건설하기 위해 조선공산주의자 협의회인 비밀결사 조직을 제안했다고 하였다(미수未遂).[118]

「조선공산당 및 고려공산청년회 함경북도 온성穩城 야체이카 조직사건」은 수리 137명, 예심청구 45명, 공판 회부 31명이라는 대규모로, 1932년 11월 27일에 청진지방법원 판결이 있었다. 항소한 26명에 대해

---

116 이상 「부록-치안유지법위반 확정판결집(제10보)」, 고등법원검사국 사상부, 『사상월보』 제7호, 1931.10.
117 『치안유지법 관련자료』, 한국국회도서관 소장.
118 「조선공산주의자협의회사건 판결」, 고등법원검사국 사상부, 『사상월보』 제3권 제4호, 1933.7.

경성복심법원은 1933년 7월 21일 판결을 선고했다. 최령崔領, 김우일金宇一 등은 1930년 1월 경, 함경북도 온성군에 들어와, 국체를 변혁하고, 또한 사유재산제도를 부인하고 공산제도를 실현할 목적으로 당 및 청년회 조직에 참가할 동지 규합에 착수했다. 온성군 등에서 시당부市黨部, 도시야체이카나 광산야체이카 등의 조직화를 도모한 외에, 1931년 8월 1일 「반전反戰 데이」를 기도하여 도시 전체에 걸쳐 반전·공산주의 선전을 하고자 그 실행방법을 협의한 것이 치안유지법 제1조 제1항 후반, 제2항 후반에 해당한다고 하여 징역 9년부터 2년까지를 선고했다.[119]

1934년 3월 26일, 「함경남도에서의 조선 국내 공작위원회 사건」에 대한 함흥지방법원의 판결은 29명 전원이 유죄이며 징역 5년부터 1년 6월이라는 형량이었다. 이른바 조선문제 12월 테제 정신에 입각하여 노농 여러 계층을 기초로 하여 조선공산당 재건설을 꾀한다. 이를 통하여 조선을 일본제국의 속박에서 벗어나게 하고, 조선에서 사유재산제도를 부인하고 공산제도를 실현할 것을 목적으로 하여 「조선공산당 재건준비회」에 가입했다고 하였다. 중심인물로 간주된 4명에게는 치안유지법 제1조 제1항 후반의 국체변혁을 적용했다. 2명에게는 제1조 제2항의 사유재산제도 부인을 적용했다. 「신흥적색화학노동조합 제3발전소 그룹」 결성을 승낙했다는 26명에게는 사유재산제도를 부인한 협의죄라 하였다.[120]

『사상휘보』 제1호(1934.12)는 조선공산당 재건사건에 대한 경성지방법원의 두 개의 판결을 수록하고 있다. 1934년 9월 17일의 판결은 김대봉金大鳳 등 4인에게 징역 4년에서 2년을 부과했다. 「사실 개요」는 다음과 같다.

---

119 「조선공산당 급 고려공산청년회 함북도 온성 야체이카조직사건 판결」, 고등법원검사국 사상부, 『사상월보』 제3권 제6호, 1933. 9.
120 「조선사상사건 판결-함남에서의 조선국내공작위원회 사건」, 고등법원검사국 사상부, 『사상월보』 제4권 제2호, 1934. 5.

모두 러시아 모스크바 동방노력자공산대학을 졸업한 자인데, 1930년 경 이래 모스크바 및 블라디보스토크에서 국제공산당 동양부원으로부터 조선공산당을 파괴하는 것은 파벌투쟁이며, 파벌투쟁은 이 공산당이 인텔리겐차를 중심으로 조직된 점에 원인이 있다. 그러니 현재 노동을 중심으로 당을 조직하지 않으면 안된다. 즉 조선에 잠입하여 적색노동조합을 조직하고 공장 내에 세포를 조직하여 조선공산당 재건을 위해 노력하라는 지령을 받고, 조선에 잠입하여 경성, 인천, 평양 그 외에서 조선 독립 및 공산화를 목적으로 협의 획책 활동함.

또 하나의 10월 6일 판결에서는 중국공산당의 지원으로 조선공산당 재건운동이 전개되어 조선 국내 공작위원회를 창설한 것 등이 치안유지법 위반이라 하여 12명에게 징역 4년에서 1년 6월을 선고했다.

함경남도의 「혁명적 노동조합 조직운동 사건」도 검사국의 수리 135명, 기소 35명, 공판 회부 5명이라는 대규모의 것이었다. 10월 2일 함흥지방법원 판결에서는 "희문관喜文館 인쇄공을 중심으로 하는 조선공산당 재건운동의 준비조직인 비밀결사를 조직하고, …… 혁명적 노동운동을 위해 여러 가지 책동하고 있었지만 검거됨으로써, 함흥, 흥남, 원산 방면의 혁명적 노동조합 하부조직은 아직 이루어지지 않았다"고 하였다. 장회건張會建과 박세영朴世榮에게는 치안유지법 제1조 제1항 전반과 제2항이 적용되어, 징역 10년의 중형이 선고되었다.[121] 조선공산당 재건운동으로 인정된 판결의 형량은 전체적으로 무겁다.

---

121 「조선사상사건 판결(4) - 혁명적 노동조합조직운동사건」, 고등법원검사국 사상부, 『사상휘보』 제1호, 1934.12.

다양한 비밀결사의 인정

일본 국내에서 비밀결사란 일본공산당과 일본공산청년동맹을 말하며, 치안 당국은 이들을 국체변혁 결사로 간주하여 집중적으로 탄압하고 있었다면, 조선에서는 치안유지법 제1조 제1항과 제2항을 적용하여 조선공산당, 고려공산청년회뿐 아니라 다양한 단체를 비밀결사로 간주했다. 이미 살펴본 판결에서도 그 일부분이 나타나고 있는데, 여기에서 다시 정리해보자.

다양한 비밀결사를 인정한 것이 조선 치안유지법 위반사건 판결의 여섯 번째의 특징이다. 비밀결사로 간주된 대부분은 공산주의운동 관련이지만, 민족주의 계열도 존재한다. 실은 조선에서는 의병투쟁 이래 민족주의·사회주의 운동조직도 비밀결사로 탄압 받아왔다. 그러한 전통이 치안유지법에 의한 처분에도 이어지고 있었다. 치안유지법과 관련된 방대한 신문 보도를 보면, 비밀결사사건은 일일이 셀 수 없을 정도로 많다. 한국의 관련 데이터베이스에서 검색해보니, 동아일보 약 300건, 조선일보 약 900건에 이른다. 또한 한국국립중앙도서관 대한민국 신문 데이터베이스에서도 약 1000건이 검색된다. 예를 들면 다음과 같은 제목의 기사가 보도되고 있다.

기사명	신문명	게재일자
비밀결사 대유행	동아일보	1927.10.14
학생비밀결사 철저하게 검거, 종로서의 대활동 学生秘密結社 徹底的検挙 鐘路署の大活動	조선신문	1930.2.4
대구 4대비밀결사 25명 판결언도, 8명은 체형, 17명은 집유, 최고징역 2년 반	매일신보	1932.12.4
두려워할만한 테러적 비밀결사 안계농민조합의 활동 우연히 폭로 恐るべきテロ的秘密結社 安渓農民組合の活動 端なくも暴露さる	조선신문	1933.12.29
천도교내에 비밀결사 발견, 당원 70여명도 검거 天道教内に秘密結社発覚 道員七十余名も検挙	부산일보	1934.12.21

다양한 비밀결사 가운데에도 전형적인 것이 독서회이다. 1929년 광주학생운동의 중심인「광주 학생비밀결사 사건」의 개요는, "광주공립고등보통학교, 공립농학교, 공립사범학교 생도 등의 동지를 규합하여 비밀결사, 독서회중앙부를 조직하고 더욱 이 학교 안에 비밀결사 독서회를 조직하여 광주학생 충돌사건에 임하여 조선인 학생 등을 선동하여 시내를 시위 행진하도록 했다"고 하였다. 1930년 10월 8일 광주지방법원은 김상환金相奐등 70명에게 치안유지법 제1조 제1항 전반, 제2항을 적용하여 징역 4년부터 1년 6월을 선고했다. 광주고등보통학교 생도인 김상환 등은 매월 2회 회합하여 공산주의를 연구할 것을 합의하고, 1929년 6월 이후, 독서회 중앙부라 칭하는 비밀결사조직을 기도하고, 세 학교에서 각각 독서회 중앙부와 같은 목적 하에 동일 조직의 비밀결사를 조직하고, 중앙부에서 연락통일을 꾀할 것, 및 학교별 비밀결사에는 중앙부의 존재를 절대로 비밀로 할 것을 협정하여 결사를 조직했다고 하였다.[122]

이러한 독서회 조직을 비밀결사로 간주하여 단죄한 판결은 1933년 경에 속출하는데, 대개는 치안유지법 제1조 제2항을 적용했다. 사유재산제도를 부인하고, 공산제도 사회 건설을 목적으로 하여 독서방讀書房이란 비밀결사를 조직하고 각자를 책임자로 4개 반으로 나누어 각 반에서 야학을 개설하고 사회과학 연구 명목 하에 공산의식의 교양 훈련을 펴기로 하고(1933.2.6. 함흥지방법원 판결, 징역 4년부터 8월)(「가출옥」), 공산주의 연구의 철저를 기하고 아울러 기존 단체인 독서회를 기초로 하여 사유재산제도를 부인하고, 공산제 사회 실현을 목적으로 한 무명無名 결사를 조직할 것을 합의하고……전기한 결사는 책임자 각자가 열의가 부족하여 조

---

122 「전선(全鮮) 최근 치안유지법 위반 확정판결집(제9집)」, 고등법원검사국 사상부, 『사상월보』제5호, 1931.8.

직후 2, 3개월이 되지 않아 자연히 해소(1933. 3. 13, 대구복심법원 판결, 징역1년에서 8월), 노농러시아를 모범으로 사유재산제도를 부인하고 공산제도 실현을 목적으로 하여 그 목적을 위해 힘쓸 투사를 양성하려는 비밀결사(독서회, 혹은 사회과학연구회라 칭하는 모임)를 조직(1934. 9. 18, 부산지방법원 판결, 징역 2년)(「가출옥」) 등이다.

1933년 5월 22일 고등법원 판결은 대구복심법원의 징역 1년 판결에 대해 형의 양정이 극히 부당하다고 한 정한영鄭漢永의 상고를 기각했다. 변호인은 독서회에 입회한 피고는 다른 불량분자의 악한 사상 고취에 점차 부화뇌동하여 아무런 정견 없이 치안유지법을 위반한 비밀결사 조직에 참여하게 된 자이며, 피고 스스로 주체적 책모를 한 것이 아님은 분명하다고 하였다. 요컨대 사상 연구의 범주를 벗어난 것에 불과하여 구체적 위험성이 발현되었다고 할만한 증거가 없고, 그 활동은 유치한 상태에 있다고 하여 감형을 주장했다. 그러나 판결에서는 피고가 독서회에서 중요한 역할을 했다고 하여 일축했다.[123]

이 변론에서 보이는 것처럼 사회과학 문헌이나 프롤레타리아 문학서를 윤독하는 독서회는 현실적으로는 구체적 위험성이 발현되었다고 할 증거가 없는 맹아적인 것이었지만, 이것을 발판으로 그 다음의 실천적 단계로 이행할 것을 경계하여 비밀결사라는 명목 하에 어린 싹을 뽑아버리려는 판결이었다. 이러한 예방적인 단속을 철저히 하려는 의도가 다음 두 경찰의 보고에서 분명히 나타나고 있다.

1931년 10월 16일, 경성 본정 경찰서장은 경기도 경찰부장, 경성지방법원 검사정 등에게 「비밀결사 수요회 및 일상투쟁동맹사건 검거에 관

---

123 「鄭漢永의 판결문」, 김경일 편, 『일제하 사회운동사자료집』 제10권.

한 건」을 보고한다. 철도국 경성공장 내에 비밀결사 수요회(적색노동조합) 관계자 14명을 검거하고 9월 27일에 기소의견을 첨부하여 5명을 검사국에 송치한 것으로 "더욱 이를 확대 강화하여 전 조선의 분공장分工場 및 기관구機關區[124]로 확대하고 기회를 포착하여 전 조선에서 일제히 교통기관을 정지하여 혁명을 감행할 것을 단단히 획책하고 있다"고 하였다. 사건 자체는 특필할 것도 없는데, 그 내용을 볼 때는 우리 조선에서 극히 드문 내지인을 중심으로 한 적화운동임과 동시에 가장 중요한 교통기관인 조선 국유철도 종업원의 적화를 일상적 목표로 한 점, 또한 적화운동의 수단에 에스페란토어를 사용한 점 등을 들어 장래 단속을 위해 참고할만한 것이라고 하였다.

1932년 2월 28일 경성 종로경찰서장의 「경성 학생 RS협의회 사건 검거에 관한 건」이라는 보고에는 이 비밀결사 검거의 의의를 다음과 같이 기록하고 있다.[125]

최근 중등학생 등에서 유행하는 사회과학연구는 이들이 옳고 그름, 선악의 비판력이 약하고 열정적인 점, 또한 불온한 주의자 등이 교묘하게 유도하는 점과 겹쳐 일어나고 있다. 그들은 현 사회제도를 저주하고 공산주의사회 실현이 현재의 심각한 불황과 실업자 빈민 등 곤궁 상태 구제의 방법이라고 신봉하고 있다. 그래서 적극적으로 이들 불령不逞운동에 참가하고 있는데, 특히 이 학생들이 장래 졸업 후에 벌일 활동 및 선전은 사회에 심대한 영향을 끼치고 해독을 퍼뜨릴 것이 우려된다. 한편

---

124 [역주] 기관차나 동력차를 관리 운용 정비하는 철도관리국 소속 현장 기관.
125 이상 「京城學生アールエス協議會事件檢擧ニ關スル件」(1932.2.28), 김경일 편, 『일제하 사회운동사자료집』 제4권.

다른 선량한 학생을 유치하려는 불량학생 등에게도 교훈이 되도록 해야 한다.

2월 15일, 종로경찰서는 17명의 피의자에 대한 엄중 처분 의견을 첨부하여 검사국에 송치했다. 비밀결사에 참가한 학생의 졸업 후 동향을 경계하는 입장에서 훗날의 교훈이라는 관점에서 이들에 대한 탄압을 자리매김하고 있다.

1932년 11월 25일 개성경찰서장이 경기도경찰부장과 경성지방법원 검사정에게 보낸 「비밀결사 개성공산당 목요회 조직사건 검거에 관한 건」은 작년부터 결당 준비행위로 독서회를 여러 군데에서 개최하여 의식분자의 테스트를 하고 있었는데, 마침내 기운이 무르익어, 4월 중순 개성공산당 목요회 결당식을 거행했다. 당면하여 개성에서의 좌익전선을 통일하고 우선 일상투쟁, 각 기념일투쟁을 의미 있게 벌이고, 당의 확대 강화에 힘쓰고, 나아가 국제공산당에 합류할 것을 선언하고 프롤레타리아 대중 이동극단 결성이나 노동야학원 개최 등을 추진하고 있는데, 비합법출판 『반전투쟁 기념호』가 발견된 것을 계기로 일제 검거를 단행했다고 한다. 21인에 대해 기소의견을 첨부하여 검사국에 송치할 예정이라고 하였다.[126]

1932년 10월 31일 함흥지방법원에서는 「비밀결사 육대六坮 그룹」 조직에 징역 3년에서 2년 6월을 부과하고(『재소자자료』), 1933년 11월 27일 대구지방법원 판결에서는 「공작위원회」라는 비밀결사 가입에 대해 징역 2년 6월에서 1년을 선고했다(『재소자자료』). 1934년 7월 2일 대구지방법원 판결에서는 안동군安東郡의 좌익운동 총지도기관으로 「안동 콤그룹」이

---

126 「秘密結社「開城共産党木曜会」組織事件檢擧に關する件」, 1932.11.25, 『일제하사회운동사자료집』 4.

라는 비밀결사를 조직한 것, 및 궤멸에 처한 영주공산운동의 부활을 꾀하고자 「적농재건투쟁위원회」라는 비밀결사를 조직했다고 하여 징역3년 6월을 선고했다.[127]

그 후에도 치안유지법 위반사건 처단에서는 비밀결사 조직이나 가입이 「범죄사실」로 빈번히 활용되어 갔다.

▎공산주의적 교양이라는 구실

1930년 전후부터 치안유지법 위반사건 중 공산주의운동 처단이 절반을 차지하게 되지만, 상술한 것처럼 거의 맹아적 단계이기 때문에 구체적으로 진전된 활동은 많지 않았다. 국체 변혁이나 사유재산제도 부인에 의한 공산제도 실현을 목적으로 한 결사의 내실을 그럴싸하게 보이게 하는 것은 곤란했기 때문에, 농민조합 등을 통해 계몽적 학습활동에 주목한 공산주의적 교양, 그리고 투사 양성이라는 새로운 명목이 개발되었다. 일본 내의 운용에서는 나타나지 않았던 이러한 구실을 적용한 것이 조선에서의 치안유지법 위반사건 판결의 일곱 번째 특징이다.

검토한 범위 안에서 가장 빠른 사례는 1929년 7월 26일 홍승유洪承裕, 최덕준崔德俊 등에 대한 경성지방법원 검사국 모리우라 후지로森浦藤郎의 「예심청구서」에 나타난다. 고려공산청년회에 가입한 후, 조선 내의 재조직 운동을 지도할 목적으로 경성에 와서……경성 부내의 각 중등학교 학생에게 독서회를 조직시켜……공산주의적 교양을 펴고, 이로써 공산청년회

---

127 「安相潤 외 15인 판결문」, 『일제하사회운동사 자료총서』 제12권.

원 양성에 노력한 자라 한 것이다.[128]

1932년 이래 이 논법은 단숨에 증가한다. 1932년 1월 6일 수원경찰서장이 경성지방법원 검사국 앞으로 보낸 「의견서」에는 비밀결사 적색농민조합 조직계획의 전제로 공산주의혁명으로 이끌기 위해 빈농층 자제에 대해 무산無産 교육을 실시하거나, 혹은 사상단체와 연계하여 표현 운동을 통하여 혁명의식을 교양 훈련하는 등 노력한 것이 기록되어 있다.[129]

1932년 3월 2일 경성지방법원은 중앙기독교 청년학관 2년생인 나영철에게 치안유지법 제2조의 협의죄를 적용하여 징역 2년을 선고했다. 그 「범죄사실」의 하나로, 경성제일보통학교의 두 명의 생도에게 현재 사회는 유산, 무산 두 계급을 낳고 그 격차가 심하고 매우 불공평하다. 이러한 불공평은 공산제도 실시에 의해서만 제거할 수 있다는 뜻을 설명하고 공산주의 선전에 힘썼다. 이에 관한 여러 가지 문제를 제출하고 그 답변을 하도록 하여 잘못을 바로잡는 등을 통해 공산주의적으로 지도 교양해 왔다고 한 것을 들었다.[130]

3월 25일 경성지방법원은 정우상鄭遇尙에게 치안유지법 제2조를 적용하여 징역 2년을 부과했다. 그 「범죄사실」의 하나에 1929년 6월 조선청년총동맹 전국 부군府郡 대표자 준비위원회에 출석한 대표자 5명과 조선에서 앞으로 공산주의운동은 우리들 스스로 노동자, 농민과 함께 각 지방의 농민조합, 노동조합에 각각 청년부를 만들어 무산계급 청년을 규합하여 공산주의적으로 지도·교양하고 이들을 중심으로 공산주의혁명을 위한 운

---

128 『治安維持法違反: 洪承裕外三十七名訊問調書』, 국회도서관 소장.
129 「水警高秘4782-1, 비밀결사 적색농민조합조지계획사건 검거보고」, 『일제하사회운동사 자료총서』 제4권.
130 「羅英哲 외 6인의 판결문」, 김경일 편, 『일제하사회운동사 자료집』 제6권.

동에 매진하여 혁명실현을 꾀하지 않으면 안된다는 것을 협의했다는 것을 들었다.[131]

1933년 4월 26일 경성복심법원의 정평定平 농민조합사건 판결에서는 김문환金文煥의 「범죄사실」의 하나로 야학의 명목으로 청소년을 모아 공산주의 의식을 교양하여 동지를 획득한 것을 들고, 치안유지법 제1조 제2항을 적용하여 징역 3년을 부과했다(「가출옥」). 5월 29일 함흥지방법원 영진永眞농민조합사건 판결에서는 채수철蔡洙轍의 「범죄사실」의 하나로 무산 농민 대중에게 공산주의적 의식 교양을 하여 이 비밀결사에 가입하게 하여, 이른바 공산주의 사회 실현에 힘쓴 것을 들었다(「가출옥」).

1934년에도 농민조합이나 노동조합에 대한 치안유지법 처단에 공산주의적 교양 양성이 빈번히 활용되었다. 6월 22일 함흥지방법원의 양양군 농민조합사건 판결에서는 공산주의 의식 주입 교양이 주요 「범죄사실」로 되어 있다. 『사상월보』 제4권 제6호(1934.9)의 「사실 개요」를 살펴보자.

> 피고 등은 합법단체인 이 조합의 이면에서 마르크스주의로 교화·지도하고 공산주의 의식이 조합원 사이에 침투하는 것을 기다려 이를 적색농민조합으로 개조할 것을 기획하여 마르크스주의를 지도정신으로 한 유물변증법에 입각하여 과학적 지식을 보급할 것 외의 세 개의 강령으로 이루어진 교양 방책을 결정했다. 그리고 그 교양 방책에 입각하여 비밀리에 지부 12개소의 위원장에게 「교양방침 확립의 건」이라는 제목으로 조합의 교양은 마르크스주의를 벗어나지 않도록 주의할 것을 지령하고, 이 지령에 따라 사유재산제도 부인을 목적으로 사회과학 강

---

131 「鄭遇尙 외 4인의 판결문」, 김경일 편, 『일제하 사회운동사자료집』 제6권.

좌, 신문 강좌 등을 개최하여 마르크스주의 해설 비판을 하고 또 본부 및 지부 회관 등에서 여러 차례 회합하여 협의하거나 강연 그 외의 방법으로 지도하는 등 공산주의 의식 주입 교양에 힘써 농민 적화공작에 활약 광분했다.

피고 36명에게는 치안유지법 제2조(협의), 제3조(선동)에 해당한다고 하여 징역 4년에서 2년을 선고했다. 7월 12일 경성복심법원의 적색영흥농민조합원 폭동사건 판결에서도 무산 농민대중을 이 농민조합에 가입시킴과 동시에 점차 이들에게 공산주의적 의식 교양을 실시하여 이 비밀결사에 가입시켜 획득하고, 이른바 공산주의 사회 실현에 노력한 것[132]이라고 하였다.

11월 19일 청진지방법원은 황도흠黃道欽과 황갑룡黃甲龍에게 치안유지법 제2조를 적용하여 징역 1년 6월(집행유예 5년)을 선고했다. 「범죄사실」로 든 것은 당면의 활동으로 노동자 농민층 중에 의식분자를 물색, 획득하여 직접 대화로 공산주의적 의식을 주입 훈련하여 교양을 펴고, 그 운동을 전 조선으로 확대하여 적당한 시기가 도래하면 비밀결사를 조직하여 점차 소기의 목적을 달성할 것을 협의하고, 각각 노동·농민 방면에서 활동하도록 했다는 것이다.[133]

12월 13일 경성지방법원 검사국의 피의자 권영태權榮台 등에 대한 「예심청구서」에는 노동운동 처단에 이 논법을 활용하고 있다. 장래 조선의 공산화를 목적으로 한 결사 적색노동조합을 조직하기 위한 준비공작으로 서

---

132 「조선사상사건 판결-襄陽郡農民組合事件」, 고등법원검사국 사상부, 『사상월보』 제4권 제6호, 1934. 9.
133 「黃道欽 외 1인의 판결문」, 김경일 편, 『일제하 사회운동사자료집』 제7권.

울고무공장의 직공을 공산주의적으로 지도 교양하여 우수분자를 획득하여 공장 그룹을 결성한 다음, 동맹파업 등 실천투쟁을 거쳐 이를 확대 강화하지 않으면 안 된다는 뜻을 협정했다는 것이다.[134]

공산주의적 교양 양성만큼 많지는 않지만, 공산주의운동의 투사 양성을 「범죄사실」의 하나로 간주한 판결도 보인다. 1933년 3월 13일 대구복심법원 판결은 정한영鄭漢永에게 치안유지법 제1조 제2항을 적용하여 징역 1년을 선고했다. 과거에 운동이 부진한 이유는 인텔리층을 주요 분자로 한 데에 있다는 반성에서 앞으로는 인텔리를 배격하고 진정으로 공산주의 사회 실현을 원하는 노동층, 농민층을 흡수하여 활동하고, 또한 의식을 공고히 하여 헌신적으로 주의 운동에 종사할 수 있는 투사를 양성한다는 방침하에 사유재산제도를 부인하는 공산제 사회를 실현할 것을 목적으로 한 비밀결사 조직을 합의'하고, 그 조직을 완성시킨 것이 「범죄사실」의 하나로 간주되었다.[135]

5월 15일 경성복심법원 판결은 현초득玄初得 등 5인에게 징역 3년을 부과했다. 표면을 합법단체처럼 위장하고 이면에서 공산운동을 하고자 중평仲坪청년회를 조직하고 □□청년 남녀에게 공산주의적 교양을 펴고, 공산운동의 투사 양성을 위해 청년회 창립대회 개최를 협의했다고 하였다. 여기에서는 공산주의적 교양과 공산운동의 투사 양성이 함께 활용되고 있다(「독립운동판결문」).

6월 19일 경성복심법원은 이의수李義洙에게 치안유지법 제1조 제2항을 적용하여 징역 4년을 선고했다. 장래에 공산제 사회 실현을 기약하여 혁명운동의 투사 양성을 목적으로 함흥부 내 각 중등학교 졸업반 학생들

---

134 『治安維持法違反: 權榮台外三十三名訊問調書』, 국회도서관 소장.
135 「鄭漢永의 판결문」, 김경일 편, 『일제하 사회운동사 자료집』 제7권.

에게 공산주의 의식 교양을 하기 위해 마르크스주의 연구 결사를 결성할 것을 의논하고 동지 획득에 열심히 활동했다는 것, 마르크스주의 연구회를 조직하여 우리 그룹은 현 단계에서 마르크스주의의 진리성을 파악하기 위해 마르크스주의 이론을 연구하고, 인식력 양성을 목적으로 한다는 취지의 강령 등을 작성하여 활동한 것이 「범죄사실」로 간주되었다.[136]

---

136 「昭和8年刑控124호李義洙外二人判決文」, 한국역사연구회 편, 『일제하 사회운동 자료총서』 제10권.

III

확장하는 치안유지법
1935~1940

1
확장기의 개관

▍사상 정화 대책

조선총독부 고등법원 검사국 『사상휘보』 제6호(1936.3)의 「소화昭和10년도(1935) 조선내 사상운동의 상황」에는 "민족주의운동은 거의 그림자를 감춘 것이 인정된다. 이는 조선에서 공산주의운동이 민족주의운동보다 점점 대중적이 되었다는 것을 의미한다"고 하였다. 전반적으로 사회운동은 1930년대 전반에 고양되는 모습은 나타나지 않았다. 경찰의 치안유지법 검거자 수와 검사국의 수리자 수는 1932년을 정점으로 1934년까지 수치는 나타나지만 1935년에는 감소 경향이 현저해진다. 그것은 당국자에게는 단속이 매우 엄중했다는 것과 이른바 조기 검거가 이루어진 결과로 자화자찬되었다.

　또한 위의 자료에는 공산주의운동의 새로운 형태로 "조선공산당이라는 정치적 투쟁을 유일한 목적으로 하는 결사 조직을 먼저 추진하지 않고 우선 그 저수지 역할을 담당할 적색노동조합을 조직하는 경우가 단연 많다"고 분석함과 동시에 일상적인 문제를 포착한 선전 방법으로 대중을

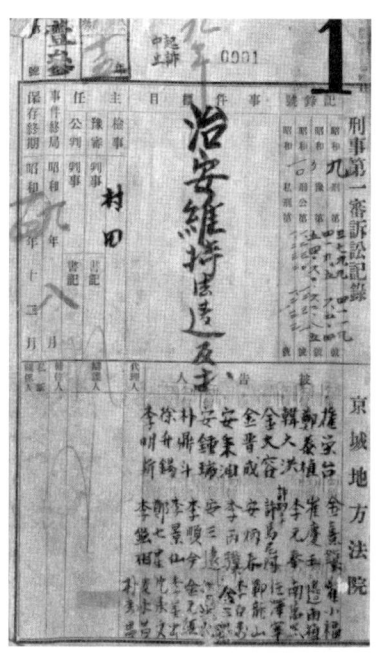

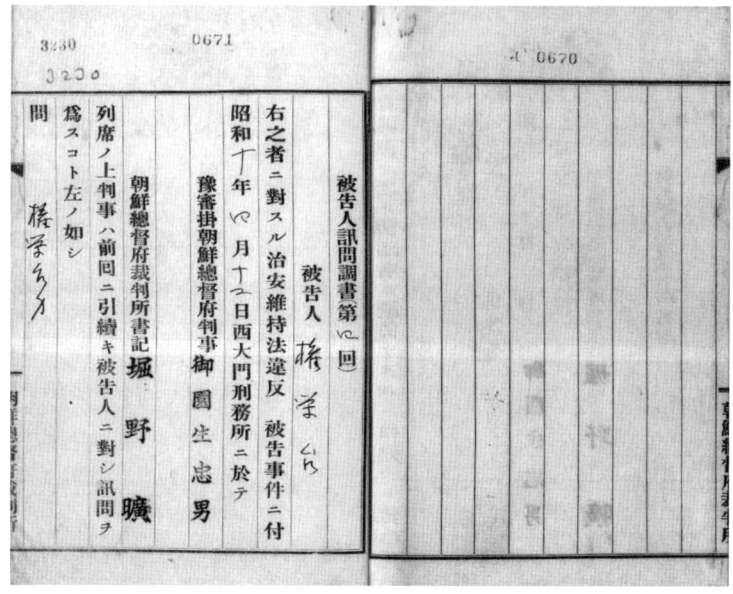

치안유지법 위반 권영태 외 33인 신문조서
(경성지방법원 검사국 컬렉션, 고려대학교 소장)

확장하는 치안유지법 1935~1940 265

획득하려는 경향을 취한 것에도 주목하고 있다.

조선총독부 경무국 『최근의 조선 치안상황』(1936.5)은 "최근에는 점점 광포하고 과격한 돌발사건은 그림자를 감추고 민심이 점차 안정되고 있다. 더욱 사회정세의 변화는 조선내 사상계에도 좋은 영향을 끼쳐, 극좌분자 중 전향을 표명하는 자가 속출하여 점차 사상정화의 서광을 인정하기에 이르렀다"고 하였다.

한편으로 당국의 편찬물의 일반적 경향이지만, 여전히 음험하고 교묘한 운동이 지속됨을 강조한다. 이에 더하여 "조선에서 공산주의운동은 민족적 불평, 불만과 결합하여 혁명의식을 한층 조성하고 그 운동은 다분히 위험성을 내포하고 조선 통치에 대하여 또는 사회조직에 대한 반동적 행위는 도저히 내지에서 사상운동과 비교할 수 있는 것이 아니다"라고 단속의 어려움을 토로하고 있다.

이러한 점과 관련하여 고등법원 검사국 「소화昭和11년(1936)의 조선내 사상운동의 상황」[1]에는 학생 또는 노동층에 대한 적화운동이 감소하고 농촌에 대한 적화공작이 매우 많은 점을 들고, 도회지에서 관헌의 사찰과 내탐이 준엄하기 때문에 운동을 벌일 공간이 극도로 좁아진 결과, 비교적 운동이 용이한 농촌방면으로 이행한 것이라고 분석한다. 또한 공산주의운동의 전략은 합법단체로 위장하는 것 외에, "일상적이고 가까운 문제를 포착한 선전방법으로 대중획득을 꾀한 점 등이 있다"는 점에도 주목하고 있다. 이 점에 대해서 다음 절 이하에서 구체적인 양상을 살펴보고자 한다.

1936년에는 치안유지법 적용이 더욱 감소했다. 그럼에도 불구하고 조선의 고등경찰은 1928년 이래의 확충을 실현했다. 경부보 3인을 증원한 이유는 최근 조선 내의 치안상황은 표면적으로 소강상태를 보인다고

---

1 「昭和十一年度に於ける鮮内思想運動の狀況」, 『사상휘보』 제10호, 1937.3.

해도 공산주의운동의 집요한 잠행운동은 아직 근절되지 않았을 뿐 아니라 민족주의운동도 2·26사건을 계기로 하여 발흥하려는 조짐이 있기 때문이라고 하였다. 또한 2·26사건을 계기로 하여라는 의미는 "내지에서 우익 급진분자가 목적 달성을 위해 수단을 가리지 않는 풍조를 보고, 그렇지 않아도 흉포한 수단으로 민족적 반감을 표시해온 조선인에게 범상치 않은 충격을 부여했다"[2]는 것이다. 그 외에 조선사상범 보호관찰령의 시행에 따른 검찰당국 등과의 '긴밀한 연계'를 위해서도 증원이 긴요한 사항이라고 하였다.[3] 국비 부담인 경부보 증원과 연동하여 지방비에 의한 순사 등의 증원도 이루어졌을 것으로 추측된다.

「농민조합운동 후계 명천明川 좌익사건」을 다룬 『사상휘보』 제8호(1936.9)는 공산주의운동이 "점차 쇠락하는 경향을 보이면서도 민족의식과 섞이면서 여전히 집요한 운동을 계속하고 있다"고 서술하고, 일·소 관계 및 일·만 관계의 영향으로 운동의 본거지가 "점차 북조선으로 이동하고 최근에는 함경북도가 그 책동지인 모습을 보이고 있다"고 한다. 그로 인하여 근본적인 대책은 모든 수단을 활용하여 동 지방의 사상 정화를 해야 한다는 것이다. 이 사상 정화야말로 1930년대 후반 사상 대책의 근간이 되었고 그 실행을 위해 치안유지법의 더 큰 확대 적용이 추진되었다.

1939년 8월 개최된 각도 고등외사경찰과장 사무협의회에서는 "전 조선 각도 일제히 사상정화대책을 강화, 철저히 한다"는 방침이 결정되었다. 「사상정화 대책요강」의 서두에는 "공산주의, 민족주의 불령사상을 근본적으로 배제 청소하고, 전 민중에게 신동아건설이라는 위업偉業에 매진하고

---

2 조선총독부 경무국 『最近に於ける朝鮮治安狀況』, 1936.5.
3 「朝鮮総督府部内臨時職員設置制中改正」, 『公文類聚』60, 1936, 제19권, 일본 국립공문서관 소장.

있는 제국의 결의와 실력을 재인식시키고, 실로 황국신민으로서의 자각에 입각한 일본정신의 진작·앙양을 꾀한다"고 하였다. 그리고「사상 요경계 인물思想要警戒人物」에 대한 검거 조치로 다음과 같은 것을 열거했다.[4]

1. 사상사건 관계자는 철저히 그 검거에 힘쓸 것
2. 사건 미체포자의 끈질긴 추적과 체포에 힘쓸 것
3. 사건 관계자 중 구속 송치할 정도는 아닌 자에 대해서는, 취조 중 적절하게 훈계 지도할 것 (중략)
6. 입감자에 대해서는 가족 그 외 외부에서 전향 설득에 힘쓸 것
7. 검거 직후 민심 안정을 기하기 위해 강연회, 좌담회 등으로 어느 정도 사건 내용을 설명하고 자중·자숙할 것을 촉구함과 동시에, 사상 정화의 공동책임이 있음을 자각·인식하게 하여 경무 활동을 이해하고 나아가 협력하도록 민심 지도에 힘쓸 것

사상 정화대책 강화 지시에 따라 조선내 대표적 사상 악화 지대인 함경남도 및 일대에서는 동 도의 특수사정을 참작한「대책요강」을 정하여 실행에 착수하고 있다. 비전향자에 대한 특수공작을 보면, 경계 그 외의 기회가 있을 때마다 예비검속을 함(부단히 시찰을 반복하고, 본인 및 가족의 불편에 상관하지 말고 조사 신문, 가택수사를 함), 경미한 죄라 해도 검거하고 관대한 처분을 하지 말 것, 거주, 교우관계, 서신 연락 제한이라는 식으로 철저한 모습이다.[5]

---

4 「(附二)思想淨化對策要綱」, 조선총독부 경무국 보안과, 『高等外事月報』 2, 1939년 8월분.
5 「咸鏡南道平地帶の思想淨化對策」, 조선총독부 경무국 보안과, 『高等外事月報』 3, 1939년 9월분.

중일전쟁 이후의 변용

치안유지법 운용은 중일전쟁 전면화에 따라 세 가지 측면에서 변화가 나타났다. 첫째, 전체적으로 치안유지법 적용 건수와 인원이 감소한 것이다. 〈표 13〉에서 수리·기소 인원을 보면, 1937년에는 증가하는데 1938년 이후 감소 경향이 현저하다.

고등법원 검사국 「소화10년도(1935) 조선내 사상운동의 개황」[6]은 "대체적으로 평온무사했던……소화14년도(1939) 수리사건은 56건, 791명인데, 그 범죄 내용을 자세히 검토하면 1935년부터 1938년까지 감행된 범죄(특히 중일전쟁 이전의 범죄)가 많고, 실질적으로 1939년도는 현저히 사건이 감소하고 있다"고 하였다.

1936년 9월부터 1942년 6월까지 경무국장을 지낸 미하시 고이치로

표 13 조선치안유지법 위반사건 연도별 누계 인원표

연도 \ 종별	검사국		
	수리인원	기소	기소유예
1935	1,696	478	661
1936	667	246	238
1937	1,228	413	573
1938	987	283	348
1939	790	366	163
1940	286	141	72

조선총독부, 「사상법 보호관찰제도 실시 상황」, 1941.12, 『治安維持法関係資料集』 3)

---

6 「昭和10年度に於ける鮮内思想運動の概況」, 『思想彙報』 23, 1940.6.

三橋孝一郎는 1945년 이후의 회고에서 "치안유지법 위반은 내가 부임한 이후에는 그다지 없었다"고 하는데, 이에 대하여 동시기에 경무국 도서과장과 보안과장을 역임한 후루카와 가네히데古川兼秀는 다음과 같이 증언한다.[7]

있기는 있었지만, 꽤 감소했어요. 시국좌담회 그 외의 인식 철저 후에 감소했습니다. 유사종교단체, 공산주의운동, 기독교도 그러한 불온분자가 꽤 협력적이 되었어요. 물론 극히 일부의 사람은 지하에 숨어 유언비어를 조장하고 여러 가지 기회를 엿보고 있었지만, 실제로 손발을 쓸 수는 없었어요. 대세가 매우 협력적으로 되었습니다.

공산주의운동이 옴짝달싹하지 못하던 상황에서, 즉 사상 정화가 철저한 가운데 극히 일부의 불온분자를 공격적으로 도려내기도 했지만, 건수와 인원은 모두 감소했다.

두 번째는 공산주의운동의 쇠퇴가 급격해진 가운데 다시 독립운동에 대한 적용이 상대적으로 증가한 점이다. 〈표 14〉의 치안유지법 위반죄의 유형별 통계를 보면 1938년 6월부터 1940년 6월까지 국체 변혁 = 치안유지법 제1조 제1항 위반이 두드러진 많은 이유 중 하나는 독립운동과 관련이 있다고 추측된다.

중일전쟁이 본격화한 이래 또 하나의 변화는 일본 국내와 마찬가지로 종교에 대해 탄압이 가해지기 시작한 것이다. 1940년 10월 사법관회의에서 마스나가 쇼이치増永正一 고등법원 검사장은 훈시 두 번째에서 '종교단체 단속'을 언급하고 다음과 같이 주의를 환기했다.[8]

---

7 「未公開資料 朝鮮総督府関係者 録音記録(4)」『東洋文化研究』5, 學習院大學, 2004.
8 「増永高等法院檢事長訓示(昭和15年10月於司法官會議)」,『思想彙報』25, 1940.12.

표 14 치안유지법 위반죄 유형별 기소·기소유예 합계

기간 \ 죄의 유형	국체변혁 제1조 제1항	사유재산제도 부인 제1조 제2항	협의 제2조	선동 제3조	이익공여 제5조	소요 그 외 선동 제4조	국체부인 (집단)	출전
1935	1,238	571	583	144	10	-	-	『思想彙報』11
1936	617	457	829	43	3	-	-	『思想彙報』11
1938.6~1940.6	1,226	440	502	62	7	2	-	『思想彙報』24
1940.7~1943.6	1,646	755	1276	239	66	31	133	『思想彙報』續卷

사변(중일전쟁-역주) 이래 반도에서 기독교 그 외의 종교단체 관계자로 불경, 치안유지법, 보안법 혹은 군형법軍刑法 위반 등의 죄로 검거 처벌된 자가 속출하고, 후방의 치안을 현저히 문란하게 하는 것은 실로 유감스러운 일입니다. 반도에서 각종 종교운동은 대개 민족의식의 색채가 농후하고 순수한 종교운동이라기보다 오히려 일종의 정치운동 또는 사회운동으로 봐야 할 점이 많고 반도 통치상 수많은 불상不祥 사건과 관련된 것이 많은 점은 일찍이 각 관계자가 알고 있는 바입니다. 후방의 치안 확보 요구가 가장 절실한 현 시국에서 이러한 종교단체에 대한 단속은 하루라도 소홀히 할 수 없는 일입니다.

그리고 이러한 불경, 불온한 목적을 갖는 종교단체운동은 실은 일반 좌익운동과 아무런 차이가 없다고 단정하고 더욱 엄중한 사찰과 내탐을 하여 특히 그 이면의 동향에 주의하여 만일 법에 저촉하는 불온 언동을 발견한 경우에는 신속히 검거 탄압할 것을 요구했다.

마쓰다 도시히코松田利彦 교수는 조선총독부 경무국이 펴낸 『치안상황』 각연도판의 구성(1930~1939)을 통해 개괄적 경향을 도출하고 있다. 그는 중일전쟁 발발 후 『치안상황』1938년판에 대하여 "장기전에 따르는 민심에 대한 영향이나 특이사건, 단속방침 등이 전체 페이지 수의 실로 1/3에 가깝다. 이것은 조직적인 항일운동이 근절된 중일전쟁기에는 경찰 활동의 역점이 후방의 안정이나 전시동원으로 이동하고 있던 것을 말해준다"⁹고 지적하고 있다. 후방의 안정 가운데에는 종교 방면의 탄압·단속이 포함되어 있다.

왜 조선에서는 양형量刑이 무거운가?

동경형사지방재판소의 판사 요시다 하지메吉田肇는 1938년도 사상특별연구원에 임명되어 「조선에서의 사상범 과형 및 누범상황」이라는 주제로 조사와 사찰에 종사했다. 그는 1938년 12월, 조선에 출장하여 총독부 법무국이나 청진지방법원 등에서 자료를 수집했다. 그 보고서는 『사상연구자료특집』 제61호(1939.5)의 「사상정세시찰보고집」(6)으로 간행되었다(동 호에는 동경형사지방재판소 판사 도쿠오카 가즈오德岡一男의 「조선에서의 최근의 공산주의운동에 관하여」도 수록됨). 요시다의 주안점은 일본 국내와 조선의 사법관계자에게 체득된 "종래 조선에서 사상범의 과형은 내지보다 매우 엄중하다"고 한 점에 대해, 각종 통계 등을 활용하여 대체적인 추정을 하는 것이었다. 요시다는 조선의 모 지방법원 부장의 이야기로는 내지에서 징

9　松田利彦, 『日本の朝鮮植民地支配と警察－1905~1945』, 校倉書房, 2009, 506쪽.

역 3년에 처해진 사상범은 아마 조선에서는 징역 5년 정도에 처해졌을 것이라던가, 집행유예의 비율이 내지의 절반에도 달하지 않는다는 것을 소개하고, 그런 주장을 검증하는 것이 과제의 하나였다고 하였다.

우선 그는 법무국 행형과에서 제공받은 「사상범 수형자의 죄명 형기별 조사」에 입각하여 일반상황을 분석하고 있다. 유죄가 되고 형무소에 재감한 인원 조사에서 무기 또는 장기 징역형 선고를 받은 자의 숫자가 극히 많은 점에 착안한다. 조선의 치안유지법 위반 수형자 346명(1938년 9월말 기준) 중, 징역 5년 이상은 69명이고 일본 국내의 4,164명(치안유지법 위반 사건으로 유죄판결을 받은 전원, 1938년 10월 5일 기준) 중, 157명과 비교하여 극히 많다고 하였다. 1937년 뿐 아니라 치안유지법 위반수형자 250명 중 무기징역에서 징역 5년 이상의 합계는 20명이며, 일본 국내에서는 153명 중 징역 5년을 넘는 자는 한 사람도 없다고 하였다.

물론 조선에서 위에 기록한 수치 가운데에는 사형에 처해진 자는 포함되지 않는다. 요시다는 후술하는 간도 5·30사건에 대해서도 언급하고 조선에서의 사형 집행은 상당한 수치를 상회한다고 보고, 일본 국내의 사형 판결이 전혀 없는 점과 대조시키고 있다. 집행유예에 관해서는 일본 국내와 비교하여 숫자 및 비율은 훨씬 적으며, 1930년대 후반이 되어 "점증하는 경향이라고는 해도 현재의 비율은 내지보다 다소 적은 것으로 보인다"고 하였다. 금고형에 관해서는 모두 극히 적으며, "이 점은 내지와 조선 모두 동일한 취급 방법을 취하고 있는 것 같다"고 서술했다.

이어서 그는 조선에서 왜 과형이 무거운가를 고찰하고 있다. 그 이유에 대해서는 첫째, 「조선 사상범의 특수성」을 든다. "조선에서 공산주의운동은 조선 독립, 조선 민족해방의 목적 관철의 일 수단으로 채택된 것으로, 단순히 사유재산제도를 부인하는 것만을 목적으로 한 공산주의자는 거의 없다. 항상 민족의식과 병행하여 조선을 제국의 속박에서 이탈시켜, 독립을 몽상하는, 이른바 민족적 공산주의라고 할 만한 것"으로 일본 국내의 운동에 비해 현저한 특이성을 갖는 것으로 간주한다. 법무국 행형과의 조사에 토대하여 1937년 수형자 총수 655명 중 그 대부분인 474명이 민족주의를 표방했다고 하여, "순정공산주의자도 의식 여부와 상관없이 근원에 민족적 반감을 갖고 있는 것은 의심할 여지 가 없다"고 단언했다.

그러므로, "조선에서 사상운동이 사회에 끼치는 영향, 실질적 피해는 극히 크며, 그 위험성과 확대성도 역시 크다"고 하고 그 특수성이 과형에 영향을 끼치고, 일반 예방과 사회 경계를 위해 엄벌로 임하는 것이 당연하다고 하였다.

무거운 과형의 둘째 이유로는 범죄의 복잡성을 들었다. "조선의 사상범은 동시에 형법범이나 다른 특별법 범죄명이 부가되는 경우가 극히 많은 것 같다"고 하였다. 행형과의 조사에 의하면, 사상범 수형자는 치안유지법 위반 수형자 346명 이외에 방화, 살인, 상해, 소요, 강도, 사기, 공갈, 약취, 유괴 등의 형법범 외에 폭발물 취체벌칙, 보안법, 폭력행위 등 처벌령 관한 법률 위반이 213명에 이른다. 청진지방법원에 회부된 사상사건의 피고 282명 중 치안유지법 단독 기소자는 한 사람도 없다고 한다. 여기에서 다음과 같은 결론을 도출했다.

> 내지의 사상범이 주로 정의감에서 출발하고, 이론 연구를 거쳐 실천운동에 투신하는 데에 반하여 조선에서는 사상범이 민족독립 또는 개인 경제생활의 불평에서 출발하여 즉시 실천운동으로 들어가기 때문에 직접행동을 취하며 다른 범죄를 하는 경우가 많고 특히 공비共匪에 이르러서는 방화, 살인, 강도 등이 뒤따른다. 이것이 조선의 사상범죄의 복잡화에 이어서 그 과형이 일반적으로 무거워지는 까닭이다.

셋째 이유는 죄의 성격罪情의 중대성이라 한다. 일본 국내의 경우, 대부분은 공산당의 목적 수행죄로 판단하고, 결사 조직과 가입만으로 기소되는 경우가 극히 적은 데에 비하여, "조선에서는 결사 조직 또는 가입행위로 처벌되는 자가 매우 많다"고 한다. 1937년 말 치안유지법 위반 수형자 523명 중 조직이 153명, 가입이 249명을 점하는 것을 지적하고 조선공산당의 "재건운동 중 조직 정도가 진전된 것은 모두 처단하는 사정상, 과형이 일반적으로 무거워진다"고 보고 있다. 범죄의 성격이 경미하고 피고인이 완전히 전향해도 조직죄에 대한 처단형은 최저 2년 6월인 것이 현실이라고 하였다.

그러나 재건운동 중 조직 정도가 진전된 것에 치안유지법 제1조 제1항의 국체 변혁을 적용한 결과라고 본 요시다의 고찰은 정확한 이해가 아니다. 후술하는 바와 같이 실제로는 당 재건운동과는 직결하지 않는 농민조합과 노동조합, 독서회도 일률적으로 비밀결사로 간주하여 처단한 결과이며, 죄의 성격罪情의 중대성 때문이 아니라, 경미한 죄임에도 불구하고 치안유지법을 확장 해석하여 과형을 무겁게 한 결과인 것이다.

요시다가 넷째 이유로 든 것은 전향 문제이다. 일본 국내의 전향 사태와 연동하여 조선에서도 소화8년(1933)경부터 사상전향시대에 들어가 전향자가 점증하는 경향에 있으며, 중일 전면전쟁 이후에는 더욱 그 경향이 강화됨에도 불구하고, 조선에서 사상범 피고인 중 판결 당시 전향하지 않은 자가 상당수에 이른 것이 과형을 일률적으로 무겁게 함과 동시에 집행유예자의 숫자를 적지 않게 하는 원인이라고 한다. 또한 조선에서는 과형상, 전향에 대한 평가가 일본 국내에 비하여 낮다고 하였다. 그 이유로 든 것은 신념이 없는 사대주의에 입각한 전향이라는 것, 내지의 전향자는 본래 일본정신으로 회귀하는 데에 반하여, 조선의 전향자는 돌아가려해도 돌아갈 집이 없는 상태로 혁명사상을 방기해도 이를 대신할 사상은 없는 점, 즉 일조일석에 민족의식을 해소하는 것은 곤란다고 하였다.

다음으로 요시다는「구형求刑과 과형科刑」문제를 다루었다. 경성지방법원 치안유지법 위반사건을 일람하여 검사의 구형과 판결 결과에 그다지 차이가 없고 그 대부분이 일치하고 있는 점을 주목한다.

총수 197명 중 114명의 형기는 구형과 판결 결과가 일치하고 있다고 하여 양자 사이에 큰 차이가 있는 일본과는 좋은 대조를 이루고, 조선 쪽이 이상적이라고 한다.

그 외에 검사의 구형이 내지보다 가볍게 되는 경우가 있는 점을 주목했다. 이것은 조선에서 치안유지법 적용이 '정형이 낮은 동법 제2조 이하가 되는 경우가 상당수 존재하기 때문이라고 추측하고 "일률적으로 그 구형과 과형이 가볍다고는 단정할 수 없다"고 하였다. 경성지방법원 판결 중에 무죄 2인이 있었던 점도 언급하고 있다. 그는「형 부과의 현재와 장래科刑の現在と將來」에 대하여 다음과 같은 견해를 표명하고 있다.

조선에서 사상범에 대한 과형科刑은 1933년 사상 전향 시대로 접어들어 보다 이에 순응하여 점차 기간이 짧아지고, 만주사변을 거쳐 중일전쟁이 발발한 후인 현재에는 그 경향이 점차 농후해지고 있는 것 같다. …… 조선에서는 중일전쟁 이래 조선인의 사상상황이 급변하여 일본국민으로서의 자각을 갖게 된 자가 점차 늘어나고, 민족주의의 거두도 애국운동에 투신하고 사상범 전향도 속출하고 있다. 1938년 7월에는 전 조선의 전향자가 자발적으로 시국 대응 전선사상보국연맹을 결성하고 황국신민으로서 일본정신의 앙양에 힘쓰고 내선內鮮 강화 철저와 국책봉사, 애국활동의 강화 철저를 기하고 있다. 사변 후에는 거의 새로운 공산주의, 조선 민족주주의운동이 발생하지 않는 상황에서 사상범의 활동은 극히 미약하게 되었고 그 사회에 부여하는 영향 내지는 위험성도 우려할 필요가 없는 정도이므로 이들 사회정세의 변화 또는 사상의 추이가 자연히 과형科刑에 영향을 끼친 결과, 이와 같은 변화를 초래한 것이 분명하다.

전체적으로 치안유지법 운용 상황에 대한 개관은 동의할 수 있지만, 단순하게 과형의 단축 경향이 가속화된 것은 아니라는 점에 대해서는 다음 절에서 살펴볼 것이다. 요시다는 나아가 사상범 보호관찰법의 시행과 정착에 힘입어 "재판소가 편히 사상범의 과형을 가볍게 하고, 집행유예자의 수를 늘리게 되었다"고 서술하고 그 추세가 계속되면, "장래 조선에서 사상범의 과형은 내지와 거의 같은 정도의 수준까지 내려가지 않겠는가?"라고 예측했다.

「결어」에서 요시다는 이 경향에 대해 국가를 위해 실로 기뻐해야 할 현상이라고 거듭 지적하면서도 "만약 이 사상 호전을 너무 과대 평가하고 지나치게 낙관하여 안이한 기분이 되어 사상범의 검찰, 재판을 느슨하게 한다면, 반드시 백년 후에 후회를 남기게 될 우려가 없다고 할 수 없다"고 주의를 환기한다. "조선인에게 민족의식을 버리고 일본국민으로서의 완전한 자각을 갖고 일본정신을 체득하도록 하기까지는 역시 수백 년이 필요한 것은 당연하고, 조선에서 사상운동이 일시에 없어진다고는 도저히 생각할 수 없다"고 하였다. 그리고 "장래 사회정세의 변화 여하에 따라 다시 역전될 위험이 있으리라는 것도 상상하기 어렵지 않다"고 하고 "검찰, 재판의 임무를 맡은 자는 장래 사회정세 또는 사상의 추이를 깊이 주의하여, 표면만이 아니라 그 이면도 통찰하고 그 진상을 파악하여 관대함과 엄격함을 잘 조정하는 조치를 취하도록 주의하는 것이 중요하다"고 마무리했다.

요시다의 보고서는 조선 사법당국자에게도 제공되었을텐데, 「결어」에서의 경종은 당사자들에게는 사족蛇足과도 같은 지적이었을 것이다. 그와 동시에 조선인이 민족의식을 쉽사리 버릴 수는 없을 것이라는 인식은 일본 국내의 재일조선인에 대한 치안유지법 발동에서도, 일본의 경찰 사법 당국자에게도 공유되어갔다.

2
공산주의운동에 대한 추격적 적용

▌1930년대 전반 위반사건에 대한 판결

1935년부터 1937년 전반까지 치안유지법 위반사건 판결의 대부분은 1930년대 전반에 검거되고 기소, 예심이라는 과정을 거친 사례이다. 「범죄사실」로 된 내용은 1930년 전후의 일도 있다. 따라서 그들 판결의 경향은 앞 장에서 개관한 것의 답습이라고 해도 무방하다.

　1935년 12월 해주지방법원 판결에서는 "표면에는 농촌진흥, 자력갱생, 경제부흥, 계몽 및 보건의 각 운동을 강령으로 내걸고, 그 이면에서 사유재산제도를 부인하고 공산주의사회 실현 및 조선을 제국의 속박에서 이탈시켜 국체 변혁을 꾀할 목적으로 추동청년수양계楸洞青年修養楔라는 결사를 조직했다"고 하여 치안유지법 제1조 제1항 전반, 제2항을 적용하여 징역 4년에서 2년 6월을 선고했다(「가출옥」). 표면과 이면이라는 판단이나 「추동청년수양계」라는 작은 단체를 비밀결사로 단정하는 방식은 이런 종류의 판결에서는 빈번히 나타났다.

　4월 8일 경성지방법원에서 판결이 선고되었다. 「노동계급사, 조선공산당재건투쟁협의회 일본출판부 사건」의 「사실개요」는 김두정金斗楨 등이 1932년 4월 이래 도쿄에서 노동계급사, 조선공산당재건투쟁협의회 일본출판부라는 결사를 조직하고, 조선의 독립과 공산화를 선동하는 내용의 팸플릿을 발행하고, "내지 거주 조선인 및 조선 내의 일반대중에게 반포하여 조선독립 및 공산화를 선동했다. 그 후 조선으로 옮겨 조선의 독립 및 공산화를 위해 활동할 것을 협의하고, 그 분담구역을 정했다. 동년 여름쯤부터 각각 조선에 귀국하여 각지에서 활동을 개시했다"고 하였다. 검사국이 수리한 48명 중 예심에 회부된 사람은 10명, 기소유예 9명, 혐의없음이 29명이라는 처분내용은 경찰에 의한 검거가 과대했음을 추측하게 한다. 예심종결에서도 2명이 면소되었다. 판결은 치안유지법 제1조 제1항 전반, 제2항을 적용하여 징역 6년부터 2년을 선고했다.[10] 일본 국내에서 검거되고, 사법 처분되었다면 결사조직이 아니라 목적수행죄를 적용하여 양형도 좀 더 가벼웠을 것으로 생각된다.

7월 20일 경성지방법원은 "농촌 청년에 대하여, 공산주의적 의식을 주입하고 그들을 동지로 획득함과 동시에, 각자 자기훈련을 하고 이로써 조선독립 및 그 공산주의화를 목적으로 한 결사 공산청년동맹 준비위원회(통칭 Y)에 가입하여 조선공산당을 재건할 목적으로 통칭 P인 비밀결사를 조직했다"고 하여 치안유지법 제1조 제1항 전반, 제2항을 적용하여 징역 6년이라는 판결을 내렸다(「가출옥」).

또한 10월 31일 함흥지방법원은 치안유지법 제1조 제1항 전반, 제2항을 적용하여 김덕환金德煥에게 징역 5년을 부과했다. 1931년 6월 말, 강원도 고성高城군 고성면 입석리立石里에서 독서회를 결성하여, 4~5회 개

---

10 「朝鮮思想事件判決-勞働階級社, 朝鮮共産黨再建鬪爭協議會日本出版部事件」, 『思想彙報』 3, 1935. 6.

최하고 공산주의 의식을 주입함과 동시에 장래 동 주의 운동의 투사가 되어야 한다고 격려했던 점, 고성사회운동협의회를 조직하여 농우회, 근로노동조합을 좌익화시킬 활동을 한 점 등이 「범죄사실」로 간주되었다.[11]

1936년 3월 2일 대구복심법원 판결은 1933년 1월에 자각회自覺會를 결성하여 우리는 사유재산제도를 부인하고, 우리가 희망하는 소비에트 러시아와 같은 신사회를 건설하기 위해 용기있는 청년은 자각회에 참가하여 늠름하게 투쟁하자는 뜻을 선언한 점, 1934년 4월에 진도珍島적색농민조합을 결성하고 우리는 사유재산제도를 부인하고 지주계급을 타파하고 자유 평등 및 안전한 농민생활 구현을 위해 본 조합을 조직할 것을 선언했다는 것 등에 대해 치안유지법 제1조 제1항 전반과 제2항을 적용했다. 양형은 "범죄의 정황을 헤아릴 만 하다"고 하여 경감하여 징역 2년 6월로 하였다(「가출옥」).

4월 7일 경성복심법원은 중국공산당의 영도 하에 있는 혁명호조회革命互助會 외에 농민협회나 중국공산당 가입이 치안유지법 제1조 제1항 후반과 제2항에 해당한다는 판결을 내렸다. 양형은 강도치사죄를 적용하여 사형을 선고했다(「독립운동판결문」).

4월 9일 경성지방법원 판결은 결사 반제청년협의회反帝靑年協議會를 조직하고 여자학생반의 책임자가 된 점에 대해 치안유지법 제1조 제1항 전반과 제2항을 적용하여 징역 3년을 구형했다(「가출옥」). 또한 4월 12일 해주지방법원 판결에서는 한인무정부주의자 상해연맹 및 그 세포체인 남화한인청년연맹에 가입한 것이 치안유지법 제1조 제1항 후반에 해당한다고 하였다. 양형은 살인죄로 사형을 선고했다(「가출옥」).

---

11 「金德煥 판결문」, 한국역사연구회 편, 『일제하 사회운동 자료총서』 제10권.

1937년 6월 도쿄에서 사상실무자 회동에서 옵서버로 참가한 청진지방법원 검사 사가라 하루오相良春雄는 「최근 사상운동 정세에 비추어 재판 및 검찰상 고려할 점, 그 외」라는 참고할만한 내용을 보고했다.[12] 거기에서는 "치안유지법 제1조의 결사 인정에 대하여 종래와 같이 당, 공산청년회, 전협全協 이외에 이를 적용하기를 주저하는 것은 불가하며, 조직의 대소에 구애받지 말아야 할 필요가 있다"고 한 점을 주목했다. 그렇지만 이미 그것은 조선에서는 일반적으로 운용되고 있었다. 단, 이른바 신방침에 입각한 운동에서는 표면상 실로 경미하다는 느낌을 갖게 하므로 기소·불기소의 재량을 완화할 필요가 있다는 것은 코민테른의 인민전선전술을 둘러싼 것이며 조선에서도 관심을 기울인 문제였다. 기소·불기소의 재량을 완화할 필요가 있다는 것은 기소의 기준을 낮게 하여 표면에 실로 경미한 운동에도 대상을 확대하자는 의미이며, 조선에서도 실천되고 있었다.

▎치안유지법 위반만으로 사형을 선고받은 주현갑
- 간도 5·30 사건 재판의 결론

간도 5·30 사건은 경성지방법원 검사국에 이송된 후, 1933년 12월 20일 경성지방법원에서 판결이 이루어졌다. 이에 33명이 항소했으며, 경성복심법원 판결은 1936년 2월 24일에 결정되었다. 2심 판결에서는 1930년 5월에 중국공산당은 그 행동강령의 하나로 동방 각 식민지 공산혁명운동 원조라는 항목을 삽입하고 이로써 중국뿐 아니라 조선을 제국의 통치에서

---

12 「最近に於ける思想運動情勢に鑑み裁判竝檢察上考慮すべき點其の他」, 『思想彙報』 12, 1937. 9.

이탈시켜 공산제도를 실현할 것을 목적으로 하기에 이르렀다고 인정하고, 중국공산당 가입은 치안유지법 제1조 제1항에 해당한다고 하였다(「독립운동판결문」). 18명이 사형, 4명이 무기징역 등이 되었고 22명이 상고했다.

모든 상고를 기각한 6월 18일 고등법원의 판결을 살펴보자. 사형 판결의 경우는 폭동에 따른 살인 및 방화 등과 치안유지법 위반을 병합시킨 결과였으나, 주현갑周現甲에게는 치안유지법 위반만으로 사형을 선고했다. 주현갑은 고등법원에 제출한 상고 취의서에서 두가지 이유를 들고 있다(고등법원 판결에서는 피고인과 변호인의 상고취의서를 인용하고 있으므로 여기에서는 그에 따라 피고인 등의 주장을 유추한다). 첫째, 치안유지법 제1조 제1항의 적용이 부당하다는 것이다. 즉 본 피고사건은 일본제국의 국체를 변혁할 목적으로 한 것이 아니라는 이유이다. 중국공산당 강령인 동방식민지해방운동의 원조는 아시아 각 식민지의 일반적 해방 원조를 의미하는 데에 불과하고, 동방식민 중의 하나인 조선해방운동 원조의 본질은 일본제국의 국체 변혁과는 전혀 관계없는 것이라고 하였다.

둘째, 중국공산당의 임원이 된 것에 대하여 가령 제1조 제1항을 적용한다고 해도 2심의 사형이라는 양정量定은 매우 부당하다고 주장했다. 비교 대조한 것은 일본공산당의 전향 표명 후 확정 판결을 받은 사노 마나부佐野學의 징역 15년형이다. 사회의 일반민중에게 또는 공산주의운동자 등에게 미치는 영향을 생각해도 이 역시 큰 차이가 있을지, 군말할 필요도 없음에도 불구하고 주현갑에게 사형을 부과하는 것은 너무나 불균형적이며 부당하다고 하였다.

첫 번째 주장에 대하여 고등법원은 "기록을 정밀히 조사하고 모든 증거자료를 살펴보아도, 원판결에 중대한 사실 오인이 있다고 의심하기에 충분한, 현저한 사항이 존재하지 않는다"고 하여 받아들이지 않았다. 두번째 주장에 대해서도 "형의 양정은 당해 범죄사실 및 이에 관한 제반 정황에 의해 결정해야 할 것으로, 주장하는 바와 같은 관점 표준에만 한정시킬 사안이 아니다"라고 일축했다.

피고 이동상李東祥의 상고 이유는 "혹독한 고문으로 취조관의 뜻에 따라 작성한 사법경찰관 및 검사 사무취급 조서에만 의거하고 경성지방법원 검사국에서의 답변은 전혀 참작하지 않고 피고인에게 극형을 부과한 원판결은 부당하다"는 것이었다. 피고 김광묵金光黙도 "피고인이 관계하지 않은 사건에 대하여 장시간 고문하고 두도구頭道溝영사관 분관 및 총영사관에서 밤새도록 무수한 고문을 받고 그 후에도 계속 고문을 당해서 동관 경찰서에 구금 60일간 거의 대부분 무의식상태에 있었기 때문에 동 서에서의 공술은 모두 신뢰하기에 부족하다"고 하였다. 이에 대하여 고등법원은 "원판결의 증거에 채용한 주장과 각 증거는, 피고가 주장하는 바와 같은 사정에 의해 허위라는 사실을, 기록상 수긍할만한 것이 없다"고 하고 고문 사실에 대해서는 전혀 언급도 하지 않았다.

주현갑과 이동상의 변호인 소완규蘇完奎는 "법률 적용에 착오가 있다"고 변론했다. 피고들의 주장은 처음부터 조선 내부에서 일본 제국주의를 몰아내고 사유재산제도를 부인하려는 것에 불과한 것이므로 통치권의 총람자인 만세일계의 천황, 즉 국체 변경 운운은 처음부터 조선공산당 또는 중국공산당의 강령 목적에 나타나지 않는 것으로 국체 변경에는 해당하지 않는다는 것이다. 이것은 일본 제국주의 지배 배제에 의한 조선 독립 실현을 지향하는 것이 곧 국체 변혁에 해당한다고 한, 1930년부터 1931년에 걸쳐 확립한 판례와 정면에서 부딪치는 것이었다. 그러나 고등법원은 "조선을 제국의 통치에서 벗어나게 하는 것은 우리 제국 영토의 일부를 참절僭竊하여 그 통치를 실질적으로 축소시키고 이를 침해하려는 것에 틀림 없으므로 치안유지법의 이른바 국체 변혁을 기도하는 것에 해당한다"고 반박했다. 이제 조선 독립과 국체 변혁을 분리하는 것은 극히 불가능해졌다.

「개정 겨우 3분 만에 18명에게 사형 확정 판결」, 『동아일보』(1936.6.19)

변호인 신태악辛泰嶽도 마찬가지로 "치안유지법을 중국의 공산혁명을 목적으로 하는 중국공산당원인 피고인 등에게 적용하는 것은 부당하다"고 주장함과 동시에, 양정의 면에서도 1명을 제외하고 피고 전부에게 일률적으로 극형을 선고하는 것은 실로 온당하지 못하다고 비난했다. 특히 주현갑을 치안유지법 위반만으로 처단하는 것을 문제시했다. 종래의 판결에서는 치안유지법 위반만으로 징역 10년 이상의 형을 부과한 경우가 없었다고 하여 "피고인 주현갑에만 극형을 부과하는 것은 타당하지 않다"고 하였다. 이에 대하여 고등법원 판결은 전례 무시 등의 비판은 독단일 뿐이라는 한마디로 일축하여 받아들이지 않았다.

또한 이동상 등의 변호인 마루야마 게지로丸山敬次郎는 다른 관점에서 변론했다. 피고들의 행동은 "공산주의자의 선전에 걸려들어, 인간의 생활

여부가 오로지 빈부의 차에 있다는 망상에 빠져, 미숙한 청년의 사고思考로 인해 본건 범행을 저지른 것으로, 오히려 그 어리석음을 불쌍히 여김과 동시에 따뜻한 법의 눈물로 감싸 안아야 할 필요가 있다"고 하였다. 피고들이 미숙하고 사려가 없었다고 하여 관대한 양형을 요구하는 입장에서 봐도 "형의 양정이 매우 부당하다"고 하였다. 고등법원 판결에서는 양형이 부당하다는 이의異議를 받아들이지 않았다(이상「독립운동판결문」).

새로운 증거가 있다면 고등법원 판결에 대한 재심청구가 인정되는 신제도가 발족했기 때문에, 사형 판결을 받은 18명은 경성복심법원에 재심을 청구했다. 7월 8일에 경성복심법원은 청구기각 결정을 내려, 간도 5·30사건에 대한 오랜 사법처분이 끝났다.「결정」에 의하면 주현갑의 재심청구요지는 본 피고사건의 총책임자이며 본 피고의 직접 지도자인 양동건襄東健이 징역 12년이었던 것에 비하여 중국공산당의 평강구平崗區 책임자에 그친 주현갑을 사형으로 한 것은 사실 오인이며 처형의 양정이 매우 부당하다는 것이었다.

그리고 주현갑은 최후에 특히 배려해주길 바라는 사항으로 "다른 지방에서 일어난 사건 등이 모두 하나의 사건으로 취급되는 관계상, 이러한 사건의 책임을 모두 본 피고가 짊어지도록 한 감이 있다"고 호소함과 함께 자신의 사상과 심경에 다대한 변화가 생기고 있다는 것도 추가했다. 그러나 경성복심법원의「결정」은 재심청구에서 증거서류와 증거물이 제출되지 않았다고 하여 재심청구의 수속 면에서 법률상 절차를 위반했다고 하여 상대하지 않았다(「독립운동판결문」).

7월 22일, 간도 5·30 사건의 사형수 18명에 대한 사형이 서대문형무소에서 집행되었다.

▌ 엄벌화하는 '국체 변혁' 결사

1930년대 전반은 조선공산당 등의 중심인물이라도 병합죄가 아니면 징역 6년에서 5년이라는 양형이었는데, 1930년대 후반이 되면 규모가 작은 사건도 중심인물로 간주되면 징역 6년에서 5년이 부과되는 것이 일반적이 되었다. 양형의 표준이 낮아지고 엄벌화하는 경향이 현저해진 것이다. 특히 '국체 변혁' 결사로 간주되면 치안유지법 제1조 제1항을 적용하여 중죄로 다스렸다. 이와 함께 1930년대 전반이라면 입건이 유보되는 사안도 근본에서부터 파헤쳐 뿌리를 뽑고자 했다.

1936년 5월 30일 대구복심법원 판결은 "침체한 운동을 타개하고자 공산주의 단체인 농민조합을 조직할 것을 기도하여……조선을 일본제국의 속박에서 이탈시킴과 동시에, 조선 내에 사유재산제도를 부인하는 공산주의 사회를 실현할 것을 목적으로 적색농민조합인 비밀결사를 조직하고 동지 획득에 힘썼다"고 하여 치안유지법 제1조를 적용하여 중대한 국체변혁이라 규정하고 징역 5년에서 2년 6월을 부과했다(「재소자자료」).

6월 29일 광주지방법원은 「여수麗水사회과학연구회, 여수적색노동조합준비회, 여수 청년전위동맹, 독서회 등 조직사건」에 치안유지법 제1조 제1항 전반과 제2항 등을 적용하고 13명에게 징역 5년에서 8월을 판결했다.[13]

7월 17일 경성지방법원은 「조선공산당 재건동맹」 가입에 대하여 치안유지법 제1조 제1항 후반과 제2항을 적용하고 징역 6년부터 1년을 부과했다(「가출옥」).

---

13 「朝鮮思想事件判決-麗水社會科學研究會,麗水赤色勞働組合準備會, 麗水靑年前衛同盟,讀書會等組織事件」,『思想彙報』8, 1936.9.

10월 25일 청진지방법원 판결은 "소화昭和7년(1932) 8월 하순 이래, 함경북도 온성군에서 조선의 독립 및 그 공산화를 목적으로 하여 비밀결사 노농동맹을 결성하고 그 목적수행을 위해 여러 가지로 광분했다"고 하여 치안유지법 제1조 제1항 전반, 제2항 전반을 적용하고 징역 7년에서 2년을 부과했다.[14]

　10월 31일 경성복심법원의 박승룡朴昇龍에 대한 판결은 1933년 2월에 「노농협의회」를 조직하고 경성鏡城 군내에서 농민 중 의식분자를 획득하여 전위반前衛班을 조직하게 하여 장래 농민조합조직을 위해 농민 대중의 교양에 임하게 할 뜻을 협의한 점, 앞으로 조직해야 할 농민조합의 조직형태로 각 면面에 면위원회를 설치하고 그 밑에 반을 둘 것을 협의 결정했다고 하여 치안유지법 제1조 제1항 전반을 적용하여 징역 6년을 부과했다.[15]

　1937년 5월 26일 좌행옥左行玉에 대한 광주지방법원의 판결은 1930년 2월 중국혁명운동에 참가하고 「상해반제동맹」의 지도 연락 하에 반제국주의운동을 하고 공산주의운동의 부분적 역할을 할 것 등을 표방하고 「상해한인청년동맹」을 결성한 것, 1934년 9월 이래 부산에서 적색노동조합의 결성을 건의한 것 등에 대해 치안유지법 제1조 제1항 전반과 제2항 전반을 적용하여 징역 5년을 부과했다.[16]

　1938년 1월 25일 청진지방법원의 김원술金元述 · 김희봉金熙鳳 등에 대한 판결에서는 1935년 7월 조선공산당을 재건하기 위해서는 우선 의식이 확고한 전위분자만으로 전위조직을 결성해야 한다고 협의 결정하고, 비밀결사 「조선공산당재건투쟁준비위원회」를 조직했으며, ① 사생활을 청

---

14 「秘密結社勞農同盟組織事件」, 『思想彙報』 9, 1936. 12.
15 「朴昇龍 判決文」, 한국역사연구회 편, 『일제하 사회운동 자료총서』 제10권.
16 「左行玉 판결문」, 한국역사연구회 편, 『일제하 사회운동 자료총서』 제11권.

산할 것, ② 대중 속에서 일상생활을 할 것, ③ 운동을 정체시키지 말 것이라는 전위 3대원칙을 내걸었다고 하였다. 이에 대해 치안유지법 제1조 제1항 전반, 제2항이 적용되었고 징역 5년부터 1년이 부과되었다.[17]

2월 28일 정길성丁吉成에 대한 대구지방법원의 판결은 다음과 같은 「범죄사실」을 인정했다.[18]

> (1935년 1월-인용주) 비밀결사 조선적색노동조합준비위원회를 조직하고 조선내 각지의 지도적 동지를 규합하고 기성조직을 결성하는 반면, 미조직층에 기초조직을 촉진하여 그 연락 통일을 꾀하고 이로써 전 조선적색노동조합을 조직하는 운동방침을 세운다. 그리고 조선 내에서 지도적 정예분자를 획득하여 본 위원회에 참가시킨다. 모임 자체의 확대 강화를 꾀함과 동시에 전 조선 적로赤勞운동의 통일과정에서 지도 수습에 노력함과 더불어 각자 공장, 직장 내로 들어가 노동자층을 포섭하여 산업별 조직에서 전선戰線 통일 정화를 기한다. 이를 통해 운동에 매진하고 조선공산당 재건이 이루어질 때 그 지도 아래 소속시켜 유력한 지지단체가 되도록 행동강령을 정하여 (하략)

이것이 치안유지법 제1조 제1항 전반과 제2항에 해당한다고 하고, 재범이므로 징역 6년을 부과한다고 하였다.

1938년 3월 24일 청진지방법원의 전치은全治殷에 대한 판결은 「웅기雄基 열성자협의동맹」 가입, "함경남도 각지에서 다수의 동지 검거되어 도道 전체에 동 주의 운동의 만회책을 강구함과 함께 운동 전개를 도모하기 위

---

17 「金元述 외 11인의 판결서」, 김경일 편, 『일제하 사회운동사 자료집』 제7권.
18 「鄭吉成의 판결문」, 한국역사연구회 편, 『일제하 사회운동 자료총서』 제12권.

해 「조선공산주의자동맹」 등을 조직했다"고 하여 치안유지법 제1조 제1항 전반과 제2항, 출판법위반을 적용하여 징역 8년을 부과했다.[19]

1939년 2월 7일 청진지방법원 판결은 무산계급인 빈농 대중을 단결시켜 공고한 단체를 만들어, 공산제 사회 실현을 목적으로 하는 「길주吉州군 좌익농민조합」을 조직했다고 하여 치안유지법 제1조 제1항 전반과 제2항을 적용하고 징역 12년에서 2년을 부과했다(「재소자자료」).

5월 30일 함흥지방법원 판결은 메이데이 기념 격문을 작성 산포하고, 대중에게 공산혁명의식을 주입하여 동지를 획득할 것을 목적으로 하는 「문천文川좌익농민조합재건준비위원회」를 조직했다고 하여 치안유지법 제1조 제1항 전반과 제2항을 적용하고 징역 5년에서 8월(집행유예 없음)을 부과했다(「재소자자료」).

▎「사유재산제도 부인」 결사의 도려내기

앞서 살펴본 바와 같이 치안유지법 제1조 제2항=사유재산제도 부인만을 적용한 것은 1925년부터 1933년까지 전체 기소·기소유예자의 약 1/3을 차지했다. 1932년에 한하여 62%라는 높은 수치를 보인다. 1934년 수치는 불명인데, 1935년의 비율은 22%, 1936년은 23%이다. 1937년과 1938년 전반의 수치는 불명이며, 1938년 6월부터 1940년 6월까지의 합계는 약 20%이다.(표 14 참조) 사유재산제도 부인만을 적용한 것은 1930년대 전반과 비교할 때 1930년대 후반은 다소 감소하지만(이 기간은

---

19 「全治殷 외 12인의 판결서」, 김경일 편, 『일제하 사회운동사 자료집』 제7권.

국체 변혁 적용이 증대했다고 추측됨) 그래도 일본에서 전무全無했던 상황과는 대조적이다.

1930년대 전반이 그러했던 것처럼 조선 독립의 혐의가 엿보이면 국체변혁을 적용했으며, 억지로 구실을 만들어도 곤란한 경우에는 사유재산제도 부인적용을 선택했다고 생각된다. 양형의 측면에서는 국체변혁 결사보다도 가볍지만, 검거·기소·예심종결·판결의 각각의 단계에서 그동안 1930년대 전반이라면 보류했던 것도 처단 대상이 되었다. 여기에서도 사유재산제도 부인을 적용하기 위해 사건의 도려내기가 이루어졌다.

그 도려내기의 전형적 사례는 1935년 11월 20일 공주지방법원의 이호철李戶喆 등 9명의 「공산주의연구협의회, 공산주의자협의회, 농민구락부 및 칠모회七眸會 사건」에 대한 판결에서 찾아볼 수 있다. 1931년 10월 "부여지방은 당국의 감시가 매우 엄중하기 때문에 표면 조직은 지극히 곤란하여 이에 비밀결사조직을 생각했지만, 현재의 사회정세에서 볼 때 무산자계급을 자본가계급의 착취에서 해방하기 위해서는 공산주의를 능가하는 것이 없고 그렇다면 공산주의운동의 전개상, 동지 사이에 연구기관을 조직하고 주의·의식을 앙양하여 조선에서 사유재산제도를 부인하고 공산주의사회 실현운동에 돌진해야한다는 취지를 제의하고 「공산주의연구협의회」를 조직했지만, 실제로는 아무런 활동을 할 수 없었다"고 한다. 또한 이 결사는 다른 단체와 아무런 관계도 없고, 이런 종류의 주의자로선 매우 열의가 부족한 점, 더욱 "현재는 모두 공산주의로부터 전향 의사를 표명하고 있다"고 하여 치안유지법 제1조 제2항을 적용하여 징역 3년에서 1년을 부과하고 1인을 제외하고 5년 집행유예를 부과했다.[20]

---

20 「共産主義研究協議會, 共産主義者協議會, 農民俱樂部及七眸會事件」, 『思想彙報』 6, 1936. 3.

거의 활동실적이 없고, 공산주의 수행의 열의도 부족하고, 전향도 인정된다고 판단하면서도 여전히 치안유지법을 적용하는 방침은 철저했으며, 겨우 양형을 가볍게 하는 선에 그쳤다. 이 정도의 활동조차 용서하지 않는 단호한 자세가 사법처분 전 과정을 통하여 관철되고 있다.

1935년 12월 20일 이기수李起銖에 대한 대구복심법원의 판결은 1932년 4월 조선공산당 재건의 과도적 준비 공작으로 전라북도 혁명전위동맹인 결사를 조직했다고 하여 치안유지법 제1조 제2항을 적용하여 징역 2년을 부과했다(「독립운동판결문」). 조선공산당 재건을 목적으로 했다고 하면서도 국체 변혁은 적용하지 않았다.

1936년 2월 19일 대구복심법원은 표면상 조선프롤레타리아예술동맹의 재조직을 구실로 하여 프롤레타리아예술을 무기로 부르조아 예술을 배격하고 마르크스주의를 선전하여 일반대중에게 계급의식을 주입 고취했다고 하여 치안유지법 제1조 제2항을 적용하여 징역 2년에서 1년의 판결을 선고했다. 징역 1년을 선고한 박완식朴完植은 고등법원에 상고하여 「조선프롤레타리아예술동맹」은 완전한 합법단체라는 점, "단지 문필 행동에 종사한 것인데 합법을 가장한 단체라고 규정한 원판결은 타당하지 않다"고 주장했다. 4월 30일 고등법원은 "원판결이 제시한 증거를 종합하니 피고인의 범행이 극히 명료하고, 원판결에 중대한 사실오인이 있다고 의심하기에 족한 현저한 사유가 존재하지 않는다"고 하여 상고를 기각했다(「독립운동판결문」).

상호부조적 조직을 비밀결사로 간주한 판결도 보인다. 1936년 5월 19일 평양지방법원 진남지청鎭南支廳의 판결은 표면상 직공 사이의 관혼상제 상호부조를 목적으로 하는 상호계의 창립을 선언하고, 이면에서 사유재산제도를 부인하고 공산주의사회 건설을 목적으로 하는 결사를 조직했다고 하여 치안유지법 제1조 제2항 전반을 적용하여 징역 2년에서 1년을 부과했다(「가출옥」). 또한 1937년 12월 21일 청진지방법원 판결은 「세선동世仙洞상조회」라는 비밀결사를 조직하고 십여 회에 걸쳐 사회진화론이나 경제공황, 공산주의사회 등의 제문제를 구연口演하고 "공산주의 지도 교양을 도모했다"고 하여 치안유지법 제1조 제2항을 적용하여 징역 2년 6월부터 1년 6월을 부과했다(「독립운동판결문」).

독서회 조직도 좋은 탄압 대상이었다. 1936년 9월 10일 대구복심법원 판결은 실천운동을 하는 데에 있어서는 우선 현재의 사회경제기구인 사유재산제도 및 공산주의에 관한 인식을 명확히 파악할 필요가 있다고 하여 그 목적 달성을 위해 비밀리에 독서회를 조직하고 사유재산제도 부인을 목적으로 하는 무명의 결사를 조직했다고 하여 치안유지법 제1조 제2항 전반을 적용하여 징역 2년 6월을 부과했다(「독립운동판결문」).

1936년 9월 19일 이광덕李廣德 등에 대한 전주지방법원 판결은 다음과 같은 「범죄사실」을 인정했다.

> 원래 김제군 내에는 내지인 대지주가 다수 산재하고 조선인 소작인이 매우 피폐한 것은 오로지 지주 등의 착취에 기인한다고 사유하고, 조선인 농가 해방을 위해서는 조선에서 사유재산제도를 부인하고 공산주의 사회를 실현하여 무산자 독재사회를 개척하고 이로써 부의 공평한 분배를 하는 것만 못하다. 오로지 동지 획득과 실천운동의 기회를 엿보던 중…… 앞서 언급한 목적을 갖는 지도기관인 비밀결사 독서회를 조직하고 (하략)

치안유지법 제1조 제2항에 해당하는데, "범행 후 이미 과거의 사상을 청산하고 전향을 표명하고 있으며 잘못을 뉘우치는 모습도 현저하여 굳이 실형을 부과하는 것보다 형의 집행을 유예하여 개과천선을 기다리는 것이 타당하다고 인정된다"고 하여 징역 2년에서 1년 6월을 부과하고 4년에서 3년의 집행유예에 처했다(「독립운동판결문」).

1939년 11월 14일 광주지방법원 판결에서는 사회과학연구회나 독서회 조직 외에 「불국회佛國會」를 조직한 것을 「범죄 사실」로 간주했다. 불국회는 회원 다수가 자주 회합하여 불교 연구를 구실로 피고인 4명은 그 회합을 이용하여 불교의 기만성을 폭로하고 동 회원을 유물론으로 유도하고, 이로써 동지를 획득할 것을 기획하고, 불교 포교소에 출입하여 회합할 때마다 공산주의 입장에서 불교를 비난 공격하여 동지 획득에 힘썼다고 한다. 치안유지법 제1조 제2항을 적용하여 징역 2년에서 1년 6월을 부과했다.

▎협의, 선동 적용의 증대

일본 국내의 치안유지법 적용이 국체 변혁＝제1조 제1항으로 수렴된 것과 대조적으로 조선에서는 제2조(협의)와 제3조(선동)를 적용한 처벌이 꽤 많았다. 1925년부터 1933년까지 죄의 형태별 인원은 협의, 선동을 포함하여 약 10%였던 점을 앞에서 지적했다. 그 경향은 1930년대 후반에 강화된다. 〈표 14〉에서 보면, 1935년의 죄의 형태별 수치(기소·기소유예자 합계)는 협의가 23%, 선동이 6%이며, 1936년에는 43%와 2%로 되었다. 1937년과 1938년 전반은 불명이므로 1938년 6월부터 1940년 6월까지의 합계는 22%와 3%이며 1930년대 전반보다 증가하고 있다. 이처럼 제1조의 비밀결사조직에 이르지 않고 협의 및 선동을 처단 대상으로 삼은 것은 치안유지법 적용이 확대되었다는 것을 의미한다. 양형으로는 일반적으로 제1조 적용보다 가벼웠다.

우선, 협의죄부터 보자. 1935년 8월 13일 전주지방법원은 권용훈權容勳에게 징역 2년 판결을 내렸다. 지도부를 조직하고 그 지도하에 노동자, 농민을 획득하는 이른바 위에서 아래로의 방침과 지도부를 조직하지 않고 우선 노동자, 농민을 지도하여 그 후에 아래로부터 위로의 방침에 따라 지도자가 모여 조직체를 만드는 것'을 의논한 것이 치안유지법 제2조에 해당한다고 하였다(「독립운동판결문」).

1936년 4월 20일, 함흥지방법원은 「원산 적색노동조합 조직운동 사건」에 대하여 7명에게 징역 4년에서 1년 6월의 판결을 내렸다. 운수노동자를 중심으로 한 기존의 합법단체인 원산노동연합회 및 함남노동회에 침입하여 그 중에 혁명적 반대파를 결성하고 이를 적로赤勞조직으로 하여 접수할 것, 각 공장 내에 적로의 최하부 조직인 반班, 분회를 조직할 것 및 출판부를 확립하여 기관지를 발행할 것'등을 협의했다고 하여 치안유지법 제2조를 적용했다.[21]

1937년 6월 4일 광주지방법원 목포지부 판결은 송순혁宋純赫 등 4명에게 치안유지법 제2조를 적용하여 징역 1년을 부과했다. 1932년 11월의 다음과 같은 언동도 「범죄사실」의 하나로 간주했다.

이도백李道伯의 결혼 피로연에 초대된 것을 기회로 삼아……출석자 이전춘李全春 외 수십 명에게 이도백은 표면 사회주의를 주창하지만 실제로는 자본주의자로 평소 해녀, 무산어민의 고혈을 착취하는 자로 그 착취금으로 성대한 결혼식을 거행했다. 우리는 이런 더러운 돈으로 조달한 요리는 먹을 수 없고, 이도백은 모름지기 착취금을 무산자에게 돌

---

21 「朝鮮思想事件判決竝豫審終結決定－元山赤色勞働組合組織運動事件判決」, 『思想彙報』 7, 1936. 6.

려줘야 한다고 말하게 하여 이로써 목적인 사항 실행에 대해 운동하고 (하략)

또한 이 판결에서는 미결구류 365일을 산입했기 때문에 실제로 투옥은 하지 않았다고 추측되는데 그 구류기간이 장기임은 주목된다(「독립운동판결문」).

12월 24일 광주지방법원 목포지청의 윤순식尹淳植 등에 대한 판결도 치안유지법 제2조를 적용하여 징역 1년부터 6월(집행유예 4년)을 부과했다. 거기에는 일간신문인 조선일보로 공산주의사상을 연구하고, 의식의 향상을 꾀할 것을 합의하여……교재로 주의·사상 연구를 하여 이로써 목적한 사항 실행에 관하여 협의했다는 것이 처분 이유가 되었다.[22]

1938년 7월 22일 경성지방법원 판결은 피고인 3명이 회합하여 조선 청년 대중은 선천적으로 민족의식이 잠재하고 또한 투쟁성이 뛰어나므로 공산주의사상을 주입하고 다수의 동지를 획득하여 장래 공산주의운동에 진출할 뜻을 협의했다고 하여 치안유지법 제2조를 적용하여 징역 2년에서 1년을 부과했다(「가출옥」). 12월 9일 김임영金林瀅에 대한 경성지방법원 판결은 정면에서 공산주의를 표방하지 않고 문학연구를 빌어 문학을 애호하는 자유주의사상을 품은 청년에게 접근하여 이에 프롤레타리아문학을 읽게 하여 공산주의를 주입할 뜻을 협의했다는 것이 치안유지법 제2조에 해당한다고 하여 징역 2년 6월을 부과했다(「독립운동판결문」).

1939년 4월 14일 김희성金熙星 등 9명에 대한 경성지방법원의 판결은 '① 서로 제휴하여 공산주의운동을 해야 할 것. ② 각 공장 안에서 한명의

---

22 「尹淳植 외 4인의 판결서」, 김경일 편, 『일제하 사회운동사 자료집』 제7권.

오르그를 획득하고 이를 중심으로 써클을 만들고 점차 좌익적으로 지도하여 적색노동조합을 결성할 것 등을 협의했다고 하여 치안유지법 제2조를 적용하여 징역 3년에서 1년을 부과했다. 또한 1938년 5월 21일에 동 법원에서 이루어진 예심종결 결정과 판결문은 거의 같았다. 공판 종료까지 1년 가까이 걸렸다(「독립운동판결문」).

6월 27일 경성지방법원은 박인환朴仁煥에게 치안유지법 제2조를 적용하여 징역 1년 6월을 선고했다. "공산주의운동을 하기 위해서는 하나의 조직을 가질 필요가 있지만, 이렇게 하면 경찰 당국에게 쉽게 발견되어, 검거될 우려가 있으므로 조직을 만들지 말고, 각자 오로지 공산주의 이론을 연구하고 의식 앙양에 힘쓰는 동시에 각자 직장의 상황에 따라 공산주의를 선전하고 동지를 획득하고, 상호 제휴하여 공산주의운동을 해야 한다는 뜻을 협의했다"는 이유이다(「독립운동판결문」).

다음으로 선동죄를 보자. 1935년 3월 30일, 임명묘林明苗에 대하여 대구복심법원은 징역 2년을 선고했다. 1931년 2월, 농민 약 20명 앞에서 "이 지방의 소작농민은 지주에게 압박 착취당하여 비참한 처지에 있다. 이는 오로지 농민이 단결하지 않기 때문이며, 이대로 가면 굶어 죽거나, 만주로 쫓겨나거나 하는 수밖에 방법이 없다, 그러므로 모름지기 단결하여 소작료 등 그 밖의 소작조건을 개선하고, 지주의 횡포를 막고, 지위 향상을 꾀하기 위해 농민조합을 조직하고 지주에게 대항할 필요가 있다"고 역설하고 권한 것이 치안유지법 제3조에 해당한다고 하였다(「독립운동판결문」).

1936년 3월 20일, 김두오金斗五에 대한 대구지방법원 판결은 치안유지법 제3조를 적용하여 징역 1년 6월을 부과하였다. 1934년, 메이데이 당일 학생과 학부모 20여 명에게 메이데이에 대해 설명하고 메이데이 노래를 합창한 것, 마을 주민 70여 명이 모인 자리에서, 「10년 만에 돌아온 아들」이라는 제목의 무산자의 비애를 나타내고 자본주의제도를 배격하는 줄

거리인 소인극素人劇을 상연하는 등, 공산주의적 의식을 주입하는 데에 힘 쓰는 등의 선동을 했다고 하여 처분되었다.[23]

1940년 4월 8일, 경성지방법원은 재경 조선인 학생 중 연극 연구를 희망하는 자를 규합하여 연극 연구와 함께 공산주의 연구를 했다고 하여 「좌익연극단 사건」으로 징역 1년에서 8월을 선고하였다. 1938년 6월 하순, 츠키지築地소극장에서 「지평선」이라는 제목으로 미국 농촌 청년이 현실을 저주하고 바다 저편의 이상향을 희망하는 장면이 있는, 현대 자본주의 사회에서 공산주의 사회 갈망을 암시하는 연극을 공연하여 관객 약 7백 명을 선동했다고 하여 치안유지법 제3조 등을 적용하였다.[24]

궁극과 구극이라는 비약 논리

사유재산제도를 부인하는 결사를 도려내고, 협의 선동의 적용 확대에 기여한 것은 궁극窮極과 구극究極이라는 비약 논리이다. 맹아적인 사회변혁의 싹을 궁극이나 구극 등의 어휘를 사용하여 한꺼번에 공산주의사회 실현이나 조선독립 달성으로 연결시켰다. 치안유지법 확장을 상징하는 이 비약의 논리는 일본 내 치안유지법의 운용에서도 「인민전선人民戰線사건」[25]이나

---

23 「金斗五의 판결서」, 김경일 편, 『일제하 사회운동사 자료집』 제7권.
24 『사상휘보』 제23호, 1940. 6.
25 [역주] 1935년 7월 코민테른 7차 회의에서 그동안 적대했던 사회민주주의세력과 제휴하여 반파시즘 통일전선을 결성할 것이 선언되었다. 이에 일본에서도 1936년 2월 노사카 산조(野坂參三) 등이 이에 호응할 것을 역설했고, 노농파(勞農派), 일본무산당 등의 인사가 일본인민전선 조직에 착수했다. 그러나 1937년 12월 15일과 1938년 2월 1일, 이와 관련된 좌익계 인사 400여명이 특고경찰에 체포되었다. 치안유지법 제1조의 목적수행죄가 확대해석되어 적용된 사례로 알려져 있다.

「황도대본교皇道大本教사건」[26] 등, 1930년대 후반 이후의 사법 처분에서 자주 활용되지만, 조선에서는 그보다 빨리 1935년 전후부터 등장한다. 형량은 치안유지법 제1조와 연계함으로써 협의나 선동죄보다 더 무거워졌다.

아마도 그 가장 이른 사례가 1934년 11월 25일의 경성지방법원 판결일 것이다. 일본 국내보다도 일찍이 조선공산당이 핍박을 받았기 때문에 조선에서 공산운동의 당면 표적은 공산당 조직이 아니라 그 기초적 조직인 적색노동조합 조직이라고 하여 조선에서 사유재산제도를 부인하고, 이것이 공산화를 구극究極의 목적으로 하는 적색노동조합의 조직에 착수했지만, 아직 완성되지 못함으로 마무리되었다 한다. 치안유지법 제1조 제2항·제3항(미수)을 적용하여 징역 3년 6월 등을 부과했다(「재소자자료」). 적색노동조합 조직이 구극적으로 사유재산제도 부인에 의한 공산제사회 실현에 이바지한다는 억지 논리다.

이 노동조합이나 농민조합의 조직을, 구극이나 궁극의 논법으로 공산주의사회의 실현이나 조선 독립 달성과 직결시킨 판결은 적지 않다. 1935년에 한정해도 적색노동조합을 조직하고 구극적으로 사유재산제도를 부인하는 공산주의사회 실현을 목적으로 독서회라는 비밀결사를 조직(5.7, 함흥지방법원 판결)(「가출옥」), 공산청년동맹준비회 및 강릉적색농민조합 결성 준비위원회를 지도하여 통제력이 있는 전면적인 활동을 전개하고, 구극적으로 조선공산당을 결성하고, 조선의 독립 및 공산화를 꾀할 것을 목적으로 하는 통칭 피=P라는 비밀결사를 조직,[27] 궁극적으로 조선을 독

---

26 [역주] 1892년에 조직된 신흥종교. 교주는 王仁三郎. 자신의 황도가 신도(神道)를 능가한다고 하여 일본 신도를 부정하고, 당시의 국가체제를 비판, 종말론과 이상세계건설을 주장했다. 1935년에 대대적으로 검거되어 큰 타격을 받았다. 종교단체에 대한 치안유지법 첫 적용으로 기록된다.
27 경성지방법원 판결(1935.7.17), 『法政新聞』 제321호, 1935.9.5.

립시켜 국체를 변혁하고 동시에 조선에서 사유재산제도를 부인하고 공산주의사회 건설을 목적으로 K회라는 결사를 조직(10. 31, 함흥지방법원판결)[28] 등의 사례를 찾아볼 수 있다.

 1936년 2월 17일의 함흥지방법원 판결은 정평定平농민조합재건위원회가 구극적으로 조선을 독립시키고, 국체를 변혁하며, 또한 조선에서의 사유재산제도를 부인하고, 공산주의제 사회를 건설할 목적을 갖고 있었다고 보고, 그 가입에 대하여 치안유지법 제1조 제1항 후반과 제2항을 적용하여 징역 7년에서 1년 6월을 부과했다(「가출옥」). 1937년 11월 12일의 청진지방법원 판결은 궁극적으로 조선을 독립시키고 국체를 변혁하며 또한 조선에서 사유재산제도를 부인하고 공산주의 사회 실현의 목적으로 「농민조합운동명천明川좌익」이라는 결사를 조직하였다고 하여 치안유지법 제1조 제1항 전반과 제2항을 적용하여 징역 8년과 6년을 선고하였다(「가출옥」).

 이 논리는 농민조합·노동조합 이외에도 응용되어갔다. 1935년 10월 21일, 이병모李秉模에 대하여 경성복심법원은 자본주의제도를 철폐하고 공산주의 사회를 실현케 하는 것을 궁극의 목적으로 하는 진흥회라는 결사를 조직했다고 하여 치안유지법 제1조 제2항을 적용하여 징역 2년 6월을 선고하였다(상해죄 등을 병합)(「독립운동판결문」). 10월 26일의 함흥지방법원 판결은 장래 학교를 졸업하고 현실 사회에 진출하면, 공산주의사회 실현을 위하여 실천운동을 할 기초를 닦고, 궁극적으로 사유재산제도를 부인하고 공산주의사회를 실현시킬 것을 목적으로 공산주의 그룹이라는 결사를 조직하였다고 하여, 치안유지법 제1조 제2항을 적용하여, 징역 2년

---

28 「昭和11年刑控334號, 朴昇龍 判決文」, 한국역사연구회 편, 『일제하 사회운동 자료총서』 제10권.

에서 1년 6월을 선고했다. 1936년 3월 6일의 경성복심법원 판결은 구극적으로 사유재산제도를 부인하고 공산주의 사회의 실현을 목적으로 공산주의 연구그룹인 결사를 조직하였다고 하는데, 제1심 재판 결과와 거의 같은 문장으로, 형량도 변하지 않았다(이상 가출옥).

궁극, 구극과 비슷한 경우로 다음과 같은 것도 고안되었다. 1935년 1월 28일 함흥지방법원은 「적색북청北靑농민조합 덕성德城지부 재건협의회 사건」에 대하여 치안유지법 제1조 제2항을 적용하여 21명에게 징역 3년에서 1년 6월을 선고했다. 「범죄사실」은 1932년 12월 사유재산제도를 부인하고 공산주의사회 실현을 종국의 목적으로 하여 종래의 농민조합과는 전혀 별개 독립적인 「적색북청농민조합 덕성지부 재건협의회」라는 비밀결사를 조직했다고 하였다.[29] 여기에서는 종국終局의 목적이라는 어휘가 활용되었다.

9월 25일, 권충일權忠一에 대하여 함흥지방법원은 징역 8월을 부과하였다. 이에 검사가 항소하자, 12월 6일 경성복심법원은 징역 2년을 선고했다. 조선을 적화하고 계급투쟁으로 무산자의 생활 향상을 꾀하며, 최후에는 제국의 지배를 벗어나 노동자 독재의 공산사회를 실현할 것이라고 하여 그 과정으로 우선 좌익노동조합, 농민조합을 조직할 필요가 있다고 하고, 우선 장전長箭에 좌익노동조합운동 조직을 위한 준비위원회 결성을 선동했다고 인정했다(「독립운동판결문」). 이 판결에서는 최후에는, 그 과정으로 우선, 당면하여라는 어휘를 구사하며 좌익노동조합운동조직을 위한 준비위원회 결성을 선동했다고 하여 극히 초보단계에서의 처분을 강행하였다.

---

29 「朝鮮思想事件判決(六) 赤色北靑農民組合德城支部再建協議會事件」, 『思想彙報』 2, 1935.3.

1936년 2월 19일, 대구복심법원은 박영희朴英熙 등 8명에게 징역 2년에서 1년을 선고하였다(1명을 제외하고 3년 집행유예에 처함). 이유는 1927년 9월, "표면상 조선프롤레타리아예술동맹의 재조직을 구실로 프롤레타리아예술을 무기로 삼고 부르조아예술을 배격하며 마르크스주의를 선전하고 일반 대중에게 계급의식을 주입 고취했다. 필경 조선에서 사유재산제도를 부인하고 공산제도 실현을 목적으로 한 결사를 조직하여 조선프롤레타리아예술동맹의 명칭을 답습했다"고 하여 치안유지법 제1조 제2항에 해당한다고 하였다(「독립운동판결문」). 9년 전의 사건인 프롤레타리아 문화운동을 처분하는 데에, 궁극이라는 용어에 필적할만한 필경이라는 어휘를 사용하여 비약의 논리를 구축하고 있다.

▍일상적 개선운동에 대한 적용

전술한 바와 같이 조선총독부 고등법원 검사국『사상휘보』제6호(1936.3)의「소화昭和10년도(1935) 조선내 사상운동의 상황」에는 공산주의운동의 새로운 형태로, 일상적인 문제를 포착한 선전 방법으로 대중을 획득하려는 경향에 주목하고 있다. 이것을 공산주의운동의 의식적 운동의 첫걸음으로 간주하여 치안유지법을 적용하려는 양상은 다음과 같은 판결에서 엿보인다.

1936년 1월 28일 광주지방법원 목포지청 판결은 사유재산제도를 부인하고 지주계급을 타파하고, 자유, 평등 그리고 안전한 농민생활 실현을 위해「진도珍島적색농민조합」을 조직함과 함께 일상 농민생활에 직접 영향을 끼치는 제문제를 들어 본 조합의 행동강령으로 활동할 것을 맹세하는 선언을 했다는 것 등을 이유로, 치안유지법 제1조 제1항 전반과 제2항을

적용하여 징역 2년 6월을 선고했다.[30]

1937년 4월 28일 광주지방법원 판결은 다음과 같은 「범죄사실」을 인정하고 치안유지법 제1조 제2항 전반에 해당한다고 하여 징역 1년 6월에서 1년을 선고했다(집행유예 3년)(「독립운동판결문」).

> 현재 공산주의운동의 가장 적절한 전개 방책으로 마을의 정각淨閣 외에, 세 개 부락에 각각 존재하는 농촌진흥회를 이용하여 표면적으로 도박 방지와 공동 경작 등을 강령으로 내걸고 각 부락마다 임원을 선임하여 매월 음력 15일에 임원회를 개최하여 농촌진흥을 위해 합법적 활동을 하는 것처럼 위장했다. 점차 부락민의 신임을 얻으면서 비밀리에 이 임원회 등에 공산주의 의식 교양을 시행하여 점차 의식분자를 획득했다. 그리고 농촌 적화를 꾀하기 위해 전기한 진흥회를 망라하여 결국 사유재산제도 부인을 진정한 목적으로 하는 주산舟山농촌진흥회를 조직할 것을 협의 결정했다.

여기에서는 표면적으로는 도박 방지, 공동 경작 등이라는 일상 생활투쟁을 통해 합법적 활동을 하는 것처럼 위장하고, 공산주의 의식의 교양을 제공하면서 결국에는 사유재산제도 부인 실현을 지향했다는 식으로, 치안유지법 적용을 확장하기 위한 수법이 총동원되고 있다.

6월 4일 광주지방법원 목포지부 판결에서는 사회과학 서적의 윤독과 비판 토의에 의한 공산주의 의식 향상, 대중의 공산화를 위해 각자 밤 늦게 거리를 배회하지 않을 것, 싸움을 자제할 것, 가업에 힘쓸 것 등이라는

---

30 「曺圭先 외 1인의 판결서」, 김경일 편, 『일제하 사회운동사 자료집』 제7권.

일상적 도덕 실천에서 협의한 것을 이유로 4명에게 치안유지법 제2조를 적용하여 징역 1년을 부과했다(「독립운동판결문」).

1939년 6월 16일 최남규崔南奎에 대하여 경성지방법원은 마을의 곡물 징집 등 빈농대중의 불평 불만인 각종 사항을 조사 연구하여 모든 투쟁을 하고 결사의 확대 강화를 꾀할 것을 협의하여 「웅평면雄坪面투쟁위원회」를 조직했다고 하여 치안유지법 제1조 제2항을 적용하여 징역 4년을 선고했다(「가출옥」).

교육 실천에 대한 처벌

교육 방면의 치안유지법 적용은 1930년 전후 중등학교의 동맹휴교사건 탄압에서 시작하여 1930년대 전반에 초등교육이나 농촌 야학회까지 파급해 나간 점은 앞에서 살펴보았다. 신흥교육연구회 사건에 대한 고등법원 「사실심리결정」(1932)에서 "더욱 이러한 사건이 속출할 우려가 없지 않다"고 예측하고 있는데, 1930년대 후반에 그것은 적중하고 있다.

1936년 2월 21일 경성복심법원 판결에서는 경성지방법원 춘천지청에서 조경구趙曔九에게 선고한 징역 8월의 양형에 검사가 불복하여 항소하자, 항소 이유 없음 이라고 하여 1심대로 양형을 선고했다. 「범죄사실」로 간주한 것은 조경구가 야학회 교사로 십여 명의 청소년에게 보통 학과목을 교수하면서 수십 회에 걸쳐 포학한 현대 자본주의사회는 조만간 붕괴하고 우리 무산자에게 행복을 부여하는 공산주의사회 실현이 정해져 있지만, 우리 무산자는 야학회에서 열심히 면학하여 굳게 단결하여 하루라도 빨리 공산주의사회가 실현하도록 그 목적 달성을 위해 노력하지 않으면 안 된다고 말한 것이 치안유지법 제2조, 제3조에 해당한다고 하였다(「독립운동판결문」).

6월 25일 강문일康文一과 박영순朴榮淳에 대한 대구복심법원 판결은 야학회를 개시하여 무산아동에게 국어, 산술, 작문, 습자 등을 가르치고 동시에 계급의식 주입을 지도·교양할 것을 밀의하고, 1934년 10월부터 1935년에 걸쳐서 매주 일요일 밤에 또는 수업시간이 끝난 때에, 생도 30명에 대하여 다음과 같은 담화를 하는 외에, 혁명가, 단결가, 그 외 과격한 창가를 부르게 했다고 하였다(「독립운동판결문」).

현재 우리 조선을 일본에 빼앗기고 조선 민족이 식민지가 되어 완전히 의붓자식 취급을 받는 것은 모두 일본제국주의 침략 때문이다. 우리 무산계급이 점차 빈곤에 빠지고 기아선상에서 허덕이고 자본가는 호의호식하는 것은 일본제국주의 옹호 하에 자본주의가 포학스럽게도 우리 무산자의 피와 땀을 착취하기 때문이다. 그렇다면 우리는 하루라도 빨리 한 글자라도 많이 습득하여 현재의 모순이 심한 사회제도를 개혁하지 않으면 안된다. 소년 소녀는 단결하여 우수한 투사가 되어 그들과 싸워 빼앗긴 조선을 되찾고 자본주의제도를 파괴하지 않으면 안된다.

이것이 치안유지법 제2조, 제3조에 해당한다고 하여 각각 징역 1년(집행유예 3년)을 부과했다.

1938년 6월 2일 함흥지방법원은 임학순任學淳에 대하여 치안유지법 제3조 선동을 적용하여 징역 2년 6월을 부과했다. 청진 제1공립보통학교 훈도인 임학순이 순진한 아동에게 좌익 문헌 중에 교재를 선택하여 현재의 자본주의제도의 불합리, 빈부의 격차에서 생기는 폐해, 제국주의자, 권력자의 무산자에 대한 착취 압박을 암시하고 무산자가 단결하여 자유평등한 공산주의사회 실현을 꾀하지 않으면 안된다는 뜻을 담은 동화를 강의하고 공산주의의식을 교양·주입하여 점차 실천운동을 전개하고자 기도했다고 하였다. 그 좌익문헌 교재 중의 하나가 고바야시 다키지小林多喜二의 『게공선蟹工船』31으로 다음과 같은 수업내용이 있었다고 한다(「가출옥」).

(1937년-인용주) 2월 상순 며칠에 걸쳐 실습 교수 시간을 이용하여 약 1시간씩 동 교실에서 동 학생에게 『게공선』이라 제목을 붙이고 게공선 박강환博光丸이 하코다테를 출범하여 연해주 캄차카 방면에서 게를 잡는데 감독이 약 400명의 노동자를 학대하고 기관실의 보일러에 숨은 어떤 잡역부는 변소에 갇혀 절명당했다. 늑막염을 앓던 어부도 곤봉과 가죽끈으로 구타당했다. 폭풍우 예보가 있음에도 방치하여 6척이 난파당하자 약 400명의 어부와 선원 등은 감독의 명령에 복종하지 않고 태업을 한다. 한 어부가 주모자가 되고 8명의 동지를 얻어 다른 노동자를 선동하여 파업을 결행하여 대우 개선을 요구했지만 감독은 무선 전신으로 구축함 지원을 요구하고 주모자를 연행함으로써 파업은 실패하고 만다. 그러나 나중에 감독은 성적 불량으로 해고당하고 노동자의 대우개선 요구는 마침내 관철된다.

오징어나 게 어업이 왕성한 청진 지방의 아동에게 이 게공선의 가혹한 노동은 남의 일 같지 않았을 것이다. 무산자에 대한 착취 압박에 대한

---

31 [역주] '게공선'은 오오츠크해의 캄차카반도 해역에서 게를 잡아 배 위에서 바로 통조림으로 가공하는 설비를 갖춘 대형선박을 말함. 고바야시 다키지의 대표적인 프롤레타리아문학작품으로 1929년에 『戰旗』 5월호, 6월호에 발표됨. 게공선은 노후된 선박을 개조하여 만든 바다 위에 떠있는 공장이다. 따라서 운항하는 배가 아니므로 항해법이 적용되지 않고, 육지의 공장이 아니므로 노동법규도 적용받지 않았다. 자본가의 노동자에 대한 비인도적 혹사가 자행된 것을 소재로 한 소설.

울분과 분노를 불러일으켰다고 생각되는데, 거기에 "자유·평등한 공산주의사회 실현을 꾀하지 않으면 안된다는 뜻을 담았다"는 사법적 판단은 치안유지법을 적용하는 레토릭이었다.

학동에게 민족의식을 주입하고 동시에 불온문서를 무허가 출판했다는 사건에 대해 부산지방법원은 1938년 12월 20일에 판결을 내렸다. 경남 삼동三東공립보통학교 6년생에게 1934년 9월부터 1935년 3월에 걸쳐서 역사 시간에 "러일전쟁 후의 조선은 일본에 의존하지 않을 수 없는 상황이 되었고, 종국에는 그 속령인 식민지가 되었다. 이래 동포는 자유를 억압당하고 노예와 같은 비참한 민족이 되어버렸다. 그러므로 각자는 앞으로 조선인으로서의 관념을 잃지 말고, 서로 장래의 행복을 획득하겠다는 각오가 필요하다"고 이야기했다고 한다. 치안유지법 제3조의 '선동'을 적용하여 징역 1년을 부과했다.[32]

1940년 1월 23일 함흥지방법원 판결이 『사상휘보』 제22호(1940.3)에 수록되어 있다. 「노농대중 적화 계획사건」의 「사실개요」는 "조선의 독립 및 공산화를 목적으로 교육받지 못한 농촌의 청소년을 모아 겉으로는 순전한 면학 집단처럼 꾸미고 보통학교 교과서 등을 교재로 하여 교양에 힘쓰면서, 그 중에서 우수한 분자를 비밀리에 선발하여 동지로 획득했다"는 것이다. 치안유지법 제2조를 적용해 징역 10년에서 10월을 부과했다.

1940년 6월 28일 경성지방법원은 「초등학교 훈도 등의 좌익운동사건」 판결에서 치안유지법 제2조와 제3조를 적용하여 징역 2년에서 1년 6월을 부과하였다. 『사상휘보』 제24호(1940.9)에 수록된 「사실개요」는 1932년 9월 이후 강원도 고성군에서 조선 독립 및 공산화를 목적으로 프

---

32 「朝鮮思想事件判決 – 學童赤化事件」, 『思想彙報』 18, 1939.4.

롤레타리아 문예, 언문 문학의 연구 발표를 하여 대중의 민족의식 앙양과 적화를 획책, 협의하거나 학교 아동에 대하여 의식 함양에 힘쓰는 등, 그 목적 수행을 위해 활동했다는 것이다.

9월 24일 경성복심법원은 천성환千成煥에게 치안유지법 제2조와 제3조를 적용해 징역 2년을 선고했다. 천성환은 1938년 6월부터 1939년 3월에 걸쳐 공립심상소학교 2학년 아동 77명에게 조선어는 조선인의 생명이라는 것을 강조하고, 조선어 수업시간은 1주일 1시간으로 정해졌지만, 임의로 1주일 4시간 또는 5시간으로 늘려서 가르치고, 국어(일본어) 쓰기 시간에는 한글로 쓰게 하고 또한 그 과제를 낼 때 황국신민이라는 주제를 부여해야 함에도 불구하고 이를 피하여 자연물인 구름, 강, 눈 등을 선택하여 출제하는 방침을 취하여 아동에 대해 민족의식 함양에 힘썼다고 하였다. 또한, 1937년 8월부터 1938년 12월에 걸쳐 사설 송흥松興학술강습소의 2, 3학년생에게 "농촌에서 무산자인 농민이 고된 노동을 하고 있는데, 자산가인 도시인은 농민의 고혈을 흡수하여 생활하는 것이라는 취지를 설명하고, 혹은 좌익문헌인「올림베트」(동화집)를 낭독 설명하는 등, 아동들에 대한 공산주의 의식 주입을 꾀했다"고 하였다.

천성환에 대해서는 내지인과 조선인 관리의 차별 대우에 대하여 불만을 품고 있던 중 조선교육령의 개정, 지원병제도가 실시되자, 이 정책은 조선민족의 멸망을 꾀하는 것이라고 곡해하고 이러한 행동을 했다고 하였다(「독립운동판결문」).

고등교육에 대해서도 치안유지법은 파고들었다. 1940년 12월 19일 경성지방법원 판결은 이순택李順鐸 등 전 연희전문학교 교수 3명에 대하여 치안유지법 제3조를 적용하여 징역 2년(집행유예 4년)형을 부과했다. 이순택의 「범죄사실」은 다음과 같은 것이라고 하였다.

소화4년(1929) 4월부터 소화8년(1933) 3월까지, 소화9년(1934) 4월부터 소화13년(1938) 3월까지 수십 회에 걸쳐, 연희전문학교 교내에서 매년 상과 제1학년생 약 50명에 대하여 자신이 담당한 과목 경제원론을 강의할 때 조선에서의 사유재산제도를 부인하고 공산주의사회 건설을 목적으로 마르크스주의 경제이론에 입각한 이론을 전개했다. 자본주의 경제기구에 대한 분석과 비판을 하고 그 모순 결함을 폭로하여 가까운 장래에 역사적 필연적으로 현재의 자본주의 경제조직은 붕괴하고 공산주의 사회로 이행할 것임을 설명했다. 또한 장래 졸업 후 각종 산업 부문 등에 취직할 때는 마르크스주의 이론에 입각하여 경제기구를 분석 비판하여 지도적 입장에 서서 마르크스주의사회 실현을 조성하기 위해 활동하라는 뜻을 암암리에 종용하였다. 이로써 전기한 목적인 사항의 실행에 관하여 선동했다.

고 하여 10년 전부터 마르크스주의 경제이론에 입각하여 이론을 전개했는데, 그 동안에는 따지지 않다가 왜 이 시점에 치안유지법의 처분을 받아야하는지 이해하기 어렵지만, 그러한 정당한 변론도 통용하지 않는 사법 상황이 되어버린 것이다.

게다가 백남운白南雲의 경우는 「상업통론」, 「경제원론」, 「동양경제사」 등을 통하여, 노동규盧東奎는 「농업경제」, 「은행론」, 「화폐론」 등을 통하여 가까운 장래에 역사적 필연적으로 공산주의 사회로 이행하게 된다는 뜻을 설명하고 졸업 후 학생들에게 지도적 입장에 서서 마르크스주의사회 실현을 조성하기 위해 활동하라는 뜻을 암암리에 종용했다는 부분도 포함하여 3명에게 거의 같은 내용의 「범죄사실」을 근거로 처단하는 안이함을 드러내고 있다(「독립운동판결문」).

▍후방 교란을 명목으로 한 처단

조선총독부 경무국 보안과가 펴낸 『고등외사월보』 제1호(1939.7)는 사상범죄가 점차 감소하는 경향을 실로 기뻐해야 할 현상이라고 하면서 최근 공산주의 사건의 대부분이 일소개전日蘇開戰을 불가피한 사실로 생각하며 유사시에 후방교란을 기도하여 패전하도록 함으로써, 조선 독립과 공산화를 기도하고 있는 점에 대해, 매우 깊은 사찰과 경계를 하고 있다고 하였다. 거기에는 중요한 사상사건 11건 중 4건(344명 검거)이 함경남도의 「조선민족해방통일전선 결성 및 지나사변 후방교란운동 사건」이라고 되어 있다.

『사상휘보』 제21호(1939.12)에 게재된 고등법원 검사국 「함경남도 원산부를 중심으로 한 조선민족해방통일전선 결성 및 지나사변 후방 교란사건의 개요」에는 이번 지나사변(중일전쟁-인용주)이 발발하자, 현저히 국민정신이 앙양하고, 전 조선적으로 치열한 후방 애국운동이 전개되며 사상 전향자가 속출하고 반도사상계의 호전은 완전히 격세지감을 느끼게 하기 때문에, "일반 좌익, 특히 비전향사상 전과자의 무리는 시국의 중압에 눌려 침체 또는 관망하지 않을 수 없고, 적극적 준동을 피하는 것으로 관찰되고 있었다고 하면서, 이 사건은 그러한 판단을 보기 좋게 배반했다"고 하였다.

이 사건이란, 1938년 10월 18일 함경남도 원산경찰서가 중심이 되어 110명을 일제히 검거하고 70명을 검사국에 송치, 44명을 기소, 예심 청구한 「원산사건」이다. 1939년 8월 31일 예심종결결정이 이루어져, 44명이 공판에 회부되었다. 함흥지방법원의 판결은 늦어서 1942년 12월 4일에 이루어졌고, 치안유지법 제1조 제1항 전반을 적용하여 징역 5년에서 1년을 선고했다.

원산사건에서 후방교란이라고 한 것은 『신호기信號旗』 제4호에 「우리의 자주적 소비조합을 만들자」는 제목으로 "중일전쟁으로 노동자의 생활고는 극도로 심해지고 게다가 국가는 국방헌금, 군인 위문 등의 명목으로 가차없이 약탈하여 이 전쟁으로 죽는 것은 병사 뿐이 아니라 노동자도 마찬가지다"라는 취지의 치안을 방해하는 기사를 게재하여 반포했다는 것이다.[33]

1940년 3월 19일 함흥지방법원에 의한 「적색농민조합 재건 및 지나사변 후방교란 획책사건」의 판결은 12명에 대하여 치안유지법 제1조 제1항 전반과 제2항을 적용하여 징역 5년에서 2년을 부과했다. 적색농민조합 재건운동 탄압사건인데, 중일전쟁 후에는 '후방교란'이라는 개념을 덧붙이고 있다.[34] 그 내용은 "현재와 같이 장기전 단계에 있는 지나사변 하의 우리 혁명운동자는 중국 민족해방을 위한 항일인민전선을 옹호하며 침략전쟁의 과정에 있는 일본군을 패전으로 이끌어, 나아가 조선의 공산혁명을 용이하게 하기 위해 후방 교란전술을 채용, 실행해야 한다"고 하고 조직 확대강화를 꾀하기 위해 명칭을 「혁명적 농민운동자위원회」로 바꾸었다는 정도의 것으로, 구체적인 활동을 한 것은 아니었다.

그 외에 『사상휘보』 속간의 「조선 중대사상사건 경과표」에는 다음과 같은 '교란 운동사건'이 열거되어 있다.

사건명	담당기관
중국공산당의 조선내 항일인민전선 결성 및 지나사변 후방교란운동사건	함흥지방법원
반일인민전선 조선지도기관 결성 및 무장봉기 후방교란운동사건	동상
홍원좌익농민조합 재건 및 지나사변 후방교란사건	동상
조선공산당재건을 목적으로 한 경성 콤그룹조직활동 및 후방교란책동사건	경성지방법원

33 「朝鮮思想事件判決－咸南元山府を中心とせる朝鮮民族解放統一戰線結成竝支那事變後方攪亂運動事件」, 『思想彙報』 續刊, 1943. 10.
34 「朝鮮思想事件判決－赤色農民組合再建竝支那事變後方攪亂劃策事件」, 『思想彙報』 23, 1940. 6.

검사국이 수리한 인원은 각각 286명, 75명, 48명, 41명으로 다수이며, 후방교란을 명목으로 일제 검거가 단행되었음을 알 수 있다. 이들 검거 인원은 실제로는 더욱 많은 인원이었을 것으로 보인다. 1936년 5월부터 1939년 12월까지 함경북도 경찰부장을 지낸 츠츠이 다케오筒井竹雄[35]는 이들 사건을 설명하면서, "이곳은 조선에서도 적화赤化가 격렬한 지대이며, 남삼군南三郡(명천, 길주, 성진) 적화지대로 불린 것처럼 나도 심혈을 기울여 그 사상정화라고 할까, 적화 단속에 임했던 것이다. 그러한 경우에 일본과 다른 점은 수백 명을 한꺼번에 검거하는 것이다"는 증언과 관련이 있을 것이다. 츠츠이 다케오는 "조선의 공산주의운동의 특징은 이제 한 지역을 전부 적화하는 것이다.(중략) 부락 전체, 군 전체를 대상으로 단속해간다"고도 밝히고 있다.[36] 후방교란 방지를 명목의 하나로 하여 마을, 면, 군 단위의 일제검거가 단행되어 한 지역 전체를 대상으로 한 '사상정화'가 강행되었다.

경무국 『최근 조선의 치안상황』(1936.5)에 의하면 함경북도 명천 및 성진의 좌익농민조합 탄압에서는 1936년 4월 말 현재 명천의 구속 인원은 686명, 성진이 204명(더욱 피의자 300명)에 달했다. 여기에서도 지방 정화의 결실을 얻기 위해, 불량분자 철저 검거 속행이 이루어졌다.

앞서 「중국공산당의 조선 내 항일인민전선 결성 및 지나사변 후방교란운동 사건」은 「혜산惠山사건」으로 불리었다. 1937년 10월 일제 검거에

---

35 [역주] 1902~1968. 와카야마현 출신. 도쿄제국대학 법학부 정치학과 졸업. 1925년 고등시험 행정과 시험 합격, 1927년 조선총독부 내무국 배속. 이후 전매국, 함경남도 지방과장, 경기도 학무과장, 함경북도 경찰부장, 경무국 도서과장, 황해도 지사 등을 역임하고 패전 후 시베리아 억류를 거쳐 1950년에 귀국. 경찰예비대에 입대. 1954년 육상자위대 발족 때 초대 육상막료장(陸上幕僚長)을 역임하고 퇴관.
36 「미공개자료-조선총독부관계자녹음기록(4)」, 『동양문화연구』 제5호, 학습원대학.

이어 12월까지 검거가 계속되었다. 함흥지방법원 검사국이 수리한 인원은 286명에 달하였고, 1938년 5월과 1939년 3월 기소자는 188명에 이르렀다. 예심종결 결정은 1940년 1월이며 178명이 공판에 회부되었다.

그런데 『사상휘보』에는 제16호(1938.9)부터 중일전쟁 전면화에 따르는 「시국관계의 범죄에 관한 조사」가 게재되고 있다. 이와는 별도로 피의자는 단독이거나 몇 명으로 다른 법령과의 병합죄가 많았다. 제16호에는 「시국에 직접 관계한 사건」으로 "일본은 경제적 파탄과 혁명 발발을 피할 수 없으므로, 이 기회를 놓치지 말고 우리는 일제히 봉기하여 조선독립운동에 매진하지 않으면 안된다고 선동했다"고 하여 공원회孔元檜에게 육군형법·해군형법 위반과 치안유지법 위반을 적용했다(경성지방법원, 1938.6.22 예심종결, 양형 불명).

또한 「시국을 이용한 사건」으로 경성지방법원에서 두 명에게 징역 1년(집행유예 3년, 1938.7.17)을 구형했는데, 그 「범죄사실」이란 "일본이 지나사변에 즈음하여 국제적 위기에 처한 지금이야말로 좌익실천운동의 호기이므로 군수공장에서 파업을 야기시켜 그 능률을 감퇴시킨다면, 일본의 전투력에 영향을 끼치는 것은 물론, 마침내 일본을 패전으로 이끌게 될 것이므로, 이러한 때에 각 공장 내에 그 준비를 하기 위해 세포를 조직하도록 지령해야한다고 결의했다"고 한다. 한편 "소비에트 러시아 및 영국은 중국에 가담하고, 일본과 전쟁을 개시할 것이므로, 그 때 일본 국내에는 필연적으로 내란이 발발할 것이다. 우리는 이 기회를 놓치지 말고 조선독립운동을 전개해야하니, 동지획득에 노력하지 않으면 안된다고 말하여 그 실천운동을 선동했다"고 한 대구상업학교 생도는 기소유예로 처분했다(대구지방법원 검사국, 1938.5.12).

1940년 5월 21일 한진규韓鎭圭에 대한 함흥지방법원 판결은 치안유지법 제1조 제1항 전반, 제2항을 적용하여 징역 5년을 선고했다. 「범죄사실」

의 하나는 1938년 8월 1일 반전 反戰 데이에 기념투쟁의 유래를 설명한 후 "현재의 사변에서 일본은 머지않아 패전할 운명이므로 우리는 이 기회를 틈타, 신속히 일본을 패전으로 이끌기 위해 전쟁비용이 될 각종 세금 거부 및 군수품(돈피, 견피, 말 사료 등) 강제징수 반대 등을 해야한다"고 발언했다(「가출옥」).

후방교란 운동이라고 호들갑스러운 표현을 하고 있지만, 대개는 반전反戰·반군反軍과 관련한 언동에 그치고 구체적인 행동에 나선 것은 아니었다.

3
다시 타오르는
조선 독립운동에 대한 적용

▍국외 조선독립운동 단체에 대한 추격

조선총독부 고등법원 검사국 「소화昭和10년도(1935) 조선내 사상운동의 상황」[37]에는 "민족주의운동은 거의 그림자를 감춘 것으로 수긍된다"고 하였는데, 「소화11년도(1936) 조선 내 사상운동의 상황」[38]에는 민족주의운동 중에서 '재외민족주의단체가 조선을 방면으로 활동'하는 것이 매우 많았던 점을 주목하고 있다. 『사상휘보』 제11호(1937.9) 「동우회의 진상」의 서두에는 "최근 내지와 조선을 불문하고 공산주의운동의 침체되고, 다시 중일전쟁 악화가 심화됨에 따라 이들 민족주의운동은 앞으로 점점 증가하고 노골화할 우려가 없다고 하지 않을 수 없다"고 예측하고 있다.

고등법원 검사국의 무라타 사분村田左文 검사는 1937년 『상해 및 남경南京 방면에서 조선인 사상 상황』이라는 분량이 많은 보고서를 제출하고

---

37 「昭和十年度に於ける鮮內思想運動の狀況」, 『思想彙報』 6, 1936. 3.
38 「昭和十一年度に於ける鮮內思想運動の狀況」, 『思想彙報』 10, 1937. 3.

있는데,[39] 이것은 치안 당국이 상해와 남경의 조선인 민족주의자의 동정에 대해 강한 관심과 경계의 산물이라고 할 수 있다. 민족주의운동에 대한 서술이 분량의 90%를 차지하고, 만주사변 후 중국 측의 비호 하에 이들 운동이 여전히 활기를 띠고 만주와 조선에서 내지에 주의자를 파견하여 여러 흉포한 행위를 감행했는데, "소화10년(1935) 8, 9월경부터 중국 측의 원조가 소극적이 된 결과, 운동자금이 극도로 부족해져 최근에는 그 활동이 둔화되고 모두 이를 타개하기 위해 급급한 모양이다"라고 하였다.

국사편찬위원회가 펴낸 『한민족독립운동사자료집』에는 1930년대 민족독립운동 관계의 경찰, 검찰, 공판 관련 문서가 다수 수록되어 있다. 본 절에서는 주로 이들 문서를 이용하여 일제 사법당국이 다시 점화된 민족주의운동을 추격하여 어떻게 치안유지법을 운용했는지 살펴보고자 한다. 『중국지역 독립운동』이라고 일괄하는 것처럼 중국 각지의 조선인 독립단체의 일원으로서의 행동이 처분되었다.

1936년 4월 15일 경성지방법원 검사국에서 경성지방법원으로 보낸 전봉남全奉南의 공판청구서에는 애국단이 수령 김구金九를 지칭하는 김구金龜의 지도 하에 일본제국주의를 타도하고 조선독립을 목적으로 모든 직접행동에 의해 목적을 관철할 것을 도모하는 결사임을 설명하고, 가입할 것을 권유받고 즉시 찬동하여 가입한 외에, 장개석蔣介石이 경영하는 남경중앙육군군관학교 낙양분교의 군사훈련반이 조선인 청년에게 오로지 조선혁명공작에 직접 필요한 학과를 학습 훈련하게 하여 혁명투사를 양성함을 알고 입교했다는 것을 「범죄사실」로 들었다.

4월 22일 경성지방법원 공판에서 재판장 야마시타 히데키山下秀樹는

---

39 韓國史料硏究會 編, 『朝鮮統治史料10-在外韓人』, 東京, 韓國史料硏究所, 1972에 수록.

피고 전봉남에게 "조선이 우리 일본제국의 속박을 받고 있는 점에 대해 불평하고 그 독립을 희망하게 된 것이 아닌가?"라는 질문 외에, "앞으로 절대로 그러한 운동에 종사하지 않겠는가?"라고 확인했다. 검사는 치안유지법 제1조 제1항 후반을 적용하여 징역 2년을 구형했다(4.28 판결문은 확인되지 않음).[40] 다음으로 조선혁명당 관계를 보자. 1936년 6월 19일, 치안유지법 위반 피의사건으로 경성 서대문경찰서에서 유광호柳光浩의 취조가 시작되었다. 조선혁명당 가입 동기나 혁명군의 활동 등에 대하여 "조선혁명당은 조선독립을 목적으로 하는 민족운동이라고 하는데, 중국공산당과도 연락한다고 한다. 혁명군정부가 주장하는 주의는 무엇인가?"라는 질문에 유광호는, "세계정세는 좌익사회주의운동자가 우세함에 따라 민족운동은 자멸상태에 빠지고 있습니다. 조선혁명당은 그 세계정세를 깨닫고 식민지에서 혁명운동은 민족주의운동자도 사회주의운동자도 협력하여 지배국에 항쟁하지 않으면 혁명의 목적은 달성할 수 없습니다. …… 그런데 조선혁명당은 (중국공산당과) 연락은 하지만 민족의식이 있기 때문에 중국공산당과 완전히 일치할 수는 없습니다. 그래서 만주국 내에서 중국공산당이 발전함과 아울러 조선혁명당 세력은 점차 위축되고 최후에는 자멸 상태가 될 것을 우려하고 있는 것입니다"고 대답했다.

유광호 등 6명에 대한 8월 19일 경성 서대문경찰서 경부 요시노 도조吉野藤藏의 「의견서」에는 다음과 같은 「범죄사실」이 기록되었다.

소화9년(1934)경부터 반만주군 및 홍군(공산군)과 긴밀한 연락을 취하여 갑자기 세력을 만회하여 조선혁명군정부를 조직하여 군사, 행정으

---

40 이상 「중국지역독립운동 재판기록 2」, 『한민족독립운동사자료집』 44.

로 나누었다. 세계정세에 비추어 일본제국의 위기는 머지않았다고 하여 이 위기를 이용하여 무력으로 혁명 목적을 달성하고자 군사부는 오로지 혁명군대 양성에 힘쓰고, 행정부는 의무금 징수조례를 제정하여 만주 거주 조선인에게 군자금을 징수했다. 부족액은 수시로 유격대를 조직하여(즉 선비鮮匪)인질을 납치하여 많은 금액의 몸값을 요구하고 정부를 유지하면서, 일본제국에 적대행위를 감행했다. 이것은 일본제국의 대만주정책 및 조선총독정치를 궤멸시키고 나아가 우리 국체 파괴를 감행한 것

이라 하였다. 그리고 가차 없이 이들 관계 피의자는 엄벌할 필요가 있음이라고 하고, 각 피의자의 행위를 각각의 법률조항에 비추어 구체적인 적용 조문을 열거하고 있다. 예를 들면 유광호는 치안유지법 제1조, 제2조, 제5조라는 식이다.

경성지방법원 검사국이 경성지방법원에 보낸 예심 청구는 8월 29일에 이루어졌다. 유광호의 경우 조선혁명당에 입당하여 선전부에 속하여 당의 선전문, 경고문 등을 인쇄 반포하여 동 당의 목적달성에 힘쓴 점, 다시 민족혁명당 결성 후에도 수차례에 걸쳐, 조선에서 사상운동 상황 등을 통보하고 문순룡文順龍을 당에 가입시키는 등, 동 당의 목적달성에 힘쓴 점을 「범죄사실」로 간주했다.[41]

예심은 1년 이상이 지체되어 1937년 10월 29일에 종결하고, 1938년 3월 5일 경성지방법원의 판결이 이루어져 유광호는 징역 5년을 선고 받았다(예심종결결정서, 판결문은 확인되지 않음).

---

41 이상 「중국지역 독립운동 재판기록 2」, 『한민족독립운동사자료집』 44.

김구가 주재하는 애국단원이 된 정희동鄭熹童은 1937년 9월 7일 경성 종로경찰서의 신문訊問에서 "조선독립운동은 왜 하는가?"라고 질문을 받고 "일한병합이라는 미명하에 일본제국은 조선을 탈취하여 조선인은 일본제국에게 압박과 차별대우를 받고 있습니다. 조선인도 인간입니다. 서로 단결하여 마음을 하나로 하여 실력을 양성하고 일치단결한 힘으로 폭력혁명을 단행하여 일본제국의 속박에서 벗어나 독립국가로 국권회복을 꾀하는 것이 필요하며 그렇게 하는 것이 우리 조선인을 행복하게 할 수 있다고 생각해서 조선독립을 하지 않으면 안 된다고 결심했습니다"라고 대답했다.

10월 26일 「의견서」에는 치안유지법 제1조, 제2조 등에 해당시켜 기소 처분을 요구했다. 10월 28일 공판청구서의 「범죄사실」에서는 중국육군군관학교 낙양분교에 입학, 졸업하고, 애국단에 가입했으며, 애국단 및 민족혁명당이 응원하는 적국 중국을 위해 조선에서 일본군의 형세, 특히 조선에서의 출정 병사의 병종兵種 및 병사 수를 탐지 수집하고 이를 중국군에게 첩보할 것을 협의하고 조선에 들어와 간첩이 될 것을 음모했다는 것 등이라고 하였다.

11월 26일 경성지방법원 공판에서는 이 스파이 행위에 대해 "경찰과 검사국에서 스파이를 하기 위해 조선에 돌아왔다"고 공술한 것을 추궁 하자 정희동은 "경찰에서는 신문을 받는 대로 그렇게 대답했습니다. 검사가 경찰에 와서 취조를 했는데, 검사가 취조를 했을 때 취조한 경찰관이 동석하고 있어서 이전과 다른 공술을 할 수 없었습니다"라고 대답했다. 검사는 치안유지법 제1조, 제2조 등을 적용하여 징역 5년을 구형했다.

12월 3일 판결에서 징역 4년을 선고받자(판결문 확인불가), 정희동鄭熹童은 항소했다. 변호사 이인李仁은 정희동이 상해총영사관에 자수한 '결과, 경찰서에서 관용을 베풀어 장래 충량한 신민의 의무를 맹세한 사실'이 있다고 하여 상해총영사관 경찰서에 조회해줄 것을 신청했다. 경성복심법원은 이 신청을 각하하고 1938년 3월 8일 치안유지법 제1조 제1항 후반(목적수행)을 적용하여 징역 4년 판결을 선고했다.[42]

1939년 10월 30일 경기도 경찰부 고등과의 경부 다카무라 마사히코高村正彦는 경찰부장에게 「조선민족혁명당원 이초생李初生 검거에 관한 건」을 보고했다. 동일 신문에서 이초생은 홍콩, 한구漢口, 남경, 중경重慶 방면을 전전했고, 남경에서 중경으로 피난하는 도중에 조선독립을 목적으로 중일전쟁 발발 후 적국 중국 측과 함께 일본군에 대적하여 중한합작으로 우리 일본제국을 타도하고자 활동 중인 조선민족혁명당에 가입한 것 등을 자백했다고 한다.

11월 22일 의견서에서는 「범죄 사실」로 조선민족혁명당이 조선 독립을 목적으로 하며, 현재 지나사변에 즈음하여 적국 중국 편이 되어 장개석의 영도 하에 조선청년 다수를 모집하여 군사훈련을 시키고, 졸업 후는 황군皇軍에 대적하도록 할 것을 목적으로 하는 불령 결사임을 알고 가입한 점, 1938년 3월 동 당 주최의 조선독립소요 제20주년 3·1기념일투쟁에 참가하여 당원들과 대한국 애국가를 합창, 조선독립만세 제창 등을 행하고 민족의식 앙양에 힘썼던 것 등을 들어 치안유지법 제1조 제1항으로 기소를 요청했다.

11월 28일 검사국의 제2회 신문에서 조선민족혁명당 가입 목적을 추궁받자, 이초생은 "조선인에 대한 중국 관헌의 단속이 엄중하여 언제 구속될지 모른다고 생각했기 때문에 장래의 보신保身을 위해 민혁에 가입했다"고 대답하고 있다. 12월 2일 경성지방법원 검사국이 공판청구를 했다. 「범죄사실」은 경찰의 의견서와 거의 같았다.

---

42 이상 「중국지역 독립운동 재판기록 3」, 『한민족독립운동사자료집』 45.

경성지방법원의 공판은 12월 13일 개정되었다. 처음에 재판장이 "이 사건에 대해 진술할 것이 없는가?"라고 묻자, 이초생은 "대체로 그대로 틀림없습니다"라고 대답했다. 더욱 가입목적에 대해서는 "우리들처럼 재산도, 아무것도 없는 자에 대해서는 특히 중국관헌의 눈이 빛나고 있었기 때문에 자신의 보신을 위해 가입했습니다"라고 대답하고 있다. 검사는 치안유지법 제1조 제1항을 적용하여 징역 4년을 구형했다(판결문은 미상).[43]

▌치안유지법을 보완하는 보안법의 빈번한 적용

조선총독부 고등법원 검사국『사상휘보』제19호(1939.6)는「지나사변 이후의 보안법 위반사건에 관한 조사」를 게재하고 있다. 우선 보안법에 관하여 "치안유지법에 저촉되지 않는 범위의 민족주의적인 여러 운동을 단속할 수 있을 뿐 아니라 더욱 나아가서 운동이라고 칭하는 구체적인, 혹은 집단적인 행동으로 이어지지 않는 수준에서 무의식적으로 발현되는 언동이라 해도 그것이 정치에 관하여 치안을 방해하는 데에 충분한 것이라면 단속대상이 되는 것이며, 단속분야가 매우 광범위하게 걸쳐있다"고 하였다. 보안법과 치안유지법의 대략적인 구분은 표현되어 있으며, 민족주의적인 여러 운동에 그치지 않고 운동 또는 집단화 이전에 의도하지 않은 채 발현되는 정치적인 언동까지도 보안법은 단속대상으로 삼았음을 알 수 있다. 전술한 요시다 하지메의「조선에서의 사상범 과형 및 누범 상황朝鮮に於ける思想犯の科刑並累犯状況」(1939.2)에도 보안법은 사상운동으로 아직 치안

---

43 이상「중국지역 독립운동 재판기록 4」,『한민족독립운동사자료집』46.

유지법으로 처분할 정도에는 이르지 않은 건에 적용이 빈번하게 이루어지는 실정이라고 하였다.

게다가 중일전쟁이 장기화하고 있는 현재의 시국에서, 민족주의자는 "시국의 중압에 눌리어 관망주의를 견지하고, 될 수 있는 한 치안유지법에 저촉될 것 같은 조직적이고 노골적인 운동을 피하는 경향이 다분히 있다"고 관측하고, 오히려 무의식 중에 발현되는 불온한 언동을 주시하고 보안법의 적극적인 발동을 꾀해야한다고 하였다. 한편 제령 제7호(1919)의 적용은 1935년 이래 거의 없어진 것으로 보인다.

보안법 위반 피의자에 대한 검사국 수리 건수는 1937년 7월부터 1939년 4월까지 합계 66건 301명인데, 1938년에만 41건 226명이다. 52건 99명이 기소되었고 보안법 단독 및 보안법과 육군형법 등과의 병합죄로 49명이 유죄 판결을 받았다(46명은 미제未濟). 양형은 거의 1년 미만이며 치안유지법 적용과 달리 소수이지만 금고형도 있었다. 범죄 동기별로는 교도 획득 수단이 압도적으로 많고 이어서 일한병합 불만, 신사참배 불만이 이어진다. 더욱 사상 배경은 민족주의 140, 그 외 135로 되어 있지만, 그 외에도 민족주의적 사상 경향을 갖고 있다고 하고, "공산주의사상이 있다고 인정된 자는 한 명도 없었다"고 하였다.

이 증가는 사변 영향에 기인하는 것으로 사변으로 인하여 단속이 엄중해지고 종래는 방임되었던 수준의 불온 언동이 후방의 치안 확보라는 의미에서 검거, 송국되는 점, 사변의 영향으로 인한 인심 동요가 격렬한 점, 이를 이용한 유사종교단체의 암약 등이 주된 원인이라고 보았다. 단속 기준의 하향화가 이루어진 것이다.

1930년대 후반 보안법 활용 상황은 강원도경찰부의 『치안상황』[44]에

---

44 강원도경찰부, 『치안상황』 1938, 국가기록원 소장.

서 엿볼 수 있다. 사상범죄 검거 건수로 1936년이 치안유지법 9건, 보안법 2건이었던 데에 비해 1937년에 각각 4건과 3건이 되었고 1938년에는 3건과 6건으로 역전한다. 구체적인 보안법 발동 상황을 살펴보자. 고등경찰의 경우, 1938년 9월 1일 종로경찰서장은 경기도경찰부장 등에게 「휘문중학교 기념사진첩에 관한 건」을 보고한다. 사진첩에 "기고된 글에는 민족주의적인 것이 많고, 학생답지 못하고 불성실한 점은 감추기 어렵고, 그들의 퇴폐한 이면이 여실히 폭로되었다"고 하면서도 보안법 위반 혐의가 있지만 졸업생이므로 "훈계에 그쳤다"고 하였다. 그 중 한 명인 송갑용宋甲鏞의 기고는 "무궁화동산에서 자란 위대한 용사여, 넓고 넓은 우리의 사명을 잊지 마라"는 것이었다. 이 보고에서는 "학교 생도의 국민정신의 정도를 다소 의심하지 않을 수 없다"고 하고 앞으로의 동향에 주의중이라고 하였다.[45]

또한 1940년 7월 5일에는 경기도경찰부장이 경무국장 등에게 「보안법 위반사건 검거에 관한 건」을 통보했다. 피의자 오에 류노스케大江龍之助는 1939년 1월 31일 문예좌담회에 난입하여 "대정8년(1919) 3월 조선독립만세소요사건 발발 당시 일본 관헌이 불법으로 수원 교회에서 다수의 양민을 태워 학살한 것이 아닌가? 나는 당시의 일을 생각하면 실로 눈물이 난다고 하는 등 정치에 관한 불온한 언동을 하여 성전聖戰 하의 후방 민심을 교란시키고 치안을 방해한 행위를 감행한 것으로 판명된다"고 하여 보안법 위반 혐의로 기소 의견을 붙여 검사국에 송치할 예정이라고 하였다.[46]

보안법 위반사건의 판결을 보자. 1938년 2월 9일 공주지방법원 홍성

---

45 경기도지방법원검사국 자료, 「사상에 관한 정보 10」, 국가기록원.
46 경기도지방법원검사국, 「사상에 관한 정보」 12, 국가기록원 소장.

지청 판결은 조선일보기자 정응두鄭應斗에게 보안법 제7조를 적용하여 징역 8년을 구형했다. 그 이유는 보통학교 사은회의 축사에서 "예전에 중국을 대국이라고 여기고 중국의 문명을 향유한 이래 그 문명의 하나인 음력을 지켜왔는데, 오늘날 이른바 원단元旦이라는 것도, 실은 '오랑캐'로 경시해온 일본과 악수하고 일본에 병합당하여 오랑캐 일본의 설날을 사용하게 된 것으로, 실로 유감스럽다"고 연설했다는 것이다. 이것이 정치에 관한 불온한 언동을 한 것으로 간주되었다(「독립운동판결문」).

1937년 10월 22일 공주지방법원 판결에 항소한 유재모柳在莫에게, 1938년 4월 12일 경성복심법원은 보안법 외에 횡령죄에 해당한다고 하여 형량이 더 무거운 쪽인 횡령죄를 적용하여 징역 10월을 선고했다. 1936년 9월 25일 오복점吳服店 가게 앞에서 일본 수병水兵 저격사건 신문기사에 대하여 "최근 중일 간에 사건이 많이 일어나는 것은 일본이 중국인 일부의 사악한 무리를 매수하여 일부러 사건을 야기하여 중국에서 이권을 획득하려고 계획한 것으로 그런 사건이 빈발하는 것은 당연하고, 이상하게 여길 일이 아니다"라고 큰 목소리로 말하여 공개적으로 정치에 관한 불온한 언동을 하여 치안을 방해했다는 것이다(「독립운동판결문」).

1941년 5월 9일 전주지방법원은 강신홍姜信洪에게 보안법 제7조를 적용하여 징역 4월을 구형했다. 1940년 5월 전주공립농학교의 탈의실에서 동급생 40명에게 돌연 조선어로 "조선동포여, 각성하라"고 외치고 운동장에서 조선어로 "내지인은 전부 죽여라"라고 외쳤다고 한다. 징역 4월이라는 양형에 피고인, 검사 모두 항소했는데, 6월 25일 대구복심법원 판결은 징역 8월로 더 무거워졌다(「독립운동판결문」).

이처럼 1930년대 후반, 보안법은 치안유지법을 보완하는 역할을 한층 강화하고 전시체제와 식민지통치체제를 위한 치안 확보에 활용되었다.

▍안재홍에 대한 단죄 – 합법적 민족의식에 대한 공세

1936년 6월, 종로경찰서는 안재홍安在鴻을 한국독립당과 한국민족혁명당, 중국육군항공학교 등과 관련이 있다고 검거했는데, 곧바로 민족주의와 민족의식을 단죄하는 쪽으로 무게중심을 옮겼다. 안재홍이 일한병합 당시부터 조선의 독립을 꿈꾸고 주의主義를 위해 일생을 희생할 각오로 실행운동을 계속하고 있는 자로서, 조선민족주의자 사이에는 절대적인 신임을 얻고 널리 내외의 주의자 사이에 회자되고 있는 자[47]였기 때문에 치안유지법으로 단죄할 수 있는 절호의 기회가 된 것이다. 그의 과거의 언동으로 거슬러 올라가 민족주의와 민족의식 고취가 「범죄사실」로 새롭게 부상되었다.

6월 12일 제2회 신문에서 종로경찰서 경부보 사이가 시치로齋賀七郎가 "피의자는 어떤 방법으로 민족주의를 실현시키고자 생각하는가?"라고 묻자 안재홍은 "나는 이른바 합법적 민족주의자로서 늘 합법적 수단으로 현실 조선에서 실현할 수 있는 민족주의를 방법을 삼고 있다"고 대답하였다. 흥미로운 점은 다음과 같은 총독정치나 동화정책에 대한 공방이다.

문 조선의 총독정치는 어떻다고 생각하고 있는가?
답 조선 총독의 정치는 조선인을 하나의 문화민족의 생활단위로 하여 정치, 산업, 교육 등 조선인 본위로 하지 않으면 안 되는데, 일률적인 동화정책으로 하고 있으니 잘못되었다고 생각하고 있습니다.
문 동화정책은 왜 나쁜가?
답 나쁘다는 말은 어폐가 있지만 동화정책은 잘못되었습니다. 이민족

---

47 종로경찰서, 「의견서」, 『한민족독립운동사자료집』 45.

에 대한 정치는 인위적 정책을 고양하는 것이 일반적이지만, 인위 일변도로 하는 것은 모순이 있습니다. 인위를 적당히 하고 그 외는 역사 진행의 자연적 과정에 맡기는 편이 오히려 좋은 통치입니다. 따라서 인위 일변도로 하는 것은 자연의 섭리를 거스르는 것이므로 잘못된 것입니다. 나는 총독정치를 이렇게 보고 있습니다.

문 예를 들면 어떤 점이 그에 해당하는가?

답 이민족은 반드시 이탈운동을 하니까, 이를 탄압하는 것은 당연할 것입니다. 따라서 이탈운동을 억제하는 것은 필요한 인위력이지만, 그렇지 않은 이상, 조선인을 하나의 역사가 있는 문화민족으로 그 취미와 감정 습관 등을 존중하여 그 취지 하에 정치를 수립해야 합니다. 그 방법으로 오랫동안 계속하는 가운데에 역사적, 과정적으로 동화될 것이니, 조선인은 별도의 고통도 없고 반대할 필요도 없는 것입니다.

6월 20일에는 「안재홍의 불온강연 조사 건」이 종로경찰서 순사 메라 야스유키目良安之에 의해 보고되었다. 1935년 7월에 발명학회 과학지식보급회가 주최한 정약용 백주년 기념 강연회에서 강의한 「감사론監司論」은 "다산은 임진년 이래 조국을 위해 힘을 쏟아 온 점은 근세의 주장으로는 애국사상가라 할 만하고, 만민 평등을 주창한 점은 인도주의자로 세계적으로 유명한 인도주의의 선각자이며 동시에 근대자본주의적 데모크라시의 선구자이며, 사회제도 등을 보면 사회개량주의자이며, 부역문제 부담문제 등에서 보면 현대적 경제적 민족주의자라고 할만하다"고 하였다. 이어서 다산은 모든 주의를 믿어서 정견이 없는 것 같지만 그 시대에는 이러한 주의 신념을 가져야만 비로소 사회를 구할 수 있었기 때문이다. 국가 민생의 해방을 주창했기 때문이라고 말했던 점에서 감리한 경찰관에게 주의를 받았다고 한다.

6월 30일자 안재홍의 「소행素行 조서」에는 "시종일관한 민족주의자로 실질 보다는 명예를 중시하는 학자 기질의 인물(정치운동에 대한 비실천가 라는 의미)이라고 평가되고 있다"고 하고, "반성(민족주의 전환)할 가능성이 없다"고 하였다.

중국군관학교사건으로 7월 17일 안재홍은 이승복李昇馥, 김재형金梓瀅, 김세종金世鍾, 김덕원金德元 등과 함께 경성지방법원 검사국에 송치되었다. 「의견서」에는 "피의자 안재홍은 직업적 혁명운동가인데, 주의 목적을 위해 서는 수단 방법을 선택하지 않는 자로써 조선에서는 비합법활동이 곤란하 므로 신문에 원고 투고, 팜플렛 발행 혹은 강연, 좌담회 등으로 민족주의를 선전 책동하고 조선민족 독립의 필연성을 고취하고 조선민중이 스스로 독 립운동에 나서도록 항상 집요한 불온언동을 일삼는 불령한 자이다"라고 단 정하고 오랜 기간에 걸친 합법운동을 일곱 항목으로 나눠 열거하여 이것 이 치안유지법 제1조에 해당한다고 하여 기소처분을 요구했다. 합법이어 도 민족주의 선전책동을 하는 것은 불온한 언동으로 처분 대상이 되었다. 7월 16일 경성지방법원 검사국의 가가와 겐香川愿검사와의 공방을 살펴보자.

문 결국 당신은 조선의 독립을 희망하고 있는가?
답 순전한 독립이라는 것은 현재의 정세상 바랄 수 없는 것이므로 장 래는 연방조직이 될 것을 바라지만, 그 전제로 내정의 자치를 원합 니다.
문 당신이 생각하고 있는 내정의 자치는 어떤 것인가?
답 군사 외교만은 일본정부에 맡기고 그 외 조선의 행정은 조선인의 손으로, 조선인 본위로 해나가는 것을 말합니다.
문 연방이란 무엇인가?

답 조선 전체를 하나의 단체로 보고 일본과 공동으로 외국에 대응하는 것입니다. 연방이라는 것은 미합중국와 같은 공화국과 달리 일본과 조선 사이의 독특한 것이라고 생각합니다.

7월 25일 제2회 신문에서는 1935년 11월에 경성보성전문학교에서 한 강연 「내가 본 민족주의」에서 "영국의 아일랜드가 지금도 잉글랜드에게 반기를 들고, 인도가 독립운동을 하는 것을 봐도 하나의 민족은 영원히 다른 민족과 융합할 수 있는 것이 아니다. 조선민족은 영원히 일본과 융합할 수 없다"는 발언을 제기하고 "일부러 학생들에게 민족의식을 고취한 것이 아닌가?"라고 추궁했다.

7월 27일 경성지방법원 검사국은 경성지방법원에 예심청구를 했다. 검사 측은 안재홍이 일한병합 당시부터 계속하여 조선독립을 몽상하고 주의를 위해서는 일신을 희생할 결심으로 강연, 좌담회 및 신문기사 등으로 집요하게 조선민족 독립의 필연성을 고취해 온 자라고 하였다. 죄명은 치안유지법이 아니라 경성보성전문학교 강연이 정치에 관하여 불온한 언론을 하여 치안을 방해했다고 하여 보안법 위반이라고 하였다. 정필성鄭必成과 김덕원은 보안법과 치안유지법 위반에 해당한다고 하였다.

또한 김재형 등 4명은 범죄 혐의 없음이라고 하여 집행유예를 선고했다. 피의자 등은 모두 젊은 나이에 객기에 휩쓸려 조선독립운동에 투신하겠다고 결의한 바, 곧 그 불가능을 깨닫고 자발적으로 뜻을 번복하고 깊이 근신하고 있으며 재범의 우려가 없으므로 굳이 처벌할 필요가 없다고 인정된다는 이유이다.[48]

---

48 「중국군관학교 입교주선사건(안재홍 신문조서)」,『한민족독립운동사자료집』 45.

그 후에 이루어진 안재홍에 관한 예심과 공판 기록은 남아 있지 않다. 1년 이상이 경과한 1937년 10월 19일 경성지방법원은 안재홍에게 보안법을 적용하여 징역 2년(구형 2년)을 선고했다. 안재홍은 복심법원, 고등법원에서 다투었으나 양형은 달라지지 않았다.

▌ 민족의식의 발현·함양에 대한 단죄

전술한 애국단이나 조선혁명당 등에 가입한 것과 조선에 돌아온 후의 활동이 치안유지법 처분 대상이 되었지만, 조선 내의 민족주의 발현에 대해서도 공세적이었던 것이 1930년대 후반의 특징이다. 1940년 12월 7일 종로경찰서장이 도 경찰부장, 경성지방법원 검사정에게 한 보고 「시국을 이용하여 조선 독립을 계획하는 등 치안유지법, 보안법 위반 및 유언비어사건 검거에 관한 건」에는 작년 10월 이래 학생 사이의 사상동향도 종래의 공산주의적 경향을 벗어나 민족적 활동이 활발해지는 것으로 판단되어 미리 학생, 특히 사립학교 방면의 학생에 대해서는 엄중 주의중이라는 구절이 있다. 1939년 가을 이래 학생 사이에서 민족주의적 경향이 고조되고 있었던 것이다.

이 보고는 조선문화학원 또는 중동학교 내에서는 국어(일본어) 배척, 군사훈련 반대 등을 하는 이른바 배일적 불온학도가 있다는 것을 듣고 엄중 경계하던 중에 대한독립만세라는 낙서를 발견했다는 것으로, 본건 낙서는 단순히 장난으로 한 행동이 아니라, 현대사상의 흐름을 잇는 일종의 사상표현으로써, 무엇보다 악질행위의 조짐을 드러낸 것일 뿐 아니라……그 이면에 반드시 민족적 배후관계가 있다고 중시하여 수사에 착수하여 피의자로 손용우孫龍祐를 검거했다고 한다.[49] 그 후의 사법처분 경

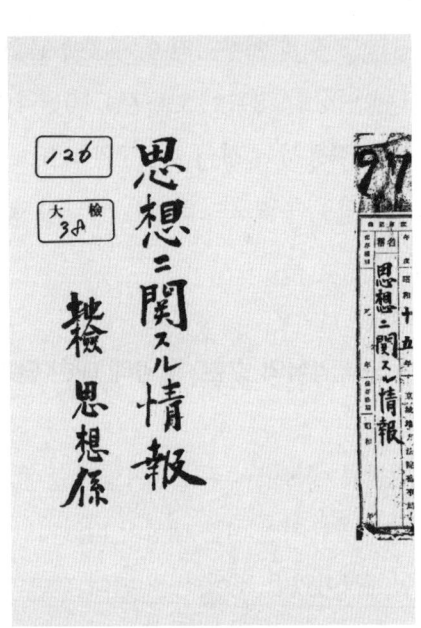

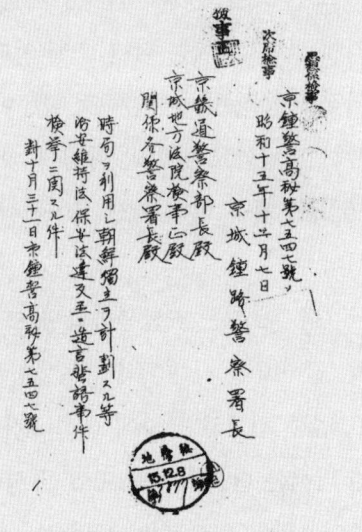

경성종로경찰서장 보고, 1940.12.7
「사상에 관한 정보 12」, 경성지방법원 검사국 자료(국사편찬위원회 소장)

과는 불명이다.

실은 이보다 앞서, 1939년 가을에 민족의식을 앙양한 언동으로 치안유지법을 적용하여 단죄한 사례가 있었다. 1938년 10월 8일 경기도경찰부장은 경무국장 등에게 「비밀결사 도라회徒裸会사건 검거에 관한 건」을 다음과 같이 보고하고 있다.

경성 사립 보성중학교 4년에 재학 중인 김화중金和中이 동교 생도의 민족의식 앙양을 위해 1937년 10월 1일 시정기념일에 이 날은 조선민족의 폐정廢政기념일이라는 의미로 교내에 …… 앨범 그룹을 결성하여 …… 기념 촬영을 하고 혹은 민족의식 앙양을 위해 흥미있는 사진을 모집하여 사진첩을 만들고 이를 동지 사이에 배포했다. …… 조선의 독립 및 공산사회 실현을 목적으로 한 '도라회'라는 비밀결사를 조직하여 그 강령을 (1) 민족정신 선양 (2) 평등주의 주창 (3) 무산계급의 해방운동을 내걸고 이래 매주 1회 개인별 회합과 협의를 함

김화중 등 6명은 이미 3일에 치안유지법 위반으로 경성지방법원 검사국에 송치되어 있었다. 3명은 기소의견이, 나머지 3명은 기소유예 의견이 첨부되었다.[50] 그 후의 사법처분 상황은 불명이다.

1938년 12월 20일 소학교 훈도 벽갑수辟甲秀에 대한 부산지방법원 판결은 치안유지법 제3조를 적용하여 징역 1년을 부과한 것이다. 삼동三東 공립보통학교 제6학년 생도 30명에 대하여 "반영反英운동의 지도자 간디는 몇 번이나 투옥되었다. …… 조선도 역시 일본의 식민지로 동포는 인

49　이상 「경성지방법원 검사국자료」, 국사편찬위원회.
50　경기도지방법원검사국, 「사상에 관한 정보」 11, 국가기록원 소장.

도 민중과 마찬가지로 자유가 없다. 그렇다면 각자는 조선 소년임을 자각하고 장래에 조선민족의 행복, 즉 자유 해방을 위해 활동하지 않으면 안 된다"는 뜻을 말하여 선동했다고 하였다(「가출옥」).

1939년 4월 14일 대구지방법원은 목사 유재기劉載奇에 대하여 치안유지법 제2조, 제3조를 적용하여 징역 1년을 선고했다. 1935년 1월 "의성義城기독교청년면려회원 및 소년 신도에 대하여 민족적 의식을 주입하고 지도하여 조선 독립의 토대를 양성하고자 청년면려회의 조직을 개혁하여 종래의 정사부精査部를 조사부로 고치는 외에 새롭게 체육부와 농촌부를 설치해야 함"을 협의했다고 하였다(「독립운동판결문」). 5월 1일 대구복심법원 판결에서도 유목사가 임원회에서 "농촌부는 기회 있을 때마다 농민에게 조선민족의식적 훈련을 펴야 한다"고 선동했다고 하여 양형을 유지했다(「재소자자료」).

이러한 민족의식에 대한 공세는 출판물 검열에서도 나타난다. 1930년대 후반에 검열기준이 강화된 것은 조선총독부 경무국 『조선출판경무월보』의 「출판물 금지요항 안녕 금지」에서 유추할 수 있다. 제96호(1936.8)에는 손기정의 일장기 말소사건에서 발단된 『동아일보』의 발행 정지 처분 이유가 다음과 같이 기술되어 있다.

> 동아일보는 발행 이래 정간 처분을 받은 것이 3회에 이르고 처분이 해지될 때마다 지면 개선을 서약했음에도 불구하고 이러한 비국민적 행동을 저지른 것은 매우 유감이다. 그 처분은 단순히 신문지 압수에 그쳐서는 안 되며, 이번 기회에 단연 동 지의 발행을 정지하여 반성을 촉구함과 동시에 일반 다른 언문 회사에 대한 감계鑑誡로 삼고, 동시에 종래 걸핏하면 민족적 감정에 휘둘려 조선통치에 호감을 갖지 않고 심지어 우리나라 국기에 대해서도 충성을 보이지 않는 몽매한 무리가 품고 있는 잘못된 생각을 박멸하는 기회로 삼아야 한다.

일장기 말소사건을 절호의 기회로 삼아 민족주의를 고집하는 몽매한 무리가 품고 있는 잘못된 생각을 박멸하는 기회로 삼자는 강한 결의로 동아일보 발행 정지를 단행했음을 알 수 있다.

또한, 『조선출판경찰월보』 제115호(1938.3)는 『현대조선문학전집』 「시가집」중의 공포의 밤/동무여, 이제 닭이 울 때가 된 것이 아닌가/절도, 강도, 사기, 도박/모든 재래의 범죄와라는 구절에 대하여 일본의 조선통치에 대한 저주의 뜻을 풍기며, 민족의식을 앙양시키려 하므로라고 하여 발행을 정지했다.

동 지 제123호(1938.11)는 시집『수차』의 "그 옛날, 세기世紀는 생기발랄하여/고동치는 시상詩想이 샘처럼 솟아났지만/지금 이 종족은 황량한 사막처럼/약자의 신음소리 들끓고 있다"라는 부분에 주목하여 병합 전의 조선을 상찬하고, 현재의 통치를 저주하는 것처럼 전체를 통하여 민족의식을 함양할 우려가 있으므로 라고 하여 발행정지 처분을 했다.[51]

조금이라도 민족의식이 발견되고 함양의 흔적이 엿보이면, 뿌리채 뽑아낸 것이었다.

상록회 사건

1938년 10월 28일, 강원도 춘천경찰서의 경부 하마노 마스타로浜野増太郎에 의한 「춘천중학교 내의 비밀결사 발견에 관한 건」이 춘천중학교 「상록회사건」의 제1보이다. 5년생 수십 명이 밀회하고 있다는 첩보와 주재소의

---

51   이상『조선출판경찰월보』는 국가기록원 소장.

보고를 기초로 주의 중이었는데, 생도의 동정이 "단순한 학교 당국에 대한 불만에서 시작된 것이라고 인정하기 어렵고, 무언가 배후에 불순분자가 있거나, 결사조직 활동 중이 아닌지가 의심되었다"고 하여 주모자를 검거하여 취조를 하고 있다는 것으로, 이 시점에서 상록회라는 조직을 파악하고 있었다.

11월 10일 보고에는 조선 독립을 목적으로 한 비밀결사 상록회를 1937년 3월 결성하여, 다시 동지 획득 확대를 기도하여 동년 4월 독서회를 결성하였고, 지방의 소년단과 오정梧井경로회 및 친목회 등을 조직하여 지도 중이었다는 것이 판명되었다고 하여 관계자 33명을 들었다.[52]

취조가 일단락한 1939년 3월 25일, 춘천경찰서장이 경찰부장, 경성지방법원 검사정에게 제출한 「춘천공립중학교 학생의 민족혁명운동사건 검거에 관한 건」에는 경찰당국이 이전부터 춘천중학교의 동정에 강한 관심을 갖고 경계하고 있었음을 알 수 있다. "춘천공립고등보통학교는 창립 이래, 입학하는 학생도 이들 공통의 민족 반항심을 품고 있다. 또한 선배가 전통적인 민족적 서적 윤독을 장려함에 따라 배일적 맹휴와 같은 것이 학교 설립 이후 5회에 달했다. 축일, 제일祭日 때 참가 기피, 여러 국가행사에 매우 근신하지 않는 태도로 임하고, 모든 배일관념을 드러내는 등, 장래 조국 회복의 민족운동은 모름지기 중등교육을 받은 우리들 청년학도의 책임이라고 자부하고 있다"고 하였다. 당국은 춘천중학교로 계승된 전통적인 배일기운에 대해 경계를 게을리 하지 않았다.

특히, 중일전쟁 발발 이래, 학생의 태도가 명랑하지 않고, 다소 반전적反戰的 기풍조차 찰지되어 주의 깊게 내탐 중인 상황에서 10월 17일 학교

---

52 이상「상록회사건 신문조서, 공판조서」,『한민족독립운동사자료집』58,.

당국에 항의하는 생도의 모임을 밀회로 간주하고, 진정문 작성과 동맹휴교, 학외 행동을 하려는 조짐이 있다고 하여 일제히 검거에 착수하고, 가택수색을 병행하여 관계문서의 압수를 실시한 것이다.[53]

『한민족독립운동사자료집』에는 춘천경찰서에서의 피의자나 증인의 신문조서가 다수 수록되어 있는데, 검사국 송치 후의 자료는 빠져있다. 『사상휘보』 제22호(1940.3)에 수록된 경성지방법원의 판결을 보면, 경찰단계에서 정해진 상록회사건의 「범죄사실」이 답습되고 있음을 알 수 있다.

취조는 11월 17일 용환각龍煥珏에 대한 신문에서 시작한다. 상록회 조직 목적에 관하여 장래 조선의 지도계급이 될 중견인물에게 민족주의를 품게 하여 저절로 조선 독립을 목적으로 하는 것이라는 공술을 끌어내었다.

취조의 중심이 된 것은 전술한 십자가당 사건의 남궁억의 조카에 해당하는 춘천중학교 5년생 남궁태南宮珆이다. 그에 대한 신문은 8회에 이르며, 거듭 상록회 조직의 목적이나 독립 달성을 위한 수단과 방법을 추궁했다. 1939년 2월 21일 제4회 신문에서는 독립은 "그렇다면 어떻게 달성할 생각이었는가? 그 수단은 무엇인가?"라고 추궁하자 다음과 같이 대답하고 있다.

> 상록회, 독서회를 확대 공고히 하여 민족주의의 동지 획득에 노력하고 기하급수적으로 동지를 획득할 수 있다는 확신 하에 전력을 기울여 노력했습니다. 기하급수적으로 동지를 획득하면 10년이 되지 않아 전 조선인을 동지로 할 수 있고 그 단결된 정신력으로 무력항쟁을 하여 일본

---

53 이상 「상록회사건 재판기록」 3, 『한민족독립운동사자료집』 60.

의 전 세력을 격멸하여 조선독립을 꾀하는 것입니다. 그러나 무력항쟁 때에 무기, 경제력까지는 생각하지 않았습니다.

제5회 신문(2.22)에서는 공산주의에 대한 생각을, 제6회(2.28)에서는 독립 후의 정치양태나 현재의 심경 등을 질문했다. 독립 후의 정치양태에 대해서는 "민주주의 공화정체를 취하고 싶다고 생각하고 있습니다. 미국, 프랑스식의 대통령, 의회가 있는 정체로 하고 싶다고 생각했습니다"라고 공술한다. 심경에 관하여는 바뀌었다고 하며, 앞으로는 어떻게 하더라도 실현이 불가능한 조선독립사상은 단연 배척하고, 민족주의적 행동은 전혀 하지 않을 생각이라고 하면서 "일본의 현재 정책인 조선에 대한 착취, 압박 및 차별대우에 관한 불만은 정책을 개혁하지 않는 한 아직 저의 뇌리에서 소멸시킬 수는 없습니다. 이 점에 대해서는 앞으로도 불만으로 남을 것입니다"라고 진술했다.

제7회(3.23)에서는 독서회 월례회에서의 강연내용을 신문했다. 「피압박자의 마음과 배근주의背筋主義」라는 제목으로 다음과 같은 내용이었다고 한다.

우리들 동지 회합 자리에서 잡초와 나무를 생각했다. 잡초는 얼핏 약한 것처럼 보이지만 사람에게 밟혀도 맹수에게 먹혀도 어떠한 제거와 압박을 받더라도 뿌리 깊은 생명력으로 다시 번성한다. 그런데 우리 민족이 압박에 굴복해 가는 모습은 잡초에 대해서도 부끄러운 일이다. 산 위의 소나무는 폭풍우와 폭설을 맞으면서도 이에 굴하지 않고 연중 청청하고 번성하며, 우리들을 비웃는 것처럼 보인다. 우리도 이와 같이 강한 의지로 압박을 견디지 않으면 안 된다. 우리에게는 압박이 매우 많다. 우리 민족은 현재 무기력하지만, 과거 세계에 자랑하는 문화예술을 갖고 있으며, 우리들의 어딘가에는 그 힘이 있다. 그 힘을 키우고, 압박에 반격하여 초목에 뒤지지 않을 각오로 행동하지 않으면 안 된다.

춘천중학교를 졸업하고 금융조합 서기가 된 문세현文世鉉은 3월 2일 제1회 신문에서, 상록회 조직의 목적에 관하여 "우리들이 민족주의를 품고 이에 공명하는 눈으로 현재 조선을 바라보면, 우리들 눈에 비추이는 것은 일본이 조선을 통치하는 방침은 일시동인一視同仁이 아니며, 정치적으로는 차별대우와 압박으로 한다. 조선인의 행복과 자유를 빼앗고 있는 현황에 비추어, 그 상태를 벗어나기 위해서는 조선민족에게 독립 관념을 주입하여, 자연스럽게 조선을 일본의 굴레에서 벗어나도록 하는 것입니다. 조선을 조선인의 손으로 통치하는 것을 전제로 하여 상록회라는 비밀결사를 조직했습니다"라고 진술하고 있다.[54]

1939년 5월 13일, 춘천경찰서에서 경성지방법원 검사국에 38명이 송치되었다. 12일자의 「의견서」에는 일본제국이 지나사변 발발 이래, 신동아질서 건설에 매진하는 비상시국을 당하여, 거국적으로 결속해야 할 때에 편협하고 치열한 민족운동으로 후방을 교란하는 불령한 행동을 하는 범죄 양상은 실로 증오스러운 것이며, 반성의 기미가 없다고 하여 12명을 기소 처분해야 한다고 하였다.

23명은 기소유예 처분에 상당하다고 했는데, 그 이유는 각 피의자에 대한 「범죄사실」은 모두 그 혐의가 충분하지만, 동 피의자 등은 모두 초범으로 어린 나이에 아직 사려가 깊지 못한 시절에 선배 동료의 권유와 호기심으로 상록회에 가입한 것으로써, 현재는 깊이 지난 일을 뉘우치고, 반성

---

54 이상 「상록회사건 재판기록」 3, 『한민족독립운동사자료집』 60.

의 정이 현저하다는 판단에서였다. 3인은 범죄 혐의가 없다고 하였다.[55]

검사국의 취조는 간략했던 것 같고, 5월 18일에는 12명에 대한 공판 청구가 이루어져, 23명은 기소유예, 3인은 혐의 없음으로 되었다. 사법처분은 춘천경찰서의「의견서」대로였다.

12월 27일, 경성지방법원은 치안유지법 제1조 제1항을 적용하여 상록회의 조직에 관여했다고 하여 10명에게 징역 2년 6월, 가입한 2명에게 1년 6월(집행유예 3년)이라는 판결을 내렸다. 상록회의「목적 강령」으로 회원은 자기 완성, 지도자로서의 실무를 다할 것, 단결력의 양성 훈련, 파벌투쟁을 배척하고, 조선민족을 위해 일신을 희생할 것 등을 결정했다고 한다. 독서회는 상록회의 파생단체로 규정했다. 조선 독립이라는 목적달성을 위한 투사를 양성하고, 궁극적으로 조선을 일본제국의 속박에서 이탈, 독립시킬 것을 목적으로 했다고 단정했다. 또한 조선어 폐지에 대한 감상 담화회를 개최하여 그 자리에서 일본어는 하나의 학문으로 배울 필요는 있지만, 회원 동지 간에는 반드시 조선어를 상용해야 한다는 취지로 민족주의사상을 고'했다고 한다.

1930년대 후반의 공산주의운동 처분을 통하여 개발된 독서회, 투사 양성, 궁극적으로 라는 일어나지 않은 일에 대한 단정 혹은 확대 해석 등이 독립운동에 대해서도 전체적으로 활용되었다고 할 수 있다.

---

55   이상「상록회사건 재판기록」3,『한민족독립운동사자료집』60.

▎ 수양동우회 사건

1937년 6월 10일자 『매일신보』는 「수양동우회 간부, 종로서署 잇달아 인치, 정인과鄭仁果 씨 검거를 발단으로 하여 미국 관련 이면 조사」라는 표제로 이광수李光秀, 이대위李大偉 등의 검거를 보도했다. 수양동우회 사건은 안창호가 미국에 체재 중인 1923년에 발표한 「미국에 재류하는 동지 제군에게」라는 제목의 인쇄물 발견이 계기가 된 것으로 경찰에서는 흥사단, 동원동위원부 동우회는 모두 한 덩어리의 혁명단체이다. 즉 동우회는 내외 민족주의자를 망라하여 광범한 민족운동을 전개하여 그 중핵이 될 것을 기도한 것이라는 구도를 일찍부터 설정해놓고 있었다.

7월 11일 피의자 주요한朱耀翰에 대한 제5회 신문에서, 1927년 1월 이광수와 주요한 등이 협의하여 수양동우회로 개편한 점에 대하여 "민족주의자 거두를 망라한 대조직으로 하여 규약을 개정하여 비혁명적 표현을 삭제하고 직접 정치적 투쟁을 전개하여 조선독립의 목적 달성을 위해 노력해야한다고 주장했다"는 공술을 획득했다고 하였다.[56] 1922년 결성 시점까지 거슬러 올라가, 민족주의자 합법단체로 오랫동안 활동해온 수양동우회를 치안유지법으로 처벌하기 위한 작업을 착수한 것이다.

경성지방법원 검사국 송치는 여러 번 이루어져 1939년 3월까지 181명이라는 대규모적인 것이었다. 검사국의 처분은 예심 요청이 42명, 공판 요청이 1명, 기소유예가 65명, 기소 중지가 70명, 공소권 없음이 3명이었다. 기소유예나 기소중지 인원이 많은 것은 관계자를 일망타진하는 검거방식이 우선되었던 점을 말해준다.

---

56   경기도경찰부장, 「동우회 관계자 검거에 관한 건」, 1937.7.23, 「사상에 관한 정보 2」 수록, 국가기록원 소장.

일제검거 직후부터 수양동우회원은 경쟁하듯이 순종적인 모습을 보였다. 1938년 7월 2일자『매일신보』에는「전 수양동우회원 등 18명 전향 표명, 내선일체의 신념 파악」, 7월 3일자에는「민족주의를 일척一擲,[57] 내선일원화가 유일한 진로, 흥사단 18명 전향 성명 전문全文」이 보도되었다. 더욱 12월 25일자『동아일보』에는 중일전쟁 전면화에 따라「동우회관계자도 4천만 헌금」이라는 기사가 실린다. 이처럼 본격적인 사법처분이 이루어지기 전에 수양동우회 회원의 전향 관련 기사가 신문에 도배되었다. 합법적인 민족주의자의 저변에까지 타격을 가하려는 치안당국의 의도가 실현되었다.

고등법원에 대한「상고 취의」에서 변호인 안성기安城基는 이 사건이 허위의 공술로 시종하고 있음을 지적하고, "고문으로, 혹은 고문을 피하기 위해, 혹은 보석을 희망한 나머지, 혹은 기소유예를 희망한 나머지, 본의가 아니면서 신문관의 의도에 영합하여 공술했다"고 했다.

변호인 와키 데츠이치脇鐵一도 같은 인식에서 "본 건에서 자백조서는 믿을 수 없다는 것이 이미 밝혀졌다"고 하고, 구체적으로 고문이나 사기 수법을 지적하고 있다. 피고 주요한朱耀翰의 진술서에 입각하여 경찰에서 대개의 피고는 한 번 이상 이른바 비행기 타기(팔을 뒤로 꺾어 노끈으로 매달아 놓고 신체를 구타하는 방법), 또는 물 공격(바로 눕혀놓고 입과 코에 물을 붓는 방법)에 의해 육체적 고통을 참지 못하고 마음에도 없는 내용을 진술하여 취조관의 의사대로 작성한 조서에 날인한 것이라고 규탄했다.

검사 신문에서도 검사가 취조를 할 때 서기는 즉시 정식 조서를 작성하지 않고 초안을 작성해두었는데 신문이 끝나고 난 후, 백지 용지에 지장

---

57 [역주] 한번에 내던짐.

을 찍었습니다. 이 조서가 나중에 완성된 후에도 결국 나에게는 그 내용을 알려주지 않았습니다.……나뿐 아니라, 다른 피고도 검사기록은 실제의 문답에 의거하지 않고 경찰의 의견서대로 적은 것이라고 하여 속임수가 있음을 분명히 밝히고 있다.

사건 공판의 경과는 혼란스러웠다. 예심 종결 결정에서는 당초 41명이 공판 회부, 7명이 면소免訴 처분이었지만, 이 면소에 대한 검사의 항소가 인정되어, 공판 회부로 바뀌었다. 1939년 12월 8일 경성지방법원의 판결에서는 전원이 무죄가 되어버려, 검사가 다시 전원을 항소하는 일막도 있었다.

1940년 8월 21일 경성복심법원 판결이 『사상휘보』 제24호(1940.9)에 수록되어 있다. 이광수香山光郎는 "일한병합에 분격한 결과, 민족주의사상을 품고, 마침내 조선독립을 망상하기에 이르렀다"고 하고 1922년 2월 수양동우회 조직에 대해서는 흥사단과 마찬가지로, 수양단체를 가장하여 궁극적으로는 조선 독립을 꾀할 목적이라고 단정했다. 14페이지에 이르는 「목적 수행 행위」 가운데 1932년 2월에는 다음과 같은 행동이 「범죄사실」로 간주되었다.

> 조선민족운동 3대 기초사업이라는 제목 하에 '현재 조선민족운동의 3대 초석은 인텔리겐차의 결성, 농민노동자의 계몽, 협동조합 조직이며, 게다가 이 대사업의 기초가 되어야 하는 것은 인텔리겐차 결성에 있다. 그러므로, 인텔리겐차를 하나의 이론 하에 단결시키고, 조선 및 조선민족을 사랑하는 것을 자기 개인 이상으로 하도록 양성 훈련하고 이러한 주의 정신으로 훈련된 자가 1천 명 이상이 되면, 그 때 조선은 금일의 조선과 완전히 다른 조선으로 변화할 것'이라는 취지의 논문을 잡지 『동광』에 게재하여 약 5천부를 내외 각지에 배포하고 (하략)

실업가 김동원金東元, 金岡東元은 중학교 교사로 재직하던 중 동료인 안창호로부터 감화를 받고 "민족주의사상을 품고, 마침내 조선 독립을 희망하게 되었다"고 하여, 수양동우회에 관계된 열다섯가지 「범죄사실」을 강제당했다. 1929년 3월의 회합에서는 수양동우회 본부 결의사항으로 동 회는 장래 안창호를 중심으로 조직되어야 할 혁명당의 일부분으로써 혁명투사 양성에 노력할 것 등을 자문하여 찬동을 얻었다고 하였다.

양형은 치안유지법 제1조 제1항에 해당한다고 하여, 이광수는 징역 5년, 김동원은 징역 3년을 선고했다. 41명 전원에게 징역 2년 이상을 부과한 것이다(24명은 집행유예로 됨). 그 중 36명이 상고했다. 1941년 7월 21일 고등법원은 "본건에 대하여 사실 심리를 한다"는 것을 결정했다. 그리고 11월 17일 판결에서는 원판결을 파기하고, 전원을 무죄·면소로 판결했다. 흥사단에 대해서는 "전 자료를 자세히 참작, 철저히 조사했지만, 이 단체가 조선 독립을 도모할 목적으로 한 단체임을 인정할 수 있는 심증을 불러일으키기에는 충분하지 않다"고 하였다. 더욱 수양동우회에 대해서는 다음과 같이 판단했다(「독립운동판결문」).

관계 공소사실에 대해 생각해 보니, 이 각 단체가 조선의 독립을 도모할 목적으로 조직되었다는 점은, 전 자료에 비추어도 이를 인정할 증거가 없다. …… 검거되기까지 전후 16년동안 단체로서의 행동에서 지탄을 받는 적이 없고, 당국으로부터 해산명령을 받은 적이 없이 지내온 내용은 이를 납득할 수 있는 쪽에 속한다. …… 각 단체가 규약하는 바를 보면 민족성이라는 것을 현저히 고양하고 제국신민으로서의 의식 앙양에 대해서 조금도 언급하지 않는 점은 분명하다고 해도, 이러한 점을 참고해도 아직 공소사실이 증명되었다고 하기 어렵다.

완전히 타당한 판단이다. 거꾸로 경찰·검찰 당국의 입건과 사법처분이 얼마나 강제적이며 난폭한지를 보여주는데, 그럼에도 불구하고 수양동우회를 해산으로 내몰고, 민족주의 의식을 위축시킨 점은 통치당국의 입장에서 전시사상체제를 정비하는 데에 충분한 의미를 갖고 있었다.

또한, 이 고등법원에 대한 상고취의서에서 복수의 변호사가 유효하고 적확한 주장을 하고 있는데, 그에 대해서는 별권에서 살펴보고자 한다.

4
종교단체에 대한 선제적 적용

▮ 유사종교단체 단속

일본 내에서는 일본공산당의 조직적 재건운동을 탄압하던 1935년 말에 「황도대본교 皇道大本教 사건」이 검거됨으로써, 종교 영역에 대한 치안유지법적용 확대가 분명해졌다. 조선의 경우, 종교에 대한 치안유지법 적용은 일본보다 다소 지체되었지만 1930년대 후반에는 역시 종교 영역도 탄압 대상이 되었다.

　1935년 4월, 도 경찰부장 회의 자문 사항의 답신으로 황해도경찰부에서 제출한「종교유사단체에 대한 취체법령 제정」은 그 단서를 보여준다. 조선에서 종교유사단체는 30여에 이른다고 하고, 그 중 다수는 신앙의 이름을 빌어 후일 정치적 지위 획득을 목표로 하여 일반 민중을 규합하고 때로는 황당무계한 언설을 일삼고, 혹은 함부로 민심에 영합한 황당한 주장을 선전하여 신도를 이끌고 사회운동으로 성격을 전환하는 등, 치안유지법상 매우 중시해야하는 대상이라고 하여 그러한 종교유사단체에 대한 단속법령을 제정할 것을 요망했다.

황해도 경찰부는 특히 열심이어서, 1937년 5월 각 도 경찰부장 회의 의견 희망사항으로 새로운 단속 법령의 제정을 요구하고 있다. 민심을 현혹시켜, 정치적 야망 달성의 도구로 삼고 혹은 혁명운동으로 변모할 우려는 종교유사단체에 그치지 않고, 음사淫祠, 사교邪敎의 발호를 초래하는 사태로 발전해가고 있다고 하였다. 경무국의 대응은 참고로 하겠다는 정도였다.[58]

이 회의에서는 예기치 않게 가사이 겐타로笠井健太郎 고등법원 검사장도 같은 인식을 표명했다. 훈시 가운데에 「유사종교단체의 단속에 관하여」를 들고, "이면의 실상을 깊이 연구하고, 만일 그 행동 혹은 교의敎義 중에 국법에 저촉되는 것이 있다면, 용서하지 말고 검거하고 절멸을 기하여 시폐를 바로잡아야한다. 이로써 건전한 국민사상의 확립에 진력해주길 바란다"고 훈시하고 있다.[59]

신문은 유사종교단체의 단속이 곧바로 실행된 것에 대해 보도했다. 5월 7일자 『매일신보』는 「도마 위에 오른 유사종교 박멸, 응징 철저, 취체당국 방침 확고부동」이라고 보도하고, 7월 19일자에는 「혹세무민하는 사교 철저 탄압, 당국 방침 확고부동」이라는 기사가 게재된다. 그리고 1938년 1월 15일자에는 「작금 2년 간에 2만여 사교도 검거, 물심양면으로 앞으로 선도善導, 경무국의 단호 방침」이라 하였다. 황해도경찰부가 요구하는 새로운 단속법령의 제정은 실현되지 않았지만, 1930년대 후반에는 유사종교단체 단속이 광범위하게 전개되고 있었다. 특히 중일전쟁 전면화 이래, 민심의 동요를 억제하기 위해 유사종교단체 단속이 강화되었다.

---

58 이상 황해도경찰부, 「도경찰부장회의서류」, 국가기록원 소장.
59 「笠井高等法院檢事長訓示」, 『사상휘보』 11, 1937. 6.

1939년 8월 각 도 고등·외사경찰과장 사무협의회에서 결정한 「사상정화 대책요강」에서는 유사종교에 대한 지도로, 유사종교의 간부 또는 교도에 대한 계몽에 힘쓰고, 점차 탈퇴하도록 하거나, 공인종교로 개종하도록 지도할 것 등이라 하였다.[60]

1939년 10월 검사장·검사정 회동에서 마스나가^{增永} 고등법원 검사장은 다음과 같이 훈시하고 있다.

> 사변 후에 주목할 현상으로 여러분이 유의해주길 바라는 것은 보안법 위반 사건의 격증입니다. 위반자의 대부분은 유사종교단체 관계자로, 이 사실은 민도^{民度}의 향상과 당국의 끊임없는 탄압으로 인하여 진압되고 있는 이들 교단이, 사변 발발로 인한 인심 불안 동요를 틈타 교세 만회의 좋은 기회로 삼아 활발한 행동을 개시한 데에 기인하는 것으로 생각됩니다. 유사종교단체의 횡행은 사회의 안녕질서를 문란하게 하고 인심을 현혹시켜 후방의 치안 확보에 지장을 초래할 뿐 아니라 교의의 이면에 민족의식의 색채가 농후한 것이 많고 그 중에는 불경죄 혹은 유언비어죄도 동반하고 있으므로 단속 강화 철저는 현재의 시급한 업무라고 믿습니다.

게다가 전술한 것처럼 1940년 10월 동 회의 훈시에서도 마스나가 고등법원 검사장은 종교단체의 단속에 관하여, 종교단체 관계자의 검거가 잇따라, 현저히 후방의 치안을 문란하게 하고 있다고 하여 그러한 해독^{害毒}은 "일반 좌경운동과 아무런 차이가 없다"고 하였다.

---

60 조선총독부 경무국 보안과 편, 「치안상황」, 『고등외사월보』 제2호, 1939.8, 5쪽.

그리고 더욱 한층 엄밀한 사찰과 내사를 하여 특히 그 이면의 동향에 주의하여 만일 법에 저촉되는 불온언동을 발견한 경우에는 신속히 검거 탄압을 가할 것을 지시했다.[61]

앞서 마스나가 고등법원 검사장이 훈시한 보안법 위반 사건의 격증 경향에 해서는, 『사상휘보』 제22호(1940.3)에 게재한 「사상범죄에서 본 최근의 조선 재래유사종교」도 주목하고 있었다. 동학 계통, 훔치 계통, 불교 계통 등으로 분류하여 활동상황을 서술한 후, 1938년 1월 이래로 당국에서 수리한 유사종교관계 사상 사건은 그 대부분이 보안법 위반죄라 하고, 1937년이 24건 108명, 1938년 41건 226명, 1939년 33건 243명이라는 수치를 들었다. 그리고 이들 중 약 70% 이상이 유사종교 관계자라고 지적하고 "얼마나 사변 후에 유사종교단체가 활발히 암약하는지를 알 수 있다"고 하였다. 그 암약을 촉진한 이유로, 최근 반도에서의 황국신민화운동의 강화·철저에 대한 보수파, 배타파에 속한 무리의 불평 또는 반감과 지나사변 발발에 따라 무지한 민중의 눈에 정감록의 복음이 실현가능성이 있는 것처럼 비추기에 이른 점을 들었다.

결론으로는, 전시戰時 하의 후방의 치안 확보, 국민의 일치단결의 관점에서 이를 문란하게 하는 불령분자가 횡행하는 것은 절대로 허락할 수 없는 바로, 엄중 단속에 힘쓰고 관용 없이 검거 탄압을 가해야하는 한편, 온건한 유사종교단체는 성급히 탄압하지 말고 서서히 그 개과천선을 도모해야 할 것이라고 하였다.

---

61 이상 「檢事局監督官に對する增永高等法院檢事長訓示」, 高等法院檢事齋藤榮治編, 『高等法院檢事長訓示通牒類纂』; 『일제하 지배정책사자료집』 제8권.

보안법과 치안유지법의 발동

우선 보안법의 발동 상황을 보자. 신문에는 보안법 위반 관계 사건이 여기 저기 보이는데, 관련 기사제목을 들면 아래와 같다.

연월일	신문명	기사명
1936.4.11	부산일보	사종운림교(邪宗雲林敎)에 당국 탄압, 교주 등 평남경찰부에 검거, 보안법 위반으로 송국
1937.4.27	매일신보	전주, 사교탄압, 용신당을 습격, 기도술법 정체 추구(보안법 위반)
1938.8.11	매일신보	신사 불참배의 기독교 신자 7명을 송국, 보안법위반으로
1938.8.13	매일신보	한라산을 근거로 총후(銃後)에서 암약하는 사교-불경죄, 육해군형법, 보안법 위반으로 송국, 무극대도(無極大道)사건 전모
1939.6.15	조선일보	정도교(正道敎) 재건사건 교주 등 금일 송국, 육군형법, 보안법 위반, 사기횡령죄 등 무극대도교도 중심 암약
1940.4.18	동아일보	사교, 인천교(人天敎)도 2명을 금일 공판 개시, 보안법위반과 사기죄

1937년 3월 13일, 경기도 경찰부장은 경무국장, 경성지방법원 검사정에게 「인도교人道敎 간부의 신국가 건설 위장에 의한 보안법 위반 및 사기 등의 사건에 관한 건」을 통보했다. 피의사실은 다음과 같은 것이다.[62]

인도교 간부인 채경대蔡慶大 등은 공모하여 인도교를 만주국에서 재흥시킬 것을 기도했다. 그 수단으로 적극적으로 만주국에 진출하여 주식회사 신농사神農社라는 것을 조직한 것처럼 위장하여 일반 지방의 몽매

---

62 「人道教幹部の新國家建設僞裝に依る保安法違反並詐欺等の事件に關する件」, 『思想に關する情報綴 3』, 경성지방법원 검사국문서, 국사편찬위원회.

한 교도에게 신농사에 가입하면 생활의 안정을 얻을 수 있을 뿐 아니라 1937년 3월(음)이 되면 세계 인류는 모두 천재지변으로 멸망하게 되는데 우리 교도만 그 액을 면한다. 그리고 이어서 신 국가의 건설은 오로지 우리 교도의 손으로 완성되는 것이다. 조선 땅의 회복은 물론, 일본제국 영토도 지배할 수 있는 시운이 도래함으로써 이 때 신농사의 주식에 응모하여 만주로 건너가야 한다고 하여 그 모집에 광분하는 중이라는 것을 관내 수원경찰서에서 탐지하고 허은선許銀善 외 28명을 검거하기에 이르렀다. 현재 동 서署에서 계속하여 보안법 위반 및 사기 피의사건으로 취조 중

그 후의 사법처분 경과는 불명이다.

1937년 8월 4일 경기도 경찰부장이 경무국장과 경기지방법원 검사정에게 보낸 통보 「기독교 관계자의 보안법 위반사건 검거에 관한 건」은 장로파 교회 목사 박학전朴鶴田이 1935년 12월 상순, 사립 정신여학교의 강의에서 "예수가 이 땅에 와서 십자가에 못 박힌 것처럼, 우리는 어떠한 시련이 와도 조선을 위해 일하겠다고 생각했으면 이를 완성하자. …… 기독교의 통일에 의해 그동안 요망해온 조선 독립을 실현시키기 위해 우리는 전심으로 기독교를 믿어야한다"고 말한 것이 문제시되었다. 본인은 "통절히 앞의 잘못을 뉘우치고 반성의 빛이 현저하다"고 하여 보안법 위반이지만 기소유예 의견을 붙여 경성지방법원 검사국에 송치했다고 한다. 그에 대해서 엄중히 장래를 훈계한 다음 석방했다고 하였다.[63]

보안법이 적용되지 않는 사건도 많았던 것 같다. 1937년 3월 23일 경

---

63 「基督教關係者の保安法違反事件檢擧に關する件」, 『思想に關する情報(副本)』 2, 경성지방법원 검사국문서, 국사편찬위원회.

기도 경찰부장의 「유사종교 삼황선도교三皇仙道敎 검거에 관한 건」은 "사교를 설립한지 얼마 되지 않아 폭로된 관계로, 신도도 극히 적고 실질적 해를 끼친 것이 아무것도 없다"고 판단하면서도 장래를 계칙戒飭하는 의미에서 경찰범 처벌규칙 위반을 적용하여 구류 29일 처분을 했다. 이 통보에는 "최근 걸핏하면 민족적 관념이 고조되고 있는 시절에, 이런 종류의 사교가 날뛰는 것은 매우 바람직하지 못한 현상으로 판단된다"고 하고, 관할 중인 각 경찰서에 엄중 주의를 지시하고 있다.[64] 또한 1939년 7월 22일 경기도 경찰부장의 「유종 대각교類宗大覺敎 검거에 관한 건」도 마찬가지로 구류 29일이라는 행정처분이었다. 대각교의 재흥을 꾀하고 황당무계한 언사를 일삼고, 방황하는 자의 심리를 교묘하게 포착하여 길흉화복을 말하고 있는 것이 판명되었다고 한다.[65]

앞서 「사상범죄에서 본 최근의 조선 재래 유사종교」에는 1937년 이래 3년간 보안법 위반사건 104건인데, 치안유지법 위반사건은 3건이라고 한다(1건은 천도교 구파 사건으로 전원이 기소유예가 된다). 그 중 선도교仙道敎 사건과 황극교皇極敎 사건은 후술하기로 하며, 우선 삼도교三道敎 사건을 보자. 이것은 앞서 서술한 3건에는 포함되지 않는다.

1937년 3월 10일 경기도 경찰부장의 「삼도교 교도의 불온계획사건 검거에 관한 건」은 총독부 앞 광장에서 긴 깃발을 세우고 조선독립만세를 삼창할 계획을 실행하고자 한 함용환咸用煥 등의 삼도교 교도를 미연에 검거했다는 내용으로, 보안법 위반으로 취조가 이루어졌다.[66] 그 후 법의 적

---

64 「類似宗敎三皇仙道敎檢擧に關する件」, 『思想に關する情報綴 3』, 경성지방법원 검사국문서, 국사편찬위원회.
65 「類宗大覺敎檢擧に關する件」, 『思想に關する情報綴 4』, 경성지방법원 검사국문서, 국사편찬위원회.
66 「三道敎敎徒の不穩計劃事件檢擧に關する件」, 『思想に關する情報綴 3』, 경성지방법

용이 바뀌어 6월 7일 경성지방법원의 판결에서는 치안유지법 제2조가 적용되어 함용환에게 징역 2년을 선고했다.

함용환의 「범죄사실」은 1932년 2월, 밤에 꿈을 꾸었는데, 신령을 영접하고 기도에 의해 부귀, 자녀 복, 조선의 독립 등 자신이 바라는 대로 실현가능하다는 신도력을 하사받았다고 하여 기도를 계속하던 중 유·불·선의 삼도를 가미한 삼도교를 창립했으며, 포교를 계속하고 있던 중, 1937년 3월 조선독립을 위해, 9일 정오를 기하여 적의 탄환도 우리를 명중하지 못하는 오방기를 세우고, 조선총독부 마당 앞에 이르러 이 곳에서 조선독립만세를 삼창할 것을 실행하고자 한 것이라고 한다(「독립운동판결문」).

삼도교 조직 자체가 문제가 아니라, 조선독립만세 삼창이라는 구체적인 계획을 협의한 것이 치안유지법 적용의 이유가 되었다.

1939년 8월 8일, 선도교仙道教 사건에 대한 경성지방법원 판결은 김중섭金重燮 등에게 징역 5년 등을 부과했다. 1929년 4월 김중섭은 조선을 일본제국의 굴레에서 이탈시킬 목적으로 도道(후세 사람은 이를 선도교라 부름)라 칭하는 종교유사결사를 조직하고 스스로 그 부교주副教主가 되어, 이래 그 교세 확장에 힘써, 표면은 수행에 의해 불식장생不食長生, 신선으로 변할 수 있다고 주장하여, 교도를 획득하고 장래 제국이 위기에 처할 때에 일거에 혁명을 수행할 것을 결의했다고 한다. 김중섭이 항소한 경성복심법원의 판결은 10월 19일이었는데, 양형이 변하지 않았을 뿐 아니라 판결문도 1심과 동일했다(「독립운동판결문」). 또한 이 선도교사건으로 검사국이 수리한 인원이 61명에 이르는 점을 볼 때, 교도는 일제히 검거되고 교단 그 자체가 붕괴되었다고 생각된다.

원 검사국문서, 국사편찬위원회.

1940년 9월 29일자 『매일신보』에는 「단죄대에 선 요망한 종교 황극교도, 보천교 잔당의 발악. 주모자 10명 다음달 8일 공판 개정」이라는 표제의 기사가 게재되었다. 이 황극교사건에 대한 전주지방법원 판결은 10월 30일에 선고되었다. 은세룡殷世龍에게 징역 4년, 김영식金靈植에게 징역 3년 6월 등이 부과되었다. 이 사건에 대한 전주지방법원 검사국의 수리인원은 89명으로 많았다.

　구 한국 관리였던 김영식은 총독정치는 몹시 내지인에 편중하고, 내지를 위해 조선을 희생에 바치는 것이라고 잘못 믿고 조선 독립을 동경하고 있던 바, 천도교의 3·1만세운동에 자극을 받아 "자신도 그와 같은 종교를 창시하여 교도를 자신의 주변에 모아 지도 교양하고 그 결속력을 이용하여 조선을 대일본제국의 속박에서 이탈 독립시키겠다"고 생각하고 1926년에 은세룡 등과 함께 황석공교黃石公敎를 조직했다. 1940년 음력 3월, 황석공교에 입교하여 천서天書 16자의 주문을 외우면 천, 지, 수재 등의 삼재팔난三災八難을 면할 것이라고 선전했다. 교도를 획득하여 점차 독립의식 교양을 실시한 다음, 이면에서 조선 독립을 목적으로 하고 있다는 사실을 알리고 결사에 가입시킨 것, 조선 독립이 이루어지면 이들을 이용할 것을 결정한 것 등이 「범죄사실」로 간주되어 치안유지법 제1조 제1항 전반에 해당한다고 보았다.[67]

67　「조선사상사건판결 황극교사건」, 『사상휘보』 25, 1940.12.

등대사 사건

1939년 6월 21일에 있었던 일본 내의 등대사燈臺社 탄압과 연동하여 6월 29일 단행될 등대사 일제 검거를 앞둔 시점에, 6월 15일 경기도 경찰부는 치밀하게 「등대사사건 피의자 취조 요강」을 작성하고 있었다. 「통칙」 제3에는 "등대사의 본질 및 국체 변혁 목적에 관한 인식, 목적 실현 수단 방법에 관한 인식과 의도, 동 결사에 가입한 사실은 치안유지법 위반 구성에 빼놓을 수 없는 요건이므로 취조에 임해서는 그 구성요건을 명확하게 하는 데에 힘쓸 것", 제5에는 "조서 작성에서는 청취서에 중점을 두고, 수기 또는 상신서 등은 청취서를 보완하는 정도로 이용해야 한다"고 하였다.

「각칙」의 신문訊問 항목에는 등대사 입교 후의 상황에 관한 점, 등대사의 교리에 관한 점, 등대사의 본질에 관한 점, 국체 변혁 수단에 관한 점, 지상(신의 나라)의 전망에 관한 점 등을 들었고, 마지막의 피의자 현재의 심경 및 장래 방침에서는 반성할 기미 유무 추궁이 목적으로 되어 있다.[68]

마침내 6월 29일 경성부내의 문태순文泰順 등 12인이 검거되고, 그 후에도 검거가 줄지어 경성지방법원 검사국이 수리한 인원은 66명이 되었다. 1940년 12월 3일, 간도 용정촌에서 검거된 권영배權寧培, 歌路勇三를 검사국에 송치할 때 첨부된 경기도 경찰부 경부 사이가 시치로齋賀七郎의 「의견서」에는 아마겟돈 이 일어날 때에는 악마의 영도 하에 있는 우리 제국에 대항하여 신군神軍의 편에 서서 현 제도를 파괴하고 종교적·공산적 만민평등사회 건설을 목적으로 성립한 결사임을 인식하고, 동시에 전 세계의 만물은 신의 피조물이므로 여호와 신 이외의 존재에게 예배하는 것

---

68 이상, 「燈臺社事件關係者檢擧に關する件」, 『思想に關する情報』 13, 경성지방법원 검사국문서, 국사편찬위원회.

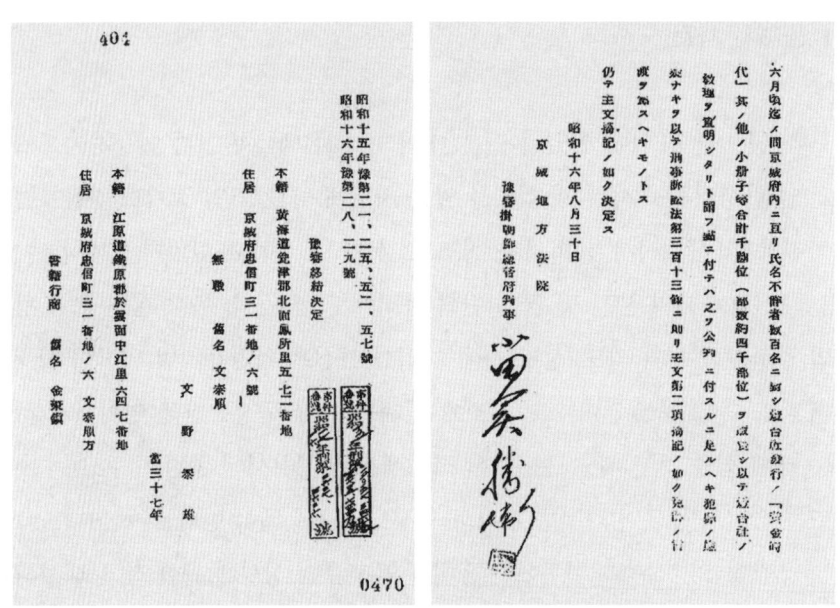

등대사 사건 문태순 판결문(국가기록원 소장)

은 우상 숭배이다. 따라서 우리나라의 신궁참배 및 황거요배도 우상 예배라고 하여 반대한다는 점 등을 숙지한 다음, 여호와의 증거자가 되어 포교 활동을 한 것은 치안유지법 제1조에 해당하는 범죄라 하여 기소처분을 요구했다.[69]

1940년 6월 3일, 조선에서 지도자로 지목된 문태순에 대한 경성지방법원 검사국 검사 스기모토 가쿠이치杉本覺一의 제1회 신문에서는 다음과 같은 공방이 이루어졌다.[70]

---

69 고베(神戶)시립도서관, 「청구문고」 소장.
70 「燈臺社事件犯罪事實竝文泰順檢事訊問調書」, 『思想彙報』 24, 1940.9.

문　아마겟돈에서 죽는 자는 일본 황실을 비롯하여 세계 각국의 군주는 모두 같은 운명이 된다는 것인가?

답　그렇습니다. 여호와의 증언을 믿지 않는 자는 결국 아마겟돈에 즈음하여 죽는 것입니다. 즉 신의 나라에서 생을 누리지 못하는 것입니다.

문　여호와 신을 유일 지상 절대의 존재로 한다면 우리나라의 천황폐하, 황족, 천조대신을 숭배할 수 없는가?

답　그렇습니다. 우리 신앙에서 보면 천황폐하, 황족, 혹은 신궁, 신사에 대해 절하는 것은 불가능합니다.

마스나가增永 고등법원 검사장은 1940년 10월 사법관 회의에서 등대사 사건을 언급하여 "조사결과에 의하면 통치권의 주체를 부인하고, 국민의 국체관념을 혼란시키고 이에 편승하여 지상신의 국가 건설을 기도하는 불경·불령한 목적을 품은 결사임이 명백하다"[71]고 하였다.

1941년 8월 30일에 예심이 종결하고, 문태순 등 33명이 공판에 회부되었다. 거기에는 등대사는 아마겟돈에 의해 우리나라의 국체 변혁을 비롯하여 그 외 세계 각국의 통치조직을 변혁하고 신권정치 하의 지상신의 국가 건설을 목적으로 한 결사라고 정의하고, 신 치안유지법 제1조 후반을 적용하여 징역 2년을 부과했다.

같은 날의 판결에서 김병진金秉鎭, 玄澤太郎은 징역 3년이 부과되었다. 등대사의 교리에 공명하여 1937년 10월에 가입하여 『황금시대』 등의 책자 판매에 임했다. 1940년 7월 하치만신사八幡神社에 집합하여 신사참배를 종

71　「增永高等法院檢事長訓示(昭和十五年十月於 司法官會議)」, 『思想彙報』 25, 1940.12

용당하자, "여호와 신 이외의 누구도 숭배할 수 없으니 신사참배도 할 수 없다. 또 성서의 해명에 의하면 천황폐하도 신 여호와의 피조물로 이를 받드는 것은 우상 예배가 된다고 하니 궁성요배도 할 수 없다"는 뜻을 말한 것이 신 치안유지법 제1조 후반에 해당한다고 간주했다(「가출옥」).

또한 주목할 것은 등대사 관계자의 처단에 임하여, 신 치안유지법에서 마련된 제7조 국체 부인이나, 신궁神宮 혹은 황실의 존엄 모독을 적용하지 않고, 제1조(국체변혁)를 적용한 것이다. 전술한 「등대사 사건 피의자 취조요강」의 각론의 국체 변혁 수단에 관한 점에는 국체 관념을 사라지게 하려는 것이며, 마스나가 고등법원 검사장의 훈시에서는 국민의 국체관념을 혼란시키고라고 하였고, 제1심 판결문에서도 "국체 관념을 부식시킨다"고 지적되었다. 이러한 부분은 국체 부인에 가까운 개념으로 생각되는데, 실제의 법률 적용에서는 국체 변혁이 선택되었다.

다음 장의 〈표 16〉의 「치안유지법 위반죄 유형별 인원」에서 국체 부인 또는 신궁 황실의 존엄 모독이 1941년 하반기부터 1942년 하반기에 걸쳐 계상되지 않은 것은 종교관계 범죄를 국체 변혁으로 처단한 점을 드러내는 것으로 보인다.

또한 조선에서의 등대사사건의 일련의 사법처분은 일본 국내의 등대사사건 사법처분과는 별개로 독립되어 이루어졌다.

IV

폭주하는 치안유지법
1941~1945

1
폭주기의 개관

▎신 치안유지법 시행

1941년 3월 10일에 공포된 신 치안유지법에서는 치안당국이 염원하던 예방구금이 실현되는데, 그보다 약 1개월 앞선 2월 12일, 조선에서는 일본보다 먼저 제령 제8호로 「조선사상범 예방구금령」이 공포되었다.(시행은 3월 10일) 당초, 조선총독부는 1940년 12월 1일부터 시행할 예정이었다가 늦어진 것이지만, 다른 한편으로는 일본에서의 치안유지법 개정을 기다리지 않은채 3개월 정도 앞서 실시한 것이 된다. 예방구금제도의 실현을 필요로 하는 조선의 특수사정이란 다음과 같은 이유가 제시되었다.[1]

① 조선은 대륙 및 소련과 직접 경계를 접하고 있기 때문에 공산주의사상 침투 방지를 위해 특수한 지위를 갖는다.

1　朝鮮總督,「朝鮮思想犯予防拘禁令-理由と説明」1940.11, 荻野富士夫編,『治安維持法關係資料集』4, 新日本出版社, 1996.

② 조선이 우리 제국의 대륙 전진병참기지로서 특수 사명이 가중되는 정세에 비추어, 반도의 사상 정화는 초미의 급무이다.

③ 반도의 사상범은 전부 편협 고루한 민족주의사상을 품고 사상운동 거의 전부가 민족주의 의식을 근저로 하기 때문에 사상 전향이 극히 곤란하다.

①과 ②의 구체적 예로 제시된 것은 전 장에서 살펴본 혜산사건이나 원산사건 등 이른바 「지나사변(중일전쟁) 후방 교란사건」이다. 이들 특수사정 가운데에서도 반도의 사상 정화는 초미의 급무라는 데에서 현상에 대한 위기감이 주목된다. '이러한 정세에 비추어 지금 신속히 불령 흉악한 사상운동의 절멸을 기하지 않으면, 대륙전진병참기지인 반도의 치안, 나아가 제국의 대륙 국책의 전도前途를 우려하지 않을 수 없다고 한다. 조선의 치안 여부가 제국의 대륙 국책 수행과 직결한다는 인식이 조선에서 예방구금제도를 앞당기도록 한 것이다.

이러한 현상인식 하에 1941년 2월 3일 마스나가 쇼이치增永正一 고등법원 검사장이 복심법원 검사장과 지방법원 검사정에게 「시국 하의 사상범죄 방지에 관한 건」이 통첩된다. 이단 불순분자의 신속한 일소를 위해, 가차 없이 철퇴를 내릴 것을 요구했다.[2]

이어서, 5월 2일, 신 치안유지법 시행에 즈음하여, 마스나가 고등법원 검사장은 검사국 감독관에 대한 훈시에서 사상범 방지를 들고, 민족의식 대두 경향이 현저하다며 "사상범 암약의 온상은 충분히 양성되어 있다고 생각해야 하며, 이대로 방치하면 당연히 민족주의, 공산주의운동의 치

---

2 「時局下に於ける思想犯罪の防遏に關する件」, 高等法院檢事齋藤榮治編, 『高等法院檢事長訓示通牒類纂(2)』;『일제하 지배정책사자료집』 제9권.

열화가 예상되어, 실로 우려하지 않을 수 없다"고 위기감을 고조시켰다. 그리고 신 치안유지법 시행에 대하여 "현저히 강화, 정비되고 단속의 완벽을 기할 수 있게 되었다"고 하고, 검사에게 광범하게 강력한 강제 수사권을 부여하여, 명실상부하게 검사를 중심으로 한 일원적 수사체제를 수립한 점을 실로 획기적 입법[3]으로 환영했다. 조선사상범 예방구금령은 신 치안유지법 시행과 함께 폐지된다.

신 치안유지법에 대하여 일본의 신문은 의회 통과 등의 사실을 간단히 보도하는 데에 그쳤지만, 조선에서는 크게 다루어져, 관심이 높았음을 보여주고 있다. 시행 직후인 1941년 5월 16일, 일본어신문인 『부산일보』는 「치안유지법 개정 법률, 내지와 마찬가지로 조선에도 시행, 미야모토 법무국장의 말」이라는 기사를 실었다. 국가 강령의 근본을 배반하는 일절의 불온행동의 철저한 박멸을 기하며 이로써 국민적 신념이 귀일한 근본인 국체의 존엄을 옹호하고 국가의 대의를 바로 잡는 것, 대동아공영권 확립의 성업聖業을 완수하기 위해, 고도 국방국가체제를 확보하려는 취지에서 나온 중요 법률이라는 미야모토 하지메宮本元 법무국장의 담화는 주로 일본인 독자를 향해 강조된 내용이었다.

같은 날 『매일신보』는 사설에서 「개정치안유지법 실시」를 다루었다.[4]

우리 반도에 있어서도 일시 그릇된 시대적 조류를 맹종하여, 공산주의나 민족주의에 감염된 자가 없지 않았지만, 지나사변 발생 후 내선일체의 정신 체득으로부터 우러나오는 반도 전 동포의 황국신민화에 왕성

3　「檢事局監督官に對する增永高等法院檢事長訓示(1941.5)」, 高等法院檢事齋藤榮治 編, 『高等法院檢事長訓示通牒類纂』; 『일제하 지배정책사자료집』 제8권.

4　「개정치안유지법 실시」, 『매일신보』, 1941.5.16.

함을 자각하여 이제 와서는 불건전한 사상을 일소하게 된 것이다. 이러한 명랑한 국내정세를 고려할 때, 금번 개정치안유지법이 엄벌 강화의 형식으로 실시를 보게된 소이所以는 결코 사상범죄의 증가에 대응하기 위함이 아니다. 그와는 반대로 사사범죄의 격감에도 불구하고 일층 국민의 결속을 촉구하여, 이로써 대동아건설과 고도국방국가체제 확립에 황도정신을 앙양하고 반국가사상의 준동의 여지를 근절하려는데 오로지 있음을 잊어서는 안된다. 그러므로 일반국민은 이 중대법령의 취지를 충분히 이해하여 시국 하 사상대책의 만전을 기하도록 깊이 유의함이 있어야 할 것이다.

이 시점에서 유일한 조선어신문인 『매일신보』에서는 조선인 독자를 향하여 반국가사상의 근절을 꾀하기 위해 라며 중대법령의 취지를 충분히 이해시키고자 했다. 본 장에서는 이 신 치안유지법이 운용된 1940년대 전반, 조선에서의 운용 상황을 살펴보고자 한다. 일본 국내에서는 영·미에 대한 개전이 시작한지 얼마 되지 않은 12월 19일, 언론·출판·집회·결사 등 임시취체법이 시행되어 전시戰時 입법으로 유언비어, 인심 현혹 단속에 위력을 발휘해 갔으며, 이에 준하여 조선에서는 제령 제34호로 「조선임시보안령」이 시행되었다. 이미 언론·출판·집회·결사·다중운동 등의 단속법령으로서는 보안법, 출판법, 신문지법, 집회취체규칙 등이 활용되었지만, 그것은 구한국 법률, 또는 통감부령이기 때문에 "단속 상의 불편이 적지 않다"고 여겨졌다. 더욱이 「조선임시보안령」 제정에는 다음과 같은 이유도 추가되어 있다.[5]

---

5 「公文類聚」 제65편, 1941, 제128권, 일본 국립공문서관 소장.

본디 조선인은 부화뇌동하는 성격이 있어서 개인으로서는 겁이 많은 자도, 군중이 되고 단체를 결성하면 갑자기 교격한 언동을 하기에 이른다. 또한 정치 그 외 공적인 결사를 조직하는 것은 (조선인의) 천성으로 가장 좋아하는 바이다. 특히 병합 이후 통치에 불만을 갖는 자는 종교, 학예 또는 체육을 구실로 하여 단체를 결성하여 암암리에 반국가적인 정담政談을 일삼는 일이 많다. 조선인의 단체 활동은 개인 행위에 비하여 그 위험성이 심대하다고 해야 할 것이다.

대對 영·미 개전으로 긴장감이 증폭되었다고 할까, 극히 강한 편견과 차별의식으로 가득 차 있다. 이러한 배경을 갖는 「조선임시보안령」중에서 가장 중요하게 활용된 것은 제20조의 규정, "시국에 관한 유언비어를 한 자는 2년 이하의 징역 또는 금고, 또는 2천 원 이하의 벌금에 처한다"는 것이었다(운용에 대해서는 후술).

▍전시戰時 하의 치안유지법 위반 통계

아시아태평양전쟁 하의 조선에서 치안유지법 운용의 최대의 특징은 1930년대 후반과 비교해서 건수와 인원이 다시 크게 증가하고 있는 것이다. 고등법원 검사국 사상부 『사상휘보』 「전선全鮮 사상사건 월표」에서 치안유지법 관계 검사국 수리 건수(표 15)를 보면, 1940년이 43건 286명인데, 1941년에는 143건 1,414명으로 급증했다. 1942년은 172건 1,528명으로 약간 증가하지만, 1943년은 8월까지 244건 2,050명(특히 7월과 8월이 많음)으로 격증 하는 경향을 보인다.

기소(예심 청구와 공판 청구)와 불기소의 비율을 보면, 1942년과 1943년

표 15 치안유지법 위반건수·인원(1940~1943.8)

처분별 연도	수리		예심청구		공판 청구		불기소		미제(未濟)	
	건수	인원	건수	인원	건수	인원	건수	인원	건수	인원
1940	43	286	16	127	8	14	17	138	2	2
1941	143	1,414	14	98	56	218	39	634	24	409
1942	172	1,528	7	145	77	275	28	450	43	515
1943.1~8	244	2,050	7	66	46	123	18	372	158	1,420

고등법원 검사국 사상부, 『사상휘보』 속간, 1943.10.

의 미제未濟가 많기는 하지만, 대체적으로 불기소가 증가하고 있다고 할 수 있다. 실제로는 경미한 사안이 절반 이상을 차지하고, 경찰의 검거와 검찰 송치만으로도 충분히 치안 강화가 효과를 발휘할 수 있다고 판단했음이 추측된다.

또한, 예심 청구와 공판 청구의 비율도 1941년 이래, 공판 청구가 우세해지고 있다. 이것은 종래부터 공판 청구될 경향이 강한 민족주의 관계로 분류되는 사건이 다수를 차지하는 데에 더하여, 1941년 5월 검사국 감독관 회의에서 사이토 에이지齋藤榮治 고등법원 검사가 제기한 희망사항—국방보안법·개정치안유지법의 적용사건에는 입법 정신에 비추어 운용상 될 수 있는 한 예심을 청구하지 않고, 직접 공판을 청구[6]—에 따른 사법처분의 결과로 생각된다. 신 치안유지법의 입법정신이란, 그 특별한 형사수속에서 일관하고 있는 사법처분의 신속화와 간략화를 가리키고 있다.

국체 변혁 관계가 사유재산제도 부인 관계 보다도 3배 가까운 것은 역시 민족주의 관계가 공산주의 관계보다 많다는 것을 추측하게 한다. 새롭

---

6 「檢事局監督官に對する齋藤高等法院檢事希望事項(1941.5)」, 高等法院檢事齋藤榮治編, 『高等法院檢事長訓示通牒類纂』; 『일제하 지배정책사자료집』 제8권.

표 16 치안유지법 위반죄 유형별 인원   (수치는 기소, 기소유예, 기소중지 처분 합계)

기간 \ 죄의 유형	국체 변혁		사유재산제도 부인		국체 부인 또는 신궁, 황실의 존엄 모독	합계
	결사	협의, 선동 등	결사	협의, 선동 등		
1940 하반기	143	61	88	15	-	307
1941 상반기	917	543	538	274	-	1,271
1941 하반기	247	311	58	73	-	689
1942 상반기	272	192	39	29	-	528
1942 하반기	42	133	8	29	127	343
1943 상반기	26	51	24	21	6	128
계	1,646	1,291	735	441	133	4,266

고등법원 검사국 사상부, 『사상휘보』 속간, 1943.10.

게 추가된 국체 부인(제7조, 제8조) 관계는 1942년 하반기부터 수렴되고 있다(후술).

판결에서 부과된 양형을 보면, 1940년 하반기부터 1943년 상반기의 치안유지법 위반 수형자 468명 중 징역 3년 미만은 70%를 밑돌며, 징역 1년 6월이 가장 많은 24%를 차지한다.[7]

아마 평균 형기는 1930년 전후부터 1년 정도 하향된 것으로 추측되는데, 그래도 기소나 양형의 기준이 낮아진 것을 가미하면 꽤 경미한, 혹은 맹아적인 사건조차 유죄가 되었다고 생각된다.

또한 조선총독부 법무국 편찬 『조선총독부 사법통계연보 1941년판』 (1943.7)의 「제1심 형사죄명별 재판인원」에 의하면, 치안유지법 재판인원 280명의 내역은 사형이 5명, 무기징역이 4명, 유기징역 256명, 무죄 4명,

---

[7] 「最近に於ける治安維持法違反事件に関する調査」, 고등법원 검사국 사상부, 『사상휘보 속간』, 1943.10.

공소 기각 10명으로 되어 있다. 주목할 것은 사형과 무기징역이 많다는 것이다. 사건을 특정할 수 없지만 경미한 사건이 다수 처단되는 한편, 엄중한 처벌도 이루어지고 있었던 것이 나타나고 있다.

▎ 대륙 전진 기지로서의 조선반도

마스나가 쇼이치增永正一 고등법원 검사장은 1942년 5월 경찰부장회의의 훈시에서 "최근 민심이 다소 이완하는 징조가 있고, 각지에 사상적 불상사 不祥事 사건이 빈발한다. 특히 소화昭和16년(1941)도에 치안유지법 위반 그 외의 중요사상범죄의 발생 검거수는 놀랄만큼 비약적인 증가를 보여, 갑자기 앞날을 예측할 수 없는 정세가 되었다"[8]고 하여, 1941년의 급증하는 모습을 주목했다. 대륙전진병참기지 반도의 치안확보를 가장 중요한 과제로 하여 반도의 사상 정화를 단숨에 추진한 결과가 사상적 불상사 사건의 빈발이라는 사태를 초래한 것이다.

고이소 구니아키小磯國昭 총독이 6월 재판소 및 검사국 감독관 회의에서 "국가적 도의를 거스르는 이탈 행위에 대해 단호하게 이를 척결, 불식하여 소멸시켜야 한다"고 강한 어조로 훈시한 것은 이 '반도의 사상 정화' 기세에 박차를 가했을 것이다.

1943년 4월, 재판소 및 검사국 감독관 회의에서 미즈노 시게가쓰水野重功[9] 고등법원 검사장은 우선, 검찰 사무의 전시체제화를 강하게 요구

---

8 고등법원검사국 편, 『조선형사정책자료』 1942년도판, 『일제하지배정책자료집』 제8권.
9 [역주] 1885~1960. 야마가타 현 시즈오카 출신. 1909년 도쿄제국대학 독법과 졸

했다. 법령 자구字句에 구애받아 국가의 목적에 부응하지 못하거나, 혹은 오히려 이를 배반하는 해석 운영을 하는 것은 사법적 사명을 모독하는 것이라고 강하게 부정했다. 그리고 "우리 검찰의 임무를 맡은 자는 이러한 국내의 적성敵性 행위에 대해 그 박멸책을 확립하고 내부의 적에 대해서도 싸워 이기고, 또 이기지 않으면 안된다."고 하였다. 법규 운용에 임하여 제정 목적, 정신이 임하는 바를 깊이 탐구하여 전쟁 목적 완수에 부응할 수 있는 해석을 해야할 것이며, 그 외에, 기소 적부適否에서도 평상시라면 기소유예가 타당하다고 인정될 경우에도 전시체제 하에서는 일벌백계할 견지에서 기소해야 한다고 하였다. 이러한 발상은 치안유지법을 더욱더 확장 해석할 것을 종용한 것이라고 할 수 있다.

이어서 미즈노는「사상운동의 방지에 대하여」를 훈시하여, 우선 민족주의에 대하여 두가지 동향을 지적했다. "첫째, 일본의 패전 후에 조선의 독립을 몽상하여 그 기회 도래를 준비하기 위해 비밀리 획책하고 있는 자, 둘째, 마침내 제국의 승리를 확신하고 있는 자 중에도 대동아공영권이 확립하면 조선 독립을 실현시킬 것을 희구하는 자가 숨어 있다고 한다. 이들은 전쟁의 진전과 함께 더욱 격화하리라는 것은 예상하기 어렵지 않다"고 하고 불령사상의 숙정을 도모함과 함께 사상 정화에 더한층의 노력'을 요구했다.[10] 전반적으로는 민족주의운동 경계에 중점을 두고 있다.

1944년 8월 작성된 조선총독부『제85회 제국의회 설명자료』[11]에는 첫 번째로「치안개황治安槪況」에서 사이판 함락, 도조東條英機 내각 붕괴 등

업, 한국통감부 판사를 거쳐 조선총독부 판사, 평양지방재판소 판사, 경성지방법원판사, 검사, 경성복심법원검사, 고등법원 판사, 고등법원 검사 등을 두루 역임함. 1943년 고등법원 검사장에 취임. 1945년 일본으로 귀국함.
10 고베(神戶)시립도서관 청구문고 소장.
11 近藤釰一편,『태평양전쟁말기 조선의 치정(治政)』, 1961.

내외정세의 급변으로 우리쪽이 반드시 패전한다는 비국민적 소문을 유포하는 풍조가 점차 대두하고, 특히 심지어 암암리에 우리의 패전을 기대하고 조선 독립의 백일몽을 획책하는 불령한 무리가 적지 않은 현황이라고 강한 위기감을 나타냈다.

1944년 12월, 『제국의회 설명자료』에는 법무국이 치안유지법 위반사건 급증에 대하여 다음과 같이 설명하고 있다.[12]

> 이들 사건은 거의 대부분이 민족독립운동사건이며, 이른바 좌익운동 사건이라고 해도 그 대부분이 민족주의를 기조로 하여 조선민족의 공산주의 국가 건설을 획책하는 것이며, 순리적인 공산주의 운동사건은 극히 적은 상황이다. 최근 치안유지법 위반사건의 현저한 특색으로는 종전의 추상적 관념적인 이론투쟁을 버리고, 구체적 현실적인 실천운동으로 전환하여 그 수단 방법도 역시 점차 적극적이고 교묘화되고 있다. 특히 적국敵國 측의 첩보기관화하려는 경향은 무엇보다 경계할 필요가 있다. 그렇지만 일반 민중의 시국 인식은 점차 고양되어 이들 불령도배의 책동은 저절로 곤란해지고 있으며, 조기 검거에 주력한 점도 작용하여 그 기도는 대개 초기에 좌절되어, 치안대책상 특별히 우려할 것은 없다.

조기 검거에 주력했다는 것은 앞서 고이소 총독이나 미즈노 고등법원 검사장이 반도 사상 정화를 독려한 데에 대한 충실한 실천임에 틀림없다. 그 성과는 현상을 "치안대책상 특별히 우려할 것이 없다"고 자화자찬하는

---

12 「제86회 제국의회 설명자료(2)-법무국 관계」, 1944, 『일제하 지배정책자료집』 제3권, 고려서림,1993.

모습이 보이지만, 실제는 어떠했을까? 다음에서는 아시아·태평양전쟁 하의 판결을 통하여 무엇이 드러나는지, 살펴보고자 한다.

▎이중형과 소년의 부정기형

아시아·태평양전쟁 하의 판결을 살펴보면 특징적인 것이 있다. 첫째, 이중형二重刑의 판결이다. 1941년 12월 17일 전주지방법원은 초등학교 훈도 박내은朴來殷,靑木茂雄에게 훈도의 지위를 이용하여 조선독립운동을 선동했다고 하여 치안유지법 제5조를 적용하여 징역 1년 6월을 부과했다. 박내은에 대해서는 우선 동 법원에서 11월 26일, 보안법 위반 제7조에 의해 징역 6월이 선고되었다. 1939년 4월 경 자신이 담당한 5학년생에게 "내선일체는 표면적인 것으로 실천이 동반되지 않는다고 하였고, 내선일체를 강요하는 현재의 조선 정치에 관해 불온한 언동을 하여 치안방해를 했다"는 것이 「범죄사실」이다(「가출옥」). 우선 보안법 위반으로 징역 6월을 집행하고 이어서 치안유지법 위반으로 징역 1년 6월형이 집행되었다.

박내은은 이러한 이중의 양형 부과가 부당하다고 하여 고등법원에 상고했다. 변호인 사다케 가메佐竹龜의 상고이유의 첫 번째는 "본건은 검사의 공소사실 제1(치안유지법 위반), 제2(보안법 위반), 제3(유언비어죄로 육해군형법 위반) 중 우선 두 번째 사항을 단독사건으로 하여 단독판사가 보안법 위반죄로 징역 6월에 처한다고 판결했다. 그 후에 제1 및 제3의 사실에 대해 합의부合議部로 이송하여 제1의 사실을 치안유지법 위반 및 육군형법 위반, 제3사실을 육군형법 및 해군형법 위반죄라 하여 징역 1년 6월에 처한다는 판결을 하여 드문 경로를 거친 사건"이라고 하고, "원심이 왜 이러한 왜곡된 처치를 했는지, 그 사유를 이해하기 어렵다"고 하였다. 상고이유의 두 번째는 병합죄를 적용하지 않은 것을 위법이라고 했다.

이에 대해 4월 6일, 고등법원은 "치안유지법 위반죄와 보안법 위반죄는 죄의 책임이 다르고, 연속적 범행이 아니므로 이를 분리하여 각각 심판하는 것이 당연하다"고 하여 상고를 기각했다(「독립운동판결문」).

이러한 드문 경로를 거쳐 두 번의 판결로 병합죄보다 무거운 양형을 판결한 이유는 민족독립을 지향한 언동에 대해 보다 엄중한 처단을 한 것이라고밖에 생각할 수 없다.

둘째, 소년에게 부정기형不定期刑을 부과하는 것이다. 1942년 3월 18일, 「조선소년령」이 시행되었다. 20세 미만을 소년이라 보고, 제8조(소년에 대해 장기 3년 이상의 유기징역 또는 금고로 처단할 때는 그 형의 범위 내에서 단기와 장기를 정해 이를 선고한다)가 치안유지법 위반사건에도 적용되었다. 「조선소년령」의 제정 이유는 "최근, 죄를 범하고 또는 죄를 범할 우려가 있는 소년의 숫자가 점차 증가하는 경향이며, 특히 조선의 현상에 비추어 이러한 범죄소년 및 우범소년을 보호, 교정, 선도하여 건전하고 유위有爲한 국민으로 만드는 것은 인적 자원의 증강 확보와 사회 방위상 긴요하므로 이러한 소년에 대한 형사수속 및 형사처분에 관한 특별규칙 및 보호처분 제도를 마련하는 것이 필요하다"[13]고 하였다.

고등법원 검사국의 「최근의 치안유지법 위반사건에 관한 조사」[14]에 의하면, 1940년 7월부터 1943년 6월까지 검사국 수리자의 18%가 소년이 차지하고 있다. 조선소년령 시행 후의 1942년 7월부터 1943년 6월까지를 보면, 680명 중 202명으로 30%에 이른다.

---

13 「公文類聚」 66편, 1942, 제100권, 국립공문서관 소장.
14 「最近に於ける治安維持法違反事件に関する調査」, 고등법원 검사국 사상부, 『사상휘보 속간』, 1943.10.

『조선총독부 사법통계연보』 1941년판에 의하면, 1941년의 치안유지법 위반사건으로 18세 미만의 검사국 수리 수는 66명(남자 52명, 여자 14명)이며, 이것은 수리 총수 145명의 46%에 해당한다. 또한 유죄 확정 재판 인원 214명 중 20세 미만은 11명으로 5%이다.

1942년 9월 1일, 함흥지방법원은 체신국 보험과 고원雇員 이근재李根在, 平本茂夫에게 단기 1년, 장기 2년의 형을 부과했다. 체신국 건물 앞 도로에서 동창생에게 독소개전에 대해 "이 전쟁은 궁극적으로 소련의 승리로 끝나고, 그 결과 반드시 일·소개전이 될 것이지만, 일본은 지금 중국과 장기전으로 군세가 극도로 쇠퇴하고 있으므로 소련과 중국을 상대하여 패전하게 될 것이 명백하다. 그러므로 우리 조선인은 이러한 호기에 조선의 독립운동을 하지 않으면 안된다"는 뜻을 제의한 것이 신 치안유지법 제5조에 해당한다고 하였다. 판결문에는 피고인은 스무살이 되지 않은 소년이라 하여 부정기형을 선고했다(「가출옥」).

1944년 6월 12일 전주지방법원의 판결에서는 전주 북공립중학교 교원 노환盧桓, 安東恒雄이외의 두 소년이 단기 1년, 장기 3년, 별도의 두 소년이 단기 1년 장기 2년을 선고받았다. 전자에 속한 박윤하朴潤河는 전주 북공립중학교에 재학중 "엄격 준열한 훈육을 받자, 그 진의를 이해하지 못하고, 오히려 반감을 품고, 내지인 생도라면 그토록 엄격하지 않을텐데, 우리는 조선인이기 때문에 가혹한 훈육을 감수하지 않으면 안된다고 하여 마치 학교교육에 내선차별이 있는 것같은 편견을 갖고 마침내 일한병합은 불순한 동기에 기초한 것으로 내선 양국민의 일체화는 도저히 실현불가능하고 조선민족이 행복할 수 있는 길은 오로지 독립밖에 없다는 신념을 품었다"고 한다. 「범죄사실」의 하나로 간주된 것은 1943년 1월, 피고인 소년들에게 "인도의 간디는 실로 세계적 위인이며, 영국정부의 모든 박해에 단호히 반항하고 인도민족의 독립과 자유를 위해 투쟁하고 있으며 시국이 우리 조선민족에게 독립의 호기를 부여하고 있는 지금, 우리는 간디와 같이 조선을 위해 분투하지 않으면 안된다"(「독립운동판결문」)고 하여 동조를 얻은 것이다.

참고로, 일본 국내의 치안유지법 위반사건 중 소년에게 부정기형을 부과한 사례는 1건을 확인했을 뿐이다(1942.12.9, 오사카지방재판소는 김광권 일金光權一(18세)에게 조선민족운동의 선동을 했다고 하여 단기 징역 1년, 장기 3년을 부과했다).[15]

---

15 「金光權一に対する(朝鮮独立運動関係)治安維持法違反被告事件判決(大阪地方裁判所報告)」, 사법성 형사국 편, 『사상월보』 100호, 1943.1·2월

2
민족주의운동·의식의 최종적 도려내기

▌내선일체 정책 비판에 대한 적용

신 치안유지법 시행 후에 눈에 띠는 것은 조선총독부가 전쟁 수행체제 확립을 위해 신속히 실시한 내선일체정책에 대한 비판에 적용한 사례이다. 식민지 통치에 대한 불만과 불평을 지인들에게 토로하거나 편지로 전한 개인적 행위가 협의·선동=신 치안유지법 제5조에 해당한다고 한 것이다. 양적으로 많았으며, 형기는 거의 징역 2년 정도가 최대였다.

1941년 8월 30일, 부산지방법원은 일본인과 조선인 사이에는 차별대우가 많고, 결국 식민지 통치에 대한 기만정책에 입각한 것이라고 곡해하여 국체변혁을 위해 협의·선동했다고 하여 신 치안유지법 제5조 (협의·선동)를 적용하여 징역 1년 6월에서 1년을 부과했다. 「범죄사실」로 간주된 것은 1940년 8월 총독부에 의한 동아일보, 조선일보 폐간을 둘러싼 다음과 같은 편지 내용이다(「가출옥」).

조선인에게 최고 유일의 문과文科 계몽지도기관인 두 신문의 폐간은 완전히 무모한 조선총독부의 탄압정책에 의한 것으로 이를 묵과하면 조선민족은 완전히 멸망하게 된다. 우리 청년학도는 일치단결하여 이에 대항하여 반대적 혁명행동을 하지 않으면 안 된다. 조선의 독립을 위해서는 어떠한 희생을 치러서라도 이를 피하지 않겠다. 마침내 나는 더 이상 참을 수 없으니, 너도 나도 함께 굳게 결의하여 조선독립혁명운동을 전개하기 위해 매진하자.

아마도 이 편지가 경찰의 사찰 하에 이 서신이 압수당함으로써 사건이 발각되었을 것이다. 치안유지법은 이러한 개인 차원의 민족의식조차 도려내어 처단하고 있었다.

1942년 11월 4일 부산지방법원은 신 치안유지법 제5조를 적용하여 나카무라 동선中村東璇에게 징역 3년, 기리카와梧川郁憲에게 징역 2년을 선고했다. 1941년 12월부터 1942년 4월 사이에 수차례, 나카무라가 기리카와에게 권유한 것이「범죄사실」이 되었다. 그 내용은 도조東條 수상이 인도와 버마, 필리핀에 대해 독립을 약속하면서 "조선민족은 일본에 대해 절대적 협력을 함에도 불구하고, 일본이 독립을 인정하지 않는 것은 조선통치의 기만을 폭로한 것이다. …… 조선 재건의 독립운동은 대동아전쟁 종료 후 전개될 것이며, 또 조선민중이 독립 결행을 위해 일제봉기하면 필요한 무기가 없으므로 이를 대신할 수단 방법을 강구해야하는 것이 장래 중대한 연구과제이다"라고 하자, 기리카와는 이에 찬동하고 조선민족의 혁명을 위해 서로 헌신할 것을 맹약했다는 것이「범죄사실」이 되었다(「가출옥」).

12월 1일 부산지방법원 판결은 회사 사무실에서 친구에게 "지원병제도는 강제적이어서 호감을 가질 수 없다. 창씨제도는 고래부터 조선인의 긍지를 소멸시킬 뿐 아니라 가령 창씨를 해도 내선인의 차별을 철폐할 수 있는 것은 아니다. 징병제도는 의무교육제도에 앞서 실행하는 것은 좋지 않다"고 말한 것을 신 치안유지법 제5조에 적용하여 징역 2년을 선고한 것이다(「가출옥」). 1944년 9월 18일 광주지방법원 판결은 광주 서중학교 생도가 언문 통제, 국어(일본어) 상용, 창씨제도, 지원병제도 등 당국의 시정에 대해 사사건건 곡해하고 필경 이것은 조선민족을 멸하고 내지인의 세력 신장을 도모하는 기만정책이라고 망령된 판단妄斷을 하고, "수양을 쌓아 자기완성에 힘써, 조선 독립의 시기 도래를 준비하겠다"고 한 것을 신 치안유지법 제5조를 적용하여 징역 2년을 부과했다.[16]

　이와 같이 총독부의 중요시책을 비판·부정하는 언동은 그치지 않고 1945년에도 치안유지법에 의한 처단이 이어진다. 4월 26일 경성지방법원은 조애실趙愛實에게 신 치안유지법 제5조를 적용하여 징역 2년을 선고했다. 일찍부터 조선인의 생활은 비참하고 교육이 없는 것은 일본의 조선인에 대한 식민지정책의 결과라는 민족적 편견을 갖고 있었는데, 1944년 1월 중순, 경성역에서 학도지원병이 출발하는 것을 보고 조국 조선을 위해 전사하는 것은 각별하지만, 일본을 위해 개죽음 당할 것을 생각하면 실로 가련하다는 뜻을 말한 것이 「범죄사실」이 되었다(「독립운동판결문」).

　7월 23일 경성지방법원은 김중일金重鎰, 松原茂에게 신 치안유지법 제5조를 적용하여 징역 4년을 부과했다. 1943년 10월, 일본에서 조선으로 와서, 당시 조선인 학도의 육군특별지원병제도가 발표되자 학도들 사이에 이상한 충동이 일어나고 있는 것을 알고, 이를 반대할 기운을 조성하여 조선독립사상을 고취하고자 기도하여 백지 약 200매에 '조선 가假정부, 미국에서 중경으로', '조선 가정부 수립, 학병에 나가지마라' 등을 묵서하여 전

16　「(전라남도지방)昭和19年 南延俊 외 9인 판결문」, 한국역사연구회회편, 『일제하 사회운동사 자료총서』 제11권.

신주와 담벼락에 붙인 것이 「범죄사실」이 되었다(「독립운동판결문」).

내선일체를 내건 총독부의 여러 정책의 기만성을 비판한 것을 곡해, 망령된 판단妄斷이라고 간주하고 그것이 개인적 언동이어도 가리지 않고 신 치안유지법 위반이란 명목으로 처단해나갔다.

소박한 민족의식에 대한 날카로운 이빨

내선일체 정책에 대한 구체적인 비판적 언동이 아닌, 소박한 민족의식의 발현에 대해서도 신 치안유지법은 날카로운 이빨牙을 드러내었다.

1941년 6월경, 백남순白南淳, 泉原英雄은 『히틀러 전』을 읽고 감격하여 숭배하고 있었는데, 독일이 소련을 전격적으로 침공한 것에 크게 자극을 받아 독일처럼 국위를 현양할 것을 희망하고 현재 기회가 도래했다고 믿고, 9월 29일 친구에게 보낸 편지에서 "나는 독일처럼 훌륭한 이상 국가를 건설하여 진정한 조선인으로 구성되는, 세계에서 빛나는 국가를 꿈꾸며 실업 방면에서 활약해야겠다고 결심하고 있다"고 적었다. 1942년 1월 19일 경성지방법원은 이를 국체 변혁 목적 수행 행위라 하고, 신 치안유지법 제1조를 적용하여 징역 1년 6월을 부과했다(「가출옥」). 이 사건도 개인적 편지 내용을 문제 삼아 적용한 사례이다.

1942년 5월 7일 광주지방법원 판결은 김용규金容圭, 金村容圭가 1940년 12월 위로회 자리에서 상급학교 진학을 단념한 교우에게 "조선 학생은 이제 다소 각성하여 열심히 공부하여 상급학교에 진학하여, 지식을 넓혀 장래 조선 독립을 위해 일하지 않으면 안 된다"고 이야기한 것이 국체 변혁 선동에 해당한다고 하여 신 치안유지법 제5조를 적용하여 징역 1년 6월(집행유예 5년)을 선고했다(「독립운동판결문」).

5월 13일, 전주지방법원은 문대식文大植에게 신 치안유지법 제5조를 적용하여 징역 1년 6월을 선고했다. 우연히 병합 전의 세계지도를 보고, 조선이 명백히 일본제국과 별개의 독립국인 한국으로 표시되어 있고 국기 항목에는 한국기인 태극기가 표시되어 있는 것을 보고 조선 독립국시대를 연상하게 되었다는 문장과, 1940년 6월경 조선인 일반에게 조선 독립의식을 주입하기 위해, 진락산進樂山의 암벽에 구 한국기를 그려두면, 이를 목격한 등산객에게 독립국인 한국시대를 연상하게 하여 조선독립운동을 하려는 생각을 불러일으킬 수 있을 것이라고 친구에게 말한 것을 '협의'에 해당한다고 간주했다(「가출옥」).

6월 2일 경성지방법원 판결은 아야기 근회綾城謹會에게 신 치안유지법 제5조를 적용하여 단기 1년, 장기 3년의 징역형을 부과했다. 1941년 4월경, 경성부 가회동 뒷산에서 아야기綾城가 지난 날 명장으로 전해진 사명당 장군처럼 몸에 탄환을 받아도 죽지 않는 전술을 연구하여 일본군에 대항할 것이라고 말하고, 피고인 고야마 안형湖山毅亨과 "화학병기를 연구하여 일본군에 대항하는 것도 중요하다" 등으로 의견을 교환한 것이 '협의'에 해당한다고 하였다(「가출옥」).

9월 30일 대전지방법원은 조선 독립 목적달성을 위해 영·미의 원조가 필요하다고 하여 우리는 힘써 영·미계의 기독교 선교사에게 접근할 필요가 있고, 또한 다수의 조선인을 기독교도로 획득하여 영·미인에게 호감을 얻도록 하고 다른 한편으로 반일의식을 주입해야 한다고 하는 언동에 대해 신 치안유지법 제5조를 적용하여 징역 1년을 부과했다(「가출옥」).

학교에서 조선인 차별에 대한 반발을 계기로 한 민족주의 발현이 「범죄사실」로 간주된 경우도 많다. 경성공립농업학교에서 4년생 생도가 다니 구치谷口 교사에게 질책 받고 구타를 당하자, 권입준權立俊, 東權正昱은 조선인이기 때문에 특히 가혹한 훈계를 받았다고 하여 크게 분개하고 1940년

6월 친구들에게 "조선이 일본 통치 하에 있는 한 조선인이 이러한 모욕을 피할 수 없기 때문에, 우리들 조선인은 독립운동을 일으키는 것이 어떤가"라고 제안하고 동의를 얻었다는 점에 대해, 1942년 9월 1일 경성지방법원은 신 치안유지법 제5조를 적용하여 징역 1년 6월을 부과했다(「가출옥」).

9월 30일 경성지방법원은 김철룡金喆龍, 金海喆龍에게 신 치안유지법 제5조를 적용하여 징역 1년을 선고했다. 1941년 9월 친구에게 보낸 편지에서 "학교에서 시국 훈화를 할 때, 생도 주사와 배속장교가 우리 조선인 생도 수십 명에게 국어(일본어)사용에 대해 몹시 심하게 야단을 치며, 조선어를 입에 담는 자는 퇴학시키겠다고 하였다. …… 정치적 압제의 가장 불행한 결과의 하나는 피압박자의 마음에 광포함을 배양하는 것이 아닌가 생각된다"고 적은 것이 범죄라고 하였다(「독립운동판결문」).

또 하나 들자면, 1943년 3월 12일 전주지방법원은 성백우成百愚, 成田百愚에게 징역 2년을 부과했다. 1938년 8월, 지인에게 "내지인 교우는 내지인 생도에 대해 친절하지만, 조선인 생도에 대해서는 냉담하고 항상 시기심을 갖고 임하고 있으며, 내지인 생도는 조선인 생도의 말꼬리를 잡고 조선인인 주제에 건방지다고 말하며, 그 외 여러 가지 모욕적 언사를 사용하고 있다"고 했으며, 1940년 3월에는 조선인 대부분은 이들 차별에 무자각한 점을 지적하고 "우리는 서로 크게 면학·수양하여, 훌륭한 인물이 되어 조선 민중을 계몽하고 자각하도록 해야 한다"고 말했다고 한다. 이것이 신 치안유지법 제5조에 해당한다고 하였다(「가출옥」).

1944년 2월 14일 전주지방법원은 강병진康炳辰, 康田炳辰에게 신 치안유지법 제5조를 적용하여, 징역 1년(집행유예 3년)을 선고했다. 「범죄사실」로 간주한 것은 1941년 3월부터 4월, 길거리에서 지인에게 다음과 같은 말을 한 것이다.

조선 동포의 생활이 점차 핍박을 받고, 다수의 노동자는 영세한 임금으로 착취당하며 고통에 허덕이는 것은 단순히 자본주의 사회제도에 의한 계급적 차별 관념에서 유래하는 것일 뿐 아니라, 식민지 민족으로서 차별적 학대를 받고 있음에 기인한 것이며, 오늘날 세계의 노동자는 점차 그 대우가 개선되고 있음에도 불구하고, 오로지 조선인 노동자만 이러한 불행한 처지에서 신음하고 있는 것은 민족적 차별 대우의 결과이다. 따라서 우리 청년은 어디까지나 조선인으로서의 자각을 견지하고, 노동 대중을 획득하여 자본가에 대항함과 동시에, 일반 조선인에게 민족의식을 주입하여 조선 독립을 위해 헌신해야 할 것이다.

1945년에도 이러한 판결을 볼 수 있다. 4월 9일 경성지방법원은 박노태朴魯胎, 井上魯胎에게 신 치안유지법 제5조를 적용하여 징역 1년 6월(집행유예 5년)을 선고했다. 1943년 5월 친구에게 "내선일체의 실현은 불가능하며, 일본인은 조급하고 도량이 좁아 대륙성을 띤 조선민족과는 융화하기 어렵다. 조선민족이 우수하다면, 조선 독립을 실현시키지 않으면 안 된다. 이를 위해서는 경솔한 행동을 하지 말고, 신중히 고려하는 것이 중요하다. 자네는 또한 공부할 필요가 있지만 조선 안에서는 그 공부도 불가능하므로 중국에 가서 모택동 휘하의 인물 밑에서 공부를 하는게 좋겠다"고 말한 것이 범죄로 간주되었다(「독립운동판결문」).

어느 중학생의 반일언동 사건

학교에서의 민족차별에 대한 반발을 치안유지법 적용으로 처벌했다는 점은 전술했지만, 여기에서는 경기공립중학교 4년생(20세)인 강상규姜祥奎, 大

山隆実의 반일언동을 둘러싼 사건을 살펴보자. 아래의 내용은 모두 국사편찬위원회 편,『한민족독립운동사자료집』67,「전시기 반일언동사건 Ⅱ」에 의거한다.

1941년 1월 16일, 경기도 경찰부 고등과의 마와타리 나오가쓰馬渡直活 순사는「치안유지법 위반 피의사건 인지 보고」를 했다. 강상규가 동급생에게 "내지인에 대한 감상을 간단히 말해줘, 현재 조선에 대해 슬프다고 생각하는 것이 있나?" 등의 질문을 한 것을 탐지하고 비밀리에 무언가 혁명운동을 획책하고 있는 것처럼 생각되었기 때문에 보고한다는 내용이다.

경기도 경찰부장이 경성지방법원 검사정에게 보낸 보고「조선독립을 열망하는 불량학생 검거에 관한 건」은 5월 15일자인데, 이미 3월 10일부터 경찰에서는 치안유지법 피의사건으로 취조를 시작하고 있었다.「의견서」에 해당하는 6월 5일의「전말서」를 보면, 강상규는 경기공립중학교 입학 후, "학교의 시설 모든 것을 적敵으로 취급하고 일한병합의 대의 등을 이해하지 못하고 조선통치상 중대정강의 하나인 내선일체 실현 등에 대해서도 왜곡된 의심으로 반대 의견을 품고, 민족주의적 혁명사상에 대한 신념을 공고히 하였다"는 것이다.「범죄사실」로 간주된 것은 1939년 1월「혁명 10년간 예정」을 수립하여 제1차년도에 전 조선 주요 도읍의 5만분의 1 지도를 수십 매 구입하여『육도삼략六韜三略』[17]과 손오孫吳의 병법 책을 탐독하여 자신의 혁명운동의 동지가 될 적격자를 물색한다고 했다. 경기도경찰부는 그것이 구 치안유지법 제3조의 선동에 해당한다고 기소처분을 희망했다. 6월 4일자 강상규의「소행 조서」에는 "성격이 활발하고 조급, 투쟁심이 풍부하다"고 한 외에, 주변의 평판은 매우 양호하며, 반성의

---

17 [역주] 태공망이 지은『육도』와 황석공이 지은『삼략』을 아우르는 말. 중국 병법의 고전.

여지가 충분하다고 하였다. 검사국에서 이루어진 6월 18일의 신문(제3회)에서 기쿠치 신고菊池愼吾와 다음과 같은 질의응답이 이루어졌다.

문 　당신이 생각하는 것이 실현될 수 있다고 생각하는가?
답 　조선인 전부가 나와 같은 생각이므로 쉽게 가능하다고 생각하며, 나와 같은 생각이 되도록 하기 위해 여러 사람을 설득했습니다.
문 　당신은 10년 계획이라는 것을 세우고, 병학 등을 공부하거나, 지도를 사 모으거나 했는데 왜 그것이 필요하다고 생각했는가?
답 　혁명운동을 실천할 때 군사를 지휘하거나 할 때 응용할 지식을 넓히기 위해서입니다.
문 　지금 무슨 생각을 하고 있는가?
답 　별다른 생각이 없으며, 단순히 민족적 편견에서 잘못된 생각을 갖고 오늘까지 왔지만 지금은 잘못되었다는 것을 알게 되었습니다.
문 　당신의 그러한 생각은 이미 10년이나 이전부터의 일로, 그렇게 간단히 바뀔 일은 아니라고 생각하는데 어떤가?
답 　오랫동안 유치장에서 여러 가지 생각한 바가 있고, 종래 나의 생각이 잘못되었다는 것을 깨달았습니다.

　　7월 12일, 경성지방법원에서 공판 청구가 이루어졌다. 「범죄사실」로는 전술한 내용 이외에, 귀성 중에 자신의 형에게 "현재 지나사변이 한창인 때를 맞이하여 사변의 장기화와 함께 필연적으로 일본의 국력 소모가 예상되므로 이 기회를 놓치지 말고 전 조선인이 일치단결하여, 소기의 목적 실현을 위해 매진하지 않으면 안된다"고 말한 점을 들고 있다. 경성지방법원에서의 공판은 10월 24일에 개정되었다(재판장 후지이 다다아키藤井忠顕). 공개재판으로 이루어졌는데 변호사는 없었다. 처음에 강상규가 기소사실을 인정하자 재판장은 "피고인이 조선 독립을 하지 않으면 안된다고 생각한 주된 이유는 무엇인가? 일본의 압제라는 것은 어떤 점인가? 당시 피고인은 내선일체라는 점에 대해서 어떻게 생각하고 있었나?" 등을 질문하고 있다. 마지막으로 강상규가 "나의 행위가 잘못되었다는 것을 깨닫게 되었다"고 진술하자, 재판장은 "그렇다면 앞으로 조선인은 어떻게 하는게 좋다고 생각하는가?"를 질문함으로써 "조선인을 행복하게 하기 위해서는 내선일체에 의하지 않으면 안 된다는 것을 알았다"는 답변을 이끌어내고 있다.

검사는 "피고인이 품은 민족의식은 심각한 것으로, 도저히 일조일석에 이를 청산할 수 있는 것이 아니다"라고 단정하고 구 치안유지법 제3조를 적용하여 징역 3년을 요청했다. 재판장이 최후의 진술을 재촉하자, 강상규는 장래 마음을 바꾸어 충량한 국민으로 봉공할 생각이라고 하며 관대한 처분을 희망했다. 판결은 11월 12일에 선고되어, 징역 2년이 부과되었다(판결문은 미상).

또한 주목할 것은 이상과 같은 일련의 사법처분 기록과 함께 서대문형무소에 구치 중인 기록이 남아있는 것이다. 제1회 공판에서 판결까지의 중간 시기에 해당하는 10월 30일자로 서대문형무소장이 경성지방법원 앞으로 「사상범의 동정 등에 관한 건 통보」가 이루어졌다. 1941년 2월 18일자 경지형京地刑 제571호 조회에 대한 것이라고 하는 데에서 구치 중인 사상범의 동정에 대하여 경성지방법원과의 통보 절차가 확립되어 있었으며, 판결 내용이나 양형 판단을 위해 참고용으로 제공했을 것으로 생각된다.

우선 「형무소 안에서의 언동 및 품행」 항목에는 관리에 대한 태도: 양良, 처우에 대한 태도: 순종 등이라고 적혀 있다. 덧붙여서 사상 전향의 유무에서는 전향자로 인정됨으로 되어 있고 그 시기는 7월 15일로 기소 직후이며, 동기는 가족에 대한 사랑과 구금 중의 고통에 의한 반성이라고 하였다. 마지막에 "입소 후 과거의 잘못을 뉘우치고, 근신 자중하며 점점 국민적 교양에 힘쓰고 있다"고 한 형무소 측의 평가가 적혀 있다.

나아가, 형무소 측이 설정한 항목에 대해, 구치 중인 피고 본인에게 작성하도록 하고 있다. 질문 1은 폭력혁명에 의한 국체 변혁, 사유재산제도 파괴에 대한 신념 유무 및 그 현실성에 대한 감상으로, 강상규는 "나는 단순히 영웅을 동경하는 기분으로 우울해져서 멀리 내다보지 못하고 민족주의적 의식을 갖게 되었기 때문에, 폭력혁명에 의한 국체 변혁이라는 것은 생각한 적이 없다. 사유재산제도에 대해서는 사유재산이라는 개념조차 파악하지 못하고 있다"고 적었다. 그 외에 기술항목에는 현재 시국에 대한 감상, 형무소 내에서 열람한 서적 및 그 독후감(기쿠치 칸菊池寬의 『니시즈미전차장전西住戰車長傳』[18], 히노 아시헤이火野葦平『보리와 병대』[19] 등)이 있다.

또한 "공판에서 어떠한 사항을 진술하려고 하는가, 재판장에 대해서는 어떤 점을 취조해주었으면 좋은가?"라는 항목도 있다. 이에 대하여 강상규는 "그동안 경찰과 검사국에서 취조 받은 점에 부분적으로 지나치다고 느낀 부분은 있었지만, 나는 그대로 좋다"고 적은 것은 고문에 의한 공술 강요가 있던 것을 엿보게 한다. 그래도 깊이 반성하여 복역하고 싶다고 하면서 "한 가지 확실히 해두고 싶은 점이 있다"고 적은 것은 경찰이나 검사국이 혁명 10년간 예정을 어디까지나 실행한 것처럼 다루고 있지만, "그

---

18 [역주] 중일전쟁 때 제2차 상해 침공부터 서주(徐州) 전투까지 89식 중전차부대 소대장이었던 니시즈미 고지로(西住小次郎, 1914~1938)는 1938년 전사 후 군부로부터 정식으로 군신(軍神)으로 지정됨. 니시즈미의 생애를 그린 군국주의 소설임.
19 [역주] 히노 아시헤이(1907-1960)가 1938년 중국 서주(徐州)전선에 종군한 경험담을 소재로 작성한 군국주의 보고문학. 일본 문예지『改造』에 발표되었으며 단행본은 일본에서 100만부 이상 팔렸다. 조선에서도 조선총독부 경무국 도서과에 근무하던 니시무라 신타로(西村眞太郎)가 한글로 번역하여 국내에서도 조선총독부 권장도서로 읽혔다. 윤소영, 홍선영 등 역,『일본잡지 모던일본과 조선 1939』, 어문학사, 2007 참조.

것은 내가 처음에 가공의 소설 영웅전 등을 참고로 세운 것으로, 나로서는 도저히 실행할 수 있는 것이 아니다"라는 호소였다.

그것과는 별도로, "종래 품고 있던 사상과 현재의 심경을 될 수 있는 한 간단히 적어보라"라는 요구에 대하여 수기도 적고 있다. 강상규는 "결국 나는 시대가 바뀌었음에도 불구하고 나의 머리는 전혀 낡은 채였다는 것을 알게 되었다"고 하고, "일본과 조선이 실로 하나의 가족처럼 되고, 그것이 굳은 기초가 되어 동양제국이 일치단결하여 서로 제휴할 때에만 동양인다운 동양을 얻을 수 있고, 조선의 진정한 의미의 행복도 거기에 있다는 결론을 얻었다"고 한다. 마지막에는 "나는 단호하게 과거의 잘못을 청산하고 황국신민이 될 목표를 향하여 매진하고 훌륭한 황국신민이 될 것을 맹세한다"고 마무리하였다.

이미 강상규는 경찰의 취조 단계에서부터 사건에 대한 반성을 서술하고, 제1회 공판에서도 전향을 표명했다. 이 수기에서 그것을 다시 확인하고 복죄할 뜻을 나타냈다. 11월 12일 판결은 징역 2년이라는 형량이었다. 전시 하의 이러한 구치소에서의 사상범의 동정 등에 대한 조사나 수기 집필은 사법처분 상 참고자료를 확보하기 위한 절차로 확립된 것으로 보인다.

악화하는 학생의 사상

학교 방면의 동향에 대해서는 특히 주의가 환기되어 있었다. 1941년 5월 12일, 차석 및 상석 검사 회동에서 마스나가 쇼이치^{增永正一} 고등법원 검사장은 특히 본래 순진무구한 초등학교 아동 또는 중등학교의 생도 사이에 불온 언동을 하는 자가 있는 점은 매우 우려스러운 것이라고 하여, 학교

방면의 청소년의 행동에 대해서는 항상 사찰 내탐을 게을리 하지 말 것을 훈시했다.[20]

그리고, 이 훈시에 앞서 3월 30일, 강원도 경찰부장은 「춘천중학 불량생도의 일제검거」를 보고하고 있다. 조선인 학생 생도의 사상 동향이 악화일로를 걷고 있을 뿐 아니라, 저변에 민족의식이 강렬한 것은 경이로운 것이라는 현상 인식에 따라 경계하다가, 18명의 학생을 검거했다는 첫 번째 보고이다. 여기에서는 사건의 간접적 원인으로 일찍이 상록회사건을 잇는 춘천중학의 '전통적 역사와 교풍' 외에 '지나사변 발발 후 반도의 최고통치 방침인 내선일체 구현을 위한 각종 시책이 반도 민중의 일본신민다운 국민적 정조 확립보다 앞섰기 때문에, 일부 민심에 역효과를 불러온 것'을 들고 있다. 직접적 원인으로 지적한 것은 "미일전쟁이 발발하면 일본은 멸망하고 조선은 독립하게 될 것이라는 가장 불온 과격한 전망을 하고, 그 기회는 실로 다가오고 있다"고 하는 학생층에 확산된 긴박감이었다.

구체적인 「범죄사실」은 조선 독립의 의식 앙양을 꾀하기 위하여 협의, 선동한 것으로, 예를 들면 이란李蘭의 경우, 여운형의 투옥과 출옥을 언급하며 "그는 금일에도 아직 민족 독립의 공고한 신념을 버리지 않고, 주의 실현에 매진하고 있다"는 것을 친구들에게 교양했다고 한다.[21]

1942년 3월 13일, 경성 서대문경찰서장은 경기도 경찰부장 앞으로 「축구를 표현단체로 하는 민족적 비밀결사 발각에 관한 건」을 보고하고 있다. 경성 사립 약학전문학교는 내선인 공학이지만 내선인 학생은 대립

---

20 「次席及上席検事会同席上に於ける増永高等法院検事長訓示」, 高等法院検事齋藤榮治 編, 『高等法院検事長訓示通牒類纂(2)』;『일제하 지배정책사자료집』제9권, 117쪽.
21 강원도 경찰부장, 「춘천중학교 생도의 치안유지법 위반사건 검거에 관한 건」, 1941.7.21. 이상 경성지방법원 검사국 자료, 「사상에 관한 정보 13」.

하고 있고, 조선인 학생 등은 동교 교우회 축구부를 독점하여 민족적으로 결합한 활동 중임을 탐지하고, 해길룡海詰龍 등 9인을 치안유지법 위반 피의사건으로 취조중이라는 내용이다. 조선인 학급의 급장은 축구부에서 의식적으로 일본인 학생에 대항해야 한다고 "완곡하게 조선독립운동을 선동했다"고 하였다.[22] 그 후의 사법처분 상황은 알 수 없다.

전시체제가 점차 장기화되는 가운데, 치안당국의 "조선인 학생 생도의 사상동향이 악화 일로를 밟고 있다"는 인식은 더욱 심각해졌다. 1944년 8월 조선총독부 『제85회 제국의회 설명자료』에는 학도의 사상경향을 다루고 있다. 법·문과 계통의 교육 중지 등의 영향을 받아 "반국가적 민족의식에 의해 심상치 않은 자가 있다"고 하고 패전과 조선 독립을 몽상하는 자, 일·소 개전 시기야말로 조선민족해방 달성의 절호의 기회라 하는 자가 적지 않다고 한다. 이러한 사상은 청소년 학도 특유의 소승적小乘的 감격성과 겹쳐서 기회가 있을 때마다 불온언동을 하고, 공개적으로 그 편린을 드러내어 마침내 비밀결사를 조직하고 불온한 획책을 하기에 이르러, 신성한 학원을 더럽히고 죄를 저지르는 자가 적지 않은 상황이라고 경계감을 드러내었다. 게다가 그것은 정신적 단결 강화와 지력, 체력, 경제력 향상을 꾀하고 이로써 조선 독립의 날을 준비하려는 경향을 갖고 있다고 한다.

1943년 5월 19일 광주지방법원은 김건호金健鎬, 金海健鎬에게 유죄이지만(판결문 미상), 집행유예를 선고하자 검사는 고등법원에 상고했다(8.12 판결은 기각). 검찰의 상고이유에는 전시하의 청소년 사상사범에 대한 극히 엄중한 단속자세가 나타난다. 김건호는 "전문학교 교육을 받은 이른바 지

---

22 「京城藥學專門學校學生事件送局に關する件」(1942.3.24), 『사상에 관한 정보(경찰서장)』, 경성지방법원 검사국 문서, 국사편찬위원회.

식인으로 어디까지나 반국가적 사상을 버리지 않고 극악, 불령한 언사를 일삼고 다수의 사람을 선동했다"는 것이 범죄사실로 간주되었다. 검사는 집행유예라는 관대한 양형에 대하여 다음과 같이 매우 부당하다고 주장했다(「독립운동판결문」).

이와 같은 자에 대하여 함부로 관대한 처분을 하면 스스로 신칙하는 목적을 달성할 수 없음은 물론, 일반인을 경계하여 치안 확보의 만전을 기하기 어려운 것은 분명하다. 이에 더하여 최근 반도의 사상 정세가 실로 우려할 만한 것이어서, 특히 청소년의 사상이 갑자기 악화하고 각지의 학생 혹은 중등학교 졸업생의 사상범죄가 빈발하는 경향이 있다. 원래부터 이러한 사범의 질이 나쁘고 중대하여 그 영향이 극히 큰 것은 말할 필요가 없다. □□결코 이를 근절할 수 없고, 이러한 청소년의 사상 사범을 방지하기 위해서는 형사정책상 경미한 범죄는 때로 관대한 처분을 하는 것이 타당하지만, 범행이 악질이고 조금도 동정할 여지가 없는 자에게는 단호히 처벌하여 일벌백계의 결실을 거두어 후방 치안의 만전을 기하지 않으면 안 된다.

검사가 말하는 범행 악질이 어느 정도의 수준인지는 전술한 판결 사례에서 상상할 수 있는데, 그 뿐 아니라 후방 치안의 만전을 위해서도 일벌백계의 처단이 불가결하다고 생각하고 있었다.

교사에 의한 민족의식 고취

전술한 1941년 5월 12일 차석 및 상석 검사 회동에서 마스나가 고등법원 검사장은 학교 방면의 청소년의 행동에 대해 항상 사찰 내탐을 게을리 하지 말 것을 지시한 다음, "이들 학교의 교사로서 강의할 때, 민족의식을 고취하려는 자가 있다. 이와 같은 자는 가장 악질이므로 엄중한 단속이 중요하다"고 훈시했다.[23] 교사에 의한 민족사상 고취는 가장 악질인 것으로 치안유지법의 단죄 대상이 되었다.

1942년 6월 사법관 회의에서 미즈노 시게가쓰水野重功 경성복심법원 검사장은 관내상황을 보고할 때, 「제2의 국민을 훈도 육성해야 할 입장에 있는 중등학교 교직원 및 초등학교 훈도의 범죄사건」에 대하여 다음과 같이 언급했다.[24]

> 피고인 등은 모두 대구사범학교 재학 중 교내의 전통적 분위기에 자극을 받아 민족주의를 품고, 동창 학생 등과 결탁하여 조선독립을 목적으로 대구사범학교 문예부라 하는 비밀결사를 조직했다. 토요일마다 회합하여 주의를 보급하기 위하여 작품을 갖고 모여 서로 비판을 하며 등사판을 이용하여 「기관지 학생」이라는 제목의 불온문서를 인쇄하여 동교 생도 수십 명에게 배포했다. 그리고 동지 획득에 열중하여 취직하면 교단을 이용하여 두뇌가 우수한 조선인 학생 등에게 민족의식을 주입 앙양함과 함께, 황국신민을 연성하는 신성해야 할 학원을 불온사상

---

23 「次席及上席檢事会同席上に於ける增永高等法院檢事長訓示」, 高等法院檢事齋藤榮治 編, 『高等法院檢事長訓示通牒類纂(2)』; 『일제하 지배정책사자료집』 제9권, 117쪽.
24 고등법원 검사국 편, 『조선형사정책자료』 1942년도판, 『일제하 지배정책자료집』 제8권.

조성의 도장으로 만들어 순진한 소년들을 사악하게 유도하는 데에 광분하여 독립 성공이 이루어지면 능력 있는 인재로 삼겠다고 하였다. 그 수단의 음험함이란 참화의 심대함이 예상되는만큼 실로 소름이 끼치는 일이다.

황국신민을 연성하여 신성해야 할 학원인 사범학교에서 순진한 소년에 대하여 교단에서 민족의식을 주입 앙양하는 것은 엄하게 단죄해야 한다고 하였다. 대구사범학교의 사건이 어떻게 되었는지는 자료로 확인되지 않는다.

1941년 8월 19일, 경성지방법원은 소학교 훈도 홍순창洪淳昌, 德山實에게 자신의 교직을 이용하여 생도들에게 민족의식을 주입하였다고 하여 신치안유지법 제5조를 적용하여 징역 2년을 선고했다. 1939년 9월, 일본인 교장이 자신의 장남과 조선인 아동의 싸움에 대하여 불공평한 처치를 했던 것에 홍순창 훈도는 비분의 눈물을 흘리며 6년생에게 "너희들도 지금 내지인 교장이 조선인 아동을 때리는 것을 보았을 것이다. 이것이 슬프지 않고 무엇이 슬프겠는가? 나는 너희들의 장래를 생각하며 울고 있는 것이다"라고 말한 것이 선동으로 간주되었다(「독립운동판결문」).

12월 17일 전주지방법원의 박내은朴來殷에 대한 판결에 대해서는 앞서 이중형二重刑이란 점을 지적했다. 훈도라는 지위를 이용하여, 1939년 10월경, 보통학교 5년생 약 60명에게 신라 백제의 역사를 가르친 후, 생도의 감상을 요구하자, 생도가 "조선풍습과 습관이 내지식으로 바뀌니 좋다"고 말하자, 이 생도의 면전에서 "자네는 조선이 망한 것이 그렇게 좋은가? 조선에도 신라 백제와 같은 훌륭한 문화가 있었으니, 그 조상을 이어서 열심히 조선을 위해 노력하지 않으면 안된다"고 말한 것이 '암암리에 조선독립운동을 할 것을 종용'한 것이라고 하여 신 치안유지법 제5조 적용에 의해 징역 1년 6월을 부과했다(「가출옥」).

1942년 3월 31일, 함흥지방법원은 안병기安炳畿, 安興邦彦에게 동광학원의 교사가 되자, 동 학원 아동들에게 조선 독립을 목적으로 한 사상적 훈련을 하고, 이로써 숙원을 달성할 것을 기도했다고 하여 신 치안유지법 제5조를 적용하여 징역 2년을 선고했다. 1941년 6월부터 11월에 걸쳐 제6학년 80여명에 대하여 수업시간을 이용하여 "조선인은 야행열차 내 통로에서 신문지를 펴고 자고 있는 것과 같아서 한순간이라도 편안히 잠을 잘 수 없다. 때로는 북방의 중국에서 때로는 남방의 일본에서 침략을 받고 있다. 현재 우리 조선은 일본에게 정복당하여 그 착취를 받고 있으니 독립을 꾀하지 않으면 안 된다"고 말한 것이 범죄라고 간주했다(「가출옥」).

1944년 6월 12일, 전주지방법원은 전주 북공립중학교 교사 노환盧桓, 安東恒雄이 교직에 있는 자신의 지위를 이용하여 생도에게 민족의식을 주입함과 함께 독립 기운을 양성했다고 하여, 신 치안유지법 제5조를 적용하여 징역 5년을 선고했다. 그에게는 민족의식을 주입한 「범죄사실」 9건이 열거되었다. 그 하나로, 1943년 1월, 4년생 생도 50명에게 "너희는 현재의 시국이 어떻게 전개되어갈지 생각하지 않으면 안 된다. 지금의 시국은 우리 조선인에게 가장 관심을 가져야할 중대한 때이며, 조선청년으로 크게 분기해야할 시기인데 너희는 너무 태평하다. 너희의 조국을 생각하라"고 말했다고 하였다(「독립운동판결문」).

▌어느 중학교 교사의 반일 언동 사건

다음으로 대對 영미 개전 당일에 중학교 수업에서 언동이 불온했다는 사건을 살펴보자. 여기에서는 경찰의 탐지에서부터 경찰 취조, 검사국 취조, 공판이라는 일련의 사법처분과정을 살펴볼 수 있다. 119점에 달하는 문서는 『한민족독립운동사자료집』 68, 「전시기 반일언동사건 Ⅲ」에 수록되어 있다.

우선, 제1보는 1941년 12월 14일 「송도중학교 교원 불온 언동에 관한 건」으로, 개성경찰서 순사가 서장에게 보낸 보고이다. 영어과 교사 김형민金炯敏, 金川炯敏이 수업 중에 "하와이에는 우리 조선인 동포가 많이 거주하고 있는데, 미일전쟁을 동기로 하여 독립운동을 할 것이다"고 말하고, 장개석을 상찬한 것 등을 탐문해서 진위를 예의 내사 중이라는 내용이다. 이어서 1942년 1월 4일, 이 사건을 개성경찰서장이 경성지방법원 검사정과 경기도경찰부에 통보한다. 하와이 체재 경험이 있는 김형민은 지금 여전히 서구 의존 관념이 공고하기 때문에 그 동정을 이전부터 주시하던 중, 대동아전쟁 발발을 호기로 하여 자신이 담임한 영어시간을 이용하여 전술한 바와 같은 언동을 했으며, "내사하니 죄증이 명백하다"고 하여 12월 25일에 임의동행하여 취조중이라는 보고이다.

1월 20일, 개성경찰서장이 경성지방법원 검사정 앞으로 "불온 언동에 관한 치안유지법 위반 피의사건 피의자로 혐의가 농후하여 구류해서 취조할 필요가 있다"고 하여 김형민에 대한 신문, 구류와 가택 수색, 관계자의 증인 신문에 대하여 "무엇이든 지휘해주길 바란다"는 「보고서」를 제출했다. 이것은 신 치안유지법에 의해 검사의 수사 지휘권이 확립되었던 상황에 입각한 절차이다. 1월 22일, 경성지방법원 검사정은 관련하여 처분을 명함이라는 「명령서」를 발송했다. 이 시점에 김형민이 정식으로 검거되었다고 추측된다.

1월 23일, 김형민에 대한 신문이 개시되어 3월 25일까지 7회 신문이 이루어졌다. 신문조서 머릿글에는 "경성지방법원 조선총독부 검사 스기모토 가쿠이치杉本覺一의 명에 의함"이라고 적혀 있다. 이것도 검사의 명령에 따라 경찰에서의 신문이 이루어진 것을 드러내는 것인데, 실제로는 형식적인 절차에 그쳤다고 추측된다.

2월 27일 제6회 신문에서는 경부보 야마자키 기치지로山崎吉二郎와의 사이에 다음과 같은 공방이 이루어졌다.

문 만약 일본이 불행하게도 패전할 경우, 조선의 앞날은 어떻게 될 것이라고 생각하는가?

답 조선은 영미의 영지가 되던지, 혹은 현재의 상태를 계속하던지 두 개의 길을 생각할 수 있지만, 미국은 제1차 유럽대전 후 민족자결주의를 주장한 것도 있으니 조선인인 나는 조선을 독립시켜줄 것으로 생각합니다.

문 그렇다면 그대는 영미의 원조로 조선이 독립할 수 있다고 희망하는 것이 아닌가?

답 나는 조선인이니까, 조선의 독립을 내심 희망하고 있지만, 현재 일본의 정세에서 추측하면 그 실현은 꽤 어려우니, 그 기회를 갖지 못하고 현재에 이른 것입니다.

병행하여, 김형민의 수업을 받은 생도 다수가 증인으로 신문을 받았다. 2월 22일, 그 한 명인 왕현王鉉은 "증인은 그 이야기를 듣고 어떻게 생각했는가?"라는 질문에, "김형민 선생은 조선의 독립을 희망하고 하와이에 사는 조선인의 독립운동 상황을 우리에게 알려서 이 기회에 새롭게 조선 독립을 생각하도록 하는 것이 아닌가 라고 생각했다"고 대답했다. 또한 3월 2일 야마모토 도시오山本利夫에 대한 증인 신문에서는, "이러한 이야기가 일반에 알려질 경우, 국가에 어떤 영향을 끼칠 것으로 생각하는가?"라는 질문에, "하나의 유언비어가 민심에 불안을 끼치고 국가를 불리하게 할 것이라고 생각한다"는 대답을 이끌어내었다. 한편, "조선의 독립은 가능성이 있다고 생각하는가?"라는 질문에 증인은 "전혀 아니다. 매일 황국신민의 서사를 제창하거나, 내선일체를 고양하는 현재, 이러한 것은 조금도 생각한 적도 없다"고 모두 부인했다. 전체적으로 증인의 공술은 김형민 선생의 언동의 불온함을 긍정하고 자신은 황국신민임을 강조하는 것이었다. 아마도 거기에는 그러한 공술을 조장하는 강한 압력이 가해졌다고 생각된다.

　4월 13일, 개성경찰서장이 경성지방법원 검사정 앞으로「수사보고서」를 송부했다.「범죄사실」로 "대동아전쟁이 발발하자, 5년간의 장기에 걸쳐 지나사변을 계속해 온 제국은 군사적으로 경제적으로 매우 피폐해졌고, 고달프다. 자타공히 세계 일등국으로 인정하고 있는 미·영 양국을 상대로 하여 전쟁하는 것은 실로 극히 어렵다. 패전의 우려가 있는 것은 당연하다고 억측하고 조선인 중학생으로서 제국이 패전할 경우에는 조선 독립을 해야 하니 그 경우의 마음가짐을 암시적으로 선동할 목적으로 불온한 언동을 했다"고 하였다. 이어서 의견 항목에서는 신 치안유지법 제5조에 해당한다고 하여 기소처분을 해야 한다고 하였다. 그 이유는 피의자는 중등학교 교원이라는 직분을 악용하여 순진무구한 반도인 중학생에게 조선 독립에 관한 의식을 선동하여 현재 비상시의 후방 민심을 어지럽힌 것은 매우 증오할만한 것임을 들어 엄중 처분을 희망하고 있다.

　후지키 다키로藤木龍郞 검사에 의한 신문은 6월 16일부터 7월 22일까지 4회에 걸쳐 이루어졌다. 증인으로서 생도의 공술이 초점이 되었다. 제1회에서는 "그 날 그대의 주장을 말하고 또 일본이 패전할 것처럼 말했다고 공술하는 자가 많은데 어떤가?"라고 질문하자, 김형민은 "결코 그런 이야기를 한 것이 아니고 그런 목적으로 말한 적도 없다. 단지 내 말을 들은 생도들이 실제로 그렇게 이해하고 나쁜 영향을 받았다고 한다면 국가를 비롯하여 모두에게 실로 죄송한 일이라고 생각한다"고 답변했다.

7월 22일, 제4회 신문의 최후진술에서 김형민은 경찰 신문의 석연치 않은 점을 지적했다. "전 회에 경찰이 정리한 나의 공술은 모두 2월 27일 이후에 말한 것으로 되어 있는 것 같은데, 개성경찰서에서 마지막 조사를 받은 것은 2월 14일이고, 그 날의 일은 내가 잘 기억하고 있습니다. 이 날 이후 형무소에 들어가기 전까지 조사를 받은 일은 전혀 없습니다. 그 사이에 내가 무언가 제기한 일이 있다고 한다면 전혀 허위입니다. 그 점을 조사해주세요"라고 개성경찰서의 취조 결과의 날조를 호소했다. 신문조서에 의하면 3회째가 2월 5일, 4회째가 22일, 5회째가 26일, 6회째가 27일로 되어 있고 김형민이 최후의 신문을 받았다는 14일자의 조서는 존재하지 않는다. 김형민에 따르면, 제3회째 이후가 허위인 것이다.

이에 대하여 검사는 폭로 내용을 받아들이지 않고, 7월 22일자로 경성지방법원에 공판청구를 하였다. 전술한 「범죄사실」을 반복한 다음, "암암리에 조선인 생도 등에 대하여 제국이 곤경에 빠져, 조선 독립의 기회가 있을 것이라고 교시하여 그 결의를 촉구하고 생도 등의 민족의식 계발, 고양을 꾀하였다. 이로써 조선 독립의 목적을 갖고 그 실행에 관하여 선동했다"라고 단정했다.

8월 17일, 김형민은 경성지방법원장 앞으로 「상신서」를 제출하고, 검사에 의한 제3회, 제4회 신문 당시의 문답을 상세히 서술했다. "나에게 지독한 고문이라도 해서, 그들이 나한테 듣고 싶은 것을 말하도록 해서 내가 작성했다면, 내가 고문을 참지 못해서 말했다고 해도, 내 입으로 한번 말한 것이라면 변명할 여지가 없다고 생각합니다. 그러나 나에게 신문도 하지 않고 내가 진술하지 않은 것을, 내가 말한 것처럼 취조서를 위조하여 사법당국을 기만해서 자신들의 공명심을 얻고자 한다면, 이는 너무나 심한 처사라고 생각합니다"라고 경찰의 신문조서가 허위임을 재차 호소했다.

경성지방법원의 공판은 9월 17일에 개정되었다. 가메야 에이스케釜屋英介 재판장은 "피고인이 생도들에게 이야기한 어조나 태도에서 볼 때, 피고인은 일미전쟁 발발을 매우 기뻐하고, 이 기회를 이용하여 조선의 독립을 꾀하지 않으면 안된다는 것을 암암리에 가르치고, 그 결의를 촉구한 것으로 보이는데 어떤가?", "조선인 중에는 이번 대동아전쟁 발발을 조선 독립의 좋은 기회라고 생각하는 자가 많으므로 피고도 그런 생각을 가진 것은 아닌가?"라고 추궁했다. 경찰의 허위조서에 대해 김형민이 설명하자, 재판장은 "그러나 사실 취조를 받지 않았는데 조서가 작성될 리가 없지 않은가?"라고 하여 그의 주장을 받아들이지 않았다.

재판장도 생도의 증언을 내세워, "이즈미和泉라는 생도는 일본인이 일치단결하지 않으면 안되는 때에 일본에 칼날을 들이대는 이야기를 하는 것은 온당하지 못하다고 생각했다고 공술하고, 또 아라이新井라는 생도는 선생이 이야기한 내용은 나쁜 영향을 끼칠 것으로 생각했다고 공술하고 있는데 어떤가?"라고 김형민을 압박했다. 김형민은 "내 이야기가 혹은 온당하지 않았을지 모른다고 지금은 후회하고 있다"고 반성하는 진술을 했다.

검사는 신 치안유지법 제5조를 적용하여 징역 2년을 구형했다. 김형민은 최후 변론에서 "내가 주의하지 않고 생도에게 온당하지 못한 이야기를 했지만, 나 자신은 불온한 사상을 갖고 있는 사람이 아니다"라고 진술했다.[25]

제2회 공판은 9월 29일 예정이었으나 하루가 늦어져 30일에 개정되었고 판결이 이루어졌다. 생도에게 불온한 언동을 한 것이 자신의 억측을

---

25 이상 「전시기 반일언동사건(3)」, 국사편찬위원회 편, 『한민족독립운동사자료집』 68.

말함으로써 지나사변 및 대동아전쟁에 즈음하여 군사에 관한 유언비어를 한 것이라고 하여 신 치안유지법이 아니라 육군형법 위반, 유어비어죄로 금고 1년을 선고했다. 장개석을 상찬한 것은 언급하지 않았다(「독립운동판결문」).

왜 신 치안유지법이 아니라 서둘러 육군형법을 적용했는지, 왜 징역이 아니라 금고형이 되었는지 설명되지 않았지만, 추측하자면 가메야龜屋 재판장은 가능한한 관대하게 보이는 판결을 내렸을 것이다. 판결에서 범죄 의도의 지속을 인정하지 않았지만, 부주의한 언동이기는 해도, 신 치안유지법을 적용할 정도로 악질성은 없다고 판단한 것으로 생각된다. 경찰 신문이 날조되었다는 지적도 영향을 끼쳤을지 모른다.

이 판결에 대해서 9월 30일 김형민은 당해 판결 전부에 대해 불복이라고 하여 항소했지만, 10월 2일에 이를 취소했다.[26]

재일조선인에 대한 적용

그동안에도 재일조선인의 언동이 치안유지법의 대상이 되는 경우는 있었지만, 1940년대에는 특히 민족주의적인 언동에 대한 처단 사례가 많았다. 왕래가 빈번해지고, 일본 내에서의 특고경찰에 의한 시찰 상황이 조선 측 고등경찰에 통보되어 입건되는 경우도 증가했다고 생각된다.

1941년 12월 30일, 전주지방법원은 고종근高山鐘根에게 신 치안유지법 제5조를 적용하여 징역 2년을 부과했다. 도쿄에서 고학 중에 취직 차

---

26 「전시기 반일언동사건(3)」, 국사편찬위원회 편, 『한민족독립운동사자료집』 68.

별에 직면하자, "이렇게 내선 차별이 있는 이상, 내선일체는 도저히 구현될 수 없는 것이라고 곡해한 결과, 진정한 조선민족의 행복은 제국의 굴레에서 벗어나는 데에 있다고 하여 조선의 독립을 요망하고 있다"고 하였다. 겨울 휴가로 귀성중이던 1월 10일, 피고 니시하라西原健雄 등과 회합하여 술을 마시며 점심을 먹고 잡담 중, "도쿄에서 내선인 학생 차별이 심하고, 조선인 학생의 유학은 불가능하고 조선민족의 진정한 행복을 위해서는 조선 독립을 꾀하는 방법 외에 없다"는 뜻을 제의하여 승낙을 받은 점이 「범죄사실」의 하나로 간주되었다(「독립운동판결문」).

　1943년 4월 23일 전주지방법원은 김규엽金圭燁, 金原佳正에게 신 치안유지법 제5조를 적용하여 징역 6년을 부과했다. '고학하며 주오中央대학에 통학하던 중, 내지인은 사사건건 조선인을 멸시하고, 차별대우를 한다고 곡해하고, 내지인에 대한 반감을 품고' 있었는데, 1941년 2월 중순, 오쿠보荻窪의 음식점에서 지인과 "조선의 농촌은 피폐하고, 농민은 거의 무교육자로 문화 정도도 낮고 비참한 상태이며, 이는 조선에는 의무교육제도가 실시되지 않기 때문이며 우리는 민족운동을 해서 조선인을 계몽하여 민족의식을 앙양해야 한다"고 말한 것 등 31건의 「범죄사실」을 열거했다(「가출옥」). 이에 김규엽은 상고했다. 상고 취의서의 내용은 다음과 같다.

　　나는 평생 생명을 던져서까지, 조선의 독립을 희망하고 계획한 적은 절대로 없습니다. 나의 과거 사상은 담담하고, 내지인으로부터 직접 간접으로 모욕당하거나 차별적 대우를 받아 감정이 상하는 그 순간적 기분으로 조선이 독립하면 좋다는 정도의 무자각적이고, 반발적인 기분은 갖고 있었지만, 그 기분은 영구적, 연속적인 것은 결코 아닙니다. ……경찰서에서 나의 해명에는 전혀 귀를 기울이지 않고, 내 친구는 전부 동지라고 하고, 또 그들과 만났을 때마다 민족적 협의를 했음이 틀림없다고 하여 고문을 가하고, 내가 그렇지 않으며 사실을 있는 그대로 말해도 조금도 신용하지 않고, 무리한 고문을 하므로 나는 거듭되는 고문의 고통을 참지 못하고, 허위 자백을 했습니다.

검사의 신문에서도 지방법원의 공판에서도 고문에 의한 자백 강요를 호소했지만, 받아들여지지 않았다고 한다. 마지막으로 "나는 정말 일본신민으로서의 국민적 자각과 숙명 아래 삼가 미력이지만 성은의 1억분의 1이라도 보답하고자 백지로 돌아가 새롭게 갱생한 가네하라金原로서 밝고 바르게 황민의 거리를 활보할 것을 맹세합니다"라고 진술했다.

그러나 6월 17일, 고등법원은 "증거 중, 피고인이 경찰에서 한 자백이 주장한 바와 같이 취조관의 가혹한 고문의 결과로, 억지로 이루어진 내용이며, 허위인 것을 인정할만한 증거가 없다"고 하여 상고를 기각했다(「독립운동판결문」).

9월 14일, 부산지방법원은 최신모崔信模, 山本松盛에게 신 치안유지법 제5조를 적용하여 징역 1년 6월을 선고했다. 최신모는 도쿄에서 월세방을 얻는 것을 몇 번이나 거절당한 경험에서 내지인에게 반감을 품게 되었다. 1942년 2월, 일본인에게 강하게 질책을 받고 울분을 참을 수 없어서 친구에게 "금일의 세계는 급격히 변하므로 조만간 일본은 반드시 타격을 받게 될 것이 분명하므로, 그 때야말로 조선을 독립시킬 호기이다"라고 하여 "그 기회가 도래할 때까지 버젓한 인간이 되어 독립운동에 헌신하고 오늘의 원한을 갚을 심산이다"는 뜻을 말하자 찬동을 얻지 못했다고 한다. 이것이 문죄 항목이 된 것이다(「가출옥」).

1944년 2월 1일 전주지방법원은 니혼日本대학 예술학원에 재학 중인 정기복鄭基福, 玉原基福에게 신 치안유지법 제5조를 적용하여 징역 2년을 부과했다. 그 이유는 "상경 후 고학생활의 경험에 입각한 자신의 처지에 대한 불만에서 계급의식을 강화하고, 조선인의 하숙난, 취직난, 혹은 차별적 대우를 목도함에 따라, 점차 민족의식이 농후해졌다"는 것이다. 「범죄사실」의 하나로 간주된 것은 1940년 10월, 정기복이 지인에게 "도쿄에 사는 조선인의 대부분은 천한 직업에 종사하고 있어서 내지인에게 모욕당하는 일이 있어도 무지하기 때문에, 반발할 기력도 없고 불쌍한 자들이다"라고 하고 "조선인은 조선에 대한 인식이 약하고, 민족의식을 결여하고 있으므로 그들에게 조선어, 조선사정 등을 가르쳐, 민족의식을 주입해야한다"고 말한 것이다(「독립운동판결문」).

조선문학·역사·문화 존중에 대한 적용

전시 하에서는 정치적으로나, 노동·농민운동을 통해서나 민족의식에 능동적으로 영향을 끼치는 것이 어려웠기 때문에, 조선인으로서 정체성 확립을 지향하고자 하면, 조선의 역사나 문학, 문화 일반을 추구하는 것이었다. 그러나 그조차 발각되면, 곧 치안유지법으로 철퇴를 맞았다.

1942년 12월 18일, 해주지방법원은 이와모토岩本淸基(19세)에게 신 치안유지법 제5조를 적용하여 단기 1년, 장기 2년의 징역을 부과했다. 이와모토岩本는 "작자 불명인 조선역사를 읽고, 조선인은 옛날 개성과 평양 등에서 찬란한 문화를 건설했다"는 것을 알고, 지난날의 전성기를 재건할 것을 생각했다. 「범죄사실」로 간주된 것은 시골에서 신망이 있는 구장, 동장을 통하여 일반 민중에게 독립사상을 보급할 목적 하에 조선독립 만세소요를 일으킬 것을 기도하여, 구장, 동장에게 문서를 송부한 것이다(「가출옥」).

1943년 2월 1일, 전주지방법원은 신 치안유지법 제5조를 적용하여 장기룡張基龍, 張本基龍에게 징역 3년의 판결을 내렸다. 1940년 11월, 장기룡이 지인에게 동아일보의 폐간은 총독부의 조선문학에 대한 탄압정책이다. 장래 조선의 일반민중에게 조선문학을 주입하고, 그 향상을 꾀하고, 조선을 위해 일해야 할 것이라고 말한 것이 선동이라고 하였다(「가출옥」). 2월 17일, 경성지방법원은 하야시 엔지로林淵次郎에게 신 치안유지법 제5조를 적용하여 징역 2년을 부과했다. 1941년 봄부터 1942년 1월에 걸쳐 몇 차례, 동생에게 말한 내용이 민족의식 주입을 꾀한 것이라고 하였다. 그 내용의 하나가 "현재 내선일체가 강조되고 있지만, 실제 조선인은 차별대우를 받고 있고 내선일체의 실현은 불가능하므로 우리는 과거의 광휘 있는 우리 조선의 역사를 연구해 둘 필요가 있다"는 것이었다(「가출옥」).

1943년 4월 21일, 평양지방법원은 임윤걸林允傑에게 신 치안유지법 제5조를 적용하여 징역 4년을 부과했다. 1941년 9월, 조선유행가 레코드 「오동잎의 맹세」를 연주하고, 아아, 지나간 열아홉의 꿈, 나도 맹세하네 오동잎의 맹세를 이라는 가사를 "우리는 항상 조선의 독립을 열망해왔는데, 이 열정도 아무런 보람 없이 세월이 지나갔다. 그렇지만 우리는 오동잎이 푸른 것처럼 젊고, 우리의 결의는 오동이 곧고 단단한 것처럼 예와 변함없이 강고하며, 우리는 조선 독립을 위해 맹세를 새롭게 하네"라고 해석하여 조선 독립의 필연성을 역설했다는 등 10건을 열거하여 선동으로 단정했다.[27]

1944년 3월 23일, 고등법원은 1943년 11월 30일의 대전지방법원 판결(모두 징역 2년 6월)에 대한 권쾌복權快福, 吉田快福과 박우휴朴祐烋, 楠坪祐烋 등의 상고를 기각했다. 제1심 판결문을 확인할 수 없으므로, 변호인 기타

---

27 「(1943.1.26)林允傑의 공판청구서, 판결서」, 김경일 편, 『일제하 사회운동사 자료집』 제7권.

무라 나오쓰노北村直角의 상고 취의를 살펴보자. 제1심에서는 피고인이 조선인이라는 자각 하에 일치단결하여 민족의식을 앙양하고, 문예, 미술, 운동 각 부문에서 실력을 양성하고, 조선을 제국의 굴레에서 이탈, 독립시킬 목적 하에 다혁당茶革黨이라는 비밀결사를 조직한 것을 인정했다고 추측된다. 변호인은 피고인 등의 행위는 민족의식을 앙양한 것으로 보안법 위반의 제재를 받는 것은 각별하지만, 이를 치안유지법 위반으로 간주한 것은 사실오인으로, 법률 적용상 위법이라고 주장했다. 또한 피고인 등은 모두 사상이 견실하지 않기 때문에 단순한 동기 하에 일시적 감격으로 과오를 저지른 것으로 현재 충분히 반성하고 충량한 황국신민으로서 갱생하여 일사보국에 바치고자 비장한 결심과 각오를 하고 있다고 하여 감형을 요구했다. 이에 대하여 고등법원은 "원심의 조치에 조금도 증거 채택상 위법이 없으며, 기록에 대해 세밀히 살펴보아도 원심 인정에 중대한 오류가 있다고 인정할만한 현저한 사유 없음"이라고 하여 받아들이지 않았다.[28]

3월 30일, 고등법원은 1943년 12월 1일의 평양지방법원 판결에 대한 천승복千秋承福 등의 상고를 기각했다. 징역 8년을 선고받은 천승복의 상고취의서는 다음과 같다.

> 경찰서의 신문조서는 피고인 등의 동문회 사건의 사실 내용과 전혀 다른 것입니다. 서류에는 우리들이 비밀결사를 조직하여 조선독립운동을 목적으로 문학을 연구하고, 민족사상을 보급한 것처럼 적고 있지만, 실제는 형사들이 조작한 말에 불과합니다. 형사들은 피의자의 언어의 자유를 속박하고 가혹한 고문을 하여 그들의 의견대로 피의자에게 강

---

28 「昭和19年刑上13號, 新井孝濬外五人判決文」, 『일제하 사회운동사 자료총서』 제12권.

제로 진술하도록 했습니다. 실제로 자신은 경찰에 오기 전에는 민족적인 일이나 조선 독립을 운운한 일은 꿈에도 생각한 적이 없으며 입으로 말한 적도 없습니다. 경찰서에서는 동문회 일을 비밀결사와 같이 취급했지만 실제는 비밀리에 조직한 그 어떤 것도 아닙니다.

문학 연구를 지향하는 단체였던 동문회에 대해, 경찰은 문학을 통하여 조선 독립을 지향한 비밀결사라는 허구를 덧씌워, "피의자의 언어의 자유를 속박하고 가혹한 고문을 하여 그들의 의견대로 피의자에게 강제로 말하게 했다"고 피고들은 호소했다. 고등법원은 "공술이 주장한 바와 같이 경찰관의 강제 또는 유도에 의한 부실한 진술이라고는 기록상 인정하기 어렵다"고 일축하여 상고를 기각했다(「독립운동판결문」).

5월 27일, 경성지방법원은 이재일李在日, 本原実에 대하여 신 치안유지법 제5조를 적용하여 징역 3년을 부과했다. 1943년 10월, 지인에게 버마, 필리핀이 독립한 데 대하여 "다음 순서는 조선이다. 동아 제민족은 독립의 기운이 있는 반면에 조선민족만 내선일체의 미명 하에 야마토 민족화되는 것은 모순이다. 조선도 독립해야한다. 조선인은 내지인과 혈통이 같다고 해도 2, 3천 년 동안 언어, 풍속, 습관을 달리해왔을 뿐 아니라 조선문화는 버마, 필리핀에 뒤지지 않으므로 독립을 인정해야 한다"고 한 것이 선동이라고 간주되었다(「독립운동판결문」).

6월 16일, 대구지방법원은 백정길白川亨吉에게 징역 5년을 선고했다. 1940년 12월, 조선민족의 정신적 취약성을 시정하기 위해서, "신속히 내지의 대승적 불교를 모방하여 정신적 강화 결합을 꾀함과 동시에, 조선문학을 연구하여 문화 향상에 노력하고, 동시에 경제적으로 진출하여 유대인 이상의 □□을 획득하여 조선민족으로 하여금 정신, 문화, 경제력 등 각 방면에서 내지인과 동등의 수준에 도달하게 해야 한다. 조선의 독립을 꾀하기 위해 우리 동지는 서로 모여 단결력이 강한 단체를 조직할 필요가 있다"는 제안을 하였고, 그 후 무대단舞臺團이라는 비밀결사를 조직한 것이 신 치안유지법 제1조 전반[29]에 해당한다고 하였다(「재소자자료」).

연극활동에 대한 적용은 9월 25일 전주지방법원의 판결에도 보인다. 김방수金芳洙, 金光成恒는 1942년 6월, 지인에게 "자신은 연극 연구를 해서 배우가 되어 널리 조선 내 각지를 돌아다니며 민심 동향을 살핌과 함께 조선역사극을 연출하여 조선인 원래의 민족의식 앙양에 노력할 것이다"라고 말한 것이 신 치안유지법 제5조에 해당한다고 하여 징역 2년을 선고받았다(「독립운동판결문」).

11월 27일, 전주지방법원은 황용순黄龍順, 廣瀬龍順에게 신 치안유지법 제5조를 적용하여 징역 1년을 부과했다. 『조선소사朝鮮小史』, 『조선사담朝鮮史談』 등을 독파하여 "조선은 과거에 독립국가로서 엄존한 사실 및 현재 주창되고 있는 내선동조동근론內鮮同祖同根論은 가공의 설로, 내선일체의 경우는 도저히 실현할 수 있는 것이 아니다"라는 생각을 품고, 1944년 1월 지인에게 "조국이 없는 우리들에게 축제일은 없고 내지인이 기뻐하는 축제일은 쓸쓸해서 견딜 수 없다. 손기정은 조선인이면서 세계 제일의 이름을 올리고 있지 않은가? 우리도 열심히 하면 무엇이든 할 수 있다. 마음껏 하자"고 이야기한 것이 선동에 해당되었다(「독립운동판결문」).

1945년 5월 14일, 경성지방법원 판결은 박태철朴泰哲, 井原泰哲에게 신 치안유지법 제5조를 적용하여 징역 1년을 부과했다. 문학에 취미를 갖고

---

[29] [역주] 신치안유지법 제1조: 국체를 변혁할 것을 목적으로 결사를 조직한 자 또는 결사의 임원 그 외 지도자의 임무에 종사한 자는 사형 또는 무기, 또는 7년 이상의 징역에 처함. 이 조직 목적을 알고 결사에 가입한 자 또는 결사 목적 수행을 위한 행위를 한 자는 3년 이상 유기징역에 처함.
山田洋一郎, 『治安維持法解義』, 新光閣, 1941에서 번역.

있어서 문학을 통하여 민족의식 앙양을 꾀하기 위해, 1944년 7월, 친구 3명과 각자의 언문 문학작품을 모아 책을 만들 것을 제안했다. 책자의 명칭을 조선인은 방목된 양과 같은 상태이지만, 양이 목자의 지시에 따르는 것처럼 적당한 지도가 있으면 조선 독립을 위해 궐기하자는 의미를 담아 「목양牧羊」이라고 명명하여 다섯 책을 저술한 것 등이 범죄로 간주되었다(「독립운동판결문」).

언문연구회 사건

문화활동을 통하여 민족의식을 주입하고, 고양시킨다고 하여 처단된 사건에는 그 외에 언문연구회 사건과 조선어학회사건이 있다. 언문연구회사건에 대해서는 검거에서부터 공판까지 사법처분과정을 추적해 볼 수 있다. 『한민족독립운동사자료집』 69, 「전시기 반일언동사건 Ⅳ」에는 이와 관련한 114점의 문서가 수록되어 있다.

이 사건의 제1보는 1942년 8월 24일 수원경찰서장이 경성지방법원 수원지청 검사 앞으로 보낸 「치안유지법 위반 피의사건에 관한 건」이다. 수원고등농림학교를 졸업한 정주영鄭周永, 松島健, 민병준閔丙駿, 宇川甫등 4명이 재학 중에 조선인 학생끼리 동료회東寮會라는 것을 조직하여 민족의식 앙양에 힘쓰고, 조선의 독립을 기도하고, 졸업 후에도 동지를 획득 책동하고 있음을 탐지하여 내사한 바, 치안유지법 위반 피의사건으로 수사할 필요가 있다고 하여 명령을 내려달라는 내용이다.

이미 이 시점에서 정주영, 민병준 등이 동료정신東寮精神을 발휘, 고양하는 것이 조선민족독립운동의 근원으로, 그 실천의 첫 번째는 조선의 존재는 조선어의 존재여부에 의해 좌우되는 것이라고 하여 1939년 9월 언문연구회를 조직했다는 구도가 설정되어 있었다.

곧바로 검사의 수사 지휘가 이루어져, 수원경찰서에서 8월 26일부터 정주영에 대한 신문이 시작되었고, 27일에는 하숙에 대한 가택수색도 이루어졌다. 제1회 신문에서 "조선어를 연구하는 것은 조선민족정신 앙양이며 조선혼의 연성이며, 나아가 국체의식을 변경하려는 목적으로 언문연구회를 조직했다고 인정되는데 어떤가?"라고 추궁을 받고 정주영은 "이론상으로 보면 지금 말씀하시는대로 국체의식을 변경할 목적으로 동료정신東寮精神 앙양에 힘써 언문연구회를 조직한 것이 됩니다. 그러나 실제는 국체를 변혁할 목적으로 언문연구회를 조직한 것이 아닙니다"라고 공술했다.

취조의 초점은 언문연구회 조직이 국체 변혁을 목적으로 했는지 였다. 8월 29일, 제2회 신문에서 민병준은 다음과 같이 추궁 받았다.

문　일본 국체의 의의는?
답　일본제국은 만세일계의 천황이 통치하시는 군주 국체입니다.
문　그대는 국체를 변혁할 것을 목적으로 언문연구회를 조직한 것이 아닌가?
답　그렇지 않습니다. 나는 조선을 독립시키기 위해 언문연구회를 조직한 것이 아닙니다.
문　그러나 조선민족의식을 앙양하고 조선혼을 연성하고 조선의 문화를 보존한다는 것은 국민의 국체의식을 변경시키는 것이 아닌가?
답　그렇습니다.
문　그러면 국체를 변혁할 목적으로 언문연구회를 조직했다는 것이 되는 것이 아닌가?
답　그 점은 인정합니다.

언문연구회사건 고등법원 판결문(전상태, 국가기록원 소장)

정주영에게 거듭 국체 변혁의 의지가 있다는 것을 인정하도록 몰아갔다. 동료회東寮會에서 개최한 정주영의 「장래를 위해」라는 강연을 문제삼아, 9월 7일 제4회 신문에서는 그것이 일본정신에 위배되는 것이라고 인정하도록 한 다음, "일본정신을 거스르면 국민의 국체관념을 변경시킬 의사가 있었다고 인정되는데 어떤가?"라고 추궁하고, "그렇게 인정된다면 어쩔 수 없습니다"라는 공술을 이끌어내고 있다. 그 위에 "국체의 대의에 비추어 일본신민으로서 그러한 것을 타인에게 말할 수 있다고 생각하는가?"라고 추궁하여, "일본신민으로서 국체의 대의에 비추어볼 때 내가 말한 것은 나쁜 것으로, 일본신민으로서 말할 수 없는 것입니다"라는 대답을 얻어냈다.

10월 8일, 수원고등농림학교의 졸업생 김상태金象泰, 青山秀章를 증인 신문한 결과, 언문연구회에 관여한 것을 파악했다고 하여, 12일자로 경성지방법원 수원지청 검사에게 "피의자로 인신 구속하여 규명할 필요가 있다고 생각됨"이라고 보고했다. 15일부터 신문이 시작되어 축구부는 표면상 학교 당국의 교우회에 설치된 합법적 단체이지만, 이면에서는 동료정신에 입각하여 심신을 단련하고 동시에 조선인 학생의 단결을 굳게 할 것, 축구부에서 축구선수에 대한 아침인사 등에는 모두 조선어로 할 것 등 민족정신 앙양을 꾀하고 있는 점에 대해 상급생으로부터 들은 바 있고, 그것이 동료東寮의 전통정신이 되어 있었다고 공술했다. 표면은, 이면에서는 등의 표현으로 볼 때, 이러한 진술에는 고문에 의한 강제가 있었을 것으로 추측된다. 10월 20일, 김상태金象泰는 제3회 신문에서 "창씨제도는 찬성하지 않았는가?"라고 질문을 받고 "그렇습니다. 창씨하면 조선민족의 특징인 세 글자 이름이 없어지므로, 나는 찬성하지 않았습니다. 아버지가 창씨하겠다고 말해서 할 수 없이 창씨개명한 것입니다"라고 공술하고 있다.

11월 26일 제5회 신문의 끝에는 "내가 지금까지 생각하고 있던 것, 또 해왔던 것은 나쁜 것이었습니다. 따라서 깨끗이 처벌을 받고 다시 사회에 나가면 앞으로는 황국신민으로서 갱생하고 싶다고 생각하고 있습니다"라고 말하고 있다.

피의자에 대한 「소행 조서」를 보면, 정주영에 대해서는 "온순하고 극히 이지적이지만 격해지기 쉽고 다소 부화뇌동하는 경향이 있다"고 하여 "반성의 기미가 있다"(9.15)고 하였다. 민병준에 대해서는 "언뜻 온순하게 보이면서도 음험하여 타인을 시기하고 화합하지 못하는 버릇이 있다"고 하여, "상당한 처분을 하여 반성을 촉구할 필요가 있다"(9.1)고 하였다. 김상태의 소행에 대하여 "평소 직무에 성실하고 양호하다. 주변의 품평도 좋다"고 하고 "장래 충분히 반성할 여지가 있다"(10.28)고 하였다.

이 사이에 수원고등농림학교의 전 동료생東寮生 다수를 증인으로 신문하고 있다. 예를 들면, 10월 7일, 임병현林炳賢, 林茂雄은 "정주영의 강연을 듣고 무슨 의미로 이해했는가?"라는 질문을 받고 "조선민족의식을 앙양하는 것처럼 정주영이 말했지만 나는 당시 3학년이어서 전통적인 동료정신東寮精神을 강하게 드러내는 것으로 알았습니다"라고 공술하고 있다.

12월 1일, 수원경찰서는 경성지방법원 수원지청 검사에게 피의자 5명을 송치했다. 「범죄사실」이 기재된 「보고서」에는 정주영과 민병준에 대하여 민족의식이 농후하며, 비밀리에 조선의 독립을 열망하기에 이른 자라 하였다. 비밀결사 언문연구회를 조직하여 계속적으로 비밀리에 회합하여 의식 앙양에 힘쓴 외에, 정주영이 「장래를 위해」라는 강연에서 "동료정신을 살리는 것이 우리 조선을 살리는 것이라고 말하여 우리들의 옛날을 살리기 위해 동료정신을 살리지 않으면 안된다"고 선동한 점, 김상태가 "조선을 독립시키기 위해서는 우선 조선문화를 부흥시키는 데에 있다고 하여 언문을 타인에게 가르쳐 이를 후세에 전하지 않으면 안된다"고 하여 서점에서 『조선문법 및 어학사朝鮮文法及語学史』 등을 구입하고 자택에서 언문 연구에 몰두하고 있었던 것도 범죄라 규정했다.

게다가 정주영의 행위는 신 치안유지법 제1조와 제5조에, 민병준과 김상태 등의 행위는 신 치안유지법 제1조 후반에 해당한다고 하여 기소가 당연하다고 하였다.

송치에 앞서, 정주영과 민병준에 대한 나가이 쇼고長井省吾 검사의 신문이 8월 24일에 이루어지고 있는데, 본격적인 신문은 12월 4일부터 시작되었다. 정주영에 대한 신문에서는 「장래를 위해」라는 강연의 목적이 "조선 독립을 목적으로 출석자 등의 조선민족의식을 앙양하고 선동하기 위해서였습니다"라는 공술을, 민병준과 김상태로부터는 언문연구회에 대하여 "조선의 문화인 언문을 유지하고 이 언문을 통하여 조선민족의식을 앙양하고 조선 독립을 목적으로 이러한 언문연구회라는 결사를 조직했다"(민병준)는 공술을 받아내는 데에 힘쓰고 있다.

12월 15일, 경성지방법원에 공판 청구가 이루어졌다. 「범죄사실」에서 첫 번째로 든 것은 정주영의 강연 「장래를 위해」가 조선을 독립시켜 국체를 변혁할 것을 목적으로 하여, 그 목적을 위한 사항 실행을 선동했다고 하여, 경찰의 「보고서」보다 악질성을 한층 강조한 것이다.

경성지방법원의 공판(가메야 에이스케釜屋英介 재판장)은 1943년 2월 17일에 열려, 3월 3일 제2회 공판에서 판결이 선고되었다. 공판에서 피고들은 모두 조선의 독립을 희망한 것은 아니라고 하여 경찰이나 검찰 신문에서의 공술을 부인했다. 재판장이 추궁하자, 정주영은 "그것은 경찰이나 검사정이 그렇게 만든 것이지 내가 진술한 것이 아닙니다"라고 대답했다. 정주영은 창씨제도와 조선어 과목 폐지에 대해서도 "내선일체를 실현하기 위해 당연하다고 생각하여 아무런 불만을 품지 않았습니다"라고도 공술한다. 5명의 피고에 대한 신문이 한 번씩 돌아간 후, 다시 정주영을 다음과 같이 신문했다.

문 그러나 조선어 사용이 금지되어 있는데 지금 새삼 언문을 연구하는 것은 학교의 방침에 반한다고 생각하는데 어떤가?
답 언문을 연구하는 이외의 목적은 없었습니다.
문 경찰과 검사정에게 조선문화 보호와 조선 독립을 위해 이용하기 위해서 언문연구회를 만들었다고 말했는데 어떤가?
답 경찰에서는 고문을 받아서 형사가 시키는 대로 공술했지만, 검사에게는 부인했습니다.
문 언문연구회는 이면에서 조선 독립을 목적으로 한 것이 아닌가?
답 아닙니다.
문 설령 독립을 목적으로 하지 않았다고 해도, 언문 연구에 의해 조선인으로서의 의식을 갖게 하여 독립을 위해 이용하려 한 것이 아닌가?
답 그런 생각은 조금도 없었습니다.

    수단과 방법을 가리지 않고 조선 독립의 의도가 있었다는 자백을 받으려 하고 있다. 피고들은 순종적인 모습을 보이면서도, 독립 목적은 없었다는 점을 양보하지 않았다. 그러나 재판장은 경찰과 검사의 「신문조서」를 증거로 채택했다. 검사는 신 치안유지법 제1조와 제5조에 해당한다고 하여, 정주영, 민병준, 김상태에게 징역 5년을, 다른 두 명의 피고에게 징역 3년을 구형했다.

    3월 3일의 판결문은 불명인데, 김상태가 징역 2년 6월, 정주영이 징역 2년, 민병준과 그 외 피고가 징역 1년 6월이 되었다. 김상태를 제외한 4명은 상고를 포기하고 복역했지만, 김상태는 고등법원에 상고했다.

    5월 1일, 변호사 마루야마 게지로丸山敬次郎는 상고 취의서를 고등법원에 제출했다. 거기에는 "조선을 일본제국의 속박에서 이탈, 독립시킬 목적에 대해서는 피고인이 꿈 꾼 적도 없는 것으로써, 원심은 이 점에 관한 증거를 검사의 제2회 신문에서 찾았지만, 이 조서는 경찰에서 신문 후 피고인 등이 그 공술을 부정하고 있다. 사실의 진상은 원심 공판정에서 피고인의 공술과 같음을 인정할 수 있다. 이미 조선 독립의 목적이 없는 이상, 그 목적을 위해 실행방법을 협의했다는 것이 부정되는 것이 당연하다"고 주장했다.

    고등법원의 공판(재판장 사이토 에이지齋藤榮治)은 5월 17일에 열렸다. 5월 24일 판결 내용은 "경찰에서의 피고인의 공술이 강제에 입각한 허위라는 것은, 기록상 이를 추인하기에 충분한 자료가 없고, 그 외의 기록을 정밀히 살펴보았으나 원심의 인정이 중대한 과오라는 점을 의심하기에 현저한 사유가 없음"이라고 하여 상고를 기각했다(「독립운동판결문」).

조선어학회 사건

1942년 10월 1일, 함경남도 홍원경찰서는 조선어학회 관계자 11명을 검거하기 시작하여 그 후 검거자는 29인이나 되었다. 증인도 약 50명에 이른다. 홍원경찰서와 함경남도경찰부의 합작으로 자백서를 받아내는 과정에 대해 이희승은 "쓰고는 때리고, 때리고는 쓰고, 쓰고는 비행기에 태우고(거꾸로 매다는 고문의 일종 – 인용주), 태우고는 다시 쓰고, 쓰고는 물을 마시고(물고문 – 인용주), 마시고는 다시 쓰고, 쓰고는 물을 마시고, 마시고는 다시 쓰고, 이러한 것을 거듭하는 것이 우리들의 일과였다. 그리고 약 4개월간 이러한 일과를 반복하고 이른바 신문조서를 쓰지는 않았다"고 회상했다.[30]

이희승은 조선어사전의 편찬이 "고유문화를 유지 보존하는 가장 큰 그릇으로, 이를 이용하여 민족정신을 신장, 고양시키고, 민족정신의 고양은 즉 독립 쟁취의 수단이라는 삼단논법의 궤변으로 우리들 모두의 범죄를 입증하려고 악착같이 몰고 갔다"고 사건의 전체상을 그리고 있다. 사전 원고카드를 압수하고 태극기, 대한제국, 이왕가, 대궐, 백두산, 단군, 오얏꽃李花, 무궁화 등의 단어 설명이 불온하며 반국가적이고, 경성에 대한 설명이 도쿄에 대한 설명보다 몇 배나 자세한 것은 분명히 반국가적 사상의 표현이라고 공갈했다고 한다.

1943년 9월 18일 함흥지방법원은 16명의 예심을 청구했는데, 예심 중에 두 명이 옥사하였다. 1944년 9월 30일 예심종결결정에서는 '민족운동의 일 형태로서의 이른바 어문운동은 민족 고유의 어문의 정리·통일·

---

30 「조선어학회사건 회상록(2)」, 『韓』 제6권 9호, 1977. 9.

1935년 10월 28일 조선어학회가 주최한 한글 탄생 489주년 기념식에서
사회를 보는 이희승, 『조선중앙일보』(1935.10.29)

보급을 꾀하는 문화적 민족운동임과 함께, 가장 심모원려深謀遠慮를 포함한 민족독립운동의 점진형태라고 하고, 언뜻 교묘하게도 학술적인 조선어사전을 위장하여 실제로는 조선 고유문화를 향상시키고 조선민중의 민족의식을 환기, 앙양하는 데에 충분한 조선어사전 편찬에 힘써, 1942년 9월경에 원고를 작성한 것이 「범죄사실」이라고 하였다. 12명이 공판에 회부되어 2명이 면소되었다.[31]

12월 21일부터 함흥지방법원의 공판이 개시되어, 9회의 공판을 거쳐, 1945년 1월 16일 이극로 등 5명에게 징역 6년에서 2년의 형이 선고되었다. 1명은 징역 2년에 집행유예 4년이었다. 이 판결문은 불명인데, 4명의 피고와 검사가 모두 상고한 고등법원의 8월 13일자의 판결문이 남아 있다(재판장은 후지모토 가토藤本香藤)(「독립운동판결문」).

---

31 「조선어학회사건 회상록(2)」, 『韓』 제6권 제9호.

피고와 변호 측의 상고 취의 내용부터 살펴보자. 마루야마 게지로 변호사는 일곱 가지 항목에 걸쳐 제1심의 판결을 비판한다. 우선, "원심은 민족 고유의 어문 정리, 통일, 보급을 꾀하는 이른바 어문운동은 문화적 민족운동임과 동시에 가장 심모원려를 포함한 민족독립운동이라고 단정하지만 그렇지 않다"고 하고, 그 이유는, 조선어문회는 어디까지나 "순문학적, 언어학적, 교화운동 내지 언어 순화운동이며 조선민족에게 민족정신을 불어넣어 더욱 나아가서 조선 민족독립운동으로 추진한다는 능력을 갖고 있지 않다"고 하였다. 마루야마는 "이른바 약소민족이 필사적으로 어문을 지키고자 노력함과 동시에 그 발전을 도모하여 방언의 표준화, 문자의 통일보급을 희구하는 것은 단순히 순문학적, 혹은 언어학적 문화운동에 불과하다"고도 하였다. 조선민족의 주체적 독립의 가능성을 부정하는 입장에서 독립운동과 관련지은 조선어학회 사건이 성립할 수 없음을 주장한 것이다.

변호인 야스다 간타^{安田幹太}도 본건의 운동은 십수년 간, 오로지 순수한 문화운동으로 그 범위를 넘은 적이 없이 경과해왔으며, "정치결사로 인정할만한 구체적인 사실을 발견할 수 없다"고 하여 제1심 판결의 파기를 요구했다. 또한 변호인 히라카와 겐조^{平川元三}는 "피고인들이 경찰에서는 엄중한 취조를 받았기 때문에 허위 자백을 하고, 또 검사국에서는 먼저 취조를 한 경찰관이 입회했기 때문에 할 수 없이 종래의 자백을 유지한 것으로, 이들 자백은 모두 진실에 반하는 것이다"라고 논고했다.

이러한 변론에 대해 고등법원은 "모두 원 판결에 관한 피고인 등의 범죄사실은 원 판결이 든 증거에 의해 이를 인정하기에 충분하다. ……논지는 요컨대, 원심이 채택하지 않은 자료에 입각하여 그 사실 인정이 부당하다고 주장하는 데에 불과하다"고 받아들이지 않았다.

히라카와 변호인의 상고 취지의 두 번째 논점은 "치안유지법에 이른바 국체 변혁의 목적이 있다고 하기 위해서는, 적극적, 직접적인 방법에 의해 그 변혁을 기도한 경우를 말한다. 소극적 간접적인 방법으로 변혁을 기도하는 경우는 그 목적 실현이 가능성이 없으므로 동법 적용의 대상이 될 수 없다"는 것이었다. 소극적·간접적 방법에까지 국체 변혁의 개념을 확대하는 것에 이의를 제기한 것인데, 고등법원은 다음과 같이 반박한다.

> 동 법은 단순히 국체 변혁을 목적으로 하고 국체 변혁의 수단방법을 한정하지 않으므로, 만일 국체 변혁을 목적으로 하는 행위는 그 변혁의 수단 방법이 적극적, 직접적인 것과 소극적, 간접적인 것을 불문하고, 대개 국체 변혁의 목적을 갖는 행위로 해석하는 것이 타당하다. 따라서 국내의 일 민족이 그 국가로부터 분리, 독립하는 방법은 정치투쟁 또는 무력투쟁과 같이 적극적 직접적인 수단에 의한 것이 많다고 해도, 반드시 그러한 수단에만 한정하는 것은 아니다. 민족적 색채가 농후한 종교를 널리 펴고, 혹은 민족 고유의 언어를 보급 통일하여 민족의식 앙양을 도모하고 국가가 그 민족에 대해 독립을 허용하지 않을 수 없는 내외의 정치정세를 가르치며, 그 목적을 달성하는 것도 역시 그 하나의 방법인 점, …… 고유 언어의 보급과 통일의 경우, 간접적 소극적인 문화운동이라고 해도 국체 변혁의 위험이 없다고 단정할 수 없는 것은 물론이다. …… 행위 그 자체는 원래 위법이 아니라고 해도 혹은 위법인 목적과 결합함으로써 범죄를 구성하는 경우가 있으므로 반드시 이의를 제기할 일이 아니다.

일 사건에 대하여 고등법원 판결이 여기까지 상세하게 논술된 것은 이례적이라고 해도 좋다. 그만큼 조선어학회사건의 사회적 영향을 고려하지 않을 수 없었을 것이라고 해야 할 것이다.

야스다安田 변호인도 조선어사전편찬회와 조선어학회를 신 치안유지법 제1조의 국체 변혁 결사로 간주한 것을 동법 조문의 부당한 확장 해석이며 동법 조문의 해석 운용을 그르친 위법이라고 비판했다. "본 건 조선어사전 편찬 및 조선어학회의 목적은 오로지 조선어사전의 편찬과 조선어문의 통일표준화운동이며 이 목적과 국체 변혁이 대체적으로 아무런 관계가 없다는 것은 길게 설명할 필요가 없으며, 조선어사전의 편찬과 조선어문의 정확 통일화에 의해 국체가 변혁될 수 있다는 것은 너무나도 견강부회가 심하다"고 논평했다.

이 논점에 대하여 고등법원은 다소 상세히 반론했다. "피고인 등의 행동은 순수한 학술적 문화운동에 불과하여 위법성이 없다는 것인데, 원 판결이 확정한 바는 피고인 등의 행위는 순수한 학술적 문화운동이 아니며, 합법적 문화운동의 이름 뒤에 숨어서 조선 독립을 목적으로 한 결사를 조직하고 그 목적수행을 위해 활동하고, 혹은 그 목적 사항 실행을 위해 협의했다는 점에 있으므로, 위법성이 없다고 할 수 없음은 논란의 여지가 없다"고 했다. 강고하게 조선어학회 등을 이면에서 조선독립을 목적으로 한 결사라 규정한 판단을 버리지 않고, 제1조의 확장 해석을 정당화했다.

한편 검찰 측은 4명이 "범죄 정황을 헤아릴 부분이 있다"고 하여 감형된 것에 불복하여 상고했다. 이극로李克魯, 義本克魯가 공판정에서 "나는 학자로 학술적으로 조선어문을 연구하기 위해 본 건과 같은 일을 한 것으로 조선 독립을 목적으로 한 것이 아니므로 양심적으로 부끄러움이 없다. 나는 경찰 및 검사정에게도 조선 독립을 목적으로 한 것이 아니라고 극력 부인했는데 어떻게 된 일인지 내가 본 건 범죄를 인정한 것처럼 조서가 작성되어 있었다"고 '변명'한 것 등이 "현재 본 건 범행에 대하여 태도가 불손하고, 조금도 반성하는 기색이 없다"고 몰아갔다.

또한 검찰은 장현식張鉉植, 松山武雄이 무죄가 된 것을 중대한 사실 오인이라고 하였다. 장현식이 예심에서 "자신은 검사, 경찰관의 신문에 대하여 자백한 것은 틀림없지만, 그것은 취조가 엄중하여 신속히 석방되고 싶어서 본의가 아님에도 사실에 반하는 공술을 했다"고 범행을 부인한 것을 "자신의 범죄를 면하기 위한 단순한 변명에 불과하다"고 일축했다.

검찰 측의 상고에 대하여 고등법원 판결은 "기록을 정밀히 조사, 검토했지만 원심의 사실 인정에 중대한 오류가 있다고 볼 수 있는 현저가 사유가 있다고 인정할 수 없다"고 하여 기각하고 제1심 판결을 확정했다. 일본이 패전하기 겨우 이틀 전의 일이었다.

일본 패전 예측에 대한 적용

조선총독부 고등법원 검사국 『사상휘보 속간』(1943.10)은 여운형의 조선독립운동사건을 다루고 있다. 1942년 11월 28일, 경성지방법원 검사국이 수리하여, 1943년 2월 20일에 공판 청구가 이루어져 경성지방법원은 7월 2일에 징역 1년, 집행유예 3년의 형을 선고했다. 판결에서는 보안법 위반과 육군형법 위반 등이 적용되었는데, 그동안은 치안유지법 위반사건으로 처리되고 있었다.

판결에 의하면 여운형은 "대동아전쟁에서 궁극적으로 일본의 승리는 도저히 곤란하다고 관찰하고, 일본이 패전할 경우에는 제1차 유럽대전 후의 평화회의의 예에 따라, 이번 전쟁 후의 평화회의에서 당연히 조선 독립 문제가 다루어져 그 실현 가능성이 있다"고 생각하여, 조선 민족의 책동으로는 조선 독립이 도저히 불가능하다는 것을 깨달으면서도 민족적 감정이 왕성하여 내심 조선 독립을 단념할 수 없는 상황인 바, 1942년 6월 여운형이 경솔하게도 친구에게 동 취지의 이야기를 한 것이 범죄라고 간주했다. 검거 후, 여운형은 "완전히 민족주의적 감정을 청산하고 앞으로 완전한 황국신민으로서 적극적으로 국가에 봉공할 것을 굳게 약속한다"고 진술하자, 시국이 진정 중대하므로, 피고인이 이러한 발언을 한 것은 일부 반도 청년학생층에 중대한 좋은 영향을 끼칠 것이라는 판단으로 집행유예형을 선고했다. 유명인사인 여운형을 치안유지법 위반으로 처단하는 데 대한 사회적 반향을 고려하여 보안법을 적용했다.

　이 사건에서 보듯이, 전쟁 상황이 악화함에 따라 일본 패전을 예측한 언동 증대에 대하여 치안유지법이나 보안법을 적용했다.

　1944년 1월 25일, 함흥지방법원은 초등학교에 근무하는 기요카와淸川浩에게 신 치안유지법 제5조를 적용하여, 징역 1년 6월을 선고했다. 내선인 급료의 차이에 불평 불만을 품고, 1943년 3월 하순, 초등학교 숙직실에서 피고인 미야모토 배근宮本培勤에게 "일본은 대동아전쟁에서 경제적으로 파탄하여 패전하고, 또한 독소전은 독일이 패배하고, 결국 세계는 자본주의국가인 미·영과 공산주의국가인 소련 세력 하에 양분되어, 일본은 지리적 관계상 소련의 지배 하에 들어갈 것이며, 그 때에 조선은 일본의 지배에서 이탈하여 독립국이 된다"는 내용을 설명하여 그 의식 앙양에 힘쓴 것이 선동으로 간주되었다(「가출옥」). 4월 22일, 전주지방법원은 김상권金原相權에게 신 치안유지법 제5조를 적용하여 단기 1년, 장기 3년의 징역형을 부과했다. 1943년 9월, 친구에게 "대동아전쟁의 현황을 보니, 야마모토山本 원수가 전사한 후, 일본은 그 전황이 좋지 못하고, 애투섬attu Island 옥쇄 등의 사례에서 보면 일본군의 승산은 없다. 게다가 전쟁 장기화에 따라 일본의 곤궁이 점증하여 반드시 패전할 것이다"고 한 다음, 전승국인 미국은 조선을 보호하고, 그 독립을 허용할 것이라고 말하여, "대개 국가 성쇠의 중심세력은 청년이므로 우리는 이번 기회에 크게 분발하지 않으면 안 된다. 따라서 다수 동지를 획득하여 서로 제휴하여 조선독립운동을 해야 한다"고 한 것이 선동으로 간주되었다(「독립운동판결문」).

조선총독부 『제85회 제국의회 설명자료』(1944.8 작성)에는 「주의운동의 상황」에서 민족주의운동에 대하여 '전시 하 민족생활이 대체로 갖는 불평불만을 파악하여 민중 선동을 확대하거나, 혹은 국외 불령분자의 활동에 호응하여, 이들과 밀접히 연락하여 전개하는 상황'이라고 하고, 다음과 같이 그 현상의 위험성을 파악하고 있다.

기도하고 실현할 수단 방법에서도 종래와 같이 실력 양성, 의식 앙양 등의 준비적 운동으로 암약하는 형식에서 비약 전진하여, 실천 양상을 강화하여 일제봉기, 파괴 폭동, 민중 선동 등으로 목적 달성을 기도하여, 공습 그 외 중대사태가 발생할 경우, 단숨에 봉기하기 위해서 그때까지는 적극적 행동을 억제하고 힘써 희생을 피하려는 음성적인 것이 많다.

이러한 치안당국의 인식은 판결에 반영되었다. 12월 16일, 경성지방법원은 조홍벽趙鴻壁,邦本鴻壁과 장막철張漠哲,張元漢哲에게 신 치안유지법 제5조를 적용하여 각각 징역 2년을 선고했다. 1942년 4월부터 1943년 3월에 걸쳐 수차례에 걸쳐, "일본은 미국과의 전쟁에서 빈 틈을 노려 큰 전과를 거두었지만, 미국은 다시 일어나서 장기전의 결과 일본을 이길 것이며, 혹은 일본과 소련과의 전쟁은 반드시 도래하여 일본은 미국과의 전쟁에서 패전하고 소련세력이 먼저 조선에 침입함에 따라 우리는 이 소련세력에 호응하여 궐기하여 독립을 도모해야 한다. 소련의 극동에는 조선인 부대가 다수 있으며, 소련이 조선을 침입할 경우에 이를 맞이하여 순차적으로 궐기해야 한다"는 등의 의견 교환을 한 것이 협의로 간주되었다(「독립운동판결문」).

1945년에도 치안유지법에 의한 처단이 이어진다. 3월 12일, 경성지방법원은 유제석柳帝鐸에게 신 치안유지법 제5조를 적용하여 징역 1년 6월을 부과했다. 징용을 기피하여 도쿄에서 평양으로 돌아온 유제석은 1943년 8월 친구에게 "대동아전쟁에서 일본과 미·영은 쌍방이 피폐하여 함께 무너질 것이며, 이 때를 포착하여 독립하지 않으면 안 되며 전쟁이 종료하기 까지는 3년 정도는 걸리므로, 그때까지 도쿄에 거주하는 조선인 학생을 모아 단체를 만들어, 조선민중을 계몽하여 일본과 미·영이 함께 힘을 잃게되는 때에 일제히 봉기하여 독립운동을 일으켜야 한다. 중경重慶과 공산 팔로군 중에도 조선인이 다수 있으며, 그 시기에 조선으로 돌아올 것이므로, 이들과 협동하여 독립운동에 종사해야 한다"고 이야기한 것이 선동으로 간주되었다(「독립운동판결문」).

5월 23일, 전주지방법원은 신 치안유지법 제5조를 적용하여 김태영金田泰礦을 징역 2년, 구모이 태선雲井泰善과 김정길金原正吉에게 각각 단기 1년, 장기 2년의 징역을 부과했다. 이 세 사람이 1944년 4월, "조선 농민은 공출 등으로 스스로 식량을 잃고 곤궁한 나머지, 당국을 원망하고 있으며 이는 필경 일본이 전쟁을 구실로 가혹한 공출을 하기 때문이다. 우리는 농민의 원성에 호응하여 내지인 경찰관을 비롯하여 식량계 직원을 살해해야 한다. 성공 여부와 상관없이 전 조선청년은 분기해야하며, 우리는 우선 금산 읍내에 거주하는 내지인 순사를 비롯하여 식량계 직원을 살해하고, 이를 전 조선으로 확대하여 단숨에 조선 독립을 꾀해야한다"고 합의한 것 등 12건을 열거하고 협의죄라 하였다(「독립운동판결문」).

7월 18일, 경성지방법원은 후사오카 미노루芳岡實에게 신 치안유지법 제5조와 외환죄抗敵를 적용하여, 징역 3년을 부과했다. 1944년 12월 15일, 출정하는 지인에게 "각자 며칠 후 입영하여 전선에 출동할 경우는 간부후보생을 지원하여 상관의 신뢰를 얻은 후, 기회를 포착하여 적진에 투항하여 적군에 참가, 일본군과 항전하여 일본을 패전시킬 것이다"라고 말한 것이 범죄라 하였다. 7월 20일, 대전지방법원 청주지청은 김정수金正洙, 金星勝照에게 신 치안유지법 제5조와 조선임시보안령을 적용하여, 징역 1년 6월을 부과했다. 1944년 8월, 지인에게 "배를 타고 바다로 나가면 미국의 라디오를 들을 수 있다. 조선어로 조선은 미국에 반항할 필요가 없고 조선은 독립하라. 미국에는 조선의 임시정부가 수립되어 있어서 일본이 져도 조선은 반드시 독립할 것이라고 한다. 자신은 그를 위해 노력할테니 자네도 함께 하자"고 한 것이 선동으로 간주되었다.[32]

8월 4일, 경성지방법원은 신 치안유지법 제5조를 적용하여, 김영규金永圭, 金原永圭에게 징역 3년을 부과했다. 1944년 1월, 김영규는 피고 신창申蒼, 蒼海良舟과 차한옥車漢玉, 安田漢玉에게 "이번 전쟁의 상황을 통람하니, 맹방 독일은 곧 패전할 것이며, 대동아전쟁에서도 일본은 잇달아 패배하고 조선 독립의 기회는 도래하지만, 그 때를 틈타 재외조선독립단과 호응하여 일제히 봉기하면, 조선 독립 목적을 달성할 수 있기 때문에, 앞으로 서로 협력하여 혁명의식 앙양은 물론, 동지 획득에도 힘을 쏟아 그 준비를 추진하고 혁명운동의 지도자로서의 역할을 수행해야 한다"고 제기하여 찬동을 얻은 것 등 10건을 열거하여 협의죄라 규정했다. 또한 박백중朴百仲, 木田百仲, 신창, 차한옥에 대해서는 1941년 12월 10일 경, 혁명투쟁을 통하여 조선 독립을 목적으로 하는 조선독립단이라 하는 결사를 조직했다고 하여 신 치안유지법 제1조를 적용하여 각각 징역 3년 6월을 부과했다.

8월 7일, 광주지방법원은 신 치안유지법 제5조를 적용하여 최규협崔圭俠, 高山圭俠에게 징역 4년을 부과했다. 최규협은 육군지원병에 응모했는데, 두 번 뇌막염으로 현역 면제를 받았다. 판사는 최규협이 "입영 중 한 장교

---

32 「昭和20年金星勝照判決文」, 한국역사연구회 편, 『일제하 사회운동사 자료총서』 제12권.

의 부주의한 언어 사용으로 또 그 이후의 물자배급 등 사회면의 여러 양상을 보고 내선인 간의 차별대우가 있고, 내선일체는 실현불가능하다는 편견를 심화하여, 조선 독립 외에 조선동포의 행복은 기대할 수 없다는 망상으로, 특히 이번 대동아전쟁이 점차 우리나라에 불리하게 되자, 제국은 반드시 패배하며 미·영 군대는 조선에 상륙할 것이고, 그 때 미·영 양국은 조선 독립을 지원해줄 것이 정해져있다고 하여, 조선 동포는 그 때를 틈타 일제히 봉기해야 하고 그렇게 하면 조선 독립은 가능할 것이다. 그러니 조선인은 이에 준비하고 동지를 규합해두지 않으면 안된다"고 주장하는 불온사상 덩어리인 자라 하였다. 이어 동지 획득을 위해 힘쓴 것이 '협의 및 선동'이라 규정했다.

최규협으로부터 불령사상 주입을 받아 그 동지가 될 것을 요구받고, 더욱 다른 동지 획득 방법을 권유받자, 쉽게 이에 기울어져 찬동했다고 하여 차정일車定一, 安田稔一郎도 역시 신 치안유지법 제5조를 적용하여 징역 1년 6월(집행유예 3년)을 선고했다(「독립운동판결문」).

또한 7월 27일, 광주지방법원이 이영근李永垠, 松川永垠에게 징역 3년, 안태한安泰漢, 竹川泰漢과 옥형근玉炯根, 玉岡炯根에게 징역 2년(집행유예 5년)을 부과한 판결에서는 신 치안유지법 제8조[33]가 적용되었다. 제8조는 후술한

---

33 [역주] 신 치안유지법 제7조: 국체를 부인하고 또는 신궁(神宮)·황실의 존엄을 모독하는 사항을 유포할 것을 목적으로 하여 결사를 조직한 자, 또는 결사의 임원 그 외 지도자의 임무에 종사한 자는 무기 또는 4년 이상의 징역에 처함. 이 내용(결사 조직 목적-인용주)을 알고 결사에 가입한 자 또는 결사의 목적 수행을 위한 행위를 한 자는 1년 이상 유기징역에 처함.
제8조: 앞의 조의 목적에 의해 집단을 결성한 자 또는 집단을 지도한 자는 무기 또는 3년 이상의 징역에 처함. 앞의 조의 목적에 의해 집단에 참가한 자 또는 집단에 관하여 앞의 조의 목적수행을 위한 행위를 한 자는 1년 이상 유기징역에 처함
山田洋一郎, 『治安維持法解義』, 新光閣, 1941에서 번역.

것처럼, 국체 부정으로 간주한 민중종교집단에 적용하여 민족의식이 있는 언동을 처단했다. 이영근의 경우, 1941년 2월, "전라남도경찰부 고등과장 후카이深井 경시가 청년독립운동에 대한 경고적 강연을 한 것을 듣고 반발하여 민족의식을 깊이 자극받고, 사상동향이 점점 과격해졌다. 대동아전쟁 발발 후에는 물량을 자랑하는 영·미를 상대로 제국은 반드시 패전할 것이며 그 때야말로 조선 독립의 호기라고 몽상하게 되었고, 다시 1942년 2월경, 도조東條 수상이 발표한 버마, 필리핀 독립 성명에 자극을 받아 마침내 실천운동을 결의하기에 이르렀다"고 하였다.

위의 피고 3인은 1942년 5월, 조선 독립을 목표로 그 날을 준비하며 문무文武를 연마하고, 대중을 지도하여 한번 기회가 도래하면 일제히 봉기하고, 목적 완수를 기하자는 취지 하에 결속 매진할 것을 맹세하고 집단을 결성하여 다음과 같은 운동방침을 협의했다(「독립운동판결문」).

조선 연구에 적합한 서적 잡지를 구독, 윤독하여 실력 향상을 도모함과 함께, 언문 연구를 하여 조선민족으로서의 자각을 높일 것.
체력 연마에 힘쓸 것.
대중을 획득하는 것은 영화가 단순하고 효과적이므로 영화 연구를 할 것.
기독교도, 순천공립중학교 동급생, 여자 청년층을 목표로 하여 동지 획득에 힘쓸 것.
본 운동자금 획득 방법으로 화초 재배를 할 것.

왜 판결에서 제1조가 아니라 제8조를 적용했을까? 독립 실현 후의 국체에 대한 전망을 갖고 있지 못하다고 판단하고, 국체 변혁이 아니라 국체 부정을 선택했을지 모른다.

3
공산주의운동·의식의 최종적 도려내기

┃ 분산적 개별적 운동에 대한 적용

1940년대 전반, 치안유지법 적용 대상은 조선독립을 위한 민족운동과 그 사상에 중점을 두었지만, 공산주의운동과 사상에 대해서도 계속되었다.

　1941년 5월 2일 검사국 감독관 회의에서 마스나가 쇼이치增永正一 고등법원 검사장은 신 치안유지법 시행에 즈음하여, 공산주의운동이 종래의 형태인 통일적 조직적 운동 형태에서 분산적 개별적 운동형태로 이행하고 있다고 하여, 경계하도록 훈시했다.[34] 더욱 1943년 4월 재판소 및 검사국 감독관회의에서 미즈노水野重功 고등법원 검사장은 공산주의운동에 대하여 "부단한 검거에 의해 점차 쇠미 조락하는 경향을 보이고 있다"고 하면서도 "그 수단 방법이 현저히 교묘해지고, 그 검거의 단서를 확보하는 것이 점점 곤란해지고 있어서 언제, 어떤 기회에 그 발톱을 드러낼지 모르는 상황

34　「檢事局監督官に對する增永高等法院檢事長訓示(1941.5.2)」, 高等法院檢事齋藤榮治編, 『高等法院檢事長訓示通牒類纂』; 『일제하 지배정책사자료집』 제8권, 449쪽.

이다"고 하여 적절한 조치를 취할 것을 지시하고 있다.[35] 그것은 구체적으로는 공산주의운동을 한층 더 도려내라는 지시였다.

1944년 8월, 조선총독부『제85회 제국의회 설명자료』에는 공산주의운동의 현상에 대하여 "합법적인 장소에 숨어서, 이른바 인민전선전술을 채용하고 있다. 전시 상황에서 국책 수행을 위해 국민생활의 전면을 통해 강력한 억압이 가중되고, 이에 대한 국민의 불만과 원성이 대두함에 따라 자본주의 국가의 몰락과정이 진행되고 있다고 하면서 민중 획득의 기회로 삼고 있다"고 파악했다.

1941년 2월 4일 경성지방법원은 염홍섭廉弘燮, 玉川弘燮에게 신 치안유지법 제1조 제1항 후반과 제2항 후반에 해당한다고 하여, 징역 2년 집행유예 4년을 부과했다. 중앙대학생인 염홍섭은 1937년 9월경부터 고바야시 다키지小林多喜二의『오르그オルグ』,『부재지주』, 가와카미 하지메河上肇의『두번째 가난 이야기第二貧乏物語』, 오모리 기타로大森義太郎의『유물변호법 독본』등 좌익서적을 탐독하여 공산주의에 공명, 마르크스주의 연구를 목적으로 한 그룹을 결성하여 재경 제일고등보통학교 동창생에게 공산주의 선전 계몽을 하여, 코민테른·일본공산당의 목적 달성을 위해 협력할 것을 의도했다고 하였다. 구체적인 「범죄사실」이 된 것은 1938년 4월 동창생에게 말한 다음과 같은 것이다(「독립운동판결문」).

지나사변의 결과, 중일 양국은 다대한 인적 물적 자원을 소모하기에 이르러, 민중의 반전사상이 왕성하여, 프롤레타리아혁명은 반드시 도래할 것이다. 소련은 이를 적극적으로 원조하고 세계를 공산화하는 것은

---

35 『不敬記錄』, 고베시립도서관 청구문고 소장.

당연하므로 우리는 그 기회에 궐기하여 조선을 일본제국의 굴레에서 이탈 독립시키고, 공산주의사회 실현을 도모하지 않으면 안 된다. 또한 그 실현은 가까운 장래일 것이므로, 항상 이에 대비한 연구와 준비를 게을리 해서는 안 된다.

2월 8일, 광주지방법원은 조원경曹元京, 夏山豊康에게 신 치안유지법 제1조 제2항을 적용하여 징역 1년, 집행유예 3년을 부과했다. 친구의 감화로 공산주의사상에 공명한 니혼日本대학생인 조원경이 조선에서의 사유재산제도를 부인하고, 공산주의 사회를 실현할 목적으로 광주 출신자 몇 명을 모아 조직한 친목단체인 친우회를 개조 확충하여, 그 사정을 모르는 동회 회원에게 좌익사상을 부식하여 점차 계급의식을 앙양하고자 했던 점, 더욱 1939년 1월, 친우회를 해산하여 「라핏 클럽ラピッド俱樂部」을 조직한 것이 범죄라 하였다(「독립운동판결문」).

10월 16일, 경기도 경찰부장은 경무국장에게 도쿄음악학교 2년생인 김태성金泰成, 金源泰成에 관한 「수사 보고서」를 제출했다. 김태성은 1938년 10월부터 1939년 3월까지 약 45회, "민족주의, 혹은 공산주의 등에 대한 의식 앙양 선전에 노력했다"고 하였다. 그 하나는 "조선민족의 해방과 조선혁명운동은 생각하는 것처럼 빨리 효과가 나지 않으므로 우리들 일 세대에 성공하지 않을 때는 다음 세대에까지 계속할 필요가 있다"고 하여 "어느 시기까지는 우리가 각자 실력을 양성하며 시기를 기다리고, 후일 우리 중에 누구라도 최초로 혁명 그 외의 운동을 시작한다면, 그 때는 모두 이에 합류하여 한 덩어리가 되어 소기의 목적을 달성하도록 노력해야 한다. 따라서 현재 단체의 명칭을 따로 붙일 필요도 없고, 어떤 형태로 남겨둘 필요는 없다. 후일 만약 발견되어도 절대로 비밀을 엄수해야 한다"는 것이었다. 이것은 신 치안유지법 제5조와 제11조의 협의죄로 "기소가 필

요하다"고 하였다.[36]

1942년 5월 4일, 인천경찰서장은 경기도 경찰부장 등에게 「치안유지법 위반사건 피의사건 검거에 관한 건」을 보고하고 있다. 조선공산당 재건 사건에 연좌된 여운철呂運徹(1941.10.2 검거)이 일흥사日興社에 근무하던 중, 동료인 유진강兪鎭綱, 兪村鎭綱, 유석하柳錫河, 柳河錫河 등 동지를 획득하고, 적화 교육을 했다고 한다. 계급의식 앙양에 전념하고, 다시 자본가에게 대항할 목적으로······직공을 선동하여 태업을 하도록 했을 뿐 아니라······공장 집무 시간 외의 잔업제도에 복종하지 않는 등의 활동, 집요한 실천적 투쟁을 하는 등, 협의·선동했음이 판명되었다고 하여 치안유지법 제11조와 제12조에 해당한다고 하였다.[37] 이 후, 두 사건의 사법 처분 상황은 불명이다.

5월 18일, 대구복심법원은 박내수朴來秀에게 신 치안유지법 제11조를 적용하여 징역 2년을 선고했다. 1937년 6월경, 사상범 전력자인 박원근과 현재 정세에서 볼 때 즉시 공산주의혁명을 실현할 수 있다고는 기대할 수 없지만, 동지를 다수 획득하여 프롤레타리아 일반 대중을 지도 훈련하고, 혁명적 기분을 양성하면, 종국의 목적을 달성할 수 있다는 뜻, 그 외의 농민층과 노동층에서 동지 획득 방법, 실천운동의 방법 등에 관하여 협의하고 그 실천운동, 투사 육성, 교양의 의미에서 박원근이 공산주의에 관한 이론적 지도를 받고 이를 긍정하고 협의한 것 등 4건이 범죄라 하였다(「재소자자료」).

11월 11일, 청진지방법원은 김일호金日虎에게 징역 1년 6월을 선고

---

36 「治安維持法違反被疑者搜査に關する件」(1941.10.16), 『사상에 관한 정보 14』, 경성지방법원 검사국 문서, 국사편찬위원회.
37 「治安維持法違反被疑事件檢擧に關する件」(1942.5.4), 『사상에 관한 정보 14』, 경성지방법원 검사국 문서, 국사편찬위원회.

했다. 김일호는 1934년에 치안유지법 위반으로 징역 2년의 유죄를 받은 적이 있다(미결일수를 통산하여 즉일 출옥). 공장 노동자로 근무 중, 대동아전쟁이 발발하자, 일본은 반드시 피폐하여 패전할 것이라고 망녕되게 단정하고 조선 독립을 위해서는 공산주의사회의 실현을 지향하여 다수 무산자를 선동할 것을 결의하고, 1942년 5월 공장의 변소 내 판자벽에 연필로 한언문漢諺文으로 "무산자 청년에게 고함. 무산자 반도 청년남녀여, 우리는 하루라도 빨리 공산주의운동을 선동 선전하여 제국주의를 타파하자"고 적고, 공원 1명에게 읽도록 했다고 하여 신 치안유지법 제5조[38]와 제11조[39]를 적용했다.[40]

1944년 9월 27일, 경성지방법원은 경성고등공업학교 재학 중인 만용모萬容模, 萬山容模에게 신 치안유지법 제11조를 적용하여 징역 2년을 부과했다. 1941년 7월 뒷산을 산책하면서 친구에게 "독소전은 소련이 승리할 것이라고 말한 후, 우리들 자연과학을 전문으로 하는 자는 사회의 상식을

---

38 [역주] 신 치안유지법 제5조: 제1조부터 제3조의 목적에 의해 그 목적 사항 실행에 관하여 협의하거나 선동하고, 그 목적 사항을 선전하고 그 외 목적 수행을 위한 행위를 한 자는 1년 이사 10년 이하 징역에 처함.
* 제1조(국체 변혁을 위한 결사 조직 및 가입), 제2조(앞의 조의 결사 지원), 제3조(제1조의 결사 조직을 준비할 목적으로 결사를 조직)
山田洋一郎, 『治安維持法解義』, 新光閣, 1941에서 번역.
39 [역주] 신 치안유지법 제10조: 사유재산제도를 부인할 것을 목적으로 결사를 조직한 자 또는 이 사실을 알고 결사에 가입한 자, 또는 결사의 목적 수행을 위한 행위를 한 자는 10년 이하의 징역 또는 금고에 처함.
제11조: 앞의 조의 목적에 의해 그 목적 사항의 실행에 대해 협의하고, 또 그 목적 사항 실행을 선동한 자는 7년 이하의 징역 또는 금고에 처함.
山田洋一郎, 『治安維持法解義』, 新光閣, 1941에서 번역.
40 「地檢秘 제310호, 1942.9.29., 金日虎의 공판청구서」, 김경일 편, 『일제하 사회운동사 자료집』 제7권.

넓히고자, 사회과학을 연구하지 않으면 안 되며, 그를 위해서는 동지를 획득해야 한다"고 말한 것이, 사유재산제도 부인의 협의죄라고 하였다. 또한 이 판결에서는 예심종결 결정에서 정리한 「범죄사실」의 절반 이상이 무죄로 되었다(「독립운동판결문」).

이상과 같이 거의 분산적 개별적 운동 형태였고, 단속 당국의 입장에서 보면 그 수단 방법이 현저히 은밀 교묘하고 검거 단서를 얻는 것이 매우 곤란했지만, 적절한 조치로 그것들을 도려내어 나갔다.

공산주의 결사 · 집단에 대한 적용

공산주의운동 중 분산적·개별적 운동 도려내기가 진행되는 한편으로 이 시기에도 결사나 집단에 대한 신 치안유지법이 발동되었다.

우선 결사보다도 느슨한 집단이 활용된 사례를 살펴보자. 1942년 7월 27일, 경성지방법원은 야마오카 용범山岡龍範 등 9명에게 신 치안유지법 제4조(국체변혁을 목적으로 한 집단 결성·참가), 제11조(사유재산제도 부인의 협의·선동)를 적용하여 유죄판결을 내렸다. 범죄 당시 20세 미만이었던 6명이 3년 이상 5년 이하부터 1년 이상 2년 이하의 징역을 선고받았다. 피고들은 "친구의 감화, 사회과학에 관한 서적 탐독, 혹은 생활난의 환경에서 모두 조선을 일본 제국의 굴레에서 이탈시켜 현재의 자본주의사회를 전복시켜 무산자 독재의 공산주의 사회를 실현할 것을 열망했다"고 하였다.

중심인물로 지목된 야마오카 용범은 1939년 10월 중순, 전술한 목적을 실현하기 위해서 '수원예술호연구락부水原藝術互研俱樂部'라는 위장집단을 결성하여 참가를 권유하는 등 15건의 활동을 했다고 하였다. "조선독립실천운동을 하기 위해서는 미국에 있는 조선인과 연락해야 하며, 우리는 앞으로 실력을 양성하여 조선인으로서의 정신을 함양하여 동지 획득에 힘쓰고, 단체의 힘으로 목적을 달성해야 한다"고 협의(1939.9), "혹은 사업을 일으켜, 무산자 아동을 수용하여 당해 아동에 대하여 민족의식 주입에 힘쓴다면, 조선 독립 및 공산주의사회 건설의 목적 달성이 용이할 것"이라고 협의(1941.3)한 것이 범죄라고 하였다(「독립운동판결문」).

12월 2일 경성지방법원은 경기중학교를 중심으로 한 송택영宋澤永 등 13명에게 신 치안유지법 제1조를 적용하여 유죄판결을 내렸다. 송택영은 경기중학교의 국어(일본어) 상용 강제방침에 대하여 국어 상용은 결국 조선민족의 멸망을 초래하는 것이라고 하여 마침내 민족주의 사상을 품은 한편, 공산주의에 흥미를 갖고, 각종 좌익문헌을 탐독하여 공산주의 사상에 공명하고, 조선의 독립 및 공산화를 꾀하기 위해 동지를 규합하고 결사를 조직할 것을 기도했다. 그리고 6명이 모여 본 회합은 공산주의 또는 민족주의 신봉자만의 회합으로 주의는 다른 점이 있지만 조선민족 해방을 위해 일본제국주의와 투쟁한다는 점은 서로 일치하므로 조선독립을 목적으로 결사를 조직하고, 조선민족 해방을 위해 헌신할 뜻을 협의한 다음, 「조선인해방투쟁동맹」을 조직하고, 여러 가지 활동을 한 것을 범죄로 간주하여 징역 5년을 선고했다(「독립운동판결문」).

1944년 7월 21일, 대구지방법원은 임시헌林時憲 등 10인에게 신 치안유지법 제1조를 적용하여 징역 8년부터 3년의 징역형을 부과했다. 1938년 4월경, 임시헌은 "우리 친구들끼리 계를 조직하여 널리 각지의 친구와 도모하여 단결을 견고히 하면 만사가 성취할 것이다. 일본은 장기 전쟁을 하고 있으므로, 이 기회를 이용하여 각지의 단체와 연락하여 공산운동을 전개하면, 조선 독립이 이루어졌을 때 모든 차별대우를 해소하고 안락한 생활을 향유할 수 있을 것이다. 앞으로의 사상운동은 조선의 종래의 계를 이용하면 용이할 것이므로 조선과 또 미래의 자손을 위해 계를 조직하여 공산운동을 하자"고 제안했다. 그 결과 「준향계準香稧」라 하는 비밀결사가 조직되었다.

1938년 가을에는, 임시헌 등이 준향계 가입을 권유했을 때, "우리들 평범한 청년이 모여 일심동체가 되어 공산운동에 노력하면, 곧 조선에 공산사회가 실현하여 부자도 빈자도 없이, 모두 일하고, 모든 물자를 평등히 분배하고 실로 안락한 생활을 향유할 수 있음과 동시에 조선 독립도 실현하고 자자손손 행복하게 될 것이다. 따라서 표면은 친목계를 가장하고 내면 공산운동을 전개하지 않으면 안된다"는 뜻을 제안했다고 한다. 임시헌은 징역 8년을 선고받았다(「재소자자료」).

10월 7일, 경성지방법원은 홍인의洪仁義 등 16명에게 판결을 선고했다. 징역 7년을 선고받은 홍인의는 1931년 러시아공산당에 입당하여 공산대학 졸업 후 코민테른으로부터 조선을 공산주의화하기 위해 활동하라는 지시를 받고 조선에 와서, 경성을 중심으로 생산부문에서 일하면서 공산주의운동을 하고자 활동했다고 한다. 1940년 11월에 박헌영과 회담하여, 각개의 공산주의운동자를 교양하여 그 조직체를 구성할 것을 협의한 점, 1941년 8월 출판이 중단된 기관지 『코뮤니스트』의 속간에 대하여 협의하고 직접 "우리 조선 피압박 노동자 대중 남녀노소여, 피에 굶주린 침략자를 이 땅에서 없애버리자. 각자 절박한 결사적 투쟁에 나서 상습적인 기능을 전부 발휘하여 역할을 수행하자. 일·소 개전이 이루어지면, 곡괭이, 끌, 가래, 낫 등을 들고 무장하여 싸우자"는 등의 원고를 작성하는 등 11건을 들어 조선 독립의 단계를 거쳐 조선을 공산주의화할 의도로 러시아공산당의 목적 수행을 위한 행위를 했다고 하였다. 신 치안유지법 제1조와 제10조를 적용했다.

또한 홍인의로부터 소련에서는 만민이 함께 일하고 함께 먹고 있는데, 소련 사회에 비하여 조선의 우리 노동자가 혜택을 받지 못하는 것은 자본가가 약간의 임금을 주고 남은 모든 것을 취득하기 때문이라는 것을 교양 받고, 공산주의 사회 실현을 희망하기에 이른 야마모토 병희山本秉熹 등 4인에게는 신 치안유지법 제11조를 적용하여 징역 2년에서 1년 6월을 선고했다. 한편 6명의 피고에 대해서는 "국체 변혁 혹은 사유재산제도 부인 목적을 갖고 있다고는 인정할 수 없고, 범죄 증명 없음"이라고 하여 무죄를 선고했다(「독립운동판결문」).

분산적 개별적 운동은 주로 협의·선동죄가 적용되기 때문에 양형은 비교적 가볍지만, 조직·집단이 되면 징역 5년이나 8년이라는 무거운 형량이 되었다.

4

종교사범에 대한 본격적 적용

▍'일본적 기독교'로 변용 강제

1940년 9월 22일, 경성일보는 「야소교 불령분자 검거, 올봄 이래 국체 변혁을 기도함」이라는 표제로 "총독부 경무국에서는 요즘, 반도인 목사, 장로, 전도사, 전도부인, 전 목사 등을 중심으로 한 불온 책동 비밀결사의 존재를 탐지하고, 그들이 기도한 국체 변혁, 불경죄, 유언비어 등의 증거를 파악함과 동시에, 20일 오전 4시를 기하여 각 도 경찰부는 일제검거의 긴급지령을 발령했다. 경무국 지휘 하에 전 조선에 걸쳐 일당 다수를 전격적으로 검거, 그들의 불온계획을 미연에, 심지어 단숨에 궤멸시켰다"고 보도했다. 동시에 "야소교도 내의 불순분자를 일소하고, 종래 반도에서 특수한 경향을 갖는 이 종교가 이를 계기로 하여 순화 갱생하고, 황국신민으로서의 자각 하에 종교보국에 매진할 것을 간절히 바라고 있다"는 경무당국의 담화도 게재했다.

경무국 보안과 『고등외사월보』 제14호(1940.9)에는 이 검거에 대하여 "현재의 사회는 악마가 조직한 사회라고 하며, 저주하고 부인함과 동시

「야소교 불령분자 검거」, 『경성일보』(1940.9.22)

에, 몇 년 후에는 야소가 재림하여 지상천국의 신사회가 도래할 것이라고 몽상하고 기대했다. 신사회의 혜택을 향유하는 자는 야소의 계명을 어기지 않는 충실한 교도뿐이라는 사상에 입각하여, 우리 국체 변혁을 목적으로 한 비밀결사를 조직하고, 이를 모체로 전 조선적으로 동지를 획득하여 지상천국을 건설할 것을 기도한 데다가, 불경한 언동이나 군사에 관한 유언비어 등의 악질범죄로 판명되었기 때문에 지금 이런 종류의 기독교도의 반국가적 불온분자를 탄압 제거하지 않으면, 도저히 기독교도의 지도 단속 목적을 달성할 수 없다"고 하여 사법당국과의 협의를 거쳐 치안유지법 등을 적용하여 9월 20일 일제검거에 착수했다는 것이다. 검거자는 193명인데, 그 사법처분 상황은 불명이다.

1930년대 후반에 시작된 유사종교 탄압은 등대사燈臺社 사건을 발판으로 하여 1940년대에는 기독교 전반으로 확대되었다. 우선 단속당국의 기독교 탄압과 세트가 된 강력한 통제방침 표명부터 살펴보자. 경무국 『고등외사월보』 제15호[41]에 게재된 「조선에서의 기독교 혁신운동」에는 "1936년, 조선기독교도의 신사 불참배 문제 대두 이래, 당국은 조선에서 기독교의 일본화를 목표로 강력한 지도단속을 가하고 있다"고 하고 나아가 "물심 양면에 걸친 조선기독교의 서구 의존관계를 근절하여 일본적 기독교로 순화 갱생시킨다"는 지도방침을 실시하고 있다고 한다. 1941년 장로대회가 열린 장소에서 경무국 보안과장 후루카와 가네히데古川兼秀가 한 강연 「기독교의 나아갈 길(1)」에는 다음과 같이 통제 경향이 보다 강해졌다.[42]

이유 없는 박해는 가할 수 없다. 국체 국책에 반하지 않는 한, 함부로 탄압을 가하지 않지만 종래 걸핏하면 교도 중 사도邪道에 빠지는 경우가 적지 않았던 것은 매우 유감이다. 지도할 여지가 있다면 관용을 가질 것이며, 건전한 행보를 보인다면 장려할 결의를 갖겠지만, 여전히 다른 마음을 품고, 그 태도를 고치지 않는 자는 단호히 단속할 방침이다. 회색은 어떠한 사상부문에서도 용서할 수 없으며 불순한 전향도 역시 용서하지 않겠다. 신속히 국체의 본의에 입각하여 궤도를 지켜 진정 일본적 기독교 건설에 힘써 주길 바란다. 그리고 더욱 조선의 기독교도로서 심원하고 장엄한 내선일체의 이념에 비추어 잘못된 민족관념을 버리

---

41 「朝鮮に於ける基督教の革新運動」, 고등법원 검사국 사상부, 『사상휘보』 제25호, 1940.12.
42 古川兼秀, 「基督教の進むべき途 (其の一)」, 『警務彙報』 418, 1941.2.

고, 그 위에서 종교가 갖는 위대한 감화력으로 대중 지도에 힘써 신질서 건설을 하려는 우리 국가적 사명을 이해하고, 전도보국傳道報國의 결실을 거두어야 한다. 이것이야말로 조선에서 기독교가 가야 할 길이며, 허락된 종교 자유의 경계이다. 전도에 국경이 없다고 해도, 국체 또는 국책을 무시한 자유 방자한 행동은 결코 있을 수 없다는 것을 명심해야 한다.

매우 위압적이며, 강한 협박과 경고라고 해도 될 내용이다. 당국의 입장에서 바람직한 기독교란 일본적 기독교이며, 그를 위해서는 "종래의 전도 방침과 교의 교리의 채택, 해석에 대해 재검토하여 일본적 개혁을 하도록 노력할 필요가 있을 것이다"라고 글을 맺었다. 마스나가 고등법원 검사장도 이미 1940년 10월 사법장관회의에서 "기독교계 여러 단체는 최근 국민정신 앙양에 자극을 받아 당국의 적절한 계몽지도로 시국을 잘 인식하게 되어, 점차 일본적 기독교로 전환하는 추세이며, 순조롭게 그 결실을 거두고 있다"고 하면서도, "또한 일부 완고한 교도 중에는 여전히 예전의 미몽을 버리지 못하고 불경, 불온한 언동을 일삼아 반국가적 준동을 감행하는 자가 적지 않다"고 하여 엄중한 단속을 요구하고 있다.

『경무휘보』 제420호(1941.4)에 게재된 경무국 보안과 「조선 야소교회의 현상」은 내용이 극히 조선의 야소교회의 진상을 꿰뚫고 그 폐해를 척결한 것으로 일 경방단원警防團員의 투서를 다루었다. 일요학교에서는 "친숙한 조선어로 가르치므로 감수성이 강한 소학교 생도가 특히 재미있어한다. 일본신화를 지우고, 성서의 창세기, 서양신화를 주입한다. 이것은 국사(일본사)교육을 파괴하고 전 국민교육을 파괴하는 것이다"라고 보고, 일요학교는 국어교육에 전력을 기울일 것, 목사 이외의 무자격자의 단상 설교를 엄금하고, 전임목사가 없는 교회는 월 1회, 또는 2회 순회목사의 설교를 듣도록 할 것이라는 개정복안을 제시했다. 결론은 좋은 일본인을 육성하는 것과 극히 관계가 없는 불완전한 교회는 일소하여 마을이 한마음이 되어 신사神社 1개소를 중심으로 신에 귀의하여 올바른 신앙에 입각하여 일치단결하고 인생의 성화聖化를 추진하여 충량한 국민정신을 작흥하는 것이라고 하였다. 일본 국내에서도 일본적 기독교에 대한 통제와 지도가 이루어졌지만, 조선에서의 통제는 일본과 비교할 수 없을 정도로 무시무시한 것이었다.

일본 내에서도 기독교 교단은 당국의 압력과 통제로 일본적 기독교로의 변용을 강제당하고, 전쟁 협력의 길로 나아갔는데, 조선에서는 훨씬 엄중하고 강력하게 통제되었다. 조선기독교 장로파를 예로 들면, 총회에서 당국의 지도에 순응할 것을 결의했는데, 경무국 보안과에서는 더욱 그것을 촉진시키기 위해 상임위원을 소집하여 간담회를 개최하고 직접 지도를 하며 혁신요강을 공표하도록 했다. 그 지도원리는 "국체의 본의에 입각하여 국책에 순응하고, 과거 서구 의존의 사악한 생각을 금지하고 일본적 기독교로 순화 갱생을 위해 노력함과 함께 교도들에게 각각 자신의 직분에서 멸사봉공의 성의를 다하며 협심육력協心戮力,[43] 동아신질서의 건설에 용왕매진勇往邁進할 것을 약속함"이라고 되어 있다.[44] 이리하여 각 교파를 일본적 기독교 하에 칭칭 동여매는 한편, 그 지도원리에 저항하는 완고한 교도의 불온언동은 치안유지법 등으로 탄압해나갔다.

---

43 [역주] 마음을 모아 힘을 다함.
44 「治安狀況-朝鮮耶蘇教長老會の特性」, 조선총독부 경무국 보안과 편, 『고등외사월보』 제14호, 1940.9.

완고한 교도에 대한 탄압

완고한 교도의 불온언동을 일소하고자 한 것이 앞서 살펴본 1940년 9월 20일의 일제검거이며, 이어서 전 조선에서 단행된 것이 만국부인기도회 사건이다. 1941년 2월경, 경무국에서 각 도 경찰부에 수사가 지령되어, 28일에는 황해도경찰부에서 범죄 혐의가 인지되고 있다. 6월부터 8월에 걸쳐, 각 도 경찰부의 취조가 끝나고 피의자가 각 지방법원 검사국에 송치되었다. 6월 18일 황해도 경찰부에서 해주지방법원 검사정五井節藏에게 보낸 북장로파 선교사 핼리 코빈튼 등 5인의 「의견서」에는 북장로파의 포교 활동에 대하여 다음과 같이 파악하고 있다.

> 다년간, 미국의 전통적 정책인 종교적 침략 의도를 받들고, 그 거대한 자본력과 조선인 사이에 부식된 숨은 세력을 이용하여, 성서를 표면적 간판으로 하면서 우리나라 국체 고유의 신지관神祇觀을 부정한다. 일반 야소교도에 대하여 우상숭배가 죄악임을 고취함과 함께 음으로 신사참배를 국민에게 장려하는 일본제국은 악마국가로서 여호와의 뜻에 의해 조만간 멸망할 것이라고 선전 방해했다. 그 뿐 아니라 이번 지나사변에 대하여 일본은 입으로는 동양 평화 건설을 주창하지만, 내심은 자원 획득 및 극동에서의 권세욕을 만족하려는 영토적 침략에 불과하다고 비방, 사실 왜곡, 제국이 불리하도록 획책하고(하략)

1941년 2월, 「만국부인회 기도회 순서」를 각 교회에 배포하고, 기도회에서 위와 같은 전시戰時 또는 사변에 즈음하여 군사에 관하여 유언비어를 유포한 것이 조선 불온문서임시취체령 및 육군형법, 해군형법에 해당하는 범죄라 하였다. 핼리 코빈튼의 언동은 현재, 우리나라가 국가의 총력을 기울여 동아 신질서 건설에 매진하고 있는 현실을 부정하고, 조선민중 위의 거대한 세력을 갖는 조선인 기독교도에게 호소하여, 몽롱한 교도에게 아직 잔존한 외국인 선교사의 종교적 지배력을 교묘히 이용하여 전쟁 혐오적 또는 반전적 사상을 주입하려는 것으로, 일지사변(중일전쟁) 발발 이래 일본적 기독교로 변화하고자 하는 일반 신도의 인심을 교란하고 치안을 방해하는 이른바 종교 모략이라고 단정하여 기소 엄벌을 요구했다. 6월 26일, 평안북도경찰부에서 신의주지방법원 검사정에게 보낸 5명의 의견서에는 기도회 개최의 취지 목적 등에 관하여 "단순히 성서를 통하여 전 세계 인류에게 신의 복음을 전파하려는 하나의 수단에 불과하다고 하고, 입으로는 기독의 박애주의를 강조하고 표면 종교의 초국가적 존재를 주장하지만, 사실상 어디까지나 미국이 과거 오랫동안 취해온 우리 제국에 대한 외교 공세의 도구로 삼은 것"이라고 간주하고 있다.

선교사와 신도 27명이 기소되었다고 하지만, 그 후의 사법처분 상황은 불명이다. 선교사는 검사국에서 조사를 받은 후, 1941년 9월 조선에서 철수했다.

다음으로 치안유지법 위반사건을 살펴보자.

1941년 10월 9일, 경성지방법원은 장로파 교회 목사 강종근姜琮根, 松本琮根에게 신 치안유지법 제5조(선동)를 적용하여 징역 1년 6월을 부과했다. 「범죄사실」의 하나로 간주한 것은 1939년 4월 창도昌道교회에서 교도 약 50명에 대하여 「부활절을 맞이하여」라는 제목으로 "겨울이 끝나 봄이 돌아와 초목도 활동을 시작한 이런 시기에 부활절을 맞이한 우리들의 정신에도 생명력이 충일하지 않으면 안 된다. 우리는 타락하여 죽어 무덤 속에 잠자고 있는 조선 사회에 대하여 생기 진작을 외치고 있는 것이다. 비상시국에 즈음한 오늘날, 조선사회는 깨어있지만 꿈이 없는 사회라고 설교하여 민족의식 앙양에 힘썼다"고 하였다(「독립운동판결문」).

11월 4일 광주지방법원은 목사인 손양원孫良源, 大竹良源에게 신 치안유지법 제5조를 적용하여 징역 1년 6월을 부과했다. 손양원은 그 성서관聖書觀에서 나온 유심적 말세론에 입각하여 우리나라를 포함한 현존 국가의 멸망과 천년왕국 건설의 필연성을 확신한 자로, 이 사상에 의해 우리 국민의 국가신념을 교란시켜 국체의식을 변혁하게 하여 현존 질서의 혼란 동요를 유발하면서, 궁극적으로 이른바 아마겟돈에 의해 현존 질서가 붕괴하니, 우리나라를 비롯한 세계각국의 통치조직을 변혁하여 천년왕국 건설을 실현하고자 추구해온 자라 했다. 1940년 4월 애양원愛養園 교회의 환자 7백 수십 명에게「주主의 재림과 나의 고대」라는 제목으로 그리스도의 재림에 의해 "지상에서 모든 재앙, 즉 전쟁, 질병, 흉년, 기아 등이 사라지고 신자인 나환자의 나병도 전쾌하고 영원히 평화 롭고 행복한 지상왕국, 또는 신천神天, 신지新地, 신神의 국가가 건설된다"는 설교를 한 것이 범죄로 간주되었다(「독립운동판결문」).

  『사상휘보 속간』(1943.10)의 「조선중대사상사건 경과표」에는 1942년 5월 12일, 평양지방법원에 예심청구된 이기선李基宣 등 35명의「야소교도의 신사 불참배, 교회재건운동 사건」이 게재되어 있다(검사국의 수리는 68명). "모두 조선 야소교 장로파의 교역자 혹은 독실한 신자인 바, 1939년 8월 이래, 성서의 이른바 말세론에 입각하여 조만간 기독이 재림하여 지상신地上神의 국가가 실현된다고 하고, 궁극적으로 우리 국체를 변혁하여 천년왕국을 건설할 것을 목적으로 신사 불참배 재건총회 조직준비회인 비밀결사를 조직하고 전 조선에 걸쳐 그 확대 강화를 위해 활동하고 또한 여러 가지 불온언동을 일삼았다"는 것이 범죄요지라 하였다. 판결은 불명이다.

  1942년 8월 10일 광주지방법원은 신 치안유지법 제5조를 적용하여 전도사 김용말金龍沫, 華山正一에게 징역 2년 6월을, 박동환朴東煥, 信一正男과 조용택趙龍澤, 賀川龍澤에게 각 징역 1년 6월을 부과했다. 피고들은 모두 "말세론적 사상을 전도하여 우리 국민의 국체의식을 마비시켜, 국가 관념을 동요시키면서 서서히 현존 질서의 혼란을 유발하고, 기독의 재림을 기다려 기독왕국의 건설을 실현할 것을 궁극의 목적으로 하여 기독교 전도의 합법적 가면에 숨어, 그 주의 사상 선전에 힘써 왔다"고 하였다.

김용말에 대해서는 "야소교도의 신사참배 문제 발생 이래, 조선기독교의 현상은 부패 타락의 외길을 걸었기 때문에 교세가 현저히 쇠퇴하고 있다. 이대로 진행하면 조선에서 기독교는 쇠미하는 길밖에 없으니, 이렇게 되어서는 지상천국의 실현을 도저히 기대할 수 없다고 하여 앞으로 신사 불참배 동지들이 결속하여 성서연구에 의해 신앙을 정화하고 교세의 부흥을 꾀하는 이외에 방법이 없다고 확신했다."고 하여 개별적인 언동을 16건을 열거하였다(「독립운동판결문」).

9월 30일, 광주지방법원은 장로파 목사 박용의朴容義, 新本容義에게 신치안유지법 제5조를 적용하여 징역 3년을 선고했다. 장로파에 대하여 "앵글로색슨민족의 자유민주주의사상에 조선민족주의사상을 섞은 복잡기괴한 성격을 갖고 있는데, 그 교리에 따라 지도되는 교도의 사상 역시 자유주의적 민족주의적 색채가 농후하여 국가신념이 결핍되어 있다"고 하였다. 게다가 박용의는 아마데라스 오미카미天照大神와 여호와가 이명동일신異名同一神이므로 신사참배는 교리위반이 아니라고 하는 불경한 신관神觀으로 교도 들을 지도하였는데, 그것은 궁극적으로 여전히 신사를 우상으로 간주하는 것이라고 단정했다.

범죄로 규정한 박용의의 구체적인 언동이란, 1939년 5월부터 1940년 9월에 걸쳐 매주 수요일과 일요일에 교도 이삼백 명에게 "기독의 재림이 가까워졌다. 기독은 육체를 갖고 지상에 재림하는데 그 때 세계 각국은 멸망하고 기독은 만왕의 왕이 되어 천년왕국을 건설하여 세계를 지배하게된다. 신앙이 돈독한 자만이 이 왕국의 백성이 되고 불신자는 지옥에 떨어진다. 그러므로 우리 신자는 점점 신앙을 굳게 하여 재림을 기다려 그 백성이 되지 않으면 안된다"는 뜻의 설교를 한 것이 국체 변혁의 선동이라 하였다(「독립운동판결문」).

1944년 2월 4일, 광주지방법원은 장로파 목사 김기섭金基燮, 金山金鑄에게 신 치안유지법 제5조를 적용하여 징역 1년 6월을 선고했다. 이 신앙은 성서를 유일한 절대지상의 교리로 신봉하고 성서에 기재된 사실은 모두 신이 예정한 진리의 표시이므로 장래 반드시 실현될 것이고, 인류는 이를 신앙함으로써만, 영원의 구원을 향유할 수 있다고 맹신한다는 것이다. 1941년 4월 하순, 신자 50명에 대하여 「인생의 위기」라는 제목으로 "우리 조선인도 생활난, 취직난, 입학난 등 대환난에 직면해있는데, 이러한 현상은 성서 마태복음에 기록된 말세현상이므로 기독의 지상 재림도 목전으로 다가왔고, 기독이 재림하면 앞서 말한 것 같은 위기는 물론, 우리 조선인의 대환난도 없어진다. 현세의 세계각국은 완전히 기독이 통치하는 천년왕국으로 변혁된다"고 말한 것인 범죄의 하나라 하였다(「독립운동판결문」).

▌민중종교에 대한 적용

마스나가 쇼이치增永正一 고등법원 검사장은 1940년 10월 사법관 회의에서 유사종교단체의 단속에도 언급하고 있다. "여전히 이들 여러 단체 관계자의 준동이 끊이지 않고 불온한 언동을 일삼아 인심을 현혹시키고 치안을 방해하고 있다"고 하여 "합법적 단체의 교리 설교 또는 이면의 사상동향에 대해서도 재검토할 필요가 있다"고 훈시했다.

1941년 7월 31일, 경성지방법원은 「북학교北學敎」의 윤상명尹尙明 등에게 징역 1년 6월에서 6월을 선고했다. 윤상명은 1929년에 조선은 고래 동양의 독립국으로 현재는 일본의 영토에 속해있지만 이는 일시적 현상에 불과하며 가까운 장래에 천지개벽하여 독립국이 될 것을 말한 것이 정치에 관한 불온한 언동을 하여 치안을 방해했다고 하여 보안법 제7조를 적용했다(「독립운동판결문」). 1930년대 후반 이러한 종교단체에 대해서는 보안법을 적용했지만, 1940년대가 되면 주로 치안유지법을 적용해 나갔다.

1941년 10월 31일, 대구지방법원은 나카하라 용석中原庸錫 등에게 징역 3년 6월을 부과했다. 고등법원 판결에서 인용된 내용을 보면, "독신자 1만 2천명은 도道가 통한 군자가 되어 역병을 치유할 수 있는 신통력을 얻으며 조만간 전 세계에 대전쟁이 일어나 역병이 유행하여 일본을 비롯한 각국이 멸망할 때 이 군자 1만 2천 명은 신통력으로 조선을 독립시키며 장래 영원히 조선 독립 건국의 대공로자가 되어 국가 및 전 국민으로부터 우대 존경받게 될 것"이라고 했다. 이 조선 독립을 목적으로 한 종교단체를 무명의 비밀결사로 간주하여 신 치안유지법 제1조 후반을 적용했다.

이 판결에 대해 나카하라 용석 등은 상고했다. "전혀 황당무계한 말이며, 객관적으로 관찰하여……조선에 대한 제국의 통치에 변동을 가져올 리가 없고 하물며 도가 통한 군자의 신통력으로 조선이 독립한다는 것은 전혀 그 결과가 발생할 가능성이 없는 것이다. 그 저주로 사람을 살해하려고 해도 선택할 여지가 없다. 피고인 등의 행위는 위험성이 있는 것이 아니며 이른바 불능범不能犯에 속하여 죄가 성립되지 않는다"는 이유를 들었다.

그러나 1942년 1월 26일 고등법원은 국체 변혁에 대해 "그 목적 실현의 방법이 반드시 공산주의결사와 같이 계급투쟁 및 폭력혁명에 의한 것, 즉 현실적인 점이 필요하다고 해석되는 것은 아니다. 포교와 그 외의 방법으로 민족의식 앙양을 도모하고 서서히 독립의 기운을 양성하고 평화적 수단으로 그 목적을 달성하는 것 역시 그 방법의 하나이다. 따라서 이러한 방법은 비현실적이라고 해도, 반드시 결과가 발생할 위험성이 없다고 단정할 수 없다"고 하여 상고를 기각했다.[45] 비현실적이라고 하면서도 처분은 엄격했다. 이것이 판례로 확립하여 '유사종교'를 국체 변혁 결사로 처단하는 것이 가속화되었다.

8월 13일 경성지방법원은 시천교와 증산교의 두 교의를 통합한 신종교를 창도한 김언수金彥洙에게 신 치안유지법 제1조 후반을 적용하여 징역 2년을 선고했다. 조만간 전 세계에 대전쟁이 일어나 역병이 유행하고 일본을 비롯한 각국이 멸망에 빠지게 되는데, 그 때……조선을 독립시켜, 장래 영원히 조선 독립 건국의 대공로자로 국가 및 국민으로부터 우대, 숭배 받을 것이라고 주장하여 단원 획득 활동을 벌인 것이 범죄로 간주되었다(「재소자자료」).

9월 22일, 동 법원은 신영화申永和, 平山永和에게 신 치안유지법 제1조 전반을 적용하여 징역 5년을 선고했다. "조만간 세계에 병으로 인한 재앙, 전쟁으로 인한 재앙, 흉변으로 인한 재앙의 삼재三災가 발생하여 부자와, 지식인, 권력계급은 모두 사멸하고 일본을 비롯한 세계각국은 멸망에 빠지며 그 때 도선道仙 군자 1만 2천 명은 신통력으로 생존하며 조선을 독립시킬 수 있고 장래 영원히 조선 건국의 대공로자로 우대받을 것이다"라고 하여 무명의 종교단체를 조직한 것이 범죄로 간주되었다(「독립운동판결문」).

1943년 10월 9일 전주지방법원은 「신인동맹神人同盟」을 조직한 도카선표東華宣杓에게 신 치안유지법 제1조 전반을 적용하여 징역 8년이라는 중형을 선고했다. 신인동맹은 미륵불의 신도 등을 규합한 것으로 "현세는 이미 후천개벽의 기운이 들어와 있으며 이 기회에 우리들 미륵불 신자가 단

---

45 「치안유지법위반피고사건-中原庸席 외 1인」, 사법협회 발행, 『고등법원판결록』 제29권(1942); 『(국역)고등법원판결록』 제29권, 법원도서관, 2018.

결할 때는 조선 독립이 반드시 성공하므로 우리는 이 기회를 잃지 말고, 강고한 단체를 만들 필요가 있다"고 주장하여 "이번에 발생한 지나사변도 결코 우연이 아니며 일본 멸망의 전조인 병재兵災이며, 따라서 소화昭和도 조만간 퇴위하게 될 것"이라는 말을 한 것이 조선 독립을 목적으로 한다고 하였다(「가출옥」).

그런데, 1943년 후반 이후의 판결에서는 민중종교에 대한 신 치안유지법 적용에 변화가 보인다. 제1조부터 제7조 혹은 제8조의 적용으로 바뀐 것이다. 국체 변혁 결사(제1조)가 아니라 국체 부정 혹은 신궁神宮·황실의 존엄 모독의 결사(제7조)와 제7조의 목적 수행을 위한 집단 조직(제8조)를 적용했다. 〈표 16〉에서 국체 부정 혹은 신궁·황실 존엄 모독 항목의 인원이 1942년 후반에 급증한 것은 기소 단계의 건수이므로 그 예심 및 공판과 판결은 1943년 이후가 되는 것으로 생각할 수 있다.

그러한 추측에 부합하는 것이 1943년 8월 14일 경성지방법원의 「무극대도교無極大道敎」에 대한 예심종결 결정이다(108명을 공판에 회부하여 15명을 면소, 5명을 공소 기각). 검사국의 수리 인원은 52명이고, 1942년 8월과 1943년 3월에 창도자인 김찬호金瓚鎬 등 30명이 예심 청구되었다. 김찬호는 1941년 9월경에 검거된 모양이다.

예심종결 결정서에 의하면, 김찬호는 1939년 12월경부터 "세계에는 조만간 역병, 흉작, 병란 등 삼재가 도래하며 당시의 지나사변을 비롯하여 소화17년(1942)까지는 세계대전란으로 이행하여 인류의 사멸, 국가 멸망 등이 이어지게 되는데, 이때에 옥황상제로부터 선한 자로 판명된 자만이 사멸을 면한다. 옥황상제는 우주만물의 창조주로 모든 것을 지배하며 우리나라의 천황을 비롯한 각국 군주라 해도 그 명에 따라 현재의 지위를 유지하는 것"이라는 내용의 포교를 하여 교도를 늘려나갔다고 한다. 이 「무극대도」는 우리 국체를 부정하고 황실의 존엄을 모독할 사항을 유포할 목적을 갖고 있었다고 규정한 외에 12건에 걸쳐 구체적인 포교와 기원祈願 등을 지도한 것이 치안유지법 제8조에 해당한다고 하였다(「독립운동판결문」). 그러나 그 후의 공판과 판결에 대해서는 불명이다.

1944년 1월 10일, 전주지방법원은 홍순옥洪淳玉, 山本淳玉 등 16명에게 징역 4년에서 1년을 선고했다. "일지사변(중일전쟁)이 발발하고 세계정세가 중대화하자, 이는 즉 강일순姜一淳의 교리인 후천선경後天仙境이 개벽開闢하고 5만년의 신천지가 실현하며, 강일순이 현세에 재림하여 그 지배 하에 아무런 불평·불만 없고, 불사·불멸의 평화세계가 창조되어 조선이 독립할 전조가 된다. 이 때문에 강일순을 교조로 하는 강력한 교단을 결성해두지 않으면 안 된다"고 하여 무명의 결사(후에 천자교天子敎라 함)를 조직하여 기원 제사를 올렸다고 하였다. 이것이 신 치안유지법 제7조의 국체 부정의 결사에 해당한다고 하였다.[46]

1945년 2월 2일, 광주지방법원은 정대건鄭大建, 河東万壽에게 징역 4년(그 외에 사기죄로 징역 1년)을 구형했다. 정대건은 괴멸에 빠진 미륵불교의 재건을 기도하여 "미륵불교 신자만이 신명한 영력에 의해 삼재三災(흉凶, 병兵, 병病)와 팔난八難을 면하여 살아남고 조선에 미륵불의 재생인 성인이 출현하여 조선법을 만들고 조선은 굳게 전 동양을 지배하고 미륵불사회인 종교사회를 건설하여 그 종교의 교도가 사회의 실권을 장악하여 통치한다"는 내용의 포교를 한 것이 신 치안유지법 제8조 국체를 부정한 집단에 해당한다고 하였다(「독립운동판결문」).

6월 15일, 전주지방법원은 신태제申泰濟, 正岡憲一에게 신 치안유지법 제7조를 적용하여 징역 5년을 선고했다. 1943년 2월 신태제에 의해 창도,

---

46 「(전라북도지방) 昭和18年 山本淳玉 외 15인 판결문」, 한국역사연구회편, 『일제하 사회운동사 자료총서』 제11권.

조직된 정도령正道靈은 "우리 국체를 부정할 사항을 유포할 것을 목적으로 한 「정도교正道敎」와 유사한 결사로 최고의 신령으로 아마데라스 오미카미天照大神는 그 보좌역인 신령에 불과하다"고 한다. 그리고 "대심판인 현재 세계대전이 종료하면 조선을 중심으로 하는 후천곤운後天坤運의 세계, 즉 정도正道의 영靈의 세계가 실현하여 자신이 상제친정출세上帝親政出世(상제인 정도령이 본인을 통해 나타나 신세계를 지배하는 것 - 인용주)에 의해 대임을 맡는 시기가 장차 도래한다고 맹신하기에 이르렀다"고 하였다(「독립운동판결문」).

5
보안법·조선임시보안령·
불경죄·육해군 형법 등의 적극적 활용

▌보안법의 전면적 적용

〈표 17〉에서 알 수 있듯이, 1941년 이래, 치안유지법 위반 인원의 급증과 함께, 보안법 위반 인원의 증가도 두드러진다. 황실에 대한 죄는 형법의 불경죄(주로 제74조)에 해당한다고 보면 되는데, 이것도 많다. 단속 대상을 확대한 신 치안유지법도 전시 하의 치안유지에 대응할 수 없을 정도여서, 보안법이나 불경죄 등이 보완적으로 발동되었다고 추측된다. 단, 치안유지법과 보안법의 발동 기준이 명확했는지는 불명이다. 1943년 8월까지의 수치이므로, 조선임시보안령 수리 건수는 적다. 또는 경찰 단계에서의 훈계 등으로 석방된 사례도 많았을지 모른다.

    1941년 5월 9일, 전주지방법원은 전주공립농학교 학생 강신홍姜信洪, 神農信洪에게 보안법 제7조를 적용하여 징역 4월을 선고했다. 탈의실에서 동급생 40명에게 돌연 조선어로 "조선동포여, 각성하라"고 외치고 더욱 운동장에서도 조선어로 "내지인은 전부 죽여버리자"라고 외친 것이 정치에 관한 불온언동을 하여 치안을 방해한 것이라고 하였다. 검찰·피고인 모두

표 17 조선 내 사상사건표(검사국 수리인원)

연도	치안 유지법	황실에 대한 죄	보안법	육군 형법	군기 보호법	조선임시 보안령
1940	286	51	60	2	9	-
1941	1,414	136	209	23	29	-
1942	1,518	257	287	5	50	-
~1943.8	1,830	230	239	9	14	7

고등법원 검사국 사상부, 『사상휘보』 속간, 1943.10.

항소하여 6월 25일 대구복심법원 판결에서는 징역 8월로 제1심보다도 무거워졌다(「독립운동판결문」).

11월 5일, 경기도 경찰부장은 경무국장에게 「불온 낙서 범인 검거에 관한 건」을 보고하고 있다. 유대근兪大根이 사私 도로에 면한 변소 벽에 "이완용이라는 낙서를 보고, 소지한 연필로 이완용 아래에 '한국의 적'이라고 추가하고 다시 '대한독립 만만세'라고 낙서하고 동 변소에 출입하는 불특정 다수의 사람들에게 조선 독립을 선전했다"는 것으로 보안법 위반이라는 기소의견을 달아 경성지방법원 검사국에 송치했다고 한다.

1942년 1월 26일 경성 동대문경찰서장이 경기도경찰부장에게 보낸 보고는 김형모金瀅模가 콘크리트 벽에 "일본인을 죽여라, 바보"라는 극히 불온한 낙서를 한 것을 밝혀내어 검거했다는 것이다. 보안법 제7조에 해당하는 범죄 증거는 충분하지만 피의자는 아직 14세라는 미성년자이기 때문에 불기소의견을 붙여 검사국에 송치했다고 한다.[47] 그 후 사법처분 상황은 불명이다.

---

47 이상 「金瀅模保安法違反被疑事件に關する件」(1942.1.26), 『사상에 관한 정보 14』, 경성지방법원 검사국 문서, 국사편찬위원회.

2월 10일, 대전지방법원 청주지청은 연규학延圭鶴, 中山圭鶴에게 보안법 위반으로 징역 1년을 부과했다. 1941년 12월 연규학은 "나라를 빼앗긴 데다가 사람까지 빼앗으려 하니, 지원병으로 나가지 않겠다. 그들은 자신들의 나랏일이니 싸우는 것이다. 나도 우리나라의 일이라면 죽음을 각오하고 싸우지만, 죽으면 내 목숨만 손해 보는 것이다"라고 함부로 말하여 "조선에서의 육군특별지원병제도를 비방하는 언사를 일삼았다"고 하였다. 판결에서는 이례적으로 "단순히 육군특별지원병제도를 함부로 비방한 데에 불과하다고 할 수 없다. 그 언사의 취지 내용, 그런 말이 나온 내면의 뿌리를 생각하면, 엄중 처벌할 필요가 있다"고 덧붙이고 있다(「독립운동판결문」).

6월 19일, 인천경찰서장이 경기도 경찰부장에게 보고한 내용은 기계제작소의 잡역부인 한기영韓基永이 1941년 8월, 일본인 직공이 일을 시키러 왔을 때 "이 놈들이 하는 말은 듣지 마"라고 조선어로 동료에게 말하여 일본인의 지시를 따르지 않도록 "종용하는 듯한 언사를 일삼았다"고 하였다. 이것을 보안법 위반으로 검사국에 송치하며, 시국 하 이런 종류의 언동은 내선일체정책에 배치될 뿐 아니라 나아가 후방 일치협력을 어지럽힐 사안임을 유념할 것이라는 의견이 첨부되었다.[48] 이러한 정도의 언동도 범죄로 여긴 점에서 당국이 민심의 동요로 연결될 수 있는 작은 언동에도 매우 초조함을 드러내었던 상황을 엿볼 수 있다.

11월 6일, 인천경찰서장은 경기도 경찰부장 등에게 김치봉金治鳳, 新村大의 보안법 위반사건을 보고했다. 교사인 전치봉에 대해 "민족주의사상으로 인해, 지하 연구를 계속했음이 그의 일기에 의하면 의심의 여지 없다"고 한 것처럼 이전부터 내탐을 계속해온 것으로 추측된다. 7월 25일 공원

---

48 「保安法違反被疑者檢擧に關する件」(1942.6.19), 『사상에 관한 정보(경찰서장)』, 경성지방법원 검사국 문서, 국사편찬위원회.

을 산책하던 중 동료 교사에게 "최근 고급 생과자 같은 것은 내지인에게는 잘 회전되는데, 조선인 쪽은 배급이 없어. …… 당국은 내선일체라고 하지만 이런 불공평은 모순이 심해. 내선일체는 아직 하나도 실현되지 않았어"라고 한 외에, 배급을 담당하는 기구나 국어 상용 문제 등에 대해서도 불온언동이 명확하여 검거했다고 한다.[49] 그 후 사법처분 상황은 불명이다.

1944년 5월 15일, 함흥지방법원 원산지청은 보안법 위반 등의 사건으로 안병기安炳耆, 安田炳耆, 서인효徐仁孝, 大山仁孝, 이승찬李昇燦, 高木昇 3인에게 무죄를 선고했다(판결문은 불명). 이에 대하여 검사는 경성복심법원에 항소했다. "경찰 신문조서에 녹취된 사실은 조사관의 고문으로 인해 추궁한 대로 인정한 것이며 허위자백이다"라고 하는 안병기 등의 주장을 제1심 판결이 채용한 것은 중대한 사실 오인이라는 취지였다. 10월 12일, 복심법원은 검사의 주장을 인정하여 사실심리를 하라는 결정을 내렸다.

11월 2일, 경성복심법원은 안병기에게 징역 1년, 서인효와 이승찬에게 징역 10월을 선고했다. 안병기의 경우, 1943년 12월, 잡담 중에 "우리 조선인은 어이없는 꼴을 당했어. 내선일체라는 감언을 일삼으며 우리를 속여서 창씨개명을 시킨 미나미 총독 놈은 내지로 도망가버렸다"라고 말한 것이 정치에 관한 불온 언동을 해서 치안을 방해했다고 하여 보안법 제7조를 적용했다(그 외 언동은 조선임시보안령이나 육군형법으로 치안 방해에 해당)(「독립운동 판결문」). 고문에 의한 허위자백에 대해서는 전혀 문제 삼지 않았다.

불경죄 위반이라고 하여 1941년 7월 15일 경성복심법원 판결이 있었다. 춘천공립중학생인 유찬기劉贊基, 江原秀宗에 대한 함흥지방법원 판결에 검사가 항소했다. 경성복심법원은 형법 제74조의 불경죄를 적용하여 징역

---

49 「保安法違反被疑事件檢擧に關する件」(1942.11.6), 『사상에 관한 정보(경찰서장)』, 경성지방법원 검사국 문서, 국사편찬위원회.

1년을 부과하고 검사의 항소 이유 없음으로 판결했다.「범죄사실」로 간주된 것은 1940년 8월 숙박한 여관방에 걸린 명치천황의 초상화에 대해 친구에게 "국어(일본어)로 명치대제의 옥체 및 황위계승에 대해 극히 비방에 해당하는 사실무근의 말을 일삼았다"는 것이다(「독립운동판결문」).

1942년 8월 8일, 수원경찰서 순사인 오카베 기요시岡部淸는 경성지방법원 수원지청 검사국에 박재화朴載和, 新井正夫의 불경 용의에 대하여 의견서를 제출했다. 18세인 박재화는 경기공립상업학교 재학 중, 4월 29일 천장절에 천황 사진에 대해 학교의 명령으로 최경례를 했지만 사진 앞에서 수차례 경례를 해도 무의미하다는 관념을 품고 배례식 후에 친구에게 "저런 사진에 인사를 몇 번이나 하냐?"며 함부로 말을 했다. 이것은 "가장 증오할 범죄로 인정된다"고 하여 기소처분을 희망했다.[50] 그 후의 사법처분 상황은 불명이다.

유언비어

유언비어에 대해서는 여러 가지 치안법령이 발동되었다. 군사 관계의 경우는 육군형법, 해군형법이나 군기보호법이 적용된다.

1941년 3월 6일 경기도경찰부장이 경무국장 등에게 「시국에 대한 유언비어 용의자 검거에 관한 건」을 보고했다. 백춘만白春萬, 白川正雄이 2월 10일 구정舊正 축하석상에서 몹시 취해서 "일본은 지나사변에서 많은 병사가 전사하여 사람이 부족해지니까, 조선에서 지원병을 모집하고 있는데 이들 지원병이 18만 명이나 북지北支(중국동북지방) 전선에 투입되었지만

---

50 『不敬記錄』, 고베시립도서관 청구문고 소장.

거의 전사하여 살아 돌아온 자는 절반 정도다"라고 말한 것이 육군형법 위반 피의사건으로 다루어졌다.[51]

1942년 10월 24일 광주지방법원은 천주교 선교사 다우손 패트릭 등 11명 전원에게 유죄 판결을 내렸다. 패트릭은 징역 2년 6월을 선고받았다. 지나사변에서 일본이 승리하면 동양에서 천주교 포교도 불가능해지고 유럽인은 동양에서 쫓겨나겠지만, 일본이 패배하면 조선은 일본의 압박에서 벗어나고 동양은 평화롭게 될 것이라는 것을 맹신하고 일본의 패전을 바라고 있다가, 1939년 가을경에 "신문과 라디오 방송은 늘 일본의 전과戰果를 과대하게 보도하고 있다. 일본도 매우 손해를 입고 있을텐데 자국의 손해를 발표하지 않고 지나군(중국군)의 손해만을 보도하고 있다"고 한 발언이 "이번 지나사변에 대하여 확실한 근거도 없이 군사에 관해 유언비어를 유포했다"고 하여 적발했다. 여기까지의 사법처분에서는 육·해군 형법위반이나 보안법 위반 등이 적용되었는데, 판결에서는 군기보호법 제2조가 적용되었다(『독립운동판결문』). 유언비어의 차원보다 더 악질적이라고 판단한 것이라고 생각된다.

1943년 3월 30일 경기도 경찰부 고등과 경부 사이가 시치로齋賀七郎는 경기도경찰부장에게 「군사에 관한 유언비어 날조자 검거의 건」을 보고했다. 일찍이 신간회 회장 등을 역임한 허헌許憲이 "이번 대전은 미국이 아무런 준비도 없이 개시했기 때문에 전쟁 초기에는 불리했지만, 미국은 물자가 풍부하고 실력이 있어서 최후의 승리는 미영연합국에 있다. 따라서 이번 전쟁이 끝나면 연합국의 힘을 빌어 조선은 독립하게 될 것"이라는 유언비어를 날조했다는 것이 판명해서 임의 동행하여 취조중이라는 내용이다.

---

51 「時局に對する造言蜚語容疑者檢擧に關する件」(1941.3.6), 『사상에 관한 정보 14』, 경성지방법원 검사국 문서, 국사편찬위원회.

그 후의 취조 경위는 불명이지만, 8월 27일 사이가 경부가 경성지방법원 검사정 도자와 시게오戶澤重雄에게 허헌에 대한 의견서를 송부했다. 거기에는 "조선 문화를 향상시키는 것은 조선을 우리 일본제국의 굴레에서 이탈 독립시켜, 조선인의 손으로 통치함으로써만 실현된다고 생각하고 조선 독립의 실천운동을 결의했으며, 피의자는 사회주의이던, 조선자치운동이던 가리지 않고 조선 독립을 궁극의 목적으로 하여 투쟁해야한다고 조선 독립을 선동하는 불온한 언동을 했다"고 하고 조선의 현 상황에 대해 다음과 같이 말했다고 한다.

일반 민중 중 지식계급은 불평 불만을 흘리며, 비협력적으로 기회주의인 자가 많고 최근 중공업의 발달로 노동자도 지식계급 이상의 생활을 하고 있지만 그들은 향락적으로 전쟁에 무관심하다. 또한 남선南鮮과 서선西鮮 지방에서는 식량부족인 상황에서도 주류 밀조를 하는 징후가 있어, 그들이 이번 전쟁에 비협력적인 것을 알 수 있다.

이러한 「범죄사실」은 육군형법, 해군형법, 조선임시보안령, 보안법에 해당한다고 하고, "게다가 이적利敵 성격이 농후하여 기소 엄벌해야한다고 생각됨"이라 하였다.

9월 18일, 경성지방법원 검사국에서 경성지방법원으로 허헌의 공판이 청구되었다. 거기에는 유언비어의 사례로 1943년 5월, 경기도경찰부 유치장에서 허헌이 "현재 조선 민중은 아이부터 노인에 이르기까지 전부 일본에 반대하는 마음을 갖고 있는데 지금 만약 영·미의 비행기 몇십 대가 경성 상공을 습격하여 폭탄을 던지는 일이라도 있다면 반드시 조선은 남녀노소를 불문하고, 무기가 없다면 곤봉이라도 들고 봉기하여 영·미 편에 설 것이라는 생각을, 한명도 빠짐없이 갖고 있다" 말한 것이 추가되었다.

10월 25일 경성지방법원의 공판에서 허헌은 경찰이나 검사국의 공술을 전면적으로 부정했다. 검사는 징역 1년을 구형했다. 11월 1일 판결은 육·해군법과 조선임시보안령을 적용하여 징역 1년을 선고했다(판결문은 불명).[52]

1941년 12월 26일 시행된 조선임시보안령 위반으로 간주된 판결을 보자. 1942년 8월 12일 경성복심법원은 5월 30일 대전지방법원 충주지청 판결에서 항소한 임각규林角奎, 林木吉雄에게 조선임시보안령 제20조를 적용하여 징역 1년, 집행유예 4년을 부과했다. "충주 경방단원警防團員은 출근 수당이 1원 65전이다. 내지인 중에는 이에 불만을 품은 자가 많지만 조선인 중에는 그런 자가 없다. 또 경찰서에서는 내지인 상인의 경제사범에 대해서는 관대하지만 조선인 상인에 대해서는 철저히 단속하고 있다. 그 때문에 내지인 상인은 폭리를 얻고 매일 요정 등에서 유흥을 탐닉하고 있다"고 허황된 이야기를 한 것이 범죄라 하였다(「독립운동판결문」).

10월 7일 경성 동대문경찰서장은 경찰부장과 경성지방법원 검사정에게 「식량 핍박에 대한 불온통신에 관한 건」을 보고하고 있다. 우편 검열에 의해 이와모토 세이료岩本正兩 형제에게 보낸 편지 내용이 시국 하 인심을 교란시킬 불온통신이라고 하였다. 문면은 "경성은 식량부족으로 크게 곤란하고, 자살하는 사람이나 굶어죽는 사람이 적지 않다"는 것이었다. "그 외 사상적인 용의점은 없고 그 정황에서 참작할 점이 있다"고 하면서도 그와 같은 유언비어가 시국 치안에 끼칠 영향이 중대하므로 타에 귀감을 삼기 위해 조선임시보안령 위반사건으로 취조 중이라고 하였다.[53] 그 후의 사법처분 상황은 불명이다.

---

52 이상 「허헌 공판조서(제2회)」(1943.11.1), 『訊問調書(許憲), 육군형법, 해군형법, 조선임시보안령 위반』, 국회도서관 소장.
53 「食糧逼迫に對する不穩通信に關する件」(1942.10.7), 『사상에 관한 정보(경찰서장)』, 경성지방법원 검사국 문서, 국사편찬위원회.

맺음말

▎치안유지법 위반의 공소 기각

1945년 8월 15일, 예정되어 있던 경성지방법원의 치안유지법 피의사건 공판은 개정되었지만, 판결 내용은 급히 변경되었다. 경성지방법원은 안동형安東馨과 호조 광범北條光範에게 "각 피고인에 대한 각 피고사건은 공소를 취소한다"고 하고 "본 건 공소는 모두 이를 기각한다"는 결정을 내렸다(「독립운동판결문」).

8월 16일 경성지방법원은 히로야마 선학廣山善鶴 등 18명에게 "본 건 공소는 이를 기각한다"는 결정을 내렸다. 이유는 "본 건 공소 취소청구가 있기 때문이다"라고 하였다(「독립운동판결문」). 17일 대전지방법원 청주지청의 마쓰야마 태순松山泰惇에게도 "본건 공소는 기각한다"고 하였는데, 이유는 다소 상세하게 이 사건은 1945년 6월 7일 당청 검사가 공소를 제기했지만 동년 8월 17일 동 검사가 이 공소를 취소했기 때문이라고 하였다(「독립운동판결문」). 공소 취소는 절차상, 검사의 신청으로 이루어졌음을 알 수 있다. 아마도 고등법원 검사장으로부터 각 복심법원 검사국과 각 지방법원 검사국에서 진행 중인 치안유지법 공판에 대해 공소 취소 지시가 일제히 이루어졌을 텐데, 그 내용을 확인할 수는 없다.

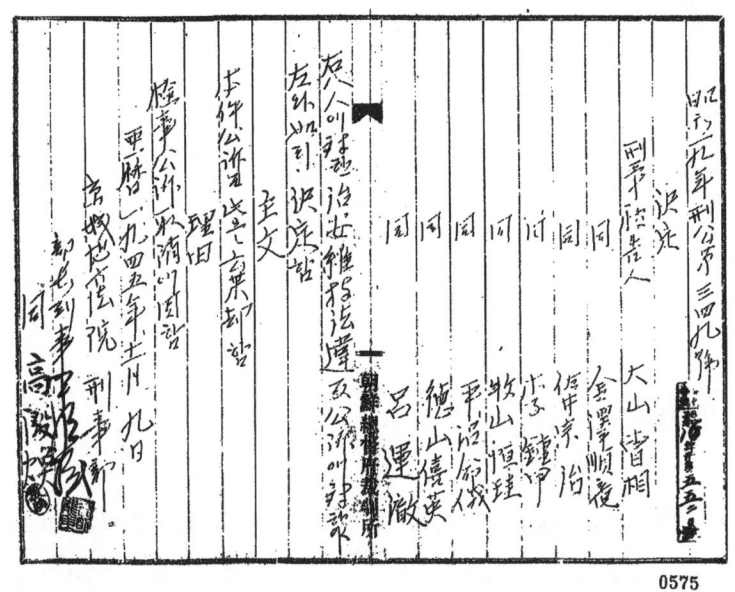

치안유지법 위반 공소기각 결정, 경성지방법원 1945. 11. 9
「독립운동판결문(여운철)」(국가기록원 소장)

    7월 2일 신의주지방법원의 판결에서 고야마 신이치香山眞一가 상고한 치안유지법 피의사건에 대해 8월 20일 고등법원은 "본 건 공소는 이를 기각한다"는 결정을 내렸다(「독립운동판결문」).

    이상과 같이 8월 15일부터 20일까지 공소 기각이 된 것은 고등법원 「결정」을 포함하여 18건 55인을 확인할 수 있다(「독립운동판결문」). 여기에서는 평양과 함흥, 청진, 신의주 등 북한에 소재한 지방법원과 평양복심법원은 포함되지 않으므로 전체로서는 두 배 가까운 건수와 인원이었을지 모른다. 예심을 거쳐 혹은 검사의 공판 청구로 진행 중인 치안유지법 공판이 대상이었다.

    공소 기각이 된 피고의 인신人身은 곧바로 석방되었을 것이다. 공판에 이르지 않고 경찰과 검찰에 구류된 피의자나 예심 중인 피고도 8월 15일 직후부터 석방되었다고 추측된다.

일본 국내의 치안유지법 피의사건의 공판에서는 「요코하마橫浜 사건」¹의 경우가 잘 알려져 있는 것처럼, 연합국군의 주둔 전에 사법처분을 마치기 위해 성급하고 황망하게 예심종결과 공판, 판결이 8월 하순부터 9월 초순에 걸쳐 이루어진 것과 비교하면 조선에서의 사법처분의 최종적 처리상황은 대조적이다.

그 후에 10월 9일 정식으로 치안유지법이 폐지된다. 11월 9일 경성지방법원은 박창빈朴昌濱에게 검사의 공소 취소를 이유로 공소기각 결정을 내렸다. 동일, 같은 「결정」이 6건, 22인에 대해 이루어진 것이 확인된다. 이들 결정은 모두 한글, 한자 표기, 서력 표기이며 조선인 판사의 손에 의해 이루어진 것이다. 법원과 법원검사국이 조선인 사법관의 수중에 들어가 집무 태세가 정비된 단계에서 진행 중이었던 치안유지법 피의사건은 이처럼 뒤처리를 하는 식으로 법적 조치가 이루어졌다고 추측된다.

감옥에서 해방

일본의 패전으로 조선에서는 식민지 통치기구의 와해와 함께 치안체제도 붕괴해 나갔다. 니시히로 다다오西廣忠雄 경무국장은 종전終戰 결정과 동시

---

1 [역주] 1942년부터 1945년까지 신문기자, 잡지 편집자 등 60명이 가나가와 경찰부에 체포되어 약 30명이 유죄가 되고 4명이 옥사한 사건. 일본의 패전 이후 관계자가 재심청구를 했고, 마침내 2005년에 재심이 개시되었지만, 죄의 유무를 따지지 않고, 단지 면소 판결로 종료시켰다.

에 첫째 정치범과 경제범을 석방할 것, 둘째 조선인 측에 의해 치안유지를 하도록 할 것을 생각하여 엔도 류사쿠遠藤柳作 정무총감에게 건의했다. 엔도 총감은 찬성하고 나가노永野 고등법원 검사장과 다카치高地 조선헌병대사령관의 양해를 얻고, 이 뜻을 나가노가 하야타早田 법무국장에게 전달했다. 8월 15일 오전 3시경이었다. 같은 날 아침, 엔도 정무총감은 여운형과 회담하여 치안유지에 대한 협력을 요구하자 여운형은 투옥되거나 구류 중인 정치범의 석방을 요구했다.

16일 오전 9시, 여운형 등은 경성 서대문형무소로 가서 정치범과 경제범 석방에 입회했다(또한 경성형무소의 정치범 석방에도 입회).

오전 11시부터 석방된 정치범을 선두로 각 사상단체의 시위행진이 종로가두에서 이루어졌다. …… 이르는 곳마다 조선독립을 명시하는 태극기가 펄럭거리고 트럭, 자동차, 전차에는 민중이 한가득 타고 태극기를 펼치고 독립만세, 해방만세를 외쳤다.

조선건국준비위원회 부위원장 안재홍安在鴻은 경성방송국에서 "어제 8월 15일부터 오늘 16일까지 경성 각지의 기결, 미결수 합계 1천 백 명이 즉시 석방되었습니다"라고 방송했다.

강원도에서는 16일에 사상범과 경제범 약 150명이 석방되었다. 함경남도에서도 16일 함흥형무소에 있던 약 200명의 정치범과 경제범이 석방되었다. 황해도에서의 석방은 17일에 이루어졌다. 평안북도에서는 17일 형무소의 사상범과 경제범이 석방되기로 되어 있었지만 다른 수형자도 흥분하여 소동을 벌이기 시작해서 형무소장은 수형자 전체 약 천명을 석방했다고 한다.[2]

조선어학회 사건으로 함흥형무소에 수감 중이던 최현배는 다음과 같이 증언한다.³ 8월 13일 최현배 등 4인의 상고는 기각되어 제1심의 형량이 확정된 직후였다.

1945년 8월 15일 아침, 검방檢房하러 온 두 명의 간수 중 한 명이 특히 밝은 기분으로 검사檢查를 받은 같은 방의 세 명에게 '한번 저쪽까지 달려보라'고 격려와 같은 말을 했다. 정말 이상하다고 생각했다. 평소부터 특별히 마음씀이 좋았던 저 간수가 무언 중에 우리들에게 좋은 소식을 전해주는구나! 점심 직전에 일본의 무조건 항복 소식이 전해졌다. 와글와글 수선스런 목소리가 감방의 복도까지 울려왔다.

밤이 되자 축하주가 들어왔다고 한다. 최현배가 석방된 것은 17일 낮이었다. 사건관계자 4명이 간수장의 방에 모여 석방이 선언되었다.

『조선근현대사연표』⁴에는 8·15 전국의 형무소에서 독립운동가 2만여 명의 석방이 개시되었다고 하고 부르스 커밍스의 『한국전쟁의 기원』에는 미군 측의 자료에 입각하여 16,000명이 석방되었다고 한다. 1945년 8월 시점에서 조선 전체 형무소의 재감자 중 사상범 수형자는 약 1,000명으로 추측된다. 전술한 바와 같이 조선건국준비위원회 부위원장 안재홍은 라디오방송에서 8월 16일까지 약 1천 백 명이 석방되었다고 하였다. 함흥형무소 등의 석방은 17일이므로 전 형무소의 수형자와 경찰, 검찰 단계의 피의자, 예심 공판에 계류 중인 피고를 합하면 사상범 관계자의 석방은 이천 명 가까이 되었을 가능성이 있다. 더욱 보호관찰 인원은 1944년 8월

---

2 이상 森田芳夫, 『조선 종전의 기록(朝鮮終戰の記錄)』, 1964.
3 「한글을 둘러싼 투쟁과 지원」, 『韓』 제6권 제9호.
4 「新東亞」, 編輯室編, 鈴木博 譯, 『朝鮮近現代史年表』, 三一書房, 1980.

시점에서 약 2,900명, 예방구금 인원은 1944년 9월 시점의 59명을 합하면 정치범, 사상범, 경제범으로 석방된 인원은 5천명 전후가 아니었을까? 부르스 커밍스 등이 제시한 수치는 일반 형사범죄자를 포함한 것이었다고 추측된다.

여기에서는 1970년 8월 15일,『조선일보』에 게재된「8월 15일, 그 날 옥중 해방」이라는 특집기사(김문순 기자)에 의거한다. 표제는「8월 15일, 그 날 옥중 해방, 초만원인 감방에서 병사자 속출, 일본군의 패전 소식을 한국인 간수 등이 속속 알려, 방송을 듣자 서로 얼싸안고 만세」이며, 당시 함흥형무소 원산지소 용도주임用度主任으로 퇴역한 형무관 권영준權寧峻의 증언으로 구성되어 있다.

함흥형무소는 일본인 소장과 100인 이상의 직원이 2천 명 이상의 수감자를 담당하고 있었다. 평양, 서대문, 경성(마포형무소), 대구형무소와 함께 우리 독립투사 등의 정치범을 주로 수용하여 악명을 떨치던 장소라 하였다. 정원이 300명인 원산지소에는 거의 두 배인 500명이 수감되어 비좁아 수감자들은 등을 맞대고 앉아있던 상황이었다고 한다. 8월 15일 정오, 천황의 옥음방송 후의 상황을 권영준은 다음과 같이 회상한다.

소식은 번개 같았습니다. 오후 1시가 되자 모든 감방의 수감자들이 해방의 소식을 알고 서로 얼싸안고 만세를 외치고 함성을 올리는 등 한바탕 큰 소동이 벌어졌습니다. 조국과 자신의 해방을 한꺼번에 얻은 수감자들의 환호하는 목소리는 감옥 안에서 온전히 억누를 수 없는 흥분에 빠져버렸습니다. …… 다음날(16일) 정치범과 경제범이 석방되기 시작했습니다. 이어서 잡범들도 형의 집행정지와 가출옥의 형태로 석방되어 나중에 흉악범만 남았지만, 그들도 결국 2, 3일 후에 전원 석방되었습니다.

김문순 기자는 해방 전의 일제의 감옥에 몇 번이나 구속된 김준연, 조병옥, 안창호, 안호상, 여운형 씨 등도 권노인이 38년의 간수생활에서 익숙한 얼굴이었다고 기록하고, "민족이라는 혈연은 어찌할 수 없었습니다. 한국인 간수들은 수감 중인 정치범들에게 몰래 보리 주먹밥도 넣어주고, 미군의 유황도硫黃島 상륙, 히로시마 신형폭탄 투하 등 전쟁 상황을 몰래 전해주는 일도 있고, 면회시간도 가능한대로 연장하여 항상 일본인 간부들에게 심하게 야단을 맞았습니다. 간수와 수감자의 거리도 민족이라는 혈연으로 자연히 가까워졌습니다"라는 증언을 소개한다. "시국의 변동에만 신경 쓰고 있던 정치범들에게 외부의 소식을 전달하려한 한국인 간수와 이를 방해하려 한 일본인 간수 사이에는 눈에는 보이지 않는 감시의 시선이 빛나고 있었다"고 한다.

8월 15일까지 권세를 부리던 특고경찰관은 보복을 두려워하여 모습을 감추었다. 고준석高峻石은 "8월 15일부터 식민지 경찰은 혼란을 일으켜, 그동안 어깨에 힘을 주고 바람을 가르며 활보하고 안짱다리로 위세를 펴던 일본인 순사들은 고양이에게 쫓기는 시궁쥐처럼 도망가고, 일본인 식민자의 앞잡이가 되었던 조선인 순사들은 과거의 친일협력죄를 문죄당해 처단될 것을 두려워하여 숨어버렸다"고 말한다. 고준석의 친구는 양복 주머니에 돌맹이를 한 웅큼 넣어서 고등경찰 형사를 죽이겠다고 찾아 돌아다녔다고 한다. 남한의 조선건국준비위원회는 조선인 애국자를 고문으로 살해한 식민지 고등경찰 범죄자를 전국에 지명 수배했지만 잡힌 자는 겨우 14명에 불과했고, 게다가 그들의 목숨을 빼앗는 것 같은 일은 하지 않았다고 하였다.[5]

---

5   이상 高峻石, 『朝鮮 1945-1950』, 三一書房, 1985.

치안유지법 폐지

1945년 9월 7일, 미국군은 남한 군정 개시를 선언했다. 9월 9일 조선총독부는 미국군에 항복했다. 12일 아놀드 소장이 군정장관으로, 헌병사령관 셰이크 준장이 경무국장에 취임했다.

부르스 커밍스의 『한국전쟁의 기원』에 의하면, 미군정은 구총독부 관료기구 그 자체의 유지에 의존하지 않으면 안되었다. 사법부는 거의 예외 없이 대일협력분자이며, 경무부의 80% 이상을 일제강점기의 경찰관이 차지했다. 마쓰다 도시히코松田利彦의 『일본의 조선식민지지배와 경찰』에도 "총독부의 행정기능을 편의적으로 활용하면서, 다른 한편으로 조선인에 대한 권력 이양을 고려하려던 초기 군정 아래에서는 구 식민지 지배체제로부터 전환은 시간이 걸렸다"고 한다. 일본인 경찰관이 퇴장하는 것은 거의 10월 이후이다. 구식민지 경찰 출신 경찰관에 대해서는 일제 잔재, 친일파라고 지탄하는 공기가 조선 사회에 강렬했다. 그러나 남한에서 공산주의세력의 억압을 중시한 군정청은 친일파 경찰관을 청산하는 길을 선택하지 않았다.

미군 군사령관 존 하지는 9월 9일에 발표한 성명에서 종교, 언론, 사상의 자유도 곧 회복될 것이라고 말했다.[6] 21일 아놀드 군정장관은 지령(법령)제5호를 발표하여, 치안유지법과 조선임시보안령, 출판법 등을 실질적으로 폐지한다고 지시했다. 이것은 일본에서는 약 2주일 후에 발령되는 「인권지령」에 해당한다. 일본에서는 10월 15일 치안유지법이 정식으로 폐지되지만 한국에서는 법령 제11호로 10월 9일에 정식으로 폐지되었다.

---

6 森田芳夫, 『朝鮮終戰の記錄』, 巖南堂書店, 1964, 287쪽.

물론, 조선에서는 8월 15일을 기점으로 치안유지법이 실질적으로 폐지된 것과 마찬가지였다. 이 점도 치안유지법의 기능이 반감하여(새로운 발동은 없었지만, 그 사법처분과 수형자, 예방구금자는 아직 그대로였다.) 국체의 마력이 사라졌지만, 법으로서 존속했던 일본과 비교하여 큰 차이가 있었다.

▎일본인 경찰관계자, 사법관계자의 검거와 재판, 억류

식민지 통치체제가 붕괴한 후, 치안유지법 운용을 담당한 일본인 경찰관계자, 사법관계자는 어떤 취급을 받았을까? 모리타 요시오森田芳夫의『조선종전의 기록』을 통해 살펴보자. 38선을 경계로 한 남한과 북한의 상황은 크게 다르다. 우선 남한부터 살펴보자.

미군 군정청의 성립과 함께 총독부 수뇌부가 해임된 9월 하순이 지나, 경찰과 사법관계자를 포함한 일본인 관공리들이 체포되고 취조를 받았다. 용의는 식민지 통치시대의 일이 아니라, 8월 15일 이후 정부 및 공공단체의 불법적인 경비 지출, 정부의 중요기록 그 외 문서의 불법적인 소각과 기밀비 사용 등이었다. 니시히로 다다오西廣忠雄 경무국장은 기밀비 사용에 대해, 하야타 후쿠조早田福蔵 법무국장은 중요서류 소각에 대한 취조 때문에 억류되었지만 그후 일본으로 추방되었다.

경성보호관찰소장 나가사키 유조長崎祐三는 보호관찰소의 기록을 불태웠고 기밀비 9만 원을 대화숙大和塾 회원 5명에게 보내 약 50명으로 이루어진 치안대를 결성하게 하여 교통 정리, 여론 지도, 구류일본인 석방 등의 운동을 시킨 것 등의 책임을 조사받았고 1946년 3월 20일, 징역 1년 6월의 판결을 받았다. 3월 25일, 경성형무소장 와타나베 유타카渡辺豊는 징역 8월의 판결을 받고 서대문형무소장인 사가라 하루오相良春雄는 징역 1년(집행유예 2년)의 판결을 받았다(모두 이유는 불명임).

　지방에서는 8월 16일부터 23일 사이에 경찰관서에 대한 습격과 점거, 접수 요구 등 149건, 총기와 탄약 약탈이 41건, 일본인 경찰관에 대한 폭행, 협박, 약탈 등이 66건, 조선인 경찰관에 대한 폭행, 협박, 접수 요구 등이 111건 보고되었다. 일본인과 조선인 경찰관에 대한 살상사건도 있었다.

　경찰서가 조선 측에 접수될 때, 무기 숫자가 부족하다는 이유로 일본인 경찰관이 구류, 처벌된 사건이 있다. 전라남도에서는 목포경찰서장이 무기 부족을 이유로 10월 25일 검거되어 12월 10일 미군 군사재판에서 1년 판결을 받았다. 강원도 남부의 삼척서장은 무기 탄약 일부의 분실과 서류 소각으로 8월 20일부터 12월 19일까지 경찰서에 구류되었다. 강릉경찰서장과 고등주임 등도 3개월간 구류되었다.

　사법관계자에 관한 정보는 적지만, 대구복심법원 검사장 고이 세츠조 五井節蔵가 1946년 3월 15일에 석방되고, 대구지방법원 검사정 에가미 로쿠스케 江上綠輔가 3월 26일에 징역 8월을 선고받은 사례는 역시 해방 후의 서류 소각 등의 책임을 추궁 받았을 가능성이 있다. 대전지방법원 판사 요시다 이쿠오 吉田幾雄가 1946년 1월 3일 징역 5년이라는 중형을 선고받았는데 이유는 불명이다.

　북한에서는 소련군이 진주하여 석방된 정치범도 참여하여 각지에서 인민위원회가 결성되고 일본인 경찰과 사법관계자의 책임이 엄격하게 추궁되었다.

　강원도 북부에서는 경찰부장 고등과 차석(경부), 지방법원장, 검사정, 판검사 등이 1945년 9월 13일부터 17일까지 검거되어 평양 소련군형무소에 이송되었다. 평안남도에서는 8월 27일 도모토 堂本 경찰부장 이하 경찰 관계 각 과장, 부 소속 경시, 고등과 주임급 및 평양부내의 경찰서장이 체포되고 28일에 야마자와 사이치로山澤佐一郞 복심법원장 이하 법원 관계자 4명, 검사 7명이 체포되었다. 평안북도에서는 9월 2일, 지사, 경찰부장, 고등과장, 신의주경찰서장, 신의주지방법원장(야마시타 히데키山下秀樹), 신의주지방법원 검사정, 차석검사, 신의주형무소장 등이 검거되어 평양으로 송치되었다. 9월 하순 사법관계자 및 경찰관 약 450명이 검거되고 수용소에 수용되었다.

『조선 종전의 기록』의 별도 기술에는 평양에서는 1945년 8월부터 1946년 2월까지 사법관계자 182명이 검거되었다고 하였다.(전체는 242명) 조선인 치안서(보안서), 치안대, 적위대赤衛隊 등에 의한 검거도 있었다. "종전終戰 후 혁명적 흥분 가운데 피압박민족으로서 과거의 보복을 요구하는 분위기가 충만하여 특히 민족운동 단속의 제1선인 경찰관(특히 특고관계), 형무관, 사법관 등에 대해 인정사정없는 보복을 가하고자 했다"고 한다.

정주定州에서는 1945년 9월 11일, 검사, 판사, 경찰서장, 특고과장을 포함한 24명이 민족운동 단속에 관여한 자로서 폭행을 당한 다음 12일에 신의주형무소를 경유하여 평양으로 이송되고 소련군에게 인계되었다(일부는 정주로 귀환함). 신의주로 이송되었을 때 등 뒤로 수갑을 채운 것은 1919년 조선독립운동사건 때 조선인을 살해한 자, 앞으로 수갑을 채운 것은 조선인을 착취한 자라는 이유였다고 한다.

검거, 구류된 사람들은 그 후 조선에서 재판을 받은 경우, 소련군의 재판을 받은 경우, 시베리아에 억류된 경우, 석방된 경우 등 각각의 운명을 거쳤다.

『조선 종전의 기록』은 조선의 재판에 대해 다음과 같이 기술하고 있다.

재판은 북한 전반에서 보면 평등하게 이루어지지 않았고 함경남북도와 황해도에서는 일본인을 1946년 봄까지는 거의 석방했지만, 평안남북도에서는 소련에 잡힌 자, 또 소련이 석방한 사법관계자 중 특히 사상범을 다룬 자를 조선 측에서 다시 체포했다. 그 죄는 처음 정치범이라 했다. 가족이 탄원하여 "관리로서 정당한 직무를 수행한 것으로 범죄자로 취급받을 이유를 모르겠다"고 말한 것에 대해 북한의 사법관은 다음과 같이 말했다고 한다. "우리도 일찍이 공산주의 이상과 그것이 명하는 임무를 수행했을 뿐이었다. 그러나 우리도 일본의 재판에서 죄인으로 취급당하여 오랜 수형생활을 보냈다. 그 이유는 모르는 채 말이다."

『조선종전의 기록』은 양형에 대해 오노자와 다키오小野澤龍雄의 증언을 소개하고 있다. 평양인민교화소의 수형자로 1937년과 1938년에 평안북도경찰부장이었던 핫토리 이세마츠服部伊勢松는 그 경력에 의해 정치범으로 분류되어 1심의 사형 판결 후 2심에서 징역 15년이 되었다고 한다. 국경경찰관이었던 후쿠하라 후쿠이치福原富久一는 '건국방해죄'라는 죄명으로 1심 사형, 2심에서 징역 15년을 선고받았다. 평양복심법원 검사장인 야마자와 사이치로山澤佐一郎, 동 법원 검사인 쓰보야 히사츠구坪谷久次 등 5명은 그 경력과 재직 연한에 응하여 무기, 12년, 5년, 3년의 형을 선고받았다. 그 중에는 실제로 다룬 사상사건과 조선독립사건 심판을 죄명으로 삼았다고 한다. 소련 스파이 검거사건으로 소련군에 의한 두 건의 재판을 『조선종전의 기록』은 기록하고 있다. 원산의 재판에서 함경남도 고등과장 기요노 다케오清野武雄는 25년형, 원산경찰서장 도미타 오토마쓰富田音松는 사형, 동 경찰서원 가와시마 다케오川島武夫는 15년형, 동 노나카 이하치野中伊八는 7년형을 받았다. 또한 평양 재판에서는 평안북도 경찰부장 데츠카 도시오

手塚敏夫가 사형, 동 순사부장 후지모토 가즈미藤本一美가 10년형을 받았다.

수형 상황에서는 1946년 11월 시점에서 평양과 신의주의 인민교화소에 미결, 기결 약 50명이 수용되었다고 한다. 평양인민교화소에는 평양 사법관계자가 많았다. 미결수 중 몇 명의 판사와 검사는 1946년 5월과 6월에 2회에 걸쳐 석방되었다. 한편 평양복심법원 부장, 판사, 보호관찰소장 등은 소련군에 인계되어 시베리아에 억류되었다.

1946년 12월 소련군의 형기 2년 이내의 자는 석방이라는 명령에 따라 20여명이 출소되었는데, 7명은 내무국원이 비상 상소非常上訴하여 재심을 받고 5명이 사형이나 징역 5년형을 받았다. 1948년 7월 시점에서 평양인민교화소에 남은 14명의 수형자 중 10명이 사법, 경찰 관계자였다.

중국, 연길延吉의 소련군 하의 일본군 포로수용소는 시베리아 억류의 중계적 성격을 갖고 있는데, 여기에 평양과 함흥 등에서 경찰관, 사법관, 관공리 등 약 2,800명이 이송되어있었다. 이들은 1945년 12월 31일 소련으로 이송된 자를 제외하고 석방되었다. 남하하여 조선으로 온 자, 농경대를 조직하여 자활하며 귀국길을 모색하는 자 등이 있었다.

『조선 종전의 기록』에 의하면 함경남북도의 행정관이 일괄하여 소련으로 이송된 데 대하여, 평안남북도와 황해도에서는 그 양상이 달라, 소련군에 의해 평양 근교의 삼합리三合里와 연길延吉에 억류된 후, 평안남도 지사, 동 경찰부장, 평안북도 경찰부장이 하바로프스크로 이송되었다. 황해도 지사, 동 경찰부장 등은 혼춘琿春을 거쳐 시베리아로 이송되었다. 사법관계자는 평안북도를 제외하고 거의 연길로 이송되었는데, 평양보호관찰소장 등 3인은 취조를 받기 위해 다시 소련으로 이송되었다.

1950년 1월 현재 소련 지구에 억류된 조선관계자 73명의 대부분은 경찰관계자였다. 이들의 대부분은 4월까지는 일본으로 철수했다.

그 중 한 명인 평안남도 지사로 시베리아에 억류된 후루카와 가네히데古川兼秀는 1940년 전후 경무국 도서과장, 보안과장을 역임했는데, "소련에 있을 때 시종 나의 반소적 행동에 대한 의심이 풀리지 않고, 또 경무국 재직 중의 사상운동 단속 및 방호활동에 대해서도 준엄한 취조를 받아 단념하고 있었는데, 다행히 귀국할 수 있게 되어 더 바랄 것이 없었다"고 회상하고 있다.[7]

또한 일제강점기 고등경찰의 일원이었던 조선인에 대한 추궁도 이루어졌다. 단편적이지만 신문보도에서 그 일부분을 보자. 10월 21일 『신조선』에 「조선에서도 고등경찰 폐지, 경기도 경찰부장 솔선 단행」, 24일자 『자유신문』에 「전 총독부 악정의 표본인 고등경찰, 잔재 일소할 중요 지위에 남아, 여론 비등」이라는 기사가 있다. 그 구체적인 전개는 불명이지만 1948년 후반이 되어 반민족주의에 대한 공직 추방의 움직임이 활발하게 전개되었다. 1948년 10월 23일자 『동아일보』의 「반민도배 처단이 위급」이라는 기사 가운데에 고등경찰 관계 4천이라고 보인다. 이때부터는 실제로 고등경찰 잔재 일소가 답보상태였음이 추측된다.

1949년 1월 5일 『부산신문』에는 「과거 고등계 형사 일소」, 28일자의 『자유신문』에는 「광신적 친일파 조병상曺秉相, 고등경찰 두목 최연崔燕 체포」라는 기사를 통해 책임 추궁이 본격화한 것을 엿볼 수 있다. 2월 25일자 『호남신문』에는 「하판락河判洛 죄상 속속 폭로, 고등경찰로서 우국 투사 억압」, 4월 27일자 『자유신문』에는 「고등경찰 김덕기金悳基 1회 공판에서 범죄 시인」, 6월 3일자에는 「고등경찰 남부호南部縞 10년 공민권 박탈 구형」, 12월 6일자 『한성일보』에는 「반역도배에게 철퇴 연발! 일제 고등경찰의 원흉 노덕술盧德述, 이원보李源甫 재체포, 엄중한 무장으로 잠복처 급

---

7   모리타 요시오(森田芳夫), 나가타 가나코(長田かなご) 편, 『朝鮮終戰の記錄』 자료편 제1권, 「조선통치의 종언」, 1979.

반민도배 처단이 위급, 민족정기를 바로잡자, 『동아일보』(1948.10.23)

습」이라는 기사가 게재되었다. 각지에서 전 고등경찰관의 검거와 사법처분이 이루어져 나갔다.

다른 한편으로 1947년 11월 8일 『대중일보』에는 「비합법적 음모 방지에 고등경찰 설치 긴요」라는 조 경무부장의 회견담이 실렸다. 이어 후술하는 것처럼 좌익세력에 대한 탄압이 본격화하는 가운데 일제강점기의 고등경찰을 부활시키려는 움직임이 나타났다.

▮ 치안유지법의 잔재

패전후 일본에서는 「인권지령人權指令」으로 치안유지법이 폐지되고 특고경찰이 해체되어도 그것이 일본의 주체적인 작업이 아니었기 때문에 일본의 위정자는 곧바로 이를 대신할 치안체제 구축에 착수했다. 점령정책의 원활한 수행을 첫 번째 목표로 한 GHQ의 양해를 얻어, 10월 18일에는 「대중운동의 단속에 관한 건」을 각의 결정하고, 12월 19일에는 내무성 경보국에 공안과를 설치하여 각 부현에도 경비과가 설치되어나갔다. 치안법령으로서는 단체 등 규정령을 거쳐 1952년에는 파괴활동 방지법이 성립하게 된다.[8]

한국에서도 해방후 일본의 치안체제가 형성, 정비되어 가는 것과 거의 같은 궤적을 밟아, 치안체제가 형성, 정비, 확립되어 갔다고 생각된다. 이에 대해서는 당시의 상황을 살펴보기 위해 고준석의 『조선 1945-1950』의 기술과 신문보도를 중심으로 그 일부분을 소개하고자 한다.

10월 19일 스탈린 경기도 경무부장은 경찰부 고등과 폐지와 정보과 신설을 발표했다.[9] 정보수집 활동은 끊이지 않고 계속되고, 정당과 사회운동, 민심 동향 파악이 대상이 되었다. 『조선 종전의 기록』에 의하면 '격렬해진 조선인 측의 불법행위'에 대하여 10월 27일 경찰당국은 '공중의 안녕질서 및 군정을 방해하는 성질의 삐라, 포스터 게시 등은 실질적으로 포고 제2호 위반이므로 앞으로 군대 및 행정경찰은 그 위반계획자를 즉시 체포 조치할 것'을 발표했다.

고준석은 "미군정청은 자신의 정치목적을 추진하기 위해 각 지방의

---

8 荻野富士夫, 『戰後治安體制の確立』, 岩波書店, 1999 참조.
9 『每日新報』, 1945. 10. 20.

인민위원회의 파괴를 꾀하고 우선 공산주의자의 주된 활동가를 목표로 공격하고 모든 구실을 동원하여 검거와 투옥을 추진했다. 남한은 해방된 것도 잠시, 다시 반동의 폭풍 속에 숨 막히는 세상이 되어 갔다"고 서술하고 있다.

1946년 4월 2일자 『조선일보』는 「일제강점기의 치유법, 은닉자를 구인해도 좋은가?」, 「검사국의 법적 해석에 대해 물의 분분」이라는 기사를 게재했다. 해방 전의 치안유지법 위반으로 유죄 판결을 받은 인물을 은닉했다는 이유로 경성지방법원 검사국의 검거에 대해 비판이 모아졌다. 법조회는 "해방이 된 지금, 일본인이 만든 악법을 묵묵히 지키고, 이제 와서 이를 집행할 필요가 있을까? 만일 이러한 법률적 견해를 가진 자가 사법부 안에 있다고 한다면 해방 후 출옥한 애국투사들은 안심하고 다닐 수 없을 것이므로, 조선 정계에 끼칠 영향은 극히 크다. 이러한 법률적 해석은 우리 조선민족으로서는 철저히 규명할 필요가 있다고 생각한다"고 표명했다. 이러한 비판이 고조되자 대법원 검사총장 이종성李宗聖은 건국정신에서 볼 때에도 치유법 소멸이 당연, 법이론 해석의 통일을 언명하고,[10] 경성지방법원 검사국의 조치는 잘못되었다고 하였다.

그 직후인 4월 10일, 군정장관의 지령으로 미소공동위원회 개최 중 정치집회와 데모 금지를 경기도경찰부가 발표했다.

이리하여 조선인 사이에서 치안유지법의 잔상이 다시 살아나 불안이 고조되는 상황으로 나아갔을 것이다. 4월 19일 군정청 법무국 보좌관 오번 대위는 치안유지법이 1945년 10월 9일에 완전히 폐지되었음을 다시 언명했다.[11]

---

10 「건국정신으로 보드라도 치유법 소멸이 당연」, 『조선일보』, 1946. 4. 3.
11 「치안유지법 전적 폐지-사법부장 보좌관 오반 대위 언명」, 『조선일보』, 1946. 4. 20.

6월 1일의 각 신문은 군정청이 발표한 군정포고 제72호가 조선인의 정치적 자유와 인권을 유린했다는 의미에서 일찍이 치안유지법을 방불하게 한다는 비난이 고조되고 있다고 보도했다. 당국자는 그것은 오해라고 변명했지만 철폐 요구에 밀려 그 후 수정을 위해 보류하지 않을 수 없었다.

1947년 3월 입법의원이 대일협력자, 민족반역자, 전쟁범죄자, 모리간상배에 대한 특별법률안을 발표하자 여론은 분규했다. 그 취지나 운영에 대한 설명서에는 대일협력자의 규정은 극히 광범하고 제재는 매우 관대하고, 과거 일본 통치시대에 횡행한 친일분자를 총망라하여 당분간 적어도 3년간은 정계 지도층에 진출할 수 없도록 공민권만을 박탈하는 극히 가벼운 제재를 입안했다고 한다. 그리고 "일본에서 실행된 전범 방축과 중국에서 단행된 한간 징치漢奸懲治, 멀리는 프랑스 드골 장군의 개선 광경도 염두에 두면서 무엇보다 가까운 북한의 전철을 밟지 않도록 하자는 기획에서 질서 있고 인정 있는 가장 적은 수의 희생을 내고 절대 다수의 민족의 장래를 위해 자손만대에 대의명분을 세워 정의와 근로와 양심을 살리고자 하는 충심으로 본 법을 기초했다"고 하였다. 대일협력자의 숫자는 전 국민의 약 0.5%, 10만 명에서 20만 명으로 예상되었지만[12] 여기에서는 치안유지법 운용에 관계한 경찰관계자도 포함되었을 것이다.

다시 고준석의 『조선 1945-1950』에 의하면, 미군정청은 1947년 8월 15일 조선해방 2주년 기념일을 앞두고 좌익세력의 전면적 파괴를 도모하여 기념행사의 옥외집회 및 데모를 금지하는 행정명령 제5호를 공포했다. 그리고 8월 11일부터 15일까지 "남조선 적화를 계획하고 군정을 파괴하는 음모가 있다"고 하여 좌익세력에 대한 대탄압을 개시했다. 고준석

---

12 「附日·叛逆者規定-立議에서 초안 설명」, 『조선일보』, 1947.3.9.

은 "미군정청이 축소한 발표만으로 봐도 살해된 자는 28명, 검거 투옥된 자는 13,765명, 중상자 2만 1천여 명이라는 숫자이다. 동시에 남조선노동당, 전평, 전농 등의 사무소(회관)가 폐쇄되었다. 이 날부터 남한에서 좌익운동은 전면적으로 지하로 들어가고 중요간부는 속속 38도선을 넘어 북한으로 탈출하게 되었다"고 지적한다.

이와 같은 지적을 통해 볼 때, 해방 후 한국의 대체적인 모습은 식민지 통치의 근원인 치안유지법의 잔재를 불식하려 하면서도 다른 한편으로는 친일파 세력의 수용과 협력을 꾀하여 새로운 치안체제 구축으로 나아갔던 것으로 보인다. 그리고 그 상부에는 미군정청이 군림하고 있었다.

고준석은 "1948년 8월 미군정이 막을 내리고 이승만에게 정권이 이양되는데 미국은 군사고문단과 문관고문단을 배치하여 대한민국정부의 중추부를 지배했으며, 이승만 정권은 일본제국주의 통치시대의 신문지법, 보안법 등을 비롯하여 미 점령군의 군포고, 군정청 법령 등을 계승했다"고 하였다.[13]

그리고 사회운동과 민심을 억압하는 가장 근간인 치안유지법으로서 국가보안법이 제정되었다(1948.12.1 공포 시행).

---

13 高峻石, 『朝鮮 1945-1950』, 三一書房, 1972 참조.

국가보안법으로 계승

치안유지법을 계승했다고 할 수 있는 국가보안법 성립 배경에 대해 민병로 「한국의 국가보안법의 과거, 현재, 그리고 미래」[14]를 참조한다. 미소공동위원회가 1947년 7월에 결렬하고 유엔도 신탁통치안을 방기하자, 남북 분단이 확정되고 각각 선거가 실시되었다. 1948년 5월, 남한의 총선거 결과, 대한민국이 수립되고 북한에는 9월에 조선민주주의인민공화국이 수립되었다.

한국 내부에는 좌익세력이 국가권력에 대해 무장투쟁을 전개하게 되었고 38도선에서는 두 개의 정권간의 무력충돌이 빈번히 일어났다. 제주도 등 각지에서 무장봉기가 빈발하는 가운데, 권력기반이 약한 이승만 정권은 친일파를 정부기관의 요직에 임명하고 반공이데올로기를 지배이데올로기로 하여 반대세력 제거에 박차를 가했다고 한다. 여기에서 제정된 것이 국가보안법이다. 민병로는 "건국에 반대하는 반정부운동자에 대한 탄압법으로 당초부터 반공이데올로기를 이용하여 인권 침해를 광범위하게 할 수 있는 최대의 악법으로 활용되었다"고 평가하고 있다.

공포 시행 직후인 12월 3일, 『동아일보』는 「운용에 신중을 기하라」라는 사설을 게재한다. 북한과 격렬한 대치상황을 전제로, "북한 괴뢰정권이 개심改心하지 않는 한, 또한 민주주의에 의한 남북통일이 없는 한, 험악한 사태가 끊임없이 계속될 것이 예측되므로, 그에 대한 수습책을 강구하지 않으면 안된다. 그 수습책의 하나로 등장한 것이 지난 1일 공포 시행된 국가보안법이다"라고 하는 것처럼 기본적인 입장은 긍정과 지지이다. 제정,

---

14 閔炳老, 「韓國の國家保安法の過去, 現在, そして未來」, 『比較法學』 33-1, 2014. 5.

시행에서 그 동기나 내용의 타당성을 주저 없이 납득한 것이었다.

　이 사설의 의도는 운용에서 "다소 미묘한 문제에 직면한다"고 표명할 뿐이었다. 그 중에도 제1조인 국헌을 위반한 자를 분별하는 것은 쉽지 않고, 민주주의를 중시하는 자유주의자까지 제1조에 걸릴 수 있는 염려가 없지는 않다고 한다. 그리고 법의 운용으로 인한 공포 조장을 지적하고, 만약 의식적인 남용이 있다면 민주주의를 유일한 길로 삼아 탄생한 대한민국은 괴뢰정권 지배하의 북한보다 암흑화하고 현재의 혼란사태는 한층 심각화될 것이므로 당국의 현명한 운용을 촉구해마지 않는다는 주문을 붙였다. 당연히 그 염려와 우려는 아직 기억이 생생한 치안유지법의 남용과 맹위와 깊이 연결되어 있다.

　그러나 이 염려는 최악의 형태로 적중한다. 민병로에 의하면 국가보안법으로 검거 또는 입건된 인원은 시행부터 약 1년 동안 118,621명에 달했다고 한다. 이것은 치안유지법 20년의 운용에서 검거, 수리된 인원의 세 배 이상이 되는 수치이다.

　그 후의 국가보안법이 한국현대사에서 얼마나 많은 희생을 강제했는가에 대해서는 이미 많은 선행연구가 있지만, 여전히 일본의 치안유지법 해명과 마찬가지로 더욱 그 기원과 까닭의 '처음부터 끝까지'(노세 가쓰오能勢克男의 말)에 대한 해명이 요구되는 지점이다.

저자후기

앞서 일본에서 간행한 『치안유지법의 현장』을 정리하고 있던 단계에서는 이 시리즈인 '치안유지법의 역사'에 대한 구상이 정리되었던 것은 아니다. 2019년 여름, 독립기념관(한국독립운동사연구소)의 윤소영 박사를 만난 것을 계기로, 한국에서 치안유지법 관련 사료가 디지털화되어 공개되고 있다는 사실을 알게 되었고, 이후 지향해야 하는 바가 명확해졌다.

서문에서 밝힌 것처럼 국사편찬위원회와 국가기록원, 국회도서관 등의 소장자료를 웹으로 접하기 시작했을 때, 한국에 치안유지법 연구와 관련된 자료가 양적, 질적으로 얼마나 풍부한지를 금방 알 수 있었다. 일본에서는 1945년 이후 치안유지법 관련 문서, 특히 경찰에서부터 재판소, 형무소로 이어지는 사법처분 기록의 대부분이 사라졌기 때문에 일본 내 자료를 활용하여 치안유지법 위반사건이 실제로 어떻게 재판을 받았는지를 해명하는 데에는 큰 어려움이 있었다. 이와 달리 한국에 남아있는 방대한 사료군을 마주하자 오히려 이들 자료를 정확하게 독해하여 어떻게 그 전모를 파악할 수 있을지의 문제에 직면하게 되었다.

한국에서는 아직 식민지기 치안유지법 연구에 대해 전반적인 고찰이 이루어지지 않은 것으로 보여, 이 책에서는 우선 1925년부터 1945년까지 통사적인 운용의 개요를 정리하기로 했다. 그러나 그 통사적 운용을 개관하는 것만으로는 조선에서 치안유지법을 둘러싼 여러 가지 문제를 파악할 수 없기 때문에, 치안유지법 위반사건이 어떻게 재판되어 갔는가 라는 경찰, 검찰, 예심, 공판, 행형 그리고 보호관찰, 예방구금의 각 현장에 밀착하여 검증하고자 시도했다. 향후 별권의 주제는 『조선 치안유지법의 현장』이다.

치안유지법이 악법인 근원과 그 실태를 가능한 한 규명하고 싶다는 일념에 쫓겨 의도하지 않게 필자에게 미답未踏의 영역인 한국근대사의 영역에 발을 들여놓게 되었다. 그 때문에 이 책은 식민지 조선에 대한 이해 부족에서 비롯된 문제 파악의 졸렬함과 불철저한 서술이나 오류를 피할 수 없을 것이다. 솔직한 비판과 질정叱正을 바라마지 않는다.

「독립운동판결문」(국가기록원 소장)이나 「치안유지법 관련자료」(국회도서관 소장) 등은 가능한 한 살펴보고자 했지만, 놓친 부분이 적지 않을 것이다. 또한 2020년 이후 코로나 사태로 인해 한국에 현지 조사를 하지 못하여 애당초 열람하고 싶었던 몇 가지 사료를 검토하지 못한 점도 이 책의 부족한 점이기도 하다.

그럼에도 불구하고 '일제강점기 조선에서의 치안유지법'의 운용이라는 주제의 한 가운데에 도달함으로써, 비로소 일본과 조선에서의 운용이 어떻게 다르고 같은지 비교할 수 있게 되었으며, 양자의 특징이 눈에 들어왔다. 나아가 앞으로 식민지 대만과 괴뢰국가인 만주국의 치안유지법 운용의 실태는 어떠했는지를 밝힘으로써 마침내 치안유지법의 전체상을 파악할 수 있을 것이다. 필자에게는 너무나 그 임무가 무겁게 생각되지만, 식민지 통치 혹은 제국에 의한 통치에 관하여 서구와의 비교라는 매력적인 연구주제에도 한발 다가가게 되었다.

그 중간 지점에 서서 몇 가지 생각이 교차한다. 먼저, 치안유지법 운용이라는 관점에서 드러난 식민통치의 죄악성을 재인식하게 된 것이다. 별권에서 자세히 다루게 되겠지만, 조선 고등경찰에 의한 치안유지법 위반 피의자 조사에서는 일본 이상으로 가혹한 고문이 자행되었다. 그것은 한국근대사에서 이미 설명하고 있는 일제강점기 한국독립운동에 대한 격렬한 탄압과 단속 사실로 어느 정도 유추할 수 있는 것이지만, 경찰 취조를 포함하여 검찰에서부터 공판, 행형에 이르는 일련의 사법처분 상황에서 일어난 허위와 논리의 비약이 법적 외피를 입고 실제로 시행되고 정당화되는 과정을 재확인할 수 있다. 이를 통하여, 조선총독부의 통치를 보증하고 뒷받침한 치안유지법의 더할 수 없는 악법성을 마주하게 된다.

또 하나는, 치안유지법의 운용 당사자로서 일상적으로 폭력을 행사하는 경찰관 뿐 아니라 검사나 예심판사, 판사들에 대한 분노를 금할 수 없다는 점이다. 식민지 조선에 대한 통치 유지를 지상목표로 하여 치안 유지를 꾀해야 한다는 사법관으로서의 사명감에 쫓겼다고 변명할 수 있겠지만, 검사정檢事廷, 예심정豫審廷, 그리고 공판정公判廷에서 피의자와 피고들이 허위로 작성된 신문조서, 고문에 의한 자백 강요 등을 호소해도 이를 받아들이지 않고(극히 일부의 무죄 판결에서는 그러한 조서의 허위성이나 자백 강요를 인정), 공판에서 대부분의 증인 신청을 각하하고, 유죄로 처단했다. 참혹한 고문의 흔적이 남아있는 몸을 마주해도 재판장들은 동요하지 않고 "피고인이 주장하는 것처럼 취조관의 가혹한 고문의 결과로 억지로 이루어진 내용, 허위라는 것을 인정할만한 형적이 없다"고 하여 상대하지 않았다.

십자가당 사건에서 민족주의를 고수하고 독립을 희구한 남궁억에 대해 재판장 야마시타 히데키山下秀樹가 병합 후의 총독부 시정으로 인해 조선 민중이 풍요롭고 행복해지지 않았냐고 설득하는 장면에서는 그가 얼마나 일본제국에 충실한 사법관인지 말문이 막힐 정도였다. 1930년대 후반이 되면, 조선총독부 시정에 대한 반발이나 항의를 치안유지법 위반으로 처벌할 때 그 진의를 알 수 없다던가 곡해, 망단妄斷이라고 단정했지만, 조선 민중의 반발이나 항의는 정당한 비판적 행동이었다. 이를 마주한 사법관도 개인적으로는 조선사회의 긴장이 증대하고, 민중의 불만과 불평이 누적되고 있는 상황을 일상적 감각으로 느꼈을 것이라고 추측되지만, 치안유지법 운용에서는 그 위력을 휘두르는 것을 주저하지 않았다.

별권에서 다루겠지만, 이들 사법관 대부분은 1945년 이후 일본에서 검사, 판사, 변호사로 활동했다.

 또한 일본 국내와 비교하여 몇 겹이나 법적 적용이 엄격했음에도 불구하고, 폭정, 폭압에 대한 반발, 일상적 민족차별에 대한 저항, 식민지 지배로부터 벗어나려는 의지가 일제강점기 내내 조선인 사이에 지속하고 있었음에 새삼 감명을 받는다. 1940년 전후 즉 식민지화된 이후에 태어난 소년들에게도 저항의 싹이 움트고 있었던 것처럼, 변혁을 갈구하는 민족의 의지는 뿌리 깊게 지속되고 있었다. 그것을 위정자 측은 불령不逞한 독립을 지향한 범죄 행위로 도려내고, 치안유지법 위반이라는 명목으로 가차 없이 일소해 나가고자 했다. 그러나 1945년 8월 15일 광복에 환희하는 한민족의 함성과 형무소에 수용되었던 사상범의 해방은 치안유지법에 의거한 공포정치가 실패로 끝났음을 의미했다.

 이러한 사실은 일본 국내에서 치안유지법 체제 해체가 겨우 10월 4일 GHQ의 「인권지령」에 의해 이루어진 것과 뚜렷하게 대조되는 점이다. 패전 후 도쿄의 후추府中예방구금소를 처음으로 방문한 사람이 조선인이었던 것도 상기된다. 단, 일본 국내에서 그랬던 것처럼 광복 후 한국에서도 얼마 후 치안유지법적 공포정치가 부활하는 모습을 보였다. 이러한 점은 앞으로 해명하지 않으면 안 되는 과제이기도 하다.

이 책에서 인용한 「독립운동판결문」, 「치안유지법 관련자료」, 「한민족 독립운동사 자료집」 등을 정리하여 웹 열람 자료로 제공하고 있는 한국의 국가기록원, 국사편찬위원회, 국회도서관의 관계자 여러분께 깊은 감사를 드린다. 또한 「가출옥」, 「재소자 자료」 등 열람과 자료복사의 편의를 제공해 준 국가기록원의 담당자께도 감사드린다. 「가출옥」 자료의 소재에 대해서는 전명혁 교수의 도움을 받았다. 일본 국내에서는 여러 문헌을 열람하는 데에 고베 시립중앙도서관, 오타루小樽상과대학 도서관, 와세다대학 중앙도서관의 도움을 받았다.

윤소영 박사는 필자가 조선 치안유지법이라는 주제에 본격적으로 관심을 갖게 해주었을 뿐 아니라, 2019년 11월 독립기념관에서 중간보고를 할 수 있는 장을 마련해주었다. 동아일보의 사설과 기사 번역은 홍선영 박사의 도움을 받았다. 또한 이 주제를 연구하는 데에 미즈노 나오키水野直樹 교수와 마쓰다 노리히코松田利彦 교수로부터 많은 교시를 받았다. 그 외에 하가 히로코芳賀普子 씨에게는 한국 인명 및 지명 독해에 전면적으로 도움을 받았다. 이 책을 완성하는 데에 도움을 주신 한국과 일본의 많은 분들과 기관에 깊은 감사를 드린다.

2021년 11월
오기노 후지오荻野富士夫

참고문헌

한국 각 기관 웹 서비스 원문 자료
「독립운동판결문」, 한국 국가기록원.
「경성지방법원 검사국자료」(일제강점기), 한국 국사편찬위원회.
국사편찬위원회 편, 『한민족독립운동사 자료집』.
「중국지역 독립운동 재판기록」, 「동맹휴교 사건 재판기록」, 「상록회사건 재판기록」등 국사편찬위원회 한국사 데이터베이스 소장자료.
「조선인 항일운동 조사기록(조선총독부 소장)」, 「치안유지법 위반 사건 기록」, 한국 국회도서관 소장.
「선내 검사국 정보鮮內檢事局情報」, 동상.
「사상사건 기소장 결정판결 사철寫綴」, 동상.

자료집
『조선공산당관계잡건朝鮮共產黨關係雜件』1~3, 1990.
한국역사연구회 편, 『일제하 사회운동사 자료총서』 8~12, 1992.
신주백 편, 『일제하 지배정책 자료집』 8~12, 1993.
김경일 편, 『일제하 사회운동 자료집』 6~10, 2002.
한국교회사문헌연구회 편 『일제하 치안유지법 위반 공판기록 자료집-이현상사건』전9책, 2010.

미공간 자료
「가출옥」, 국가기록원.
「재소자자료」, 국가기록원.
「도경찰부장회의 서류(道警察部長会議書類)」, 국가기록원.
강원도경찰부, 『치안상황』1938, 국가기록원.
「공문유취(公文類聚)」, 일본 국립공문서관.
「鮮人犯罪被疑者の収容審理其他を在間島総領事館より朝鮮総督府に移管関係雜件」, 일본 외교사료관.
「在支帝国領事裁判関係雜件」, 일본 외교사료관.
외무성 조약국 제2과 편, 『領事裁判関係統計表』.

공간 및 복각 자료

고등법원 검사국,『朝鮮治安維持法違反調査』, 1929
박경식 편,『朝鮮問題資料叢書』11.
고등법원 검사국,『朝鮮治安維持法違反事件判決(1)』, 1929.
조선총독부 법무국『朝鮮重大事件判決集』, 1930.
조선총독부 법무국『朝鮮独立思想運動の変遷』, 1931.
조선총독부 고등법원 검사국 사상부『思想月報』(복각판).
조선총독부 고등법원 검사국 사상부『思想彙報』(복각판).
조선총독부 경무국,『高等警察年表』(복각판).
조선총독부 경무국,『朝鮮警察の概要』.
조선총독부 경무국,『最近に於ける朝鮮治安状況』1924~1939(복각판).
조선총독부 경무국,『高等外事月報』(복각판).
조선총독부 경무국,『朝鮮出版警察月報』.
조선총독부 경무국,『警務彙報』.
조선총독부 관방문서과 편,『論告・訓示・演術総攬』, 1941.
『朝鮮総督府帝国議会説明資料』13.
조선총독부,『第八十五回帝国議会説明資料』.
近藤釼一編,『太平洋戦争終末期 朝鮮の治政』, 1961.
『朝鮮総督府司法統計年報』, 1941년판.
김준엽·김창순 공편,『韓国共産主義運動史』자료편 Ⅰ·Ⅱ, 고려대학 아세아문제연구소, 1980.
「未公開資料 朝鮮総督府関係者 録音記録(4)」『東洋文化研究』5, 일본학습원대학 동양문화연구소, 2004.
野村調太郎,「治安維持法と朝鮮独立運動」,『普声』2호, 1925.6.
吉田肇,『朝鮮に於ける思想犯の科刑並累犯状況』.
司法省,『思想研究資料特輯』(복각판)61호, 1939.5.
坪江汕二,『朝鮮民族独立運動秘史』, 日刊労働通信社, 1959, 초판; 巖南堂書店, 1966 증보개정판.
荻野富士夫편『治安維持法関係資料集』전4권, 新日本出版社, 1996.
荻野富士夫편『特高警察関係資料集成』전38권, 不二出版, 1991~94, 2004.

荻野富士夫編, 『外務省警察史』전53권(복각판), 不二出版, 2001.

신문·잡지

『東亜日報』, 『朝鮮日報』, 『毎日申報』.
『朝鮮新聞』, 『京城日報』, 『朝鮮時報』, 『大阪朝日新聞付録 朝鮮朝日』.
『朝鮮思想通信』(『朝鮮通信』).
『法政新聞』(『東亜法政新聞』).
『朝鮮司法協会雜誌』.

연구서

奥平康弘, 『治安維持法小史』, 筑摩書房, 1977; 동, 岩波現代文庫, 2006.
中澤俊輔, 『治安維持法』, 中公新書, 2012.
水野直樹, 『植民地朝鮮・台湾における治安維持法に関する研究』(科研費研究成果報告書), 1999.
松田利彦, 『日本の朝鮮植民地支配と警察』, 校倉書房, 2009.
徐大粛, 『朝鮮共産主義運動史』コリア評論社, 1970.
荻野富士夫, 『治安維持法の「現場」』, 六花出版, 2021.
荻野富士夫, 『外務省警察史』, 校倉書房, 2005.
荻野富士夫, 『特高警察体制史』, せきた書房, 1984; 동 증보판, 明倫書林, 2020.
荻野富士夫, 『特高警察』, 岩波新書, 2012.
荻野富士夫, 『戦後治安体制の確立』, 岩波書店, 1999.
全明赫編著, 『刑事判決文で見た治安維持法事件と一九二〇年代社会主義運動』, 2020.
同, 『刑事判決文で見た治安維持法事件と一九三〇~四〇年代初め社会主義運動』, 2020.
金泰国, 『「間島新報」標題索引』, 2011.
森田芳夫, 『朝鮮終戦の記録』, 巌南堂書店, 1964.
高峻石, 『朝鮮1945-1950』, 三一書房, 1972.

연구논문

朴慶植, 「治安維持法による朝鮮人弾圧」, 『季刊現代史』7, 1976.6.
水野直樹, 「治安維持法の制定と植民地朝鮮」『人文学報』83, 교토대학, 2000.
水野直樹, 「植民地独立運動に対する治安維持法の適用」.
浅野豊美・松田利彦編, 『植民地帝国日本の法的構造』, 2004.
兒嶋俊郎, 「日本人共産主義者の闘い」, 『「満洲国」における抵抗と弾圧』.
李熙昇, 「朝鮮語学会事件回想録Ⅱ」, 『韓』6-9, 1977.9.
閔炳老, 「韓国の国家保安法の過去, 現在, そして未来」, 『比較法学』33-1, 2014.5.

찾아보기

ㄱ

가가와 겐香川愿 327
가네가와 고기치金川廣吉 166
가네가와 히로요시金川廣吉 206, 216
가네하라金原 399
가메야釜屋 397
가메야 에이스케釜屋英介 396, 410
가사이 겐타로笠井健太郎 345
가야노네 다키오茅根龍夫 64, 75
가와시마 다케오川島武夫 468
가와카미 하지메河上肇 425
가타오카 스케사부로片岡介三郎 125
가토 다카아키加藤高明 45
강달영姜達永 66, 78, 84~85
강문일康文一 305
강병진康炳辰, 康田炳辰 379
강상규姜祥奎, 大山隆実 380~385
강신홍姜信洪, 神農信洪 324, 448
강일순 446
강종근姜琮根, 松本琮根 439
강형재姜炯宰 222
고다마 히데오児玉秀雄 171
고바야시 다키지小林多喜二 306, 425
고삼현高三賢 62
고시오 시즈오越尾鎮男 77
고야마 신이치香山眞一 458
고야마 안형湖山毅亨 378
고이 세츠조五井節蔵 66, 79~80, 83, 151, 164, 466

고이소 구니아키小磯國昭 367
고종근高山鐘根 397
고준석高峻石 463, 472, 474
고지마 시치로小島七郎 96
고토 겐타로後藤源太郎 162
구로누마 리키야黒沼力彌 213
구리하라 가즈오栗原一男 63
구모이 태선雲井泰善 420
구연흠具然欽 162
권대형權大衡 155, 248
권영규權榮奎 77~78
권영배權寧培, 歌路勇三 353
권영준 462
권영태權榮台 259
권오설權五卨 66, 83
권오순權五惇 197
권용훈權容勳 295
권유근權遺根 203
권입준權立俊, 東權正昱 378
권충일權忠一 301
권쾌복權快福, 吉田快福 401
기류 한조桐生半造 96
기리카와梧川郁憲 375
기요카와清川浩 418
기쿠치 신고菊池愼吾 382
기쿠치 칸菊池寛 384
기타무라 나오쓰노北村直角 401
김건호金健鎬, 金海健鎬 387
김경애金敬愛 183

찾아보기 487

김경한金環漢 95~96
김과전金科全 65~66
김광묵金光黙 284
김광은金光恩 154
김구金九 316
김구金龜 316
김규엽金圭燁, 金原佳正 398
김근金槿 180
김기섭金基燮, 金山金鑄 442
김대봉金大鳳 154, 249
김덕기金悳基 470
김덕원金德元 327~328
김덕환金德煥 280
김동원金東元, 金岡東元 342
김동환金東煥 225
김두영金斗榮 223
김두오金斗五 297
김두정金斗禎 280
김두칠金斗七 245
김명시金命時 195
김명식金明植 29~30
김문순 463
김문환金文煥 243, 258
김방수金芳洙, 金光成恒 404
김병진金秉鎭, 玄澤太郎 355
김병희金炳嬉 90
김복개金福介 194
김복동 148
김복진金復鎭 156
김상권金原相權 418
김상주金尚珠 76
김상태金象泰, 靑山秀章 407~408, 411
김상호金尚昊 60
김상환金相奐 252

김성한金星漢 94, 96
김성호全盛鎬 94
김세종金世鍾 327
김순이金順伊 139
김순희金淳熙 207
김언수金彦洙 444
김영규金永圭, 金原永圭 421
김영식金靈植 352
김용규金容圭, 金村容圭 377
김용말金龍沫, 華山正一 440~441
김우일金宇一 249
김원봉金元鳳 119
김원술金元述 288
김일호金日虎 427
김임영金林瀯 296
김재봉金在鳳 66, 84
김재수金在水 60
김재학金載學 59
김재형金梓瀅 327~328
김정길金原正吉 420
김정련金正連 118~119, 128
김정수金正洙, 金星勝照 421
김정환金正桓 118
김정희金鼎熙 94
김준연金俊淵 151
김중섭 351
김중일金重鎰, 松原茂 376
김찬호金瓚鎬 445
김창균金昌均 131
김철룡金喆龍, 金海喆龍 379
김철우金哲宇 193
김철호金哲鎬 119
김철환金鐵煥 248
김치봉金治鳳, 新村大 450

김태국 95
김태래金泰來 205
김태성金泰成, 金源泰成 426
김태영金田泰瑛 420
김항준金恒俊 85
김형모金瀅模 449
김형민金炯敏, 金川炯敏 392~397
김화중金和中 331
김황규金晃圭 152
김희봉金熙鳳 288
김희성金熙星 296

ㄴ

나가노永野 460
나가사키 유조長崎祐三 465
나가이 쇼고長井省吾 409
나영철羅英哲 230, 257
나카노 슌스케中野俊助 66, 78, 152, 164
나카무라 다케조中村武蔵 53
나카무라 다케쿠라中村竹藏 28~29
나카무라 동선中村東璇 375
나카오 마사루中尾勝 227
나카하라 용석中原庸錫 443
남계복南癸福 31
남궁경순南宮庚順 141
남궁억南宮檍 136~137, 140, 142~148
남궁태南宮珆 335
남부호南部縞 470
남상환南相煥 241
남천우南韱祐 148
남해룡南海龍 85
노나카 이하치野中伊八 468
노덕술盧德述 470
노동규盧東奎 309

노무라 조타로野村調太郎 36
노무라 조타로野村調太郎 126
노세 가쓰오能勢克男 18, 477
노환盧桓, 安東恒雄 372, 391
니시하라西原健雄 398
니시히로 다다오西廣忠雄 459, 465

ㄷ

다나카 다케오田中武雄 33
다나카 마사미田中貞美 229
다우손 패트릭 453
다카치高地 460
다키구치 사네지瀧口實二 210
데구치 시게나오出口重治 229
데츠카 도시오手塚敏夫 468
도모토堂本 466
도미타 오토마쓰富田音松 468
도자와 시게오戸澤重雄 454
도조東條 375, 423
도조東條英機 368
도쿠오카 가즈오德岡一男 272
독고전獨孤佺 65, 76
드골 474

ㅁ

마루야마 게지로丸山敬次郎 285, 411, 414
마스나가增永 346, 355
마스나가 쇼이치增永正一 208, 222, 270, 361, 367, 385, 424, 442
마쓰다 노리히코松田彦 112
마쓰다 도시히코松田利彦 272, 464
마쓰다 유타카松田豊 229
마쓰무라 후미오增村文雄 144

마쓰야마 태순松山泰惇 457
마와타리 나오가쓰馬渡直活 381
만용모萬容模, 萬山容模 428
메라 야스유키目良安之 326
모리우라 후지로森浦藤郞 163, 204, 256
모리타 요시오森田芳夫 465
모택동 380
모토지마本島 76
모토지마 후미이치本島文市 65
모토하시元橋 98
무라타 사부미村田左文 146
무라타 사분村田左文 180, 186, 315
무쿠모토 가즈오椋本運雄 63
문대식文大植 378
문소준文小俊 245
문종주文種珠 179
문태순文泰順 353, 355
미쓰야 미야마쓰三矢宮松 33
미야모토 배근宮本培勤 418
미와 가즈이치로三輪和一郞 162
미즈노水野重功 424
미즈노 시게가쓰 368~369
미즈노 나오키水野直樹 20~21, 39, 127, 159, 483
미즈노 시게가쓰水野重功 189, 367, 389
미하시 고이치로三橋孝一郞 269
민병로 476
민병준閔丙駿, 宇川甫 405, 408~409, 411
민창식閔昌植 85

ㅂ

바노 세이치馬野精一 41
박내수朴來秀 427
박내은朴來殷, 青木茂雄 370, 390

박노태朴魯胎, 井上魯胎 380
박동근朴東根 50
박동환朴東煥, 信一正男 440
박문익朴文益 179
박백중朴百仲, 木田百仲 421
박병두朴炳斗 233
박봉수朴鳳樹 126
박세영朴世榮 250
박승룡朴昇龍 288
박영순朴榮淳 305
박완식朴完植 292
박용의朴容義, 新本容義 441
박우휴朴祐烋, 楠坪祐烋 401
박원근 427
박윤하朴潤河 372
박인환朴仁煥 297
박재회朴載和, 新井正夫 452
박제호朴濟鎬 30
박창빈朴村昌濱 459
박태철朴泰哲, 井原泰哲 404
박학전朴鶴田 349
박헌영朴憲永 64~65, 75, 80, 83
박희빈朴熙彬 52, 74, 88
방막민方漠旻 247
방정표方正杓 59
방한상方漢相 62~63
배동건裵東健 180, 183
백남순白南淳, 泉原英雄 377
백남운白南雲 309
백정길白川亨吉 403
백춘만白春萬, 白川正雄 452
벽갑수薜甲秀 331
부르스 커밍스 461, 464

ㅅ

사가라 하루오相良春雄 282, 465
사다케 가메佐竹亀 370
사사키 히데오佐佐木日出男 116~117, 122, 126, 129, 135, 142, 184, 188, 236
사이가 시치로齋賀七郎 325, 353, 453
사이토 마코토齋藤實 32, 131
사이토 에이지齋藤榮治 365, 411
사카시타 덴센坂下天僊 177
사쿠라이 게지櫻井圭二 229
사토 가즈오佐藤一雄 229
사토미 간지里見寬二 65, 78
서대숙徐大肅 155
서동일徐東日 89
서동환徐東煥 195
서응호徐應浩 119, 121
서인효徐仁孝, 大山仁孝 451
성백우成百愚, 成田百愚 379
소성규蘇聖圭 180
소완규蘇完奎 284
손기정 332, 404
손양원孫良源, 大竹良源 440
손용우孫龍祐 329
송갑용宋甲鏞 323
송순혁宋純赫 295
송택영宋澤永 430
송희종宋熙鐘 118
쇼지 이사오庄子勇 188, 191, 193
스기모토 가쿠이치杉本覺一 354
스기무라 이츠로杉村逸樓 35
스미모토 사이치角本佐一 15~16
스에마쓰 요시츠구末松吉次 97
스에히로 기요기치末廣淸吉 168

스에히로 세기치末廣淸吉 207
스탈린 472
시모오카 추지下岡忠治 34
신명준辛命俊 66, 79, 81
신영화申永和, 平山永和 444
신일용辛日鎔 29, 41~42, 55~56, 74~75, 77
신재모申宰模 62~63
신창申蒼, 蒼海良舟 421
신철수申哲洙 80
신태악辛泰嶽 285
신태제申泰濟, 正岡憲一 446
신현규申鉉奎 136
신현중慎弦重 235~237
쓰보야 히사츠구坪谷久次 468

ㅇ

아다치 가즈기요安達勝清 135
아라이新井 396
아야기 근회綾城謹會 378
안걸식安乬植 55~56, 58
안동형安東馨 457
안병기安炳耆, 安田炳耆 451
안병기安炳璣, 安興邦彦 391
안상훈安相勳 248
안성기安城基 340
안재홍安在鴻 325~329, 460~461
안종철安鐘哲 242
안창호 342
안태한安泰漢, 竹川泰漢 422
안형중安衡中 215
야나기 하라요시柳原義 168
야마모토山本 418
야마모토 도시오山本利夫 393

야마모토 병희山本秉喜 432
야마시타 도쿠나오山下德治 218~222
야마시타 히데키山下秀樹 146, 188, 236, 238, 316, 467
야마오카 용범山岡龍範 429
야마자와 사이치로山澤佐一郎 467
야마자키 기치지로山崎吉二郎 393
야모토 쇼헤이矢本正平 66, 84~85
야스다 간타安田幹太 414, 416
양동건襄東健 286
양재식楊在植 66
양판권梁判權 232
에가미 로쿠스케江上綠輔 466
엔도 류사쿠遠藤柳作 460
여운철呂運徹 427
여운형呂運亨 163~164, 166~167, 417~418
연규학延圭鶴, 中山圭鶴 450
염홍섭廉弘燮, 玉川弘燮 425
오가하라 시게노리大河原重範 187
오기섭吳淇燮 78
오기수吳麒洙 245
오노자와 다키오小野澤龍雄 468
오모리 기타로大森義太郎 425
오번 473
오에 류노스케大江龍之助 323
오와다 린노스케大和田臨之助 74
오카다 겐이치岡田兼一 180
오카베 기요시岡部清 452
오쿠히라 야스히로奧平康弘 6, 19
옥형근玉炯根, 玉岡炯根 422
와다 겐지和田獻仁 239
와카츠키 레지로若槻禮次郎 197
와키 데츠이치脇鐵一 188, 194, 204, 206, 340
와키데즈 하지메脇鐵一 163
와타나베 유타카渡辺豊 465
왕현王鉉 393
요시노 도조吉野藤藏 77, 317
요시다 하지메 275~277
요시다 시게루吉田茂 171
요시다 이쿠오吉田幾雄 466
요시다 하지메吉田肇 272
용환각龍煥珏 335
우스타 요시아사薄田義朝 38
우츠노미야 타로宇都宮太郎 227
원정상元正常 234
월데 166
유광호柳光浩 317~318
유대근兪大根 449
유병기兪炳璣 30
유복석劉福錫(유자훈) 142, 145~149
유석하柳錫河, 柳河錫河 427
유승운劉承雲 202
유자훈劉子勳(유복석) 136~142, 144~146
유재기劉載奇 332
유재모柳在莫 324
유제석柳帝鐸 420
유진강兪鎭綱, 兪村鎭綱 427
유진희愈鎭熙 65, 76
유찬기劉贊基, 江原秀宗 451
유축운柳丑運 206
윤병채尹炳采 89
윤상명尹尚明 442~443
윤순식尹淳植 296
윤옥분尹玉粉 213~215
윤충식尹忠植 119

은세룡殷世龍 352
이광덕李廣德 293
이광수李光秀, 香山光郎 339, 341~342
이규우李奎宇 66, 70
이극로李克魯, 義本克魯 413, 416
이근재李根在, 平本茂夫 372
이기선李基宣 440
이기수李起銖 292
이대위李大偉 339
이도백李道伯 295
이동구李東求 117
이동상李東祥 284~285
이동선李東鮮 183
이란李蘭 386
이만근李萬根 60
이병립李柄立 88
이보만李輔晩 89
이복도李福道 179
이복원李復遠 52
이석李錫 206
이선호李先鎬 88
이성린李聖麟 58
이순옥李順玉 211, 213~217
이순택李順鐸 308
이승복李昇馥 327
이승찬李昇燦, 高木昇 451
이영근李永垠, 松川永垠 422
이영재李英在 58
이와모토岩本淸基 400
이와모토 세이료岩本正両 455
이용경李龍景 209
이용재李用宰 66
이우민李愚民 129
이원보李源甫 470

이의봉李義鳳 194
이의수李義洙 260
이의준李義俊 131
이인李仁 319
이재복李載馥 51
이재일李在日, 本原実 403
이전춘李全春 295
이정규李丁奎 196
이종림李宗林 230
이종성李宗聖 473
이준열李駿烈 247
이중근李重根 60
이즈미和泉 396
이초생李初生 320~321
이충신李忠信 212
이치가와 아사히코市川朝彦 235~238
이토 노리오伊藤憲郎 166, 168, 176, 198, 214, 216
이학규 233
이학종李學鐘 206
이호李浩 66, 70
이호철李戶喆 291
이홍근李宖根 197
이희승 412
인정식印貞植 153, 158~159
임각규林角奎, 林木吉雄 455
임경애林敬愛 209
임명묘林明苗 297
임병현林炳賢, 林茂雄 409
임시헌林時憲 430
임윤걸林允傑 401
임재갑任在甲 50
임학순任學淳 305

ㅈ

장개석 397
장관청張官清 131
장막철張漢哲, 張元漢哲 419
장매성張梅性 225
장하청張河清 131
장현식張鉉植, 松山武雄 417
장회건張會建 250
전봉남 317
전영국全榮國 94
전정관全政琯 85, 243
전좌한全佐漢 90
전치은全治殷 289
전한경全漢卿 158
정관진丁寬鎭 160, 205, 208
정기복鄭基福, 玉原基福 399
정길성丁吉成 289
정대건鄭大建, 河東万壽 446
정우상鄭遇尚 230, 257
정응두鄭應斗 324
정인과鄭仁果 339
정재달鄭在達 51
정종근鄭種根 203, 205~206
정주영鄭周永, 松島健 405, 407, 409~411
정진무鄭晋武 66, 79
정필성鄭必成 328
정한영鄭漢永 253, 260
정휘세鄭輝 158
정희동鄭喜童 319
조경구趙暻九 304
조규찬曹圭瓚 236~237
조동호趙東祜 162
조병상曹秉相 470
조봉암曹奉岩 166

조애실趙愛實 376
조용관趙容寬 54
조용택趙龍澤, 賀川龍澤 440
조용하趙鏞夏 128, 135
조원경曹元京, 夏山豊康 426
조이환曹利煥 75
조코 요네타로上甲米太郎 218~221
조홍벽趙鴻壁, 邦本鴻壁 419
좌행옥左行玉 288
주요한朱耀翰 339~340
주현갑周現甲 176~179, 183, 186, 193, 282~286
지쿠마루 가츠도시軸丸勝敏 135

ㅊ

차금봉車今奉 152~153
차재정車載貞 202, 204~205
차정일車定一, 安田稔一郎 422
차한옥車漢玉, 安田漢玉 421
채경대蔡慶大 348
채덕승蔡德勝 50
천성환千成煥 308
천승복千秋承福 402
최규협崔圭俠, 高山圭俠 421
최기현崔枝賢 179
최남규崔南奎 304
최덕준崔德俊 153, 256
최령崔領 249
최백순崔白洵 160
최복순崔福順 209, 211, 214~215, 217
최성희崔聖熙 89
최신모崔信模, 山本松盛 399
최양옥 119, 128
최연崔燕 470

최원택崔元澤 86, 99
최창철崔昌鐵 132
최현배 461
츠츠이 다케오筒井竹雄 312

ㅎ

하마노 마스타로浜野增太郎 333
하세가와 기요시長谷川清 177
하야시 엔지로林淵次郎 401
하야타 후쿠조早田福藏 460, 465
하판락河判洛 470
한경석韓慶錫 202, 204, 206~207
한국인韓國仁 170
한기영韓基永 450
한정식韓廷植 78
한진규韓鎭圭 313
함용환咸用煥 350~351
핫토리 이세마츠服部伊勢松 468
해길룡海喆龍 387
헬리 코빈튼 438
허균許均 231~232
허성묵許聖黙 90
허은선許銀善 349
허정숙 217
허정자許貞子 213~215
허헌許憲 453~455
현초득玄初得 260
호조 광범北條光範 457
홍덕유洪悳裕 83

홍성환洪性煥 59
홍순옥洪淳玉, 山本淳玉 446
홍순창洪淳昌, 德山實 390
홍승유洪承裕 256
홍인의洪仁義 431
홍종언洪鐘彥 230
황갑룡黃甲龍 231, 259
황금술黃金述 123
황도흠黃道欽 231, 259
황용순黃龍順, 廣瀨龍順 404
후루카와 가네히데古川兼秀 270, 435, 469
후사오카 미노루芳岡實 420
후지모토 가즈미藤本一美 469
후지모토 가토藤本香藤 224, 413
후지무라藤村英 51
후지이 고이치로藤井五一郞 158
후지이 다다아키藤井忠顯 382
후지키 다키로藤木龍郞 394
후쿠하라 후쿠이치福原富久一 468
히노 아시헤이火野葦平 384
히데지마 요시오秀島嘉雄 229
히라야마 마사요시平山正祥 51
히라카와 겐조平川元三 414
히로세 스스무廣瀨進 229
히로야먀 선학廣山善鶴 457
히비야 이사오日比野勇 227
히시카리 다카菱刈隆 192

찾아보기 495

일제강점기
치안유지법 운용의 역사

_____

초판 1쇄 인쇄 2022년 4월 1일
초판 1쇄 발행 2022년 4월 10일

지은이 오기노 후지오
옮긴이 윤소영
펴낸이 주혜숙
펴낸곳 역사공간
등록 2003년 7월 22일 제6-510호
주소 04000 서울특별시 마포구 동교로 19길 52-7 PS빌딩 4층
전화 02-725-8806
팩스 02-725-8801
이메일 jhs8807@hanmail.net

ISBN 979-11-5707-451-8 93910

• 책값은 뒤표지에 있습니다. 잘못된 책은 바꾸어 드립니다.